H. L. Mencken

AUSGEWÄHLTE WERKE

BAND II

H. L. Mencken

Autobiographisches 1930–1948

Aus dem Amerikanischen von Bernd Rullkötter

Herausgegeben von Helmut Winter

MANUSCRIPTUM

ISBN 3-933497-51-5

Thomas Hoof KG · Waltrop und Leipzig 2000
Gestaltung: Kohl & Müllejans, Düren

ZUR TEXTAUSWAHL

H. L. Mencken hat in den vierziger Jahren, als sein Name aus dem Bewußtsein der amerikanischen Öffentlichkeit fast geschwunden schien, umfangreiche Vorkehrungen für das Fortleben seines Werkes getroffen. Dazu gehörten nicht nur das Sichten und Ordnen unzähliger Manuskripte und Briefe – er übergab sie noch zu Lebzeiten der Enoch Pratt Free Library in Baltimore und der New York Public Library –, sondern auch die Fortsetzung und Überarbeitung unterschiedlicher Selbstdarstellungen. 1940 hatte er einen ersten Band mit Jugenderinnerungen veröffentlicht, „Happy Days 1880–1892" genannt, ein heiteres, unbeschwertes Buch im volkstümlichen Ton. 1941 folgten die „Newspaper Days 1899–1906", 1943 die „Heathen Days 1890–1936".

Nach Menckens Tod im Januar 1956 fand man unter seinen nachgelassenen Papieren die „Autobiographical Notes 1925", einen Karton mit der Aufschrift „Autobiographical Notes 1941", das voluminöse „Diary", dazu noch die Manuskripte „My Life as Author and Editor" und „Thirty-five Years of Newspaper Work". Der Nachlaß war mit strengen Auflagen versehen, was den Zeitpunkt der Zugänglichkeit und spätere Publikationsmöglichkeiten betraf.

Die hier zusammengestellten Texte repräsentieren den Schriftsteller Mencken in drei ganz unterschiedlichen Ausdrucksformen und Stillagen, die mit dem Klischee des aggressiven Journalisten, das sich in Amerika mittlerweile etabliert zu haben scheint, kaum etwas zu tun haben. Wie er in einer Notiz aus dem Jahre 1941 festgehalten hat, empfand er sich sein Leben lang von zwei gegensätzlichen Schreibimpulsen getrieben: „vom Drang des Journalisten, die Dinge ohne Umschweife beim Namen zu nennen (und es dabei bewenden zu lassen), und von dem Bedürfnis, kritisch abwägend zu formulieren und dabei die größeren Zusammenhänge nicht aus dem Auge zu verlieren."

Das journalistisch spontane Reagieren auf Situationen und Eindrücke ist in dieser Auswahl durch den als Anhang abgedruckten Auszug aus „Thirty-five Years of Newspaper Work“ vertreten. Mencken berichtet darin über seine letzte Deutschlandreise im Jahre 1938 mit der Distanz, aber auch der Ratlosigkeit des professionellen Beobachters, der sich fast trotzig aufs Faktische beschränkt und erleichtert darauf zu verzichten scheint, dem Beobachteten noch einen tieferen Sinn abzugewinnen. (Gerade dadurch aber, durch die Weigerung, zur politischen Situation in Deutschland eindeutig Stellung zu beziehen, geriet er in seiner Heimat immer stärker ins Zwielicht.)

Nostalgische Rückschau bestimmt den Ton der vier einleitenden Erinnerungsstücke. Mencken hat sie ursprünglich als selbständige Texte für den „New Yorker“ geschrieben und erst später daraus die erwähnten „Days“-Bücher zusammengestellt. Sie zeigen den Autor von seiner zugänglichsten Seite: gelöst, beinahe verklärt blickt er auf die „glücklichen Tage“ der letzten Jahrzehnte des 19. Jahrhunderts zurück, in denen jene konservativen amerikanischen Werte und Überzeugungen noch etwas galten, deren Niedergang im 20. Jahrhundert er später so bitter beklagen sollte.

Den größten Raum nimmt in diesem Band das Tagebuch ein, das Mencken 1930 als Fünfzigjähriger begann und das er, mit Unterbrechungen nach dem Tod seiner Frau, bis zu seinem schweren Schlaganfall im November 1948 fortführte. Nicht für eine Veröffentlichung geschrieben, sollte es der Forschung erst dann zugänglich gemacht werden, wenn die meisten der darin erwähnten Personen nicht mehr am Leben sein würden. Als das „Diary“ dann 1989, nach langen Diskussionen unter den Nachlaßverwaltern, doch im Druck erschien, war die Aufregung bei Lesern und Kritikern groß: Mencken schien sich in diesen hypochondrischen Notizen über weite Strecken als kurzsichtiger, egomanischer Rassist zu entpuppen. Die Wogen glätteten sich erst, als langsam deutlich wurde, wie zeitbedingt selbst die schroffsten Urteile waren und wie überzeugend die Form des Tagebuchs sowohl die analytische Präzision des Kulturkritikers als auch die unverstellte, vom bürgerlichen Baltimore geprägte Weltsicht des alternden Ikonoklasten zur Geltung bringt.

(Ausführlicheres zu Hintergründen und Eigenheiten der ausgewählten Stücke im Nachwort.)

Autobiographisches Erzählen

EINSTIEG INS UNIVERSUM

(Zuerst veröffentlicht im „New Yorker“ vom 11.4.1936. Nachgedruckt als Eingangskapitel von „Happy Days 1880–1892“, New York, Alfred A. Knopf, 1940)

Als ich mir zum erstenmal des Kosmos, den wir alle verpesten, bewußt wurde, saß ich auf dem Schoß meiner Mutter und blinzelte in eine Explosion von Lichtern – einige waren rot, andere grün, doch die meisten waren nur so hellgelb wie flackernde Gasflammen. Die Zeit: Donnerstag abend, 13. September 1883, der Tag nach meinem dritten Geburtstag. Der Ort: ein Sims am Vorderfenster im ersten Stock der Zigarrenfabrik meines Vaters in der Baltimore Street 368, Baltimore, Maryland, USA, von Raum und Katastrophe durch ein Schild mit der majestätischen Aufschrift AUG. MENCKEN & BRO. abgeschirmt. Der Anlaß: das dritte und letzte jährliche Sommernachtsfest des „Order of Orioles“, einer Gesellschaft, die sich am folgenden Morgen mit einem kolossalen Defizit auf unbestimmte Zeit vertagen sollte und seitdem von der Menschheit vergessen worden ist.

In jenem Larvenstadium meines Lebens hatte ich natürlich keine Ahnung von dem „Order of Orioles“, genauso wie ich nicht das geringste über die Vereinigten Staaten wußte, obwohl meine Geburt mich in den Genuß ihrer Freiheiten gebracht und ich einen Anspruch auf den Schutz durch ihre Armee und ihre Marine erworben hatte. Als ich aus der unergründlichen Tiefe des Nichtseins auftauchte, war ich mir nur der Tatsache bewußt, daß die Welt, in die ich gerade hineingeplatzt war, sehr hell zu sein schien und daß es meine immer noch gallertartigen Knochen ziemlich belastete, wenn ich über das Firmenschild meines Vaters hinweg auf diese Welt lugte. Also gab ich meiner Mutter Zeichen des Kummers, woraufhin sie mich auf ihren Schoß hob, wo ich einnickte und vor mich hin schnarchte, bis die Lichter ausgingen und ich, immer noch schlafend, in der Familienkarosse sanft nach Hause befördert wurde.

Diese letzten Einzelheiten erfuhr ich, wie der Leser verstehen wird, erst später von Historikern, aber ich erinnere mich sehr deutlich – und ganz aus eigener Kraft – an die Lichter. Sie sind nicht nur meine frühesten irdischen Erinnerungen, sondern gehören auch zu den lebhaftesten, und ich halte nichts von psychologischen Theorien, nach denen derart früh im Leben erfahrene Ereignisse nie wirklich ins Gedächtnis zurückgerufen, sondern nur mit Hilfe von Familienklatsch rekonstruiert werden. Gewiß, es gibt eine Grenze, die auch das genaueste Gedächtnis nicht überwinden kann, aber ich bin sicher, daß sie in meinem Fall an meinem dritten Geburtstag gezogen wurde. Man frage mich, ob ich mich daran erinnere, wie ich (wahrscheinlich vor meinem zweiten Geburtstag) von einem Nachbarjungen ins Versteckspiel eingeweiht wurde und mich hinter einem Fliegengitter verbarg, wo er mich zu meinem Erstaunen fand – man frage mich danach, und ich gebe gerne zu, daß ich mich an nichts dergleichen erinnere, nur an die daraus erwachsene Anekdote, die meine arme Mutter immer mit so großer Freude erzählte, daß ich mich schließlich jedesmal, wenn sie damit anfing, im Keller versteckte. Und ich entsinne mich auch nicht an irgendeine Einzelheit meiner Taufe (bei welcher Zeremonie sich mein Vater angeblich alle Mühe gab, den Pfarrer betrunken zu machen, dabei aber seinen eigenen Ränken zum Opfer fiel), denn damals war ich erst einige Monate alt. Aber alle Psychologen der Welt, selbst wenn sie sich in Schichten abrackerten wie Bergarbeiter, könnten mich nicht davon abbringen, daß ich mich an jene Lichter erinnere, und zwar ganz aus eigener Kraft.

Sie leuchteten auf und verloschen, und der Nebel hüllte mich wieder ein. Ich erinnere mich nicht an den Umzug in das neue Haus in der Hollins Street, das so viele Jahre lang mein Heim sein sollte, obwohl wir nur ein paar Wochen später dorthin übersiedelten. Ich erinnere mich nicht, daß ich mit dreieinviertel Jahren lange Hosen tragen durfte, obwohl es eine überwältigende Erfahrung gewesen sein muß, die mich mit Stolz und Größe erfüllte. Aber während sich mein Bewußtsein konsolidierte, wurden meine Tage allmählich von anderen Ereignissen übersät, die mir aus irgendeinem Grund im Gedächtnis blieben. Ich entsinne mich, wenn auch nur undeutlich, an das Deck eines Vergnügungsdampfers – es war etwa 1885 –, an seine ohrenbetäubende Sirene und das breite, graue Gewässer der Chesapeake Bay. Ich erinnere mich sehr deutlich daran, daß mein Vater mich in ein Textilgeschäft mitnahm, das von Bogenlampen erhellt wurde, die damals eine Weltneuheit waren, und daß ich große Stapel eleganter Sonntagsanzüge sah und mit einem davon heimkam, der am Hinterteil spannte. Ich erinnere mich an einen Strohhut mit wehenden Bändern, eine Katze namens Pinkie und meinen Bruder Charlie, damals noch ein Lümmel in langen Kleidern, der an einem heißen Sommerabend wie ein Puma heulte, während meine Mutter ihn mit sämtlichen Arzneien der Hausapotheke behandelte und ihn nach verborgenen Stecknadeln absuchte. Ich erinnere mich auch an meine Einführung in das Märchenland der Wissenschaft, mit einem Regenwurm (*Lumbricus terrestris*) als meinem ersten Versuchsobjekt; durch das Experiment sollte herausgefunden werden, wie lange er, in der Sonne auf dem Weg im Hinterhof ausgestreckt, brauchen würde, um zu Tode zu braten. Und ich erinnere mich, wie meine Mutter mir an einem dunklen Winternachmittag die Abenteuer von „Simple Simon" vorlas, der zum Markt ging. Zwischendurch nippte sie an einer Tasse Tee, die sehr angenehm roch, und ich drückte die Nase an die frostbeschlagene Fensterscheibe, beobachtete einen Laternenanzünder am Union Square auf der anderen Straßenseite und überlegte, was wohl ein Markt sein mochte. Es war eine bezaubernde, farbenprächtige Kate-Greenaway-Welt, in die das Lesebuch mich versetzte, und noch heute, wenn ich die Augen schließe, sehe ich die kleinen Holzhäuser, die auf Dorfplätzen tollenden Jungen und Mädchen und den wolkenlosen, hellblauen Himmel vor mir.

Ich war als Kleinkind eher dick, mit einem Heck wie eine Schute und ausgeprägten Hamsterbäckchen. Dr. C. L. Buddenbohn, der mich genau um 21 Uhr am Sonntag, dem 12. September 1880, in diese Welt der Empfindungen holte, leistete offenbar gute, wenn auch (wie man mir gesagt hat) etwas ungeschlachte Arbeit, obgleich seine noch existierende Rechnung vom 2. Oktober belegt, daß er nur zehn Dollar „für eine Niederkunft" verlangte. Die Wissenschaft der Säuglingsernährung war in jenen Tagen so wenig entwickelt wie die Bakteriologie oder die soziale Gerechtigkeit, aber es gibt keinen Zweifel daran, daß ich eine große Menge Kalorien und Vitamine bekam – wahrscheinlich sogar eine

Überdosis. Auf einem Foto von mir mit achtzehn Monaten sehe ich aus wie eines der Bilder, die Milchfirmen in den Tiefdruckbeilagen der Sonntagszeitungen veröffentlichen, um mit dem Eifer ihrer Kühe zu protzen. Wäre der Kannibalismus in Maryland nicht schon einige Jahre vor meiner Geburt abgeschafft worden – ich hätte vorzügliches Frischfleisch abgegeben.

Meine Mutter erzählte mir Jahre später, daß meine Beleibtheit häufig öffentliche Aufmerksamkeit erregte, besonders da der Kontrast zu ihrem eigenen Äußeren drastisch hervorstach, denn sie war von schlanker Gestalt und nicht einmal durchschnittlicher Größe und wirkte, blauäugig und blond, sogar noch jünger, als sie wirklich war. Als sie mich einmal in der Pferdekutsche irgendwohin brachte, starrte ein alter Mann sie und mich eine Zeitlang mit seniler Unverfrorenheit an und stieß dann hervor: „Mein Gott, Mädchen, ist das etwa *dein* Baby?"

Diese Fettsucht verlor sich, als ich zu laufen begann, und von meinem sechsten Lebensjahr an war ich ziemlich mager; doch als ich auf Ende Zwanzig zuging, näherte sich mein Querschnitt wieder dem eines Kreises, und mit dreißig Jahren machte ich eine meiner ersten Schlankheitskuren, verdarb sie aber durch listige Rückgriffe auf Malzbier.

Meine allmählich dichter und klarer werdenden Kindheitserinnerungen haben hauptsächlich mit dem Hinterhof in der Hollins Street zu tun, der die für einen städtischen Hinterhof ungewöhnliche Länge von etwa dreißig Metern hatte. Zusammen mit meinem Bruder Charlie, der mir in dieses Jammertal folgte, als ich erst zwanzig Monate alt war, verbrachte ich dort den größten Teil meiner Freizeit, bevor ich zur Schule kam. Für mich war der Hof ein seltsames, wildes Land voller endloser Entdeckungen und Zaubereien. Sogar mitten im Winter wurden wir dort fast täglich ausgesetzt, eingewickelt in die dicken, kratzigen Jacken, Mäntel, Fausthandschuhe, Gamaschen, Mützen, Unterhemden, Hemden und Unterhosen, die Kinder damals trugen. Wir schwelgten im Schnee, wann immer es Schnee zum Schwelgen gab, häuften ihn auf zu primitiven Häusern, Burgen und Schneemännern und verzierten ihn mit Schnörkeln und Zeichen, wie es männliche Kleinkinder seit der Würm-Eiszeit getan haben. Im Frühjahr gruben wir Würmer aus und hielten Ausschau nach Rotkehlchen, im Sommer jagten wir Schmetterlinge und warfen Steine nach Spatzen, und im Herbst machten wir Freudenfeuer mit den fallenden Blättern. Von März bis Oktober verwandelten wir den Garten meiner Mutter in eine Staubwüste.

Die Gegend um die Hollins Street war in den achtziger Jahren fast noch ländlich, denn es gab in der Nähe zahlreiche unbebaute Grundstücke, und das offene Gelände begann nur einige Häuserblocks weiter. Unserem Haus gegenüber lag die breite Grünanlage des Union Square mit einem Fischteich, einem gußeisernen griechischen Tempel mit einem Trinkbrunnen und einer kleinen Ziegelhütte mit Geräteschuppen für den Parkwächter – sie sah fast wie ein Spielzeughäuschen aus. Einen Block westwärts – und in Sichtweite von unseren oberen Fenstern aus – lagen die geheimnisvollen Häuser des Klosters zum Guten Hirten. Nonnen huschten in flatterndem Habit über die Wege und Alleen, und eine hohe Steinmauer trennte es von der Welt.

In unserem Hinterhof standen ein Pfirsich-, ein Kirsch-, ein Pflaumen- und ein Birnbaum. Den Birnbaum gibt es noch heute, er ist noch immer so üppig und kraftvoll wie

1883, nur daß er jetzt zehn Meter höher ist und eine so breite Taille hat, daß seine Zweige in die Nachbarhöfe hinüberragen. Mein Bruder und ich bedienten uns schon von den Kirschen, als sie noch harte grüne Kügelchen waren, und wir hatten schon drei oder vier heftige Bauchschmerzattacken hinter uns, bevor die ersten reif waren. Die Pfirsiche, Birnen und Pflaumen kamen später im Jahr, und während wir auf sie warteten, kauten wir auf dem Harz herum, das aus dem Stamm des Pfirsichbaums quoll, und übten uns darin, mit den vom Harz eingeschlossenen Fliegen und Maikäfern nach Pinkie, der Katze, zu spucken.

Über dem Kieselweg wölbte sich ein Weinstock, dessen sechs Reben wunderbar blühten und im Herbst eine üppige Ernte süßer Trauben gaben. Mein Bruder und ich widmeten uns ihnen mit Hingabe, sobald sie den ersten rötlichen Schimmer zeigten, und alle Spatzen von Westbaltimore halfen uns dabei, aber am Ende war immer noch genug übrig, um zwei große Abwaschschüsseln mit Trauben zu füllen. Meine Mutter und das Dienstmädchen verbrachten einen heißen Nachmittag damit, sie zu kochen und in Gläser mit Blechdeckeln zu füllen. Mein Bruder und ich konnten dem mit so viel Mühe hergestellten Traubengelee wenig abgewinnen, aber trotzdem mußten wir es den ganzen Winter hindurch essen, denn es galt, genau wie Kamillentee, als gesund für uns. Ich erinnere mich nicht, daß auch die Pfirsiche, Pflaumen und Birnen ähnlich konserviert wurden. Wahrscheinlich hatten wir sie alle weggeputzt, bevor sie reif zum Einmachen waren. Von den Trauben entgingen uns nur deshalb einige, weil sie zu hoch hingen, wie in der Fabel vom Fuchs und den Trauben. In späteren Jahren holten wir uns auch diese Trauben, indem wir zu ihnen hinaufkletterten; so bezahlten wir die Rettung vor dem Gelee mit zusätzlichen Bauchschmerzen.

Das Prunkstück des Hofes waren aber nicht die Weinstöcke und auch nicht die Obstbäume, sondern das Sommerhäuschen, ein drei mal drei Meter großes Rokokogebilde mit einem hohen, spitzen Blechdach, einem Holzfußboden, einem verzierten Geländer aus ineinandergreifenden Spiralen, bei dem immer zwei Teilstücke kunstvoll zusammentrafen. Dieses Sommerhaus war vom Vater meiner Mutter, Großvater Abhau, entworfen und gebaut worden. Er war ein geschickter Kunsttischler und hatte auch einige Möbel des Hauses selber angefertigt. Was immer er herstellte, war dauerhaft gebaut, und als ich lange nach Beginn des 20. Jahrhunderts eine Kolonne Abbrucharbeiter anheuerte, um das Sommerhäuschen abreißen zu lassen, schwitzten sie einen halben Tag mit ihren Brecheisen und Spitzhacken. In den achtziger Jahren des 19. Jahrhunderts diente es als Thronsaal und Gerichtshof der Familie, zumindest im Sommer. Sonntag morgens trafen sich dort bei schönem Wetter mein Vater und sein Bruder Henry, der nebenan wohnte, um Bier zu trinken, neue Tabakmischungen für ihre Zigarrenfabrik auszuprobieren und um die Kreditwürdigkeit von Kunden und die Niedertracht von Gewerkschaftsagitatoren zu erörtern. Und dort saß auch mein Großvater Mencken bei seinen periodischen Inspektionsbesuchen als Familienoberhaupt, um alle heiklen Fragen, die seiner Gerichtsbarkeit unterstanden, zu entscheiden.

Meine Mutter war eine tüchtige Gärtnerin, und in ihren zweiundvierzig Jahren in der Hollins Street muß sie mindestens eine Million Unkräuter ausgerupft haben. Ich erinnere mich, daß sie zu diesem Geschäft eine Art Uniform trug, die aus einer langen Ginghamschürze und einer altmodischen langen, gerippten Sonnenhaube bestand – einer Kopfbekleidung, die mit dem 19. Jahrhundert verschwand. Schürze und Haube hingen an Nägeln hinter der Küchentür, und auf einem Regal daneben lagen ihre Spatel, Scheren und anderen Geräte, darunter immer auch ein riesiges Bindfadenknäuel. Mein Bruder Charlie und ich wurden, als wir uns dem Schulalter näherten, zum Jäten herangezogen, aber keiner von uns konnte jemals zwischen Unkraut und Nichtunkraut unterscheiden, weshalb wir bald zur Vorderseite des Hauses geschickt wurden, wo jede Pflanze, die zwischen den Pflastersteinen der Hollins Street auftauchte, unzweifelhaft schädlich war. Das Unkraut wucherte üppig und war kaum zu bändigen. Meistens machten wir uns mit abgebrochenen Küchenmessern über die Pflanzen her und schnitten uns dabei oft in die Hände. Diese Arbeit mißfiel uns so sehr, daß sie schließlich zu Zwangsarbeit wurde. Das heißt, sie wurde aufgespart und als Strafe für uns eingesetzt. Ich weiß nur noch, daß die Höchststrafe eine Stunde betrug und daß sie so schweren Vergehen vorbehalten war wie dem Diebstahl von Ingwerplätzchen, dem Klettern im Birnbaum, dem Aufhängen der Katze an den Hinterläufen oder der groben und vorsätzlichen Verbreitung von Lügen.

Charlie war etwas kräftiger als ich und sehr viel wilder. Den größten Teil unserer Kindheit besiegte er mich in jedem halbwegs fairen Kampf oder konnte mich wenigstens hinhalten. In der Hollins Street war der Bürgerkrieg verboten, doch mein Großvater Mencken, der nur drei Blocks weiter in der Fayette Street wohnte, hatte offenbar keine Einwände dagegen – außer natürlich in der Zeit, in der er sein Mittagsschläfchen machte. Ich erinnere mich an einen herrlichen Tag, als acht oder zehn seiner Enkel ihn gleichzeitig besuchten und sofort ein Höllenspektakel veranstalteten. Die Sache begann mit einer mehr oder weniger akzeptablen Kissenschlacht, ging aber bald zu gewichtigeren Waffen über, einschließlich Bettstäben. Der Kampf tobte im ganzen Haus und muß einen erheblichen Schaden unter den Nippsachen angerichtet haben, die sämtlich aus der mittleren Bismarckzeit stammten. Meine Großmutter und Tante Pauline, fixiert vom hellblauen Auge meines Großvaters, taten eine Weile so, als seien sie belustigt, aber als ein großer Porzellanhumpen die Treppe aus dem zweiten Stock herunterpolterte und ein schwarzes Haartuchsofa im Wohnzimmer ein Bein einbüßte, stürmten sie mit lauten Schreien und Feuerholzknüppeln dazwischen, und Großvater gebot Einhalt.

Ganz besonders mochten Charlie und ich Tante Pauline, die überaus gastfreundlich war und dazu die beste Doughnut-Bäckerin in ganz Baltimore. Wenn der schöpferische Drang sie überkam, was recht häufig geschah, backte sie genug Doughnuts, um damit einen großen Zinkwaschkessel zu füllen; sie ließ dann in der Hollins Street Bescheid sagen, daß in der Fayette Street eine Überraschung bereitstehe. Der Weg zu ihr führte bergan, aber Charlie und ich rannten immer die ganze Strecke, wobei wir uns an der Hand hielten und so taten, als seien wir feurige Kutschpferde. Etwa eine Stunde später gingen wir sehr viel langsamer nach Hause, ohne jeden Appetit auf das Abendessen. Die uralte Neigung der Menschheit zu Ritualen ließ sich bei jenen Völlereien deutlich beobachten. Nachdem Charlie sein erstes halbes Dutzend Doughnuts verschlungen hatte und eine Pause einlegte, um Luft zu holen und Fett und Zucker von seinem Gesicht zu kratzen, pflegte Tante Pauline zu fragen: „Na, wie schmecken sie?", und Charlie antwortete immer: „Nach mehr!"

Ob dieses Ritual eine Originalidee von Tante Pauline war, einem medizinischen Jahrbuch entstammte oder einem Nachschlagewerk entliehen war, weiß ich nicht; es änderte sich jedenfalls nie und geriet nie in Vergessenheit.

In jenen unschuldigen Zeiten gab es noch keine Kindergärten, Spielplätze oder andere Teufelsinseln für kleine Kinder, und mein Bruder und ich streiften und tobten nach Herzenslust umher, bis wir alt genug für die Schule waren. Die Hollins Street war sicher für Kinder, denn es gab dort kaum Verkehr. Die wenigen Fahrzeuge bewegten sich langsam, und einen Pferdewagen, der sich über die Pflastersteine näherte, hörte man schon aus einem Block Entfernung. Der Hinterhof genügte uns in den ersten Jahren völlig. An Regentagen konnten wir uns in den Keller zurückziehen, aber allmählich arbeiteten wir uns doch auf die Straße und dann hinüber zum Union Square vor. Dort lernten wir alle damals üblichen Spiele. Als ich vor ein paar Jahren zufällig über den Platz ging, stieß ich auf eine Gouvernante mit Hornbrille, die einer Gruppe kleiner Mädchen Ringelreihen beibrachte. Der Anblick erfüllte mich plötzlich mit einer solchen Empörung, daß ich versucht war, die Madame zu packen und in den Goldfischteich zu werfen. In meiner Jugend brauchte man keinen autoritären, aus öffentlichen Mitteln bezahlten weiblichen Dragoner, um kleinen Mädchen Spiele beizubringen. Sie brachten sie sich gegenseitig bei, so wie es seit den Zeiten des Neandertalers üblich gewesen war.

Gleichwohl gab es einen ständigen Zuwachs an Neuheiten, jedenfalls was die Einzelheiten anging. Wenn wir

Jungen Indianer spielten, dann folgten wir dem Beispiel der sumerischen Jungen, die Arkadier jagten. Aber der Gebrauch von Äxten war neu, ebenso wie die Zeremonie des Skalpierens; überdies wären unsere Teufel in Menschengestalt wie etwa Sitting Bull und Rain in the Face den sumerischen Jungen genauso unbekannt und unvorstellbar gewesen wie Henry Ward Beecher oder John L. Sullivan. Die Lieder, die wir sangen, stammten hauptsächlich aus England, aber sie waren im Lauf der Zeit degeneriert. Um 1885 machten wir zum Beispiel in der Hollins Street aus „König Wilhelm" das folgende:

König Wilhelm war König Jakobs Sohn;
Er hielt 'nen Rei einmal zum Lohn;
Auf der Brust er trug 'nen Stern,
Welchselber hieß des Krieges Fern.

Ich hatte keine Ahnung, was ein „Rei" war, und ich fragte auch nie danach, genausowenig wie ich irgendeine konkrete Vorstellung mit „des Krieges Fern" verband. Ein beliebtes Jungenspiel, „Se*bast*apul" genannt (mit starker Betonung von *bast*), kann in seiner äußeren Form nicht viel älter als der Krimkrieg gewesen sein, denn Sebastapul war nichts anderes als Sewastopol, aber in seinem Kern ging das Spiel bestimmt bis zu den Römern zurück. Wir konnten es nur spielen, wenn in der Gegend Bau- oder Pflasterarbeiten ausgeführt wurden und ein Sandhaufen in bequemer Nähe lag. Wir formten den Sand in irgendeiner freundlichen Gosse zu kreisförmigen Schutzwällen, die wir dann mit bunten, grundsätzlich selbstgemachten Fahnen aus Seidenpapier schmückten. Die Fahnenmasten waren Feuerholzstangen, und das Seidenpapier kam aus Newtons Spielzeuggeschäft, Ecke Baltimore und Calhoun Street, das den Jungen und Mädchen von Westbaltimore siebzig Jahre lang treue Dienste leistete und erst im Frühjahr 1939 geschlossen wurde. Die Dienstmädchen des Wohnblocks kochten den Mehlkleister, mit dem wir das Papier an die Stangen klebten.

Zu einer Sebastapul-Garnison trugen die kleineren Jungen mit Zinnsoldaten bei, zu denen auch Indianer gehörten. Diese Soldaten standen in dichten und friedlichen Reihen da, denn es gab nie irgendeinen Angriffs- oder Verteidigungsversuch. Am Abend nahmen ihre Besitzer sie mit nach Hause, aber die Fahnen blieben zurück, bis der Regen das Sebastapul fortschwemmte oder bis das Pferd des Milchmanns es am frühen Morgen zertrampelte. Manchmal gab es zwei oder drei Sebastapuls in einem Block. Mädchen wirkten bei der Herstellung der Fahnen mit, aber sie durften die Wälle nicht glattstreichen und die Zinnsoldaten nicht anfassen. Interesse an militärischen Dingen zu zeigen wäre für ein kleines Mädchen genauso unschicklich gewesen, wie Bock zu springen oder Tabak zu kauen. Auch die älteren Jungen verhielten sich ziemlich reserviert, obwohl sie bereit waren, ein Sebastapul gegen Angreifer zu verteidigen. Zinnsoldaten waren nur etwas für sehr kleine Jungen. Die älteren waren über solche albernen und kindlichen Nachbildungen erhaben, die in eine Kategorie mit Stoffpuppen und Papierschiffen gehörten. Die älteren Jungen kämpften selber und hatten ihre eigenen Waffen.

Im Krimskrams unserer Familie gibt es ein Dokument mit meiner Handschrift von 1883: zwei Unterschriften auf einem Blatt Papier, das inzwischen eine triste braune Farbe angenommen hat; die eine ist klein und adrett, die andere groß und mit Schnörkeln verziert. Sie wirken irgendwie gefälscht, denn ich war damals erst drei Jahre alt, aber sie existieren, und das Datum, in der Schrift meiner Mutter, ist sehr deutlich zu lesen. Vielleicht hat sie ja meine kurzen, dicken Finger geführt. In der gleichen Sammlung gibt es ein weiteres Exemplar vom 1. Januar 1887. Es zeigt eine beginnende Leichtigkeit im Umgang mit der Feder, doch nicht gerade besondere Eleganz. Meine Mutter brachte mir auch manche anderen bescheidenen Fertigkeiten bei – zum Beispiel, wie man einen Nagel einschlägt, wie man Papierschiffe faltet und wie man einen Bleistift anspitzt. Sie lehrte mich sogar, eine Nadel einzufädeln, und eine Zeitlang hoffte ich, meine Strümpfe selber stopfen und meinen Hosenboden selber flicken zu können, aber es gelang mir nie, den korrekten Gebrauch des Fingerhuts zu erlernen, und so mußte ich meinen Plan aufgeben. Knoten zu binden war eine weitere Kunst, die mir versagt blieb. Bis zum heutigen Tag kann ich keine Fliege binden, obwohl ich immer wieder Lektionen bei hervorragenden Meistern, darunter Magiern wie Joe Hergesheimer und Paul Patterson, genommen habe. Wenn ich zu einer Party gehe, muß jemand meine Fliege für mich binden. Oft genug treffe ich mit herunterhängenden Enden ein und muß meine Gastgeberin um Hilfe bitten.

Diese Ungeschicklichkeit in den einfachsten Dingen hat mich mein ganzes Leben lang verfolgt und mich oft in nicht geringe Verlegenheit gebracht. In der Schule habe ich nie gelernt, wie man einen Federhalter richtig hält. Mit meiner Schrift waren die Lehrer zufrieden, aber wie ich die Feder hielt, mißfiel ihnen, und ich mußte so manche Grobheit ertragen, bis sie mich schließlich in Ruhe ließen. Im späteren Leben lernte ich das Mauern und erwarb auch eine gewisse Gewandtheit im einfachen Tischlern, aber ich konnte nie etwas zuwege bringen, was an Kunsttischlerei erinnert. Vom Geschick meines Großvaters Abhau habe ich offensichtlich nichts geerbt. Alle meine Erbanlagen in jenem Bereich stammen von meinem Vater, der handwerklich wahrscheinlich der unbedarfteste Mensch war, den die Erde je gesehen hat. Ich kann mich nicht erinnern, daß er mir als kleinem Jungen je irgend etwas beibrachte, nicht einmal das Murmelspiel. Zwar prahlte er mit seiner eigenen Virtuosität in den üblichen Jungenspielen, aber er fügte stets hinzu, daß er inzwischen alt geworden sei (er war einunddreißig, als ich sechs war) und so sehr unter Nichtsnutzen, lärmenden Kindern und undankbaren Zigarrenwicklern, Handlungsreisenden und Buchhaltern gelitten habe, daß er diese Fertigkeiten nun nicht mehr beherrsche. Er war auch nicht in der Lage, mir die endlosen Geschichten zu erzählen, die ich in den Jahren, bevor ich lesen konnte, von meiner Mutter hörte, genau wie die vielen Lieder. Das einzige Lied, das er sang, war dieses:

> Regen vierzig Tage,
> Regen vierzig Nächte,
> Sauerkraut ragt aus dem Schornstein.

Wahrscheinlich war das nicht der vollständige Text, aber er sang nie irgend etwas anderes. Das einzige Märchen in seinem Repertoire hatte mit einem Mann zu tun, der eine Blechbrücke baute. Ich habe nichts von dieser Geschichte behalten außer der Tatsache, daß die Brücke aus Blech war, was meinen Bruder und mich jedesmal von neuem erstaunte. Wir versuchten uns vorzustellen, wie so etwas möglich war, denn bei Blech dachten wir natürlich an Tomatendosen, aber wir konnten das Rätsel nicht lösen.

DIE HÖHLEN DER GELEHRSAMKEIT

(Zuerst veröffentlicht im „New Yorker" vom 21.5.1936. Nachgedruckt als zweites Kapitel von „Happy Days 1880–1892", New York, Alfred A. Knopf, 1940)

Meinen ersten Schultag habe ich vergessen, genau wie meinen ersten Tag auf Erden, aber an meinen zweiten erinnere ich mich sehr gut, denn er hat sich meiner Hirnrinde eingeprägt, weil wir uns nämlich (meine Cousine Pauline, die in der Hollins Street im Nachbarhaus wohnte, und ich) verirrten.

Wir waren gleichaltrig, und deshalb betraten wir die Höhlen der Gelehrsamkeit gemeinsam. Diese lagen mitten im alten Baltimore, gute anderthalb Meilen von der Hollins Street entfernt, und um sie zu erreichen, mußten wir eine lange Fahrt mit der Baltimore-Pferdebahn machen und dann noch die Länge von zwei Blocks zu Fuß gehen. Am ersten Tag zeigte uns Paulines Vater, mein Onkel Henry, den Weg. Er gab uns sorgfältige Segelanweisungen und erwähnte alle wichtigen Merkmale und Landkennungen: die Kuppel des Rathauses, das gußeiserne Gebäude der „Sun", Oehm's Acme Hall (spezialisiert auf Jungenhosen mit doppeltem Hosenboden) und so weiter. Am zweiten Tag, als wir dann allein in See stachen, erinnerten wir uns immerhin noch so weit an seine Anweisungen, daß wir die Pferdebahn in die vorgeschriebene Richtung nahmen und auch richtig in der Holliday Street ausstiegen, aber danach ließ uns unser Gedächtnis im

Stich, und wir machten uns zu Fuß nach rechts statt nach links auf.

Das Ergebnis war, daß wir bald in der Pratt Street landeten, einem Inferno aus Karren und Rollwagen, an dessen Ende das Brackwasserbecken Back Basin lag, das wie die Kanäle von Venedig roch. Es kam uns ungeheuer groß und überaus bedrohlich vor. Auf seinem dunklen, fettigen Wasser bewegten sich zahlreiche Chesapeake-Bay-Paketboote, die das schmierige Wasser mit ihren Schaufelrädern aufwirbelten und wild ihre Sirenen ertönen ließen. Es war ein faszinierendes, aber auch furchterregendes Schauspiel, und nach kurzer Zeit begannen wir zu heulen, und eine Meute afroamerikanischer Werftarbeiter sammelte sich um uns, und bald drängte sich ein Polizist hindurch und fragte barsch, was zum Teufel hier los sei. Wir müssen es fertiggebracht haben, ihm den Namen unserer Schule zu nennen – obwohl jener Teil der Episode eine Lücke in meinem Gedächtnis hinterlassen hat –, denn er lieferte uns mit nur ein paar Minuten Verspätung beim Direktor und Eigentümer der Anstalt, Professor Friedrich Knapp, ab und wurde dafür mit einem Gläschen Boonekamp-Magenbitter belohnt.

Das war meine Einführung (abgesehen von jenem vergessenen ersten Tag) in F. Knapp's Institute, eine Privatschule, die den Jungen und Mädchen des Bürgertums von Baltimore mehr als sechzig Jahre lang pädagogische Dienste leistete. 1886 machte sich bereits die Konkurrenz der staatlichen Schulen bemerkbar, doch Professor Knapp war nicht beunruhigt, denn er glaubte fest und prophezeite häufig, daß die staatlichen Schulen früher oder später unter der Last ihrer ererbten und unheilbaren Erbärmlichkeit zusammenbrechen würden. Sie taugten nur, wie er kühn behauptete, für Jungen, die zu dumm, zu faul, zu aufsässig oder zu verwahrlost seien, um in Akademien wie die seine aufgenommen zu werden, und es sei ihr wohlverdientes Schicksal, eines Tages von der Polizei, wenn nicht gar im Gefolge öffentlicher Ausschreitungen, geschlossen zu werden. Was die Entsendung von Mädchen auf solche Schulen betraf, so konnte er sich das einfach nicht vorstellen; ebensowenig wie er sich ausmalen konnte, die armen kleinen Engel dadurch zu entwürdigen, daß man ihnen die Zöpfe abschnitt oder sie in Hosen steckte.

Der Professor erging sich sehr häufig über das anstößige Thema, und mit besonderem Eifer immer dann, wenn ihn wieder ein Junge im Stich gelassen hatte, um sich der neueren und billigeren Ausbildung zu widmen. Er ließ dann durchblicken, er habe den Verräter hinausgeworfen, und manchmal fügte er noch eine Moralpredigt an Eltern hinzu, die die Erziehung ihrer Kinder vernachlässigten und dadurch Spitzbuben, Straßenräuber und Mörder hervorbrächten. Die schlimmste Strafe, die er einem Jungen, der mit ungekämmten Haaren oder ungewöhnlichen Schatten hinter den Ohren in der Schule erschien, jemals androhte, war der Verweis mit einem so ungünstigen Zeugnis, daß nur die staatlichen Schulen ihn aufnehmen würden. Jedesmal wenn im Stadtgefängnis jemand gehängt wurde (was in jenen Tagen, als sich Psychiater noch mit der Leitung von Irrenhäusern zufriedengaben, ziemlich häufig geschah), sprach er nie von dem Verbrechen, sondern von der Ausbildung des Dahingeschiedenen, die sich unweigerlich an einer staatlichen Schule vollzogen hatte. Kein anerkannter Absolvent von F. Knapp's Institute, verkündete er, sei jemals am Galgen geendet.

Davon abgesehen war der Professor ein sehr sanfter und sogar liebenswürdiger Mann, der viel eher dazu neigte, Lob auszuteilen als zu tadeln. Er war Schwabe und im Jahre 1850 in Baltimore eingetroffen. Fast vierzig Jahre später trug er immer noch die klassische Uniform eines deutschen Schulmeisters: einen langschwänzigen Frack aus schwarzem Alpakastoff, ein Frackhemd mit leicht ausgefransten Manschetten und eine weiße Batistschleife. Die Vorderseite seines Fracks war mit Kreide bestäubt, und seine Hände waren von einer so dicken Kreideschicht bedeckt, daß er sie jedesmal, wenn er eine Prise Schnupftabak nahm, fortblasen mußte. Professor Knapp, von kleiner Statur, aber großem Durchmesser, trug gestutzte Koteletten. Seine Hände hatten die merkwürdige Weichheit, die man so oft bei Pädagogen, Friseuren und CVJM-Sekretären beobachten kann. Das wurde mir zum erstenmal klar, als er bemerkte, wie ich mit der Zunge an einem lockeren Milchzahn wackelte, und mich zu sich rief, um den Zahn zu ziehen. Er hielt sorgfältig nach solchen Anzeichen Ausschau und zog, glaube ich, durchschnittlich sechs Zähne pro Woche. Es gehörte zur Schuletikette, daß Jungen diese Barbarei schweigend ertrugen. Die Mädchen durften schreien, die Jungen nicht. Aber beide durften unter den Prügeln heulen, die den Mädchen natürlich viel sanfter und weniger häufig als den Jungen verabreicht wurden.

Der Professor betrachtete die pädagogische Kunst mit großem Stolz und galt in der Stadt als Mann von einigem Rang. Er stand auf gutem Fuß mit dem Bürgermeister, General Ferdinand C. Latrobe, der uns einmal eine Stunde lang vom Lernen befreite, indem er vom Rathaus auf der anderen Straßenseite herüberkam, um uns mit einer bombastischen, aber undurchsichtigen Rede über Bürgertugenden zu traktieren. Der alte Professor beschränkte seinen Unterricht damals auf ein paar besonders abstruse Fächer, zum Beispiel Bruchrechnung, aber er ließ sämtliche Jungen allmorgendlich zur Inspektion antreten, und er leitete bei Jungen wie Mädchen den Gesang, mit dem jeder Unterrichtstag eröffnet wurde. Zu diesem Zweck drängten sich alle in das größte Klassenzimmer. Der Professor dirigierte mit seiner Geige, und seine Tochter Bertha half an einem Zimmerklavier mit. Die Lieder waren, wenn ich mich richtig entsinne, hauptsächlich beliebte deutsche Lieder aus seiner Jugend: „Goldne Abendsonne“, „Winter, adieu!“, „Fuchs, du hast die Gans gestohlen“, „Hurra, hurra, hurra-la-la-la-la!“ und so weiter. Die meisten Schüler konnten sehr wenig Deutsch, obwohl ihnen die Sprache mit großem Nachdruck beigebracht wurde, aber allen gelang es, die Lieder zu singen.

Das Institut war, wie erwähnt, bereits im Niedergang begriffen, als ich mit ihm zu tun hatte. 1879 (wie ich einem verblichenen Eintrag in einem Branchenverzeichnis von Baltimore entnehme) hatte es noch ein aus zwölf Gelehrten bestehendes Lehrerkollegium gehabt und Unterricht in Französisch, Latein und Hebräisch angeboten, von Deutsch und Englisch gar nicht zu reden, aber zu meiner Zeit war das Kollegium auf sechs oder sieben Lehrer zusammengeschmolzen, und Französisch und Latein standen nicht mehr zur Auswahl. Es gab jedoch immer noch eine Hebräischklasse, um dem guten Dutzend jüdischer Jungen entgegenzukommen, und ich saß in diesen Stunden (die im selben Klassenzimmer stattfanden, in dem auch die weniger exotischen Fächer unterrichtet wurden) lange genug dabei, um das hebräische Alphabet zu lernen. Ich war damals etwa neun Jahre alt. Als ich von Knapp's Institute abging, um das Polytechnikum zu besuchen, war der Hebräischunterricht eingestellt worden, und ich hatte sämtliche Buchstaben außer *aleph*, *beth*, *vav*, *yodh* und *resh* vergessen. Diese habe ich mehr oder weniger bis zum heutigen Tag behalten, und wann immer ich mich in der Gesellschaft eines orthodoxen Juden befinde, führe ich meine Kenntnisse vor. An andere Juden verschwende ich die Buchstaben jedoch nicht, denn andere Juden erkennen sie nur selten.

In der Anstalt des alten Professors gab es keine Feindschaft zwischen den Auserwählten und den *Gojim*; er hatte nie das Gefühl, daß er sie unterschiedlich behandelte, obwohl er Klassenzimmer, die sich ihm in einem unordentlichen Zustand präsentierten, heftig als „Judenschule" zu bezeichnen pflegte. Das Wort benutzte er nicht, weil es abfällig war, sondern weil es eben genau das zu beschreiben schien, worüber er sich beklagte, und es hatte einen festen Platz in der deutschen Umgangssprache. Außerdem benutzte er gerne hebräische Lehnwörter, zum Beispiel *tokos* (Hinterteil), *schlemihl* (Dummkopf), *kosher* (einwandfrei) und *mashuggah* (verrückt), von denen die meisten inzwischen ins Amerikanische eingegangen sind. Die jüdischen Jungen von Baltimore waren in jener unschuldigen Zeit noch immer erkennbar und ohne Scham Juden – mit hethitischen Nasen, lockigem Haar und Vornamen wie Aaron, Leon, Samuel und Isaac. Ich begegnete nie einem, der Irving, Sidney, Malcolm oder Wesley oder wenigstens Charles oder William hieß. Der alte Professor und seine Mitarbeiter gaben sich alle Mühe, diesen widerwilligen jüdischen Amerikanern die Grundlagen der heiligen Sprache beizubringen, aber offenbar mit sehr geringem Erfolg, denn das einzige Lehrbuch, das ich sie je benutzen sah, war eine Fibel mit Buchstaben, die fast so groß waren wie die in der obersten Reihe der Tafel eines Augenarztes. Alle Opfer des Hebräischunterrichts waren deutschjüdischer Herkunft und kamen aus vermögenden Familien, denn damals waren Ostjuden in Baltimore noch selten, und wenn wir Jungen einem auf der Straße begegneten, machten wir „bzzzzzzzz“, um seinem Bart satirisch zu huldigen. Ich muß betrübt hinzufügen, daß die jüdischen Jungen in Knapp's Institute ausnahmslos *Chazirfresser* waren.

Außerdem gab es in der Schule eine Gruppe ausschließlich männlicher Schüler aus Lateinamerika, vornehmlich Kubaner und Guyaner. Ich erinnere mich, daß ihre Taschentücher immer reichlich mit Parfüm getränkt waren und daß sie bereitwillig mit Kreiseln, Murmeln und Schieferstiften bezahlten, um im Winter die Plätze am Ofen zu ergattern. Zu ihnen gehörte ein Kubaner, dessen Vater von Banditen gefangengenommen und mit einem Messer schrecklich zugerichtet worden war; seine detaillierte Beschreibung der väterlichen Wunden war überaus anschaulich und machte ihn zu einer Art Helden. Unter den übrigen Schülern waren Deutsch-Amerikaner, Irisch-Amerikaner, Franko-Amerikaner, Italo-Amerikaner und sogar ein paar Amerika-Amerikaner. Es gab keine rassische Zentrifugalkraft, und die einzige Schülerin, die meiner Erinnerung nach einen an derartigen Merkmalen orientierten Spitznamen trug, war eine stämmige Deutsche. Das Mädchen war noch nicht lange in Amerika – sie war aber gleich mit der Anrede und dem Etikett „Deutschland auf Rädern“ versehen worden. Sie hatte Fäuste wie Schweinshaxen und scheute sich nicht, Jungen, die sie ärgerten, zu verdreschen.

Außerdem war sie eine Meisterin sämtlicher deutscher Deklinationen – und deshalb unbeliebt. Der alte Professor behandelte alle diese unterschiedlichen Volksstämme und Gattungen mit einheitlichem, doch wohlwollendem Argwohn – mit Ausnahme der Amerika-Amerikaner, die er, milde ausgedrückt, für geistig unterprivilegiert zu halten schien. Ich hörte ihn auch mehrere Male andeuten, daß ihre Väter mit den Schulgebühren im Rückstand seien.

Auf seinem Höhepunkt hatte sich das Institut auf Deutsch spezialisiert, aber zu meiner Zeit fand der gesamte Unterricht in Englisch statt. Ich muß jedoch etwas Deutsch gelernt haben, denn bis heute kann ich das deutsche Alphabet fließend herunterrattern, und ich kann die gotische Schrift einer deutschen Zeitung fast ebenso leicht lesen wie die lateinische. Zudem entsinne ich mich nach Papageienart an ein paar Deklinationen und kann sie mit eindrucksvoller Geläufigkeit rezitieren, besonders unter dem Einfluß von Hopfen und Malz. Auch kann ich noch immer mit recht guten deutschen Buchstaben schreiben, obwohl ich oft außerstande bin, die Schrift von echten Deutschen zu lesen. Und wenn ich Deutsch höre, habe ich immer das seltsame Gefühl, daß es eigentlich keine fremde Sprache ist, denn die Laute kommen mir ganz natürlich vor, sogar das „ch" in „ich". Aber dem Professor und seinen Handlangern gelang es nicht, mir beizubringen, wie man Deutsch spricht, oder diese Sprache ohne größere Mühe zu lesen. Sie versuchten, sie ihren Schülern einzupauken, wie sie ihnen das Einmaleins einpaukten – durch endlose Wiederholung, gewöhnlich im Chor. Bis heute beherrsche ich die Konjugation von „haben" bis hin zu „sie würden gehabt haben", obwohl ich nicht einmal einen kurzen Brief auf deutsch schreiben kann, ohne zu einer Grammatik und einem Wörterbuch greifen zu müssen. Die bescheidenen Deutschkenntnisse, die ich trotzdem in meiner Jugend erwarb, eignete ich mir hauptsächlich von den deutschen Dienstmädchen an, die in den achtziger Jahren die Küche in der Hollins Street durchliefen. Sie wurden gewöhnlich am Pier der Norddeutschen Lloyd in Locust Point von meinem Vater aufgegabelt (der fast kein Deutsch sprach, aber den Direktor der Einwanderungsbehörde kannte) und dann, nach vielleicht einem Jahr, von irgendeinem verliebten Eismann, Biermann oder Aschenmann fortgelockt. Eine heiratete sogar einen Gastwirt, lernte, hinter der Bar zu arbeiten, überlebte ihn und starb als reiche Frau. Meine Mutter beschwerte sich bitterlich darüber, daß diese kräftigen Kunigunden, Käthen, Ottilien und Charlöttchen kaum an die Hausarbeit gewöhnt seien, bevor sie davonschwirrten; aber manche von ihnen, besonders die Bayerinnen, waren vorzügliche Köchinnen, und alle waren bereit, meinem Bruder Charlie und mir jederzeit etwas zuzustecken und uns durch Schwindeln aus der Patsche zu helfen.

Mein Vater, dessen Mutter eine gebürtige Engländerin war, kannte sich nur mit den bedenklicheren deutschen Schimpfwörtern gut aus, weshalb diese Sprache bei uns zu Hause nicht benutzt wurde. Aber meine Mutter beherrschte sie gut genug, um mit den Dienstmädchen und mit den deutschen Markthändlern, Klempnern, Blechschmieden, Biermännern und Krämerlaufjungen palavern zu können, die sich dauernd bei uns einstellten. Wenn ihr Vater vorbeikam, sprach er sie gewöhnlich auf deutsch an, aber sie antwortete aus einem Grund, den ich nie erfuhr, immer auf englisch. Solche zweisprachigen Dialoge dauerten manchmal Stunden, was meinen Bruder und mich faszinierte. Wir versuchten, aus der Antwort meiner Mutter herauszufinden, was der alte Mann gesagt hatte. Vielleicht lernten wir dadurch etwas Deutsch, aber wahrscheinlich nicht viel. Eine der Familienanekdoten betrifft meine Anstrengungen, als kleines Kind diesem Großvater eine Erklärung für die verwirrenden Unterschiede zwischen seiner Sprache und unserer zu entlocken. „Grandpa", fragte ich ihn, „wenn das deutsche Wort für ‚kiss' ‚Kuß' ist, warum ist das deutsche Wort für ‚fish' dann nicht ‚Fusch'?" Er war des Englischen durchaus mächtig, aber dieses Geheimnis konnte er nicht aufklären. Mein Bruder und ich brauten uns ein entsetzliches Kauderwelsch zusammen, um uns mit den deutschen Dienstmädchen in deren vorenglischem Stadium zu verständigen. Grundlage war ein grob vereinfachtes Englisch, aber es enthielt auch viele pseudodeutsche Wörter, die auf falschen Analogien wie der gerade erwähnten beruhten, zum Beispiel „Monig" für „money" (von „Honig" – „honey") und „Ratz" für „rat" (von „Katz" – „cat"). Wie wir auf das Wort „Roch" – nach deutscher Art ausgesprochen, so daß es sich mit „Loch" reimte – für „(cock) roach" (Küchenschabe) kamen, weiß ich nicht mehr. Es muß eine Eingebung gewesen sein. Bis zum heutigen Tag ist mein Deutsch leider gräßlich (wenn auch nicht ganz so schlimm wie mein Sanskrit und mein Altkirchenslawisch), und es amüsiert mich immer wieder, wenn man annimmt, ich sei ein Meister oder sogar ein Spezialist, was diese Sprache betrifft.

Professor Knapp, um zu ihm zurückzukehren, verbrachte den größten Teil seiner Tage damit, von einem seiner Klassenzimmer im Institut ins andere zu schlurfen, das didaktische Geschick seiner Beauftragten zu beobachten und Strafgerichte über böse Jungen abzuhalten. Er war ein Virtuose des Rohrstocks und wählte sein Instrument für die jeweilige Züchtigung mit offenkundiger Sorgfalt aus. Er besaß ein Arsenal, das so groß war wie eine Tasche voller Golfschläger, und trug es von Klasse zu Klasse. Aber der Ablauf der Operation war stets der gleiche, und jeder Junge kannte ihn genauso gut wie die Regeln des Wettlaufens oder des Fangens. Der Verurteilte wurde höflich an die Hinrichtungsstätte neben dem Pult des Lehrers gebeten und hatte bei dem Wort „eins" des Professors die Hände zu heben. Bei „zwei" senkte er sie auf Schulterhöhe, und bei „drei" beugte er sich, bis seine Fingerspitzen die Knöchel berührten. Die Prügelstrafe *a posteriori* schloß sich an – mitunter zwei-, drei- oder sogar viermal, aber meistens nur einmal. Es gehörte, wie gesagt, zum Ritual, daß der Verurteilte Schreie ausstieß. Er durfte auch heftig seinen *gluteus maximus* massieren – das wurde geradezu erwartet –, während er wieder auf seinen Platz humpelte. Denn dies gab dem Professor die Gelegenheit, weise zu bemerken: „Du kannst es nicht wegreiben." Kriminelle Mädchen wurden milder bestraft, nämlich mit Linealschlägen auf die offene Handfläche. (Sie linderten ihre Schmerzen, indem sie die geprügelte Hand unter die andere Achsel steckten.)

Der Professor zeigte wenig moralische Entrüstung, wenn er solche Exerzitien ausführte, und ich habe nie gehört, daß ein Opfer sie als ungerecht bezeichnet hätte. Wann immer sie stattfanden, schien die ganze Klasse überzeugt zu sein, daß sie auf Recht und Gesetz beruhten und für Frieden und Zivilisation unerläßlich seien. Das lag zweifellos daran, daß der Professor deutlichere Freude an Belohnungen als an Bestrafungen erkennen ließ. Wenn er einer

Rezitation lauschte, bei der sich ein Junge oder ein Mädchen hervortat, strahlte er wie ein Weihnachtsmann über das ganze Gesicht und nahm sich umständlich Zeit dafür, die verdienstvolle Person mit einem „Pluspunkt“ auszuzeichnen. Ein Pluspunkt war einfach ein Kärtchen mit dem Datum, dem Namen des Empfängers und der Unterschrift des Professors. Auch andere Lehrer konnten Pluspunkte verteilen, aber die des Professors schätzten wir natürlich am meisten. Ein Schüler, der im Laufe eines Jahres fünfzig Punkte angesammelt hatte, erhielt zum Schulabschluß ein Buch, in Anwesenheit der stolzgeschwellten Eltern. Ich bekam mein erstes Buch am 28. Juni 1888. Es war ein Exemplar von Grimms Märchen in der scheußlichen Übersetzung einer gewissen Mrs. H. B. Paull. Das Buch wurde mir, wie die Widmung sagt, „für Fleiß und gutes Betragen“ verliehen. Ich besitze es noch immer und würde es nicht für Gold und Weihrauch hergeben.

Diese Pluspunkte waren keine schlichten Karten, sondern Kunstwerke nach Art der „Gartenlaube“ und unserer Meinung nach sehr elegant. Sie waren farbig lithographiert und zeigten gewöhnlich einen Blütenzweig, ein mit einem Wollknäuel spielendes Kätzchen oder eine Winterszene im Schwarzwald, wobei der Schnee aus pulverförmigem Glimmer bestand. Manchmal nahm das Kunstwerk die Form einer separaten, nicht nur farbigen, sondern auch erhabenen Hand an. Die Hand war an der stets spitzenbesetzten Manschette auf der Karte befestigt, und man konnte die Inschrift lesen, wenn man die Finger zurückbog. Pluspunkte mit Händen standen besonders hoch im Kurs, obwohl sie keinen größeren Tauschwert besaßen als die einfachen. Einer von ihnen liegt noch immer als Lesezeichen in dem erwähnten Exemplar von Grimms Märchen. Nach meinem Abgang von dieser Bühne soll es dem Völkerbund übergeben werden.

Am Institut gab es Lehrer, die auf rätselhafte Weise kamen und gingen und in Vergessenheit geraten sind, aber ich erinnere mich sehr deutlich an alle festen Mitglieder des Lehrkörpers: an die Tochter des alten Professors, Miss Bertha, seine Nichte Miss Elvina, seinen Sohn Mr. Willie, seinen Stellvertreter Mr. Fox und seinen Handlanger Mr. Paul. Das war ein hochgewachsener, glattrasierter, verschlossener Deutscher, der immer eine lange schwarze Jacke trug und sich leidenschaftlich gern mit Kölnisch Wasser parfümierte. Damals kannte man die Wissenschaft von der Klimatisierung noch nicht, und die Schulzimmer wurden hermetisch abgeriegelt. Mr. Pauls kraftvolles Aroma war deshalb ein vorzügliches Desinfektionsmittel, aber gegen Ende eines arbeitsreichen Tages machte es uns manchmal doch ziemlich benommen. Er wohnte in der Schule, da er einen Teil seiner Vergütung in Form von Kost und Logis erhielt, und ich hörte Jahre später von einem Mitschüler, der ein Experte am Schlüsselloch war, daß sein ausbezahltes Höchstgehalt nie mehr als zehn Dollar pro Woche betrug.

Diese Tatsache war zweifellos verantwortlich für seine überwiegend subversive Einstellung, die ihn etwa 1888 zu einem unglücklichen, für seine Karriere nahezu fatalen Fehltritt verleitete. Der Schnitzer bestand in einer Ansprache an seine Klasse, in der er den Achtstundentag befürwortete – damals eine anarchistische Weltneuheit und fast so beunruhigend für das Bürgertum, wie es heutzutage die Konfiskation steuerfreier Wertpapiere wäre. Schlimmer noch, er zitierte zur Unterstützung dieser Idee folgende Parole:

Acht Stunden für die Arbeit;
Acht Stunden für den Schlaf;
Acht Stunden für das, was man will.

Die Jungen konnten seinem Gedankengang nicht folgen, lernten die Parole aber rasch auswendig. Ich selbst wiederholte sie eines Abends stolz vor meinem Vater und wartete zuversichtlich auf seinen Beifall. Statt dessen sprang er von seinem Sessel auf, erbleichte, verschluckte sich und begann ganz entsetzlich zu fluchen. Ich zog mich eingeschüchtert zurück, und erst Jahre später erfuhr ich von ihm, weshalb er so entrüstet gewesen war und welche Folgen sein Groll gehabt hatte.

Wie sich herausstellte, war er felsenfest davon überzeugt gewesen – und er blieb bei dieser Überzeugung –, daß der Achtstundentag ein Projekt ausländischer Nihilisten sei, um die amerikanische Republik zu untergraben und zu ruinieren. In seiner eigenen Zigarrenfabrik wurde fast nur Akkordarbeit geleistet, so daß es ihm im Grunde gleichgültig war, wie lange seine Männer ihrer Beschäftigung nachgingen; aber er hielt es für seine Pflicht, im Interesse anderer Unternehmer gegen die Ketzerei zu protestieren. Das tat er offenbar bereits am folgenden Tag Professor Knapp gegenüber. Der Professor, der auch von anderen Vätern Klagen gehört hatte, war sehr aufgebracht und stauchte Mr. Paul zurecht. Danach hörten wir kein Sterbenswort mehr über das Thema. Mr. Paul widmete sich mit ungeteilter Aufmerksamkeit seinen Spezialfächern – Schönschreiben, Freihandzeichnen, Mathematik bis zum Einmaleins und Betragen – und vermied alle nationalökonomischen Spekulationen.

Er war ein gütiger Mann, der eine gewisse zeichnerische Begabung besaß. Ich lernte von ihm, mit der Feder und mit dem Bleistift komplizierte, phantastische, unglaubliche Blumen zu zeichnen, und an einem trägen Nachmittag unterbrach er seinen Unterricht manchmal, um die Jungen und Mädchen zu unterhalten. Dann malte er die Tafel voll mit Bildern von Vögeln, die Briefe im Schnabel trugen und deren Gefieder sich zu kunstvollen Schnörkeln erweiterte. Diese Fertigkeit, heute im Verfall begriffen, wurde zu jener Zeit hoch geschätzt. In der Schönschrift folgte Mr. Paul klassischen Vorbildern. Jeder Abstrich mußte möglichst dick und jeder Aufstrich so dünn wie ein Spinnenfaden sein.

Zur Weihnachtszeit mußten alle Jungen und Mädchen ihren Eltern stereotype Briefe kindlicher Pflichterfüllung schreiben. Zu diesem Zweck stellte uns die Schule vier elegante leere Blätter zur Verfügung, deren erste Seite farbig lithographiert war. Der Text stand an der Tafel, alle Tintenfässer waren gesäubert und gefüllt, und neue, besonders feine Federn wurden ausgeteilt. Der erste Junge, der einen Klecks machte, bekam den Rohrstock zu spüren, und danach waren alle sehr vorsichtig. Wenn ich mich richtig erinnere, brauchten wir den größten Teil des Tages dazu, diese Briefe zu verfassen. Der Professor selbst kam von Zeit zu Zeit vorbei, um die guten Schreiber zu loben und die Pfuscher an den Ohren zu ziehen. Wenn ein Fehler entdeckt wurde, holte man seinen Sohn Mr. Willie, der den Buchstaben mit einem scharfen Taschenmesser herauskratzte. Zu viele Fehler hatten zur Folge, daß das ganze Blatt abgelehnt und zerrissen wurde, wonach der Schuldige ein neues für zehn Cent kaufen mußte. Wir waren jedesmal froh, wenn wir diese Tortur hinter uns hatten.

Als ich Mr. Willie kennenlernte, war er Mitte Dreißig. Er war klein und untersetzt, trug den seidigen Schnurrbart jener Zeit und kämmte sich das Haar quer über den Schädel. Welterfahrener als Mr. Paul, unterhielt er uns oft mit Erzählungen seiner Abenteuer. Eine seiner Lieblingsgeschichten handelte von seinen Beobachtungen und Gefühlen, während er zusah, wie ein Chirurg das Bein eines Mannes amputierte. Das war irgendwo im Westen gewesen, wo er ein oder zwei Jahre lang als Zahlmeister für das Grundbuchamt gearbeitet hatte. Den Jungen gefiel die Geschichte, und sie spornten ihn an, die Greuel noch detaillierter auszumalen, doch die Mädchen hielten sich die Ohren zu, sobald er anfing, und taten, als liefen ihnen Schauder über den Rücken. Außerdem erzählte er gern von den Gefahren beim Befahren des Missouri, den er in den siebziger Jahren zur Südgrenze des heutigen South Dakota hin überquert hatte. In einer seiner Geschichten beschrieb er, wie die Flußboote damals, wenn sie auf eine Sandbank aufliefen, dampfgetriebene Stelzen ausfuhren und sich so über das Hindernis hinwegsetzten. Kein Junge in der Schule glaubte ihm diese Geschichte, und ich selbst war fast vierzig, bevor ich herausfand, daß sie der Wahrheit entsprach. Eine andere von Mr. Willies Flunkereien nahm ich, ohne zu zögern, für bare Münze. Eines Tages ließ er sich über die ungeheure Zahl von Büchern auf der Welt und deren unendliche Vielfalt aus. „Allein über das Thema des Hundeauges“, sagte er, „ist so viel geschrieben worden, daß es dieses Klassenzimmer ausfüllen würde.“ Wir alle glaubten dieser Behauptung.

Der Dekan oder Erste Offizier von F. Knapp's Institute war Mr. Fox, ein großer Pennsylvanier mit einem Ziegenbart. Er hatte starke Ähnlichkeit mit dem verstorbenen Admiral Winfield Scott Schley. Mr. Fox betrieb den Schulladen und trug ihn in einer riesigen Depeschentasche mit sich herum. Die Jungen waren überzeugt, daß er hohe Gewinne mache, wenn er ihnen Federhalter, Griffel, Schmierpapierblöcke und andere Utensilien verkaufte. Außerdem glaubten sie, er verdiene als Sekretär einer Freimaurerloge zusätzlich ein Vermögen. Die Angelegenheiten dieser Loge beschäftigten ihn an manchem langweiligen Nachmittag, wenn die Rezitationen zu einem Singsang verkamen und niemand mit dem Rohrstock gezüchtigt werden mußte. Er verbrachte Stunden damit, Postkarten an die Mitglieder zu adressieren und sie über Initiationen, Austernpartys, Beerdigungen und dergleichen zu informieren. Während er sich damit abmühte, kaute er bedächtig auf seinem Bart. Wir Jungen wunderten uns darüber, daß der Bart nie kürzer wurde.

Mr. Fox assistierte dem alten Professor als Scharfrichter und war für die meisten geringeren Bestrafungen von Übeltätern zuständig. Er benutzte einen ausgefransten Rohrstock von nur geringer Schlagkraft und wurde kaum gefürchtet. Eines Tages, im Jahre 1889, erlebte ich, wie er die Wahrheit von Oscar Wildes Bonmot, daß die Natur stets die Kunst nachahme, demonstrierte. Zum Arsenal der damaligen Comics gehörte ein Junge, der sich eine Schiefertafel, eine Dachschindel oder ein Buch in die Hose steckte, um sich vor der Gerechtigkeit zu schützen. Diesem Beispiel folgte in meinem Beisein ein sehr kleiner Junge, der, wie ich mich zu erinnern glaube, Johnnie Horlamus hieß. Als Mr. Fox ihn umdrehte, wölbte sich sein Hosenboden zu einem unglaublichen Quadrat, und Mr. Fox unterbrach das Verfahren, um Nachforschungen anzustellen. Seine Suche förderte ein Geographiebuch der dritten Klasse zutage. Als er es herauszog, brüllten alle Schüler vor Lachen, und er mußte sich kräftig auf den Bart beißen, um nicht selbst in das Gelächter einzufallen. Danach entließ er Johnnie mit einem einzigen, sehr sanften Schlag.

Mr. Fox war kein Virtuose wie der Professor. Er prügelte gewissenhaft, aber ohne jeden erkennbaren Stil. Der Professor dagegen war nicht nur eine Zierde dieser Wissenschaft, sondern bereicherte sie auch mit einem bemerkenswerten Beitrag: er erfand die Massenzüchtigung, die sich allerdings auf seine morgendliche Inspektion auf dem Schulhof beschränkte. Dabei entdeckte er oft drei, vier oder sogar fünf Jungen mit ungeputzten Schuhen oder ungewaschenen Ohren. Er befahl ihnen, ein paar Schritte vorzutreten, und stellte sie dann präzise nebeneinander auf. Wenn alle die Position eingenommen hatten, die sein Kommando „drei" verlangte, versuchte er, ihre Hinterteile gleichzeitig mit dem Hieb eines extralangen Rohrstocks zu erwischen. Manchmal gelang es ihm und manchmal nicht. Der bevorzugte Platz in der Reihe war natürlich der ihm nächste, denn der Junge, der sich dort befand, wurde von dem dicken Teil des Rohrstocks, der nur einen kleinen Bogen beschrieb, getroffen und erlitt deshalb kaum Schmerzen. Der Junge am ferneren Ende war der dünnen und giftigen Stockspitze ausgesetzt, die eine so lange Bahn beschrieb, daß sie die Geschwindigkeit eines Baseballs und den Biß eines Otterzahns erreichte.

Der Professor glaubte, von dem Zeitpunkt, da seine Schüler morgens ihr Heim verließen, bis zu ihrer sicheren Rückkehr am Nachmittag für ihre Beaufsichtigung und Hygiene verantwortlich zu sein. Es war ein Bruch der Schulvorschriften, wenn sich ein Junge von einem Pferdewagen mitnehmen ließ. Missetäter verrieten sich durch die schlichte Tatsache, daß solche Wagen, schmutzig wie sie waren, gewöhnlich Spuren an den Knien der Strümpfe oder am

Hosenboden oder an beiden zurückließen, aber die Jungen bevorzugten die Vermutung, sie seien von Spitzeln unter den Mädchen verpetzt worden. So manches unschuldige Mädchen wurde wegen dieses Vorwurfs heftig am Zopf gezerrt. Auch das war ein Vergehen, aber das Opfer beschwerte sich selten, denn es wäre bestimmt wieder am Zopf gezogen worden, und zwar mit einem gewaltigen Ruck, der fast einer Skalpierung gleichkam.

Das schlimmste Verbrechen war natürlich eine Straßenrauferei. Wurde sie beobachtet, kam es nicht nur zu einer massiven Anwendung des Rohrstocks, sondern auch zur förmlichen Androhung, die Schuldigen in die Hölle der staatlichen Schulen zu verbannen. Die Regeln des Instituts sahen jedoch, wie das kanonische Recht der heiligen Kirche, Ausnahmen und Dispense vor. So galt es als läßliche Sünde, Jungen von der Scheib's School zu knuffen, niederzuknüppeln und sogar (wäre es denn denkbar gewesen) zu erwürgen und zu zerstückeln. Scheib's School lag so dicht neben F. Knapp's Institute, daß die beiden nur durch den schmalen Pfad der Orange Alley voneinander getrennt waren. Professor Knapp und Pastor Scheib hatten angeblich ein brüderliches Verhältnis und sprachen immer auf sehr schmeichelhafte Weise voneinander, aber häufig wurden Schüler von einer Anstalt zur anderen gelockt. In der Tiefe ihrer pädagogischen Kreideherzen war der eine ein Guelfe und der andere ein Ghibelline.

ALLEGRO CON BRIO

(Eingangskapitel von „Newspaper Days 1899–1906", New York, Alfred A. Knopf, 1941)

Mein Vater starb am Freitag, dem 13. Januar 1899, und wir beerdigten ihn am folgenden Sonntag. Am Montag abend unmittelbar darauf, nachdem ich mich sorgfältig rasiert und meinen besten Anzug angezogen hatte, präsentierte ich mich in der Lokalredaktion des alten „Baltimore Morning Herald" und fragte den Lokalredakteur Max Ways, ob er einen Posten als Reporter für mich habe. Ich war achtzehn Jahre, vier Monate und vier Tage alt, trug das Haar lang und in der Mitte gescheitelt, war mit einem hohen, steifen Kragen und einer breiten Krawatte ausgerüstet und wog etwas weniger als 55 Kilogramm. Ich bot wirklich kaum einen Anblick, der einen Lokalredakteur hätte entzücken können, aber Max war ein leutseliger Bursche und an jenem Abend in einer besonders aufgeräumten Stimmung, denn er hatte sich (wie er mir später erzählte) ein gutes Dinner einverleibt, es mit zwei doppelten Malzwhiskys hinuntergespült und alle seine Reporter waren seines Wissens vorübergehend nüchtern. Deshalb empfing er mich sehr höflich, ja geradezu herzlich. Ob ich irgendwelche Zeitungserfahrungen hätte? Die Antwort lautete – leider – nein. Welche Ausbildung hätte ich vorzuweisen? Ich war Absolvent des Polytechnikums von Baltimore. Welche Überlegungen hätten mein Interesse auf das Zeitungsgeschäft gelenkt? Darauf konnte ich nur erwidern, daß es eine Art himmlische Berufung zu sein schien:

ich platzte vor literarischer Leidenschaft und hätte fast seit einer Ewigkeit – so kam es mir jedenfalls mit achtzehn Jahren vor – ungestüm geschrieben: vielleicht seit vier oder sogar fünf Jahren. Was denn – Prosa oder Lyrik? Beides. Irgendwelche Veröffentlichungen? Hier mußte ich mich taub stellen, denn meine Bibliographie beschränkte sich bis dahin auf zwei anonyme Gedichte im „Baltimore American“ – einer Konkurrenzzeitung, die an diesem Ort wahrscheinlich nicht bewundert wurde.

Max betrachtete mich nachdenklich – ich hatte während der ganzen Zeit vor ihm gestanden – und gab die Antwort, die Lokalredakteure jungen Aspiranten seit den Tagen der ersten Washingtoner Handpresse gegeben hatten: unglücklicherweise habe er keine freie Stelle. Er werde sich meinen Namen notieren und nach mir schicken, wenn eine unvorhergesehene – und, wie mir schien, völlig unvorstellbare – Katastrophe Bedarf schaffen sollte. Ich muß sichtlich enttäuscht gewirkt haben, denn der freundliche Max ließ sich sofort etwas Besseres einfallen. Ob ich einen Beruf hätte? Ja, ich arbeitete für meinen Onkel Henry, den einzigen Erben und Rechtsnachfolger meines Vaters in der alten Tabakfabrik Aug. Mencken & Bro. Nun, es sei besser, diesen Posten nicht aufzugeben, aber vielleicht sei es keine schlechte Idee, wenn ich ab und zu abends, sagen wir, zwischen halb acht und Viertel vor acht, vorbeikäme. Natürlich könne er nichts versprechen; schlimmer noch, die Tatsachen, die gegen mich sprächen, seien erdrückend. Aber wenn ich mich in geeigneten Abständen einfände, mochte sich, wenn Gott es wolle, früher oder später eine Gelegenheit ergeben, mich an einer Aufgabe zu erproben, die meiner noch nicht erwiesenen Begabung angemessen sei. Solche

Testflüge würden, was man kaum zu erwähnen brauche, nicht vergütet, denn sie vergrößerten die ohnehin schwere Last der Sorgen und Befürchtungen eines Lokalredakteurs erheblich. Und von den vielen, die berufen seien, würden nur wenige auserwählt.

Ich zog mich mit einer Mischung aus Enttäuschung und Jubel zurück, aber der Jubel gewann bald die Oberhand über die Enttäuschung, und am nächsten Abend, genau um 19.30 Uhr, kam ich wieder. Max winkte mich fort, ohne ein Wort mit mir zu sprechen, denn er hielt gerade einem Laufburschen eine Standpauke. Am dritten Abend schüttelte er einfach den Kopf, ebenso am vierten, fünften, sechsten und siebten. Am achten – oder war es vielleicht am neunten oder zehnten? – bedeutete er mir zu warten, während er ein Bündel Satzvorlagen durchblätterte, und fragte mich dann plötzlich: „Liest du manchmal den ‚Herald'?" Als ich bejahte, sagte er: „Was hältst du davon?" Alles deutete auf eine Falle hin, und mein Herz setzte für zwei Schläge aus, aber die Heiligen standen mir bei. „Ich finde", sagte ich, „daß er viel besser geschrieben ist als das ‚Sunpaper'." Später sollte ich erfahren, daß Max eine gewisse Verschlagenheit gewittert hatte, aber er wahrte wie immer die Beherrschung, und ich bemerkte nur, daß ein schwaches Lächeln über sein Gesicht glitt. Schließlich forderte er mich auf: „Komm morgen abend wieder."

Und ob ich wiederkam – doch ich traf ihn nicht an, denn er hatte vergessen, daß es sein freier Abend war. Am folgenden Abend erschien ich wieder; er war so beschäftigt, daß er keine Notiz von mir nahm. Das gleiche am nächsten Abend und dem danach und dem danach. Kurz, es ging vier Wochen lang so weiter, Abend um Abend, montags, dienstags, mittwochs, donnerstags, freitags, samstags und sonntags. Ein gewaltiger Blizzard senkte sich über Baltimore, und die Straßenbahnen blieben zwei Tage lang stecken, aber ich trottete, hoffnungsvoll wie immer, zur „Herald"-Redaktion hinüber und trottete dann traurig nach Hause. Schließlich kam nach dem, was nach meinem Kalender eine Epoche der geologischen Zeitrechnung war, Donnerstag abend, der 23. Februar 1899. Ich traf Max beim Lesen von Satzvorlagen an, und für ein paar Minuten nahm er mich nicht wahr. Dann hob er die Augen und sagte beiläufig: „Fahr raus nach Govanstown und sieh nach, ob sich dort etwas abspielt. Wir haben angeblich einen Korrespondenten in Govanstown, aber wir haben von ihm seit sechs Tagen nichts mehr gehört."

Meine Erschütterung muß überwältigend gewesen sein, denn ich kann mich nicht erinnern, wie ich nach Govanstown kam. Es gehört heute zu Baltimore, aber 1899 war es nur ein Dorf mit seinem eigenen Leben und eigenen Heimsuchungen. Kein Polizist ließ sich blicken, als ich eintraf, aber ich stieß auf die Mitglieder der freiwilligen Feuerwehr, die in ihrer Station Pinokel spielten. Der Blizzard hatte ihre Eingangstür mit einer fünf Meter hohen Schneewehe blockiert, aber sie hatten sich ausgegraben und sehnten sich jetzt nach einem Feuer, obwohl alle Hydranten im Ort noch eingefroren waren. Außer ihren Hoffnungen hatten sie keine Neuigkeit zu bieten. Über eine vereiste Straße hinweg entdeckte ich zwei Lichter: ein helles in einem Drugstore und ein trübes in einem Bestattungsinstitut. Der Leichenbestatter, wie fast alle anderen Bewohner von Govanstown, wollte gerade ins Bett gehen, und als ich ihn aufscheuchte und er in Hose und Unterhemd herunterkam, konnte er mir nur mitteilen, daß er nichts Geschäftliches zu erledigen habe. Der Drogist, der sich hinter seinen bunten Flaschen an einen glühendheißen Kachelofen drückte, war ergiebiger. Der Stadtpolizist, sagte er, sei gerade mit seinem Zweispänner losgefahren, um bei einem Fall von Pferdediebstahl in Kingsville – eine lange Strecke auf der Belair-Landstraße entfernt – zu helfen, und der „Improved Order of Red Men" habe seine Austernparty auf den 6. März verschoben. Als ich gegen 23 Uhr in die „Herald"-Redaktion zurückkam, wies Max mich an, die Roten Männer zu vergessen und über den Pferdediebstahl zu schreiben. In einer entlegenen Ecke stand ein leerer Schreibtisch, und dort schrieb ich zehn Minuten lang meinen Artikel, zerriß ihn, schrieb ihn neu und zerriß ihn wieder. Schließlich kam folgendes heraus:

„Ein Pferd, ein einspänniger Wagen und mehrere Garnituren Geschirre, insgesamt auf einen Wert von rund 250 Dollar geschätzt, wurden gestern nacht bei Kingsville aus dem Stall von Howard Quinlan gestohlen. Die Landpolizei geht dem Fall nach, aber bisher gibt es weder von den Dieben noch von der Beute irgendeine Spur."

Max reagierte nur mit einem Grunzen auf meinen Artikel, aber als ich, erschöpft und doch frohlockend, die Redaktion verließ, rief er mich zurück und gab mir einen Leserbrief, in dem unter Boykottandrohung ein umfassender und positiver Bericht über die Vorführung eines, wie man damals sagte, Kinetoskopen oder Kineographen gefordert wurde. „Zwei Zeilen reichen", sagte Max. „Fast jeder hat inzwischen einen Kineographen gesehen." Ich schrieb:

„In der Otterbein Memorial United Baptist Church, Ecke Roland und Fifth Avenue, Hampden, unterhielten Charles H. Stanley und J. Albert Loose gestern abend ein großes Publikum mit einer Vorführung von Kriegsszenen durch den Kineographen."

Am nächsten Morgen stand ich mit dem Milchmann auf, um die Zeitung durchzusehen, und als ich meine beiden Artikel völlig unverändert entdeckte, durchfuhr mich eine solche Erregung, wie sie ein Faß Brandy und 100 000 Volt Elektrizität nicht hätten hervorbringen können. Irgendwie muß ich meine Pflicht für Aug. Mencken & Bro. erfüllt haben, denn meinem Onkel fiel anscheinend nichts auf, aber meine höheren Gehirnzentren waren bestimmt nicht auf die Firma fixiert. Am Abend traf ich so früh in der „Herald"-Redaktion ein, daß Max noch nicht vom Abendessen zurückgekehrt war. Als er erschien, musterte er mich nachdenklich und meinte, es sei vielleicht eine gute Idee, meine Talente an einem Dorf neben Govanstown namens Waverly zu erproben. Es sei ein ärmlicher Ort voller Methodisten und Baptisten, die selten über die Stränge schlügen, aber hin und wieder entlaufe doch ein Pferd, oder ein Pastor werde gefeuert. Ich erreichte Waverly nach einer langen Suche im Schnee, durchstöberte es von einem Ende zum anderen und stieß auf zwei Neuigkeiten. Eine hatte mit einer Veranstaltung der Epworth League, der Jugendorganisation der Methodisten, und die andere mit einem Vortrag für Farmer der Nachbarschaft zu tun; der Titel (ich habe den Ausschnitt vor mir) lautete: „Wäre es in Anbetracht des niedrigen Heupreises nicht ratsam, die Heuanbaufläche für den Markt zu verringern?" Max konnte für beide Themen wenig Begeisterung aufbringen, aber nachdem ich die Artikel geschrieben hatte, reichte er mir die Werbezettel eines nebenberuflichen Presseagenten über eine neue Quäker-Schule und befahl mir, den Text umzuschreiben. Daraus wurden am nächsten Morgen in der

Zeitung achtundzwanzig Zeilen, und ich fühlte mich gleichsam über den Mond hinaus zum Orion katapultiert. Am nächsten Abend stellte Max mich zwei oder drei Reportern vor. Ich sei ein junger Mann, der bei der Zeitung arbeiten wolle, und mein Name sei Macon. Sie begrüßten mich ziemlich reserviert.

Von den folgenden Wochen weiß ich mit Sicherheit nur noch eines: daß ich nie genug Schlaf zu bekommen schien. Ich mußte jeden Morgen um acht Uhr in der Zigarrenfabrik Aug. Mencken & Bro. antreten, was bedeutete, daß ich um sieben Uhr aufstand. Dort dauerte mein Arbeitstag offiziell bis 17.30 Uhr, aber oft hielt mich mein Onkel zurück, um mit mir über Familienangelegenheiten zu sprechen, denn mein Vater war gestorben, ohne ein Testament zu hinterlassen, und sein Erbe wurde von zwei Gruppen von Anwälten geregelt, die immer neue Ungereimtheiten entdeckten. Dadurch wurde es oft 18 Uhr, bevor ich entkam, und im Laufe der nächsten Stunde mußte ich nach Hause gehen, mich umziehen, das Essen hinunterschlingen und in die Stadtmitte zur „Herald"-Redaktion zurückkehren. Zwei Wochen lang ließ Max mich die entlegeneren Vororte durchstreifen – eine Aufgabe, die, wie ich später erfuhr, ausgereiften Reportern so wenig zusagte wie die Berichterstattung über eine modische Trauung oder eine Versammlung des Vereins Christlicher Abstinenzlerinnen. Ich machte mich von Catonsville im fernen Westen bis hin zu Back River im Osten auf, und von Tuxedo Park im Norden bis hin zu Mount Winans im Süden. Stunde um Stunde fuhr ich mit den städtischen Straßenbahnen, und eines Abends – daran erinnere ich mich nach all den Jahren immer noch mit Unbehagen – summierten sich meine Fahrgelder von jeweils fünf

Cent auf sechzig Cent, das war mehr als die Hälfte meines Tageslohns bei Aug. Mencken & Bro. Max hatte nichts von einem Spesenkonto erwähnt, und ich traute mich nicht, ihn zu fragen. Als ich einmal aus einem öden Dorf namens Gardenville, ein oder zwei Meilen nordöstlich der letzten elektrischen Beleuchtung, zurückgekehrt war, wagte ich, ihn zu fragen, wie weit sich mein Revier in jene Richtung erstrecke. „Du mußt so lange weiterfahren", erwiderte er, „bis du Reportern aus Philadelphia begegnest." Das war ein uralter Zeitungswitz in Baltimore, doch ich kannte ihn nicht; er gefiel mir viel besser, als ich erlebte, wie er an meinen Nachfolgern praktiziert wurde.

Aber meine Erforschung der Randgebiete von Baltimore, obwohl nahezu erschöpfend, nahm in Wirklichkeit nicht allzuviel Zeit in Anspruch, denn nach einer Weile gab Max mir städtische Aufträge, die sonst keiner haben wollte: Amtseinführungen neuer evangelischer Pastoren, Versammlungen von Rudergängern, Interviews mit Langweilern, die gerade aus Europa, vom Klondike oder aus Oklahoma zurückgekehrt waren, Orgien der einen oder anderen Art beim CVJM, unwichtige politische Kundgebungen, Konzerte, Beerdigungen und so weiter. Die meisten meiner frühen Zeitungsausschnitte fielen 1904 dem großen Feuer von Baltimore zum Opfer, aber einige haben sich erhalten, und an ihnen ist abzulesen, daß ich über eine Reihe von Themen berichtete, die heute so vorsintflutlich wirken wie ein Kampf zwischen zwei Brontosauriern – zum Beispiel die Vorführung eines Bilddramas von Alexander Black (eine Serie von Lichtbildern, begleitet von dünnem, banalem Sprechgesang) und ein Vortrag von Frank Beard. Als sich herausstellte, daß ich etwas von Musik verstand, wurde ich zu einer langen Serie von Klavierkonzerten in obskuren Kirchen, Liederabenden und Instrumentalkonzerten in noch obskureren Sälen und diversen Ruhestörungen in Logengebäuden und bei deutschen Gesangvereinen entsandt. Innerhalb von zwei Wochen hörte ich einen Geiger, der damals in Baltimore sehr beliebt war, Raffs Kavatine nicht weniger als acht Mal spielen. Der damalige Musikkritiker des „Herald", ein Engländer namens W. G. Owst, war ein ziemlich träger Bursche; als er merkte, daß ich über solche Spektakel ohne auffällige Schnitzer berichten konnte, sorgte er dafür, daß ich immer mehr Aufträge dieser Art bekam. Schließlich wurde ich mit dem Bericht über eine Attacke der Baltimore Oratorio Society auf Mendelssohns „Elias" betraut – und erlitt einen Anfall von Lampenfieber, den ich dadurch heilte, daß ich vor der Aufführung die Pratt Library besuchte und mich ein wenig mit der einschlägigen Literatur befaßte.

So ging der Winter in den Frühling über, und ich begann allmählich, mich für einen Journalisten zu halten. Gewiß, bis dahin hatte man mir keine aktuellen Nachrichten anvertraut, und Max hatte mich nie zur Unterstützung eines ständigen Mitarbeiters entsandt, aber er war großzügig mit seinen Ratschlägen, und ich eignete mir rasch den Jargon und die Denkweise der Lokalredaktion an. Bei dieser Akklimatisierung half mir die Methode, die ich benutzt hatte, um Mendelssohns „Elias" zu ergründen, und zu der ich in schwierigen Zeiten stets Zuflucht genommen habe: was ich nicht auf andere Weise erfahren konnte, versuchte ich mir durch Bücher anzueignen. Leider waren die zahllosen Texte über den Journalismus, derer sich die Aspiranten heute bedienen können, damals noch ungeschrieben, und ich konnte in der Pratt Library nur eine einzige fachliche Abhandlung über das Thema finden. Es handelte sich um „Steps Into Journalism“ von E. L. Shuman von der „Chicago Tribune“. Obwohl das Buch nicht gerade anspruchsvoll daherkam, war es doch sehr klar und vernünftig geschrieben, und ich bezog daraus eine Menge nützlicher Informationen. Außerdem las ich die gesamte damals gedruckte Zeitungsliteratur: zum Beispiel Richard Harding Davis' „Gallegher and Other Stories“, Jesse Lynch Willliams' „The Stolen Story and Other Stories“ und Elizabeth G. Jordans „Tales of the City-Room“, von denen die beiden letzten erst kurz zuvor erschienen waren.*

Wie ich die Zeit für diese Lektüre fand, kann ich nicht mehr sagen, denn ich wurde von meinen beiden Posten auf Trab gehalten, aber irgendwie fand ich sie. Als ich eines Abends in der Lokalredaktion saß und auf einen Auftrag wartete, schlief ich ein, und der rücksichtsvolle Max schlug daraufhin vor, ich solle mir einen Abend in der Woche frei nehmen, am besten den Sonntag. Am folgenden Sonntag blieb ich bis Mittag im Bett und legte mich um 20 Uhr wieder hin, und danach war ich zu allem bereit. Während das Frühjahr verstrich, wurden meine Aufträge immer besser, und als die Zeit für die High-School-Abschlußfeiern heranrückte, berichtete ich über jede einzelne. In jenen Tagen gab es fünf solcher Schulfeiern, die erste im City College, die letzte in der High School für Farbige, und ich hörte, wie der Bürger-

---

* Etwas später muß ich „With Kitchener to Khartoum“, „From Capetown to Ladysmith“ und andere Bücher des Journalisten George W. Steevens von der „London Mail“ gelesen haben. Sie machten einen starken Eindruck auf mich, und ich glaube immer noch, daß Steevens der größte Zeitungsreporter aller Zeiten war.

meister von Baltimore überall genau die gleiche Rede vom Stapel ließ. Max, der den Mann kannte, machte mir ein Kompliment, weil ich seine Bemerkungen jedesmal anders und sogar als mehr oder weniger intelligent wiedergab. So erhielt ich den erfreulichen Eindruck, daß meine Tage als unbezahlter Volontär ihrem Ende entgegengingen. Aber ein Lokalredakteur konnte in jener knauserigen Zeit, zumindest in Baltimore, nur einen neuen Mann einstellen, wenn er sich zunächst eines alten Mitarbeiters entledigte, und ich mußte noch rund einen Monat warten.

Schließlich nahm irgendein alter Reporter seinen Abschied, und meine Zeit war gekommen. Max machte meine Ernennung zu einer kleinen Feier, obwohl niemand sonst anwesend war. Mein Gehalt, sagte er, werde sieben Dollar pro Woche betragen, mit der Aussicht auf baldige Gehaltserhöhung um einen Dollar, wenn ich mich bewährte. Ich dürfe ein Fahrkartenheft für die Straßenbahn benutzen und Abrechnungen für sonstige Ausgaben vorlegen. Im Moment stehe mir keine Schreibmaschine zur Verfügung, aber er hoffe, Nachman, dem Geschäftsführer, in naher Zukunft eine zu entlocken. Dann folgten einige gute Ratschläge. *Erstens*, vertraue nie einem Polizisten; überprüfe seinen Bericht, wann immer möglich. *Zweitens*, versuche stets, deine Beiträge früh abzuliefern; der erste Artikel, der die Lokalredaktion erreicht, hat viel bessere Aussichten, ungekürzt gedruckt zu werden, als der letzte. *Drittens*, sei sorgfältig, was Daten, Namen, Altersangaben, Adressen, Zahlen jeder Art betrifft. *Viertens*, denke ständig an die Gefahren der Verleumdung. *Und zuletzt*, sei nicht überrascht, wenn du von jemandem Informationen erbittest und aufgefordert wirst, sie am folgenden Morgen aus der „Sun“ zu beziehen. „Die ‚Sun‘

ist die Bibel von Baltimore und hat fast ein Monopol für alle möglichen Arten von Nachrichten. Aber laß dich dadurch nicht entmutigen. Du kannst dich ebenfalls informieren, wenn du gründlich genug recherchierst. Und vergiß nie: Jeder ‚Herald'-Reporter, der etwas taugt, kann einen ‚Sun'-Reporter in den Schatten stellen."

Das letzte war keineswegs wörtlich zu nehmen, wie ich merken sollte, als ich Berichte in Konkurrenz mit „Sun"-Reportern wie Dorsey Guy und Harry West schrieb, aber Max' Bemerkung hatte trotzdem eine gewisse Plausibilität, denn die „Sun" legte immensen Wert auf Genauigkeit, wodurch sie bei ihren Mitarbeitern einen nüchternen, sachlichen Stil förderte. Die besten von ihnen entwanden sich diesen Fesseln, aber die durchschnittlichen Journalisten neigten dazu, wie Buchhalter zu schreiben. Max dagegen hatte viel mehr für einen phantasievollen, farbigen Stil übrig. Er selbst war ein sehr guter Reporter gewesen, der sich nicht nur auf Humor, sondern auch auf das Pathetische verstand, und er versuchte nun, seine Untergebenen zu der gleichen Manier anzuhalten. Kaum jemand war solchen Anforderungen gewachsen, aber alle, mit Ausnahme einiger armer alter Automaten, gaben sich Mühe, weshalb der „Herald" recht forsch daherkam. Im allgemeinen orientierte er sich an der „New York Sun", die damals noch unter der Leitung von Charles A. Dana glänzte, weniger an der „Baltimore Sun" und dem „Congressional Record". Ich hatte in meiner ersten Woche als fester Mitarbeiter das Glück, auf eine Geschichte von der Art zu stoßen, die Max besonders gut gefiel: den plötzlichen Tod eines farbigen Straßenpredigers mitten in einem Kirchenlied. Ich war nicht am Ort des Geschehens und mußte mich auf die Polizisten verlassen, was die Einzelheiten anging, aber anscheinend enthielt mein Artikel eine gewisse Dramatik, denn Max war hoch erfreut und schenkte mir zur Belohnung eine Karte zu einem Auftritt von Rose Sydell's „London Blondes".

Ich hatte aus den oben erwähnten Romanen über das Zeitungswesen geschlossen, daß der typische amerikanische Lokalredakteur eine Art Kreuzung zwischen dem Fahrer eines Eiswagens und einem Feuermelder sei, „voll von seltsamen Flüchen" und Verwünschungen und geneigt, bei jeder Gelegenheit ganze Kompanien von Angestellten hinauszuwerfen. Aber wenn jenes Ungeheuer in der Republik tatsächlich existierte, dann jedenfalls nicht in der Redaktion des „Baltimore Herald". Max war natürlich hinreichend für die Kunst und die Geheimnisse seines Berufes gerüstet: er konnte hin und wieder laut genug fluchen und war durchaus zu vernichtenden Schmähreden fähig, aber meistens, selbst wenn seine Nerven überstrapaziert waren, behielt er die Fassung und ging höflich mit allen um. Immer wenn ich einen Artikel verkorkste, was häufig genug vorkam, rief er mich an seinen Schreibtisch und machte mich auf meine Fehler aufmerksam. Wenn ich verwirrt und verworren mit einer schwierigen Geschichte ankam, gab er mir rasche und klare Anweisungen, die mich immer aufs rechte Gleis brachten. Während ich seine Operationen mit dem scharfen Blick der Jugend beobachtete, begriff ich allmählich, welch merkwürdige Voraussetzungen ein Lokalredakteur mitbringen mußte. Er mußte eine unglaubliche Mischung aus Offizier und Literaturkritiker, Diplomat und Gefängnisdirektor, Psychologe und Wahrsager sein. Wenn er nicht um die Ecke und durch ein bis zwei Meter dicke Ziegelmauern blicken konnte, war er so gut wie blind, und wenn er die Obertöne nicht hören konnte, die normalerweise nur von Hunden und Kindern wahrgenommen werden, dann war er so gut wie taub. Seine Kenntnisse der Stadt waren, mit zunehmender Erfahrung, die eines Polizeichefs, eines nachts arbeitenden Droschkenkutschers und eines Gemeindepfarrers in einer rauhen Gegend. Man erwartete von ihm, daß er die Wahrheit über alles und jedes wußte, obwohl er sie selten druckte; zu seinem nützlichsten Wissen gehörte es – er setzte es übrigens ständig ein –, daß er Tag und Nacht über den wahrscheinlichen Aufenthaltsort einer jeden Person von öffentlichem Interesse informiert war.

Max besaß diese Fertigkeiten und viele andere mehr. Ich möchte nicht spekulieren, wie er in späteren Zeiten bei einer der größeren Zeitungen mit ihren zahlreichen Ausgaben zurechtgekommen wäre, aber zu seiner Zeit und an seinem Ort war er ein sehr kompetenter Mann und genoß den Respekt und die Zuneigung seines Personals. Er war von mittlerer Größe, hatte helles Haar, das auszufallen begann, und einen Äquator, der bereits anschwoll. Sein Resthaar trug er recht lang im damals so genannten Football-Stil. Er hatte eine Vorliebe für Rollkragen und legte manchmal eine Windsorkrawatte an. Seine bunten Hemden waren nach der Mode jener Tage so gebügelt, daß sie wie Glas glänzten, und auch seine übrige Kleidung hatte einen ziemlich modernen Schnitt. Wir jüngeren Reporter ahmten seine Gewandung und sein Gebaren nach. Die Legenden, die ihn umrankten, waren vorwiegend romantischer, nicht professioneller Natur. Er war Junggeselle und lebte angeblich in wilder Ehe mit einem wunderschönen Wesen, das hin und wieder einen Tropfen zuviel trank und ihn der Peinlichkeit seines Gezeters aussetzte. Ob jenes Wesen wirklich existierte, weiß ich nicht. Ich kann nur sagen, daß ich es nie zu Gesicht bekam, und als ich Max ein einziges Mal in seiner Wohnung aufsuchte (eine Bindehautentzündung hatte ihn außer Gefecht gesetzt), stellte ich fest, daß er sozusagen *a cappella*, ohne Begleitung, über einem französischen Restaurant wohnte und von der überaus reifen und alles andere als betörenden Ehefrau des Eigentümers versorgt wurde.*

Es war eine angenehme Redaktion, in die ich nun eintrat. Sicher, viele der Reporter waren schlampige, versoffene alte Knaben von geringen Fähigkeiten, aber sie alle erwiesen sich zumindest als freundliche Burschen, und an ihrer Seite arbeiteten einige sehr begabte junge Männer. Das „Herald"-Gebäude war neu, und die Lokalredaktion in der vierten Etage war eine der bequemsten und behaglichsten, die ich je erlebt habe. Aber in vieler Hinsicht würde sie heute primitiv wirken, denn zum Beispiel besaß sie nur zwei Telefone, von denen jeweils eines den beiden Gesellschaften gehörte, die damals in Baltimore um Abonnenten kämpften. Beide Apparate waren steinzeitliche, an der Wand angebrachte Geräte, und niemand benutzte sie, wenn es sich vermeiden ließ. Auf dem Schreibtisch des Lokalredakteurs stand kein Telefon, bevor ich selbst 1903 dieses

* Als Max den „Herald" verließ, ging er in die Politik und stieg zu einem der Bosse der Demokratischen Partei von Baltimore auf. Aber bei seiner ersten Kandidatur für ein Amt unterlag er, wie es hieß, hauptsächlich deshalb, weil viele Wähler aus seinem Namen schlossen, daß er Jude sei, und andere sogar argwöhnten, er könne Chinese sein. In Wirklichkeit war er schottisch-irischer, walisischer, englischer und pennsylvanisch-deutscher Herkunft. Später heiratete er die bezaubernde Sekretärin des Gouverneurs von Maryland und hatte mit ihr einen Sohn und eine Tochter, die ihm ins Zeitungsgeschäft folgten. Er starb im Jahre 1923. (Anm. des Autors)

Amt antrat. Die Redaktionsbibliothek setzte sich – wenn man eine mit Eselsohren versehene Enzyklopädie, der mehrere Bände fehlten, nicht mitrechnete – ausschließlich aus Regierungsberichten zusammen, und der einzige, der sie jemals benutzte, war ein älterer Kollege, der den Auftrag hatte, Vieh- und Futterpreise aufzulisten. Er beendete seine Arbeit täglich um etwa 17 Uhr und verbrachte dann eine Stunde damit, in der Enzyklopädie zu lesen. Es gab ein Zeitungsregister, aber kein Archiv. Der Lokalredakteur führte eine eigene Akte mit Zeitungsausschnitten, und wenn sie ihn im Stich ließ, mußte er sich auf das unzuverlässige Gedächtnis der älteren Reporter stützen.

Die Mitglieder der Lokalredaktion kamen, außer Frühaufstehern wie dem Gerichtsreporter, um 12.30 Uhr zur Arbeit, und jeder war bis 23 Uhr für sein Spezialgebiet verantwortlich. Der Lokalredakteur selbst begann eine Stunde früher mit der Arbeit und beendete sie rund eine Stunde später. Es gab keine Probeabzüge oder andere Frühausgaben. Die erste für die Post bestimmte Ausgabe lag erst nach Mitternacht vor. Deshalb hatte es mit den Artikeln, außer mit den allerletzten, keine besondere Eile. Redaktionsassistenten waren noch unbekannt. Jeder Reporter, gleichgültig wie fern der Schauplatz seines Artikels war, kam zurück ins Büro und schrieb den Text selbst. Wenn er in Verzug war, nahm man ihm eine Seite nach der anderen ab, und er wurde von dem Grunzen und Knurren des Lokalredakteurs angetrieben, der auch als Hauptkorrektor fungierte und gewöhnlich die Schlagzeile für den lokalen Leitartikel des Abends schrieb. Ein großer Teil der Texte wurde immer noch mit der Hand geschrieben, denn es gab in der Redaktion nicht genug Schreibmaschinen, und jedesmal, wenn

Nachman, der Geschäftsführer, aufgefordert wurde, eine weitere zu kaufen, führte er sich auf, als wolle man ihn erdolchen. Aber jeder Reporter hatte einen Schreibtisch, und jeder Schreibtisch war mit einem Spucknapf ausgerüstet. Das kam mir sehr zustatten, denn ich hatte mir mittlerweile in der Zigarrenfabrik meines Vaters die sündhafte Gewohnheit des Tabakkauens angeeignet und bin noch heute mehr oder weniger in ihren gräßlichen Schlingen gefangen.

Das Redaktionsbüro wurde von Bill Christian ziemlich sauber gehalten. Er war Friseur und hatte den Posten des Hausverwalters bekommen, weil er Oberst Cunningham, den Chefredakteur, mit seinen Barbierkünsten beeindruckt hatte. Bill selbst war allergisch gegen Arbeit, aber er führte sorgfältig Aufsicht über sein farbiges Reinigungspersonal, und die gesamte Redaktionsetage war zu jener Zeit merkwürdigerweise blitzsauber. Sogar das Büro des Obersten selbst wurde wenigstens zweimal pro Monat entrümpelt, wobei man haufenweise fortgeworfene Zeitungen hinausschleppte. Bill gelang es jedoch nicht, irgendeinen Fortschritt im Kampf gegen das Heer gigantischer Kakerlaken zu erzielen, das drei oder vier Jahre zuvor bei der Eröffnung des Gebäudes eingezogen war. In langweiligen Nächten wiesen die Redakteure Laufburschen an, ein halbes Dutzend dieser Ungeheuer einzufangen, und veranstalteten dann mit ihnen Wettrennen, wobei die Kakerlaken mit Spazierstöcken über den Fußboden der Lokalredaktion dirigiert wurden. Dieser Sport erforderte einiges Geschick, denn wenn ein Jockey seinen Klepper zu heftig antrieb, konnte es geschehen, daß er ihm die Hinterläufe abschlug.

EIN MÄDCHEN AUS RED LION, PENNSYLVANIA

(Kapitel 15 aus „Newspaper Days 1899–1906", New York 1941, mehrfach separat und in Anthologien nachgedruckt)

Irgendwo in seiner üppigen, farbenprächtigen Prosa spricht Oscar Wilde von der Tendenz der Natur, die Kunst zu imitieren – dies ist ein Phänomen, das Menschen, welche die Augen offenhalten, oft beobachten. Mir wurde diese Tatsache zum erstenmal nicht durch die Wilde-Lektüre, sondern durch einen bejahrten Droschkenkutscher namens Peebles bewußt, der in Baltimore in den Tagen dieser Geschichte ein blühendes Gewerbe betrieb. Peebles war ein Schotte mit einem zumeist unfreundlichen und verschlossenen Charakter; trotzdem hatte er in der Stadt eine gewisse Bekanntheit erlangt. Das war vielleicht teils darauf zurückzuführen, daß er wegen der Ermordung seiner Frau zwölf Jahre im Staatsgefängnis von Maryland gesessen hatte, aber ich glaube, er verdankte seinen Rang vor allem einer unerbittlichen Rechtschaffenheit in Geldangelegenheiten, die in seinem Berufsstand überaus selten ist. Sogar die Polizisten hielten ihn für einen ehrlichen Mann und machten kein Hehl daraus. Sie wußten um seine grundsätzliche Weigerung, Betrunkenen mehr als das Drei- oder Vierfache des gesetzlichen Fahrpreises abzunehmen, sie wußten, wie viele verlorene Uhren, Brieftaschen, Krawattennadeln und Spazierstöcke er alljährlich abgab, und sie bewunderten als Christen seine rigorose Ablehnung – obwohl sie diese als Polizisten beklagten –, für sie als Zuträger zu arbeiten.

Zudem war er nicht nur ehrlich, sondern auch arbeitsam, und man nahm weithin an, daß er Geld in fünf Banken deponiert hatte. Er erschien jeden Abend um 21 Uhr am Droschkenstand vor dem alten Eutaw House und verbrachte die folgenden fünf oder sechs Stunden damit, Vergnügungssüchtige und Soziologen zu den Bordellvierteln und zurück zu befördern. Wenn die Nachfrage nachließ, fuhr er zur Union Station und hielt dort Wache, bis seine beiden alten Pferde einschliefen. Die meisten Fremden, die aus den frühmorgendlichen Zügen ausstiegen, wollten zum nächstgelegenen Hotel befördert werden, das nur zwei Blocks entfernt war. Diese Kundschaft brachte ihm also nicht viel ein, aber im Unterschied zu den anderen Droschkenkutschern bediente sich Peebles nie des Tricks, rasch in die falsche Richtung zu fahren und auf Umwegen zurückzukehren.

Eines Morgens kurz nach der Dämmerung, Anfang Herbst 1903, gerade als sein rechtes Pferd leise zu schnarchen begann, traf ein Bummelzug aus dem unteren Pennsylvania ein. Eine rotwangige junge Frau mit einem Pappkoffer und einem rosa Sonnenschirm stieg aus. Sie wurde von einem Mechaniker, der ein Auge für ländliche Schönheiten hatte, vom Bahnsteig hinunterbegleitet, trat schüchtern ins Sonnenlicht hinaus und musterte die Reihe der Droschken. Die anderen Kutscher schienen sie einzuschüchtern, was nicht überraschen konnte, denn sie alle waren habgierige Männer, deren üble Neigungen von ihnen ausstrahlten wie Hitze von einem Ofen. Aber als sie Peebles erblickte, muß ihre weibliche Intuition ihr gesagt haben, daß er vertrauenswürdig war, denn sie schüttelte den Mechaniker ohne weitere Umstände ab und näherte sich Peebles' Droschke mit allen Zeichen des Zutrauens.

„Sagen Sie, Mister“, fragte sie, „was wollen Sie dafür haben, wenn Sie mich zu einem Freudenhaus fahren?“

Wenn Peebles später davon erzählte, übertrieb er wahrscheinlich sein Erstaunen ein bißchen, aber fraglos empfand er etwas, was sich vernünftigerweise nur als Schock beschreiben ließ. Er legte großes Gewicht auf den Eindruck blühender Unschuld, den sie erweckt habe, fast wie ein umhertollendes Lämmchen. Ihre Wangen hätten geglüht wie Äpfel, und sie habe wie ein Ballen Heu gerochen. Seiner eigenen Schilderung nach starrte er sie eine ganze Minute lang an, ohne ihre Frage zu beantworten, während ihm ein wilder Strom verworrener Mutmaßungen durch den Kopf ging. Was konnte ein so offensichtlich argloses Geschöpf in einem solchen Etablissement zu suchen haben? Hatte sie sich vielleicht versprochen? Meinte sie in Wirklichkeit ein Arbeitsamt, den Christlichen Verein Junger Frauen oder sonst irgend etwas? So wie Peebles die Geschichte später ausschmückte, behauptete er, er habe sie gründlich ins Kreuzverhör genommen, woraufhin sie ihre Frage nicht nur unverändert wiederholt, sondern auch erklärt habe, daß sie fest entschlossen sei, sich der Sünde auszuliefern, und damit rechne, in der Gosse zu enden. Aber in seiner ersten Version berichtete er einfach nur, er habe sie stumm angestarrt, bis sein Erstaunen gewichen sei, und ihr dann bedeutet, in seine Droschke zu steigen. Schließlich war er Fuhrunternehmer und gesetzlich verpflichtet, jeden Kunden, unabhängig von dessen privaten Plänen und Absichten, zu befördern. Wenn er Zugeständnisse an seine kaledonische Moral machte, dann in dem Sinne, daß er ihr Ziel mit einiger Umsicht wählte. Er hätte sie in einem der drittklassigen Bordelle abladen können, die sich an einer Straße keine drei

Blocks von der Union Station entfernt drängten, und dann weiter seinem Gewerbe nachgehen können. Statt dessen fuhr er sie durch die halbe Stadt zu dem vornehmen Studio von Miss Nellie d'Alembert, einer der damals führenden Persönlichkeiten ihrer Profession in Baltimore. Sie war eine Frau, der zwar der Schliff von Vassar fehlte, die jedoch über Vernunft, einen trockenen Humor und fortschrittliche Ideen verfügte.

Ich war kurz zuvor Lokalredakteur des „Herald" geworden und erhielt in dieser Eigenschaft häufig vertrauliche Mitteilungen von Miss Nellie. Mehr noch, sie war die Quelle zahlreicher nützlicher Tips, was Neuigkeiten betraf. Sie wußte über jedermann alles, was niemand wissen sollte, und besaß präzise Vorausinformationen insbesondere über die Scheidungen von Prominenten, denn fast alle großen Anwaltspraxen der Stadt benutzten ihr Etablissement, um sich Beweismaterial zu verschaffen. Damals gab es keine Walter Winchells, und die Lokalredakteure des Landes mußten sich auf Freiwillige verlassen, um Insiderauskünfte zu erhalten. Solche Freiwilligen waren a) von einem taktvoll ausgeübten öffentlichen Verantwortungsgefühl und b) von dem verständlichen Wunsch motiviert, es sich mit den Zeitungen nicht zu verderben. Nicht selten profitierten sie von diesem Wunsch. Ich erinnere mich gut an den Abend, als zwei aus Washington angereiste Kongreßabgeordnete in Miss Nellies Musikzimmer in Streit gerieten und der eine dem anderen den Schädel mit einem Spucknapf einbeulte. Auf meinen Vorschlag hin folgten mir sämtliche anderen Lokalredakteure von Baltimore in dem Bemühen, die journalistische Ethik so weit zu dehnen, den Unfall nach Mount Vernon zu verlagern, das heißt in das angesehenste Viertel der Stadt, und die Delle einem Sturz auf dem Eis zuzuschreiben.

Meine zufällige Vorrangstellung in dieser öffentlichen Angelegenheit machte Miss Nellie zu meiner Verbündeten, weshalb sie mir hin und wieder einen guten Tip gab und vergaß, auch die anderen Lokalredakteure zu benachrichtigen. Deshalb war meine Aufmerksamkeit sofort geweckt, als sie mich am frühen Nachmittag nach Peebles' seltsamem Abenteuer anrief und mir mitteilte, daß sie eine sehr gute Geschichte auf Lager habe. Sie erklärte, es sei im Grunde nichts, was man als wichtige Nachricht bezeichnen könne, sondern einfach eine Geschichte von allgemeinmenschlichem Interesse. Ich bat Percy Heath, sie aufzusuchen, denn obwohl er inzwischen mein Nachfolger als Redakteur der Sonntagsausgabe war, schrieb er immer noch den einen oder anderen Artikel, und ich wußte, was ihm besonders zusagte. Er meldete sich eine halbe Stunde später und erklärte, ich müsse zu ihm kommen. „Wenn du das nicht selber hörst, wirst du behaupten, ich binde dir einen Bären auf."

Als ich Miss Nellies Haus erreichte, saß sie mit Percy in einem Kellerzimmer, das sie als eine Art Büro benutzte, und fing sofort mit der Geschichte an.

„Ich werde Ihnen zuerst berichten", begann sie, „bevor Sie mit dem armen Ding selber sprechen. Als Peebles heute morgen an der Klingel zog, schlief ich tief, genau wie alle Mädchen, und die Negerin Sadie war nach Hause gegangen. Ich steckte den Kopf aus dem Fenster und sah Peebles auf der Vordertreppe stehen. Ich sagte: ‚Scher dich zum Teufel! Was fällt dir ein, so früh mit 'nem Säufer herzukommen? Weißt du nicht, daß wir armen Arbeiterinnen uns irgendwann ausruhen müssen?‘ Aber er schrie zurück, daß er keinen Säufer in seiner Droschke habe, sondern etwas anderes, was er nicht begreifen könne, und ich solle ihm helfen. Also schlüpfte ich in meinen Kimono und ging runter zur Tür, und inzwischen hatte er das Mädchen aus der Droschke geholt, und bevor ich ‚Haut ab!‘ sagen konnte, hatte er sie schon in den Salon geschoben, und sie ließ ihre Geschichte vom Stapel.

Tja, um's kurz zu machen, sie sagt, daß sie aus der Nähe von 'nem Ort kommt, der Red Lion, Pennsylvania, heißt, und daß sie auf 'nem Bauernhof wohnt. Sie sagt, ihr Vater ist einer von den alten Tölpeln mit 'nem Backenbart – einer von den Tunkern – und sehr streng. Sie sagt, sie hatte 'nen Galan in York, Pennsylvania. Der heißt Elmer, und immer wenn er wegkonnte, hat er sie auf der Farm besucht und sich mit ihr ins Wohnzimmer gesetzt, und sie haben ein bißchen geschmust und sich geküßt. Sie sagt, Elmer ist gebildet und liest viel, und er hat ihr immer Bücher mitgebracht, die er von seinem Bruder, 'nem Eisenbahnschlachter bei der Northern Central, gekriegt hat, und die beiden haben sie zusammen gelesen. Sie sagt, die Bücher hatten alle mit Liebe zu tun und die meisten wären traurig gewesen. Sie und Elmer, sie haben im Wohnzimmer immer über die Bücher gesprochen, und je mehr sie gesprochen haben, desto trauriger sind sie geworden, und manchmal mußte sie weinen.

Tja, um's kurz zu machen, das ging vielleicht einmal pro Woche so weiter, und vorgestern abend ist Elmer wieder mit noch ein paar Büchern aus York gekommen, und sie haben im Wohnzimmer gesessen und über Liebe geredet. Ihr Alter hat sonst immer mal die Nase zur Tür reingesteckt, damit kein dummes Zeug gemacht wurde, aber vorgestern abend hatte er Gallenbeschwerden und ist früh ins Bett gegangen, so daß sie und Elmer die Stube ganz für sich hatten. Also hörten sie auf, über Bücher zu reden, und Elmer hat sich an sie rangemacht, und bald haben sie geschmust und sich geküßt wie die Wilden. Tja, um's kurz zu machen, Elmer ist zu weit gegangen, und als sie zu sich kam und ihn rauswarf, wurde ihr klar, daß sie ihren ehrbaren Namen verloren hatte.

Sie lag die ganze Nacht wach und dachte darüber nach, und je länger sie nachdachte, desto mehr Angst hat sie gekriegt. In jedem der Bücher, die sie und Elmer gelesen hatten, stand was über das Thema, und es war in allen Büchern das gleiche: wenn ein Mädchen ihren ehrbaren Namen verloren hat, bleibt ihr nichts anderes übrig, als von zu Hause wegzulaufen und ein Leben in Schande zu führen. Kein Mädchen, von dem sie gelesen hatte, tat was anderes. Alle schwirrten ab in die nächste Stadt, fingen das Leben in Schande an und soffen, wurden rauschgiftsüchtig und endeten in der Gosse. Ihre Angehörigen wußten nie, was aus ihnen geworden war. Vielleicht landeten sie am Ende in einem Anatomiesaal oder wurden von der Heilsarmee beerdigt, aber ihre Leute hörten nie wieder von ihnen, und ihr Name wurde im Familienstammbuch gelöscht. Manchmal versuchte ihr Galan, sie zu finden, aber das schaffte er nie, und dann heiratete er gewöhnlich die häßliche Tochter des Richters und zog ins große Haus ein, wenn der Richter gestorben war.

Tja, um's kurz zu machen, dieses arme Mädchen lag die ganze Nacht wach und dachte an all die traurigen Dinge, und als sie um halb fünf aufstand und rausging, um die Kühe zu melken, waren ihre Augen so voller Tränen, daß sie kaum die Euter finden konnte. Ihr Vater, dem die Galle immer noch weh tat, machte ihr die Hölle heiß und sagte, das wäre die gerechte Strafe dafür, abends bis zehn oder elf aufzubleiben, wenn alle anständigen Leute doch schon im Bett sind. Also hatte sie den Verdacht, daß er vielleicht am Abend runtergeschlichen war und sie erwischt hatte und sie aus dem Haus werfen und verstoßen und vielleicht sogar verfluchen wollte. Sie beschloß, es so schnell wie möglich hinter sich zu bringen, und gestern abend, sobald er sich wieder in die Federn gelegt hatte, ist sie nach York, Pennsylvania, gelaufen und dann mit dem Bummelzug nach Baltimore gefahren, und deshalb hat Peebles sie an der Union Station getroffen und hergebracht. Ich hab' sie gefragt, was zum Teufel sie hier will, aber sie hat nur geantwortet: ‚Ist dies kein Freudenhaus?' Und ich brauchte ein oder zwei Stunden, um die ganze Geschichte aus ihr rauszuholen. Jetzt hab' ich sie oben unter Schloß und Riegel, und ich werd' Peebles so schnell wie möglich Bescheid geben, damit er sie zur Union Station zurückfährt, daß sie wieder nach Red Lion, Pennsylvania, verschwindet. Kann man sich so was vorstellen?"

Percy und ich wollten natürlich mit dem Mädchen sprechen, und Miss Nellie holte sie auch gleich in den Salon. Sie war keineswegs die bukolische Lillian Russell, als die sie später in Peebles' Prahlereien erschien, aber sie war jedenfalls auch alles andere als unappetitlich. Trotz ihres Mangels an Schlaf, ihrer schrecklichen Gewissensbisse und der Gefahr einer fürchterlichen Vergeltung waren ihre Wangen immer noch rosig, und ihre sorgenvollen blauen Augen funkelten lebhaft. Ihren Namen erfuhr ich nicht, aber es stand fest, daß sie strammer pennsylvanisch-deutscher Herkunft war und so kräftig wie die Kühe, die sie versorgte. Sie trug ihre Sonntagskleidung und schien sich darin etwas unwohl zu fühlen, aber Miss Nellie nahm ihr die Bedenken, und bald erzählte sie ihre Geschichte noch einmal, zwei fremden und von ihrem Standpunkt aus wahrscheinlich höchst zweifelhaften Männern. Wir hörten zu, ohne sie zu unterbrechen, und danach ergriff Percy als erster das Wort.

„Meine liebe junge Dame", sagte er, „Sie sind völlig falsch informiert worden. Ich weiß nicht, was für Romane Sie und Elmer lesen, aber solche Werke sind genauso veraltet wie Joe Millers Witzbuch. Was darin zu stehen scheint, würde sogar den Leitartikelschreiber einer Zeitung veranlassen, zu husten und sich den Kopf zu kratzen. Es mag ja stimmen, daß in der fernen Epoche, in der diese Bücher offenbar geschrieben wurden, die Strafe für einen leichten und verzeihlichen Fehltritt so drastisch war, wie Sie sagen, aber ich versichere Ihnen, daß das jetzt nicht mehr der Fall ist. Die Welt ist heute viel humaner und viel rationaler als früher. Genau wie Männer nicht mehr wegen Ketzerei oder Frauen wegen Hexerei verbrannt werden, verurteilt man Mädchen heute wegen des verzeihlichen Fehltritts, den Sie einräumen, nicht mehr zu einem Leben in Schande und einem Tod in der Gosse. Wenn wir Zeit hätten, würde ich Ihnen einige der neueren Bücher besorgen und Sie auf die Stellen hinweisen, aus denen hervorgeht, wie sich die moralischen Prinzipien geändert haben. Ertappt zu werden scheint das einzige zu sein, was noch mißbilligt wird. Im übrigen schweigt die Rechtsprechung fast völlig zu diesem Thema.

Da Ihre Geschichte zeigt, daß niemand von Ihrer Verfehlung weiß außer Ihrem Galan, der, wenn er von Ihrem Verschwinden erfahren hat, sich wahrscheinlich halb zu Tode ängstigt, rate ich Ihnen heimzukehren, Ihrem Vater eine plausible Entschuldigung für Ihre Abwesenheit zu liefern und sich wieder um seine Kühe zu kümmern. Bei einer passenden Gelegenheit suchen Sie den Pastor zusammen mit Ihrem Galan auf und vereinen sich mit ihm in unauflöslicher Liebe. Das ist der sichere, achtbare und hygienische Weg. Alle sind sich einig, daß er moralisch ist, sogar Moralisten. Vergessen Sie nicht, sich bei Miss Nellie zu bedanken. Sie hätte Sie auf den Pfad der Untugend führen können, doch statt dessen hat sie Ihnen Tugend und Glück zurückgegeben. Ihnen ist nichts passiert, sondern Sie sind nur um eine interessante Erfahrung reicher."

Das Mädchen begriff natürlich nur einen kleinen Teil von alledem, denn Percys blumiger Stil und sein üppiges Vokabular gingen über den Horizont einer einfachen Melkerin hinaus. Aber Miss Nellie, die Englisch viel besser verstand, als sie es sprach, übersetzte flüssig, und kurz darauf wich die Besorgnis aus ihren blauen Augen, und dicke Tränen der Freude stiegen in ihnen auf. Miss Nellie vergoß auch ein paar Tränen, ebenso wie alle Damen des ständigen Personals, denn sie waren, schläfrig, doch neugierig, während des Gesprächs nach unten gekommen. Die praktische Miss Nellie dachte natürlich auch an Geld, und wie sich herausstellte, hatten die Reise mit dem Bummelzug und Peebles' legale Beförderungsgebühr von einem Dollar die Ersparnisse des armen Mädchens fast aufgezehrt, so daß sie nur noch ein wenig Kleingeld besaß. Percy spendete einen Dollar, ich ebenfalls, und Miss Nellie spendete nicht nur einen Dritteldollar, sondern befahl auch einer der Damen, in die Küche zu gehen und ein Lunchpaket für die Rückfahrt nach Red Lion zurechtzumachen.

Die Negerin Sadie war noch nicht wieder zur Arbeit erschienen, doch Peebles stellte sich kurz danach ein, ohne daß nach ihm geschickt worden war, und gegen Ende des Nachmittags brach er mit einer seiner ungewöhnlichsten Passagierinnen – sie war nun so sehr von unschuldigem Frohlocken erfüllt wie eine vor dem Scheiterhaufen gerettete Märtyrerin – zur Union Station auf. Wie gesagt, er schmückte die Geschichte in den folgenden Tagen erheblich aus, besonders was die Retusche der Schönheit des Mädchens anging. Da die Polizisten ihm im allgemeinen vertrauten, nahmen sie seine Übertreibungen für bare Münze, und ich hörte manchen von ihnen darüber klagen, daß sie die Gelegenheit verpaßt hätten, den Fall professionell zu regeln. Percy machte in seinen späteren Jahren zwei oder drei Versuche, die Geschichte zu einem Filmdrehbuch zu verarbeiten, aber die Zensurbehörde legte stets ihr Veto ein.

Wie es der jungen Frau gelang, ihrem Vater ihre mysteriöse Flucht und ihre rasche Rückkehr zu erklären, weiß ich nicht, denn ich hörte nie wieder von ihr. Sie versprach, Miss Nellie eine Ansichtskarte von Red Lion mit dem neuen Saal der Ritter des Pythias zu schicken, aber wenn sie es wirklich getan hat, muß sie die Karte falsch adressiert haben, denn sie kam nie an.

Tagebuch 1930–1948

1930

Als Mencken mit seinen Tagebuchaufzeichnungen beginnt, wohnt er mit Sara, die er drei Monate zuvor geheiratet hat, in einem Apartment in der Cathedral Street 704 in der Innenstadt von Baltimore. Er ist immer noch Herausgeber des „American Mercury", weshalb er wenigstens einmal pro Monat – und manchmal öfter – nach New York fahren muß, um die jeweilige Nummer der Zeitschrift vorzubereiten. Die Weltwirtschaftskrise ist nun ein Jahr alt, aber abgesehen von der sinkenden Auflage des „Mercury" hat sie wenig Auswirkungen auf Mencken und seinen Lebensstil.

5. November 1930

Sara und ich fuhren am Montag nachmittag, dem 3., nach West Chester, um die Hergesheimers zu besuchen. Joe[1] und Alice Logan trafen sich in Wilmington mit uns, und wir fuhren hinaus nach West Chester. Am Montag abend Dinner mit ein paar Vertretern der Palm-Beach-Schickeria aus Philadelphia – langweilige Leute. Das Haus voll von Zeitungsleuten und Fotografen aus Philadelphia. Dienstag morgen: Wahltag. Die Fotografen nahmen Joe und mich zusammen mit John M. Hemphill auf, Dorothy Hergesheimers Cousin, der als Demokrat für den Gouverneursposten von Pennsylvania kandidiert.

Joe war überzeugt, daß John gewählt werden würde, aber mir kam das unmöglich vor. Eine Telegrafenleitung wurde ins Haus gelegt, und am Abend erhielten wir die Wahlergebnisse. Ein- oder zweimal schien es, daß John gewinnen könnte, aber um 23 Uhr war klar, daß er verloren hatte. Ich schätzte Pinchots[2] Mehrheit ihm gegenüber auf 125 000 Stimmen, genau wie Dick Beamish[3] vom „Philadelphia Record", mit dem ich während des Abends telefonierte. Außerdem rief ich zu Hause bei der „Sun" an.

Später am Abend kam eine Gruppe von Lokalpolitikern dazu. Sie tranken in der Speisekammer Whisky und aßen Puten-Sandwiches. Joe sehr verstimmt. Ann, Johns Frau, verbrachte den ganzen Abend damit, mit Ned und Mary Rogers Backgammon zu spielen. Sie schien froh darüber zu sein, daß sie keine Gouverneursgattin wird. Wenn John gesiegt hätte, wäre er vielleicht ein Kandidat für die demokratischen Präsidentschaftsnominierungen von 1932 geworden. Nach Lage der Dinge hoffe ich, ihn zur Unterstützung von Ritchie[4] bewegen zu können. Er teilt mir mit, daß er versuchen werde, die Delegation von Pennsylvania trotz Joe Guffey[5] unter Kontrolle zu bringen. Da er vor kurzem ein hohes Honorar in einem Testamentsprozeß erhalten hat, hofft er, weiter politisch tätig sein zu können. Er nahm seine Niederlage mit Würde hin und ist ein sympathischer Bursche.

Sara und ich fuhren heute zusammen mit Maude Child[6], der Frau des früheren Botschafters in Italien, nach West-Philadelphia. Sie ist gestern nachmittag aus dem Süden angekommen. Im Auto sprach sie von ihrer journalistischen Arbeit für die „Saturday Evening Post" und verteidigte diese Tätigkeit damit, daß sie den Luxus der Berühmtheit vorziehe. Sie reiste weiter nach Bryn Mawr, um Gertrude Carver zu besuchen, die gelähmt ist. Ich fuhr nach New York, und Sara kehrte nach Baltimore zurück.

6. November 1930

Als ich gestern nachmittag, aus West Chester, Pennsylvania, kommend, in New York ankam, fand ich eine Mitteilung von einer schwedischen Nachrichtenagentur vor, in der es hieß, daß Sinclair Lewis[7] der Nobelpreis verliehen worden sei. Das war eine großartige Nachricht für mich, denn es war eine sehr schlechte für all die Professoren. Die Schweden streuten Salz in die Wunde, indem sie erklärten, daß sie nach „Babbitt" hauptsächlich von „Elmer Gantry" beeindruckt gewesen seien. Dieses Buch, das mir gewidmet ist, brachte alle Pädagogen und Patrioten in Amerika auf und erhielt sehr wenige gute Rezensionen.

Am Abend war ich bei den Goodmans[8]; sie stellten fest, daß Lewis und seine Frau, Dorothy Thompson[9], in der Stadt waren. Wir suchten sie um 23 Uhr in ihrem Hotel in der 50th Street auf. Lewis trug seinen Morgenmantel, als wir im Hotel eintrafen. Eine Flasche Whisky stand auf dem Tisch, aber er war ziemlich nüchtern. Als Associated Press ihn anrief, um ihm die Neuigkeit zu übermitteln, dachte er, es sei ein Witz. Nachdem er endlich überzeugt worden war und nach seiner Meinung gefragt wurde, sagte er: „Ein weiterer großer feuchter demokratischer Sieg!" Die AP gab diese Worte nicht weiter. Seine Frau und er brechen in ein paar Wochen nach Stockholm auf. Danach wollen sie nach Rußland reisen.

Lewis machte natürlich einen großen Fehler, daß er den Nobelpreis nicht zurückwies wie vor einiger Zeit (auf meinen Vorschlag hin) den Pulitzerpreis. Wäre ich rechtzeitig bei ihm eingetroffen, hätte ich versucht, ihn zur Ablehnung des Nobelpreises zu überreden. Aber als Goodman und ich im Hotel ankamen, war schon alles entschieden. Dorothy glühte geradezu. Sie hätte sich gegen meinen Vorschlag gesträubt und mich ohne Zweifel besiegt. Sie hatte einen mehr oder weniger im Niedergang begriffenen und stark vom Alkohol gezeichneten Romanautor geheiratet – und ist nun plötzlich die Frau eines Nobelpreisträgers, der eine Triumphreise nach Schweden bevorsteht.

Nathan erzählte mir heute, daß Ralph Barton[10], der Karikaturist, kürzlich versucht habe, sich zu vergiften. Er habe seit Monaten Depressionen und arbeite kaum noch. Nathan meint, er sehne sich nach seiner dritten Frau, die nun mit Eugene O'Neill verheiratet ist, und habe ihr vorgeschlagen, O'Neill zu verlassen und zu ihm zurückzukehren. Sie weigert sich natürlich. O'Neill ist jetzt reich und hat ein Landhaus in Frankreich.

7. November 1930

Ich sitze einem Negerporträtisten, O. Richard Reid[11], Modell. Ob er gut oder schlecht ist, weiß ich nicht. Er erzählt mir, daß er als Hotelpage in Jacksonville begonnen und seinen ersten Zeichenunterricht von einem Deutschen erhalten habe, der im Hotel abgestiegen war – und bald darauf, nachdem er die anderen Gäste ausgeraubt hatte, verschwand. Reid war schon 21 Jahre alt, als er in Philadelphia eintraf und das erste anspruchsvolle Bild sah. Er ist jetzt zweiunddreißig und ein bißchen dreist. Ich sitze im Apartment eines anderen Negers namens Grumby, der eine große Sammlung von Negerbüchern hat und mit ihnen zu handeln scheint. Was aus diesem Porträt wird, weiß ich nicht. Genausowenig weiß ich, was aus dem geworden ist, das Nikol Schattenstein vor zwei oder drei Jahren von mir gemalt hat. Wahrscheinlich ist es noch in seinem Besitz.

17. November 1930

Clarence Darrow[12] mit seiner Frau und seinem Manager George Whitehead hier zum Lunch. Er soll heute abend mit einem Katholiken, einem Protestanten und einem Juden im Lyric über Religion diskutieren.[13] Ein Fotograf von den „Baltimore News" kam und machte ein Bild von Darrow und mir vor der Lithographie der Brauerei Pabst im Eßzimmer. Darrow hat wenig zu sagen. Wir aßen zum Lunch einen Eintopf aus vorzüglichem Rindfleisch und tranken Rotwein dazu. Darrow ist beim Essen sehr wählerisch. Bei seinem letzten Besuch kam er zum Lunch in die Hollins Street, und es gab Huhn. Er weigerte sich, es zu essen, so daß Schinken und Eier für ihn zubereitet werden mußten. Diesmal schickte seine Frau Sara eine Liste der Dinge, die er ißt. Darrow beginnt zu altern. Er hatte kaum etwas Interessantes zu sagen. Er reist durchs Land, diskutiert über Religion und verdient angeblich eine Menge Geld damit.

31. Dezember 1930

Edgar Lee Masters[14] und seine Frau waren am 14. Dezember auf der Durchreise nach Washington zum Lunch hier. Masters war früher Anwaltspartner von Clarence Darrow in Chicago und hat anscheinend wenig für ihn übrig. Er sagte, sie hätten in ihrer Praxis sehr viel Geld verdient und geplant, sich aus dem juristischen Bereich zurückzuziehen und sich der Schriftstellerei zu widmen. Aber Darrow wurde in verschiedene große Strafprozesse verwickelt, hauptsächlich als Verteidiger von Radikalen, und erschien monate-, sogar jahrelang nicht im Büro. Folglich mußte Masters die gesamte Arbeit leisten – jedenfalls die Arbeit, die Gewinn abwarf. Eines Tages zog er aus, und das war das Ende der Partnerschaft. Kurz darauf gab er seine juristische Laufbahn tatsächlich auf; die erste Frucht seiner Schriftstellerkarriere war „The Spoon River Anthology“ [dt. „Die Toten von Spoon River“].

Wir unterhielten uns über erfreuliche und unerfreuliche Dinge. Masters sagte, es sei sein größtes Vergnügen, morgens beim Aufstehen ein Stück Kautabak abzubeißen und unter die Dusche zu treten. Das ist auch mein Lieblingslaster.

Als Sara unsere farbige Köchin Carrie Foote fragte, was sie sich zu Weihnachten wünsche, antwortete sie: „The Spoon River Anthology.“ Ich besorgte ihr ein Exemplar, und Masters hat nun ein elegantes Autogramm dafür geschickt.

31. Dezember 1930

Gestern abend Dinner in Hugh H. Youngs[15] Haus. Anwesend: Gouverneur Ritchie, Senator Tydings, Präsident Ames von der Johns Hopkins University, Bernard Baruch, Herbert Bayard Swope, Dr. Dean Lewis, Frank R. Kent, Omer Hershey und verschiedene andere – insgesamt zwanzig Leute.[16] Das Gespräch drehte sich ausschließlich um Ritchies Präsidentschaftskandidatur, aber es kam wenig dabei heraus. Was man braucht, ist Geld. Es wird eine Menge kosten, Delegierte zusammenzubringen. Baruch benahm sich höflich, doch ausweichend. Jeder Gast hielt eine Rede. Alle waren kurz und einige sehr passabel. Aber die Versicherung an Ritchies Adresse, daß er ein guter Mann sei, wird ihm noch nicht die Nominierung einbringen.

Ich saß zwischen Baruch und Ames. Gegen Ende des Dinners zerbrach Baruch die Rückenlehne eines sehr teuer aussehenden alten Stuhles. Austern, Suppe, Schildkröte und

Ente – alles gut. Guter Sherry. Sauternes. Champagner. Liköre. Es ging bis fast ein Uhr.

Ames erzählte mir, daß Robert A. Millikan[17] ein großer Schwindler und sehr eitel sei. Er schien Millikans Flirt mit den Theologen heftig abzulehnen. Ich fragte ihn, ob Einstein ebenfalls ein Schwindler sei, aber er verneinte.

Ich fuhr mit Ritchie in die Stadt und ging dann zusammen mit Baruch und Swope vom Belvedere zur Mount Royal Station. Swope sagte, er würde gerne die „New York World" kaufen, aber das scheine nicht zu gehen, denn Joseph Pulitzers Testament mache es fast unmöglich für seine Erben, den Titel der Zeitung oder die Gebäude zu veräußern. Wenn jemand also die „World" kaufte, würde der Titel auf die „Evening World" übergehen, die nicht zum Verkauf steht, und der Käufer würde eine Fabrik finden müssen. Dazu einen neuen Namen.

1931

14. Januar 1931

Gestern abend leitete ich eine Versammlung zu Ehren des 75. Geburtstags von Lizette Woodworth Reese[18] im Gemeindesaal der Emmanuel Church. Sie war von der Poetry Society of Maryland organisiert worden, und wir hatten ein volles Haus. Ich eröffnete die Veranstaltung mit ein paar Bemerkungen, und dann las Miss Reese aus ihrer Autobiographie und aus einigen ihrer Gedichtbände. Sie endete mit einer Lesung von „Tears". Wie sich herausstellt, ist sie eine überaus unfähige Vorleserin und lispelt sogar ein wenig.

Wahrscheinlich drei Viertel der Anwesenden kannten „Tears“ auswendig und ergänzten im Geiste das, was ihrem Vortrag fehlte. Im Laufe der Lesung sagte sie etwas Merkwürdiges, nämlich: „Ich lese nicht gern Sonette. Sie sind zu lang.“ Das ist eine interessante Bestätigung von Poes Theorie.

Ich war der alten Dame nie zuvor begegnet und jetzt doch etwas überrascht. Ich hatte eine voluminöse Person mit lehrerhaften Manieren erwartet. Aber sie erwies sich als kleine, lebhafte Frau, die keine Schüchternheit und offenbar auch keine Konventionalität kannte. Sie stellte mich ihrer Schwester, ihrem Schwager und ihrem Neffen vor. Der Schwager ist ein massiger Deutscher namens Dietrich. Miss Reese sagte, sie selbst sei deutscher Herkunft und sie freue sich darüber, daß ihre deutschen Verwandten ausnahmslos Lutheraner gewesen seien. Ich hatte immer angenommen, daß sie selbst Quäkerin sei, aber das verneinte sie. Welcher Konfession sie angehört, erwähnte sie allerdings nicht. Ich neige zu der Vermutung, daß sie alles andere als fromm ist.

Nach der Versammlung gingen wir in einen Frauenclub in der Hamilton Street und saßen dort ein oder zwei Stunden herum. Ich trank alkoholfreies Bier, das aber nicht ganz so widerwärtig war, wie ich erwartet hatte.

Der Dichter Robert Frost war im Publikum. Seine Tochter, die Krankenschwester im Union Memorial Hospital ist, leidet an Tuberkulose, und er war gekommen, um sie mit nach Colorado zu nehmen. Heute erschien seine Frau zum Lunch. Er selbst mußte gestern abend nach New York zurück. Am Freitag kommt er wieder, um dann mit seiner Tochter in den Westen zu fahren. Ich wollte ihn dem Publikum vorstellen, aber er protestierte, da es sich um Miss

Reeses Veranstaltung handele und er ihren Ruhm nicht schmälern wolle.

Mehrere junge Frauen sangen Vertonungen von Miss Reeses Texten. Die Musik war mittelprächtig.

14. Januar 1931

Dr. Joseph C. Bloodgood[19] erklärte mir heute, daß Dr. William S. Halsted[20], der berühmte Johns-Hopkins-Chirurg, durch übermäßiges Rauchen an einer schweren Tachykardie leide. Bloodgood sagte, als er im Johns Hopkins Hospital Assistenzarzt gewesen sei, habe er einen großen Teil von Halsteds Arbeit erledigen müssen. Halsted habe manchmal eine Operation begonnen und sie dann wegen seines pochenden Herzens nicht fortsetzen können. Bloodgood meinte: „Dadurch habe ich große Erfahrung erworben, die mir sehr genützt hat. Solange Halsted rauchte, hatte jeder Assistent in der Johns-Hopkins-Chirurgie alle Hände voll zu tun. Als er zu rauchen aufgehört hatte, erledigte er wieder all seine Aufgaben selbst. Danach sammelten die Assistenten weniger praktische Erfahrung und taugten weniger, wenn sie das Krankenhaus verließen."

Bloodgood erzählte mir, er habe Halsted sehr oft zu Hause besucht, doch Mrs. Halsted sei nie zu den Mahlzeiten erschienen. Sie sei eine merkwürdig ungesellige Frau und empfange selten jemanden. Allerdings glaubt Bloodgood, daß sie einen starken Einfluß auf Halsteds Karriere gehabt hat. Viele von Halsteds technischen Verbesserungen gingen in Wirklichkeit auf ihre Vorschläge zurück, denn sie sei vor ihrer Ehe chirurgische Oberschwester im Johns Hopkins Hospital gewesen und überhaupt eine sehr intelligente Frau.

16. Januar 1931

Nachdem Nathan ... gestern gegangen war, besuchten Sara und ich Mrs. Max Brödel[21], die eine schwere Operation hinter sich hat, im Johns Hopkins Hospital. Sie ist nun auf dem Wege der Besserung. Ich brachte ihr die neue zweibändige Cosima-Wagner-Biographie, geschrieben von irgendeinem deutschen Baron, dessen Namen ich vergessen habe.[22]

Nathan schwärmte so sehr von einem deutschen Tonfilm, „Zwei Herzen im Dreivierteltakt", daß Sara und ich ihn uns gestern abend im Little Theatre ansahen. Er kam mir sehr langweilig vor, da er kaum Musik enthält und die meisten Dialoge albern sind. Keine Tonfilme mehr! Sie sind noch schlimmer als Stummfilme.[23]

18. Januar 1931

Heute abend schrieb ich die ersten Worte von „Advice to Young Men"[24]. Der Anfang eines neuen Buches ist immer eine fürchterliche Sache. Ich hatte gehofft, am 1. Januar anfangen zu können, aber eine Nebenhöhlenentzündung, ausgelöst durch einen zehn Tage andauernden starken Wind, setzte mich außer Gefecht, und ich war zwei Wochen lang zu nichts zu gebrauchen. Ich muß noch eine Menge für das Buch lesen, aber aus Erfahrung weiß ich, daß es besser ist, dies erst zu tun, wenn man mit dem Schreiben begonnen hat. Sonst hat man eine allzu abschreckende Sammlung von Notizen vor sich.

Sara und ich nahmen unser Dinner heute in der Hollins Street ein. Vorher zogen August und ich fünf Gallonen italienischen Wein, der anscheinend in Baltimore hergestellt wurde, auf 24 Flaschen.

Sara sagte mir heute abend, daß Gertrude der Haushaltung in der Hollins Street überdrüssig ist und vorhat, sich mit August eine Wohnung zuzulegen, wahrscheinlich in den Vororten.[25] Es ist ein Schock, daß das alte Haus dichtgemacht wird. Natürlich war früher oder später damit zu rechnen, aber ein Schock bleibt es trotzdem. Ich hätte nicht übel Lust, das Haus zu übernehmen, es zu verriegeln und mehr oder weniger so zu lassen, wie es ist. Ich könnte den Gedanken, daß Fremde dort wohnen, nicht ertragen. Die Gegend gerät nun rasch in Verfall. Nun ja, sie hat den normalen Zeitraum für eine Stadtgegend überstanden: fünfzig Jahre. Es gibt keine Anzeichen für eine Negerinvasion, aber die Nachbarn werden zunehmend ärmer und können ihre Häuser nicht mehr instand halten. Das Haus Nummer 1528 haben sich ein paar Juden gekauft und an ziemlich schäbige Leute vermietet. Gestern abend hat sich eine Mieterin betrunken und vor unserem Haus einen hysterischen Anfall gehabt. Der Union Square bietet wegen der Dürre einen traurigen Anblick. Es gibt Bestrebungen, ihn zu einem öffentlichen Spielplatz zu machen. Ich habe bei Kelly, dem Sekretär des Parkkomitees, dagegen protestiert. Er sagt, das Komitee halte von dem Plan nichts, aber die Playground League übe Druck auf die Mitglieder aus.

1. Februar 1931

Gestern abend in Washington bei Frank J. Hogans alljährlichem Dinner für Politiker und Zeitungsleute. Anwesend: Longworth, die Senatoren Bingham, Pat Harrison und McNary, Tilson (Vorsitzender des Repräsentantenhauses), etc.[26] Von der „Sun“: Patterson, Kent und Essary. Andere Zeitungsmänner: Oulahan, Jim Wright, Harry West, Major

Stofer, Walker Buell, Charlie Ross, Holmes von der Hearst-Gruppe etc. Ein langes, ermüdendes Dinner. Der erste Gang wurde um 20.15 Uhr, der letzte um 23.20 Uhr serviert. Ich saß zwischen Finis Garrett und McNary. Schildkröte, gekocht auf seltsame und furchtbare Art. Säuerlicher Champagner. McNary bestellte Scotch-Highballs, und wir tranken gemeinsam. Er machte sich auch auf die Suche nach Zigarren. George B. Christian, Hardings Sekretär, sagte mir, er plane ein Buch über Harding und wolle mich genauestens darüber informieren. Ich lud ihn nach Baltimore ein. Es könnte sich gut verkaufen. Die Bücher von Nan Britton und Gaston B. Means haben das Interesse an Harding am Leben erhalten. Außerdem gibt es wahrscheinlich ohnehin eine positive Reaktion. Als Patterson und ich um 13 Uhr[27] gingen, saß Longworth am Klavier, mehrere Männer sangen.

2. Februar 1931

Am Nachmittag in der „Sun“-Redaktion. Howard W. Jackson[28] war dorthin eingeladen worden. Er möchte wieder Bürgermeister von Baltimore werden, Patterson wollte ihn hören und unter die Lupe nehmen. Anwesend: Murphy, Patterson, die beiden Owens', Harry C. Black und ich.[29] Jackson machte einen guten Eindruck auf uns alle. Er wirkte intelligent und genau informiert über die Angelegenheiten der Stadt. Die Frage seiner Trunksucht während seiner ersten Amtszeit wurde aufgeworfen. Er sagte lächelnd, er sei im Prinzip feuchter denn je, aber in der Praxis viel trockener.

3. Februar 1931

Samuel Knopf[30] rief mich heute morgen aus New York an. Er hatte gerade ein Telegramm von seinem Sohn Alfred aus

London erhalten. Sinclair Lewis ist ebenfalls dort, die beiden konferierten miteinander. Lewis sagt, er habe endgültig beschlossen, seinem Verleger Alfred Harcourt den Rücken zu kehren und Verhandlungen mit einem anderen Verlag aufzunehmen. Er schlägt Knopf vor, ihm über zwei Jahre hinweg 30 000 Dollar in Raten zu zahlen, und verspricht, am Ende dieses Zeitraums einen neuen Roman zu liefern. Ich riet S. K., Alfred ein Telegramm zu schicken und den Plan abzulehnen. Lewis hat kürzlich das Nobelpreisgeld erhalten; außerdem veröffentlicht er Kurzgeschichten für 3 000 Dollar oder mehr im „Cosmopolitan". Aber er trinkt heftig und hat seinen geplanten Roman über die Gewerkschaften aufgeben müssen. Ich glaube, daß es sehr riskant wäre, ihm einen Vorschuß von 30 000 Dollar zu zahlen. Auf keinen Fall würde ich einen solchen Betrag darauf wetten, daß er, selbst wenn man die Trunksucht und ihren demoralisierenden Effekt auf ihn außer acht läßt, *überhaupt* je einen Roman abliefert. Außerdem würde das Werk wahrscheinlich schwach ausfallen, denn sein Unvermögen, den Gewerkschaftsroman zu vollenden, zeigt, daß er einem weiteren „Babbitt" oder „Elmer Gantry" nicht mehr gewachsen ist. Damit nicht genug – der Nobelpreis wird ihn wahrscheinlich vorsichtig machen und deshalb behindern. Er leidet unter einem starken Minderwertigkeitskomplex und wird sich bestimmt an seine Pflichten als Nobelpreisträger erinnern. Ich glaube, daß es in unsicheren Zeiten wie diesen töricht von Knopf wäre, ihn finanziell so großzügig auszustatten. Ich bin im Prinzip gegen hohe Vorschüsse und hege stets Mißtrauen gegenüber etablierten Autoren, die ihren Verlag wechseln wollen.

New York, den 10. März 1931

Dinner mit Philip Goodman im Three Stars in der 47th Street. Gutes Bier. Später zu ihm in der 10th Street. Anwesend: seine Frau und seine Tochter, Sinclair Lewis und Frau, Franklin P. Adams[31] und Frau sowie Rose Wilder Lane[32]. Lewis hatte interessante Dinge über den Nobelpreis zu erzählen. Der eigentliche Preis wird in Form eines Schecks, ausgestellt auf eine Stockholmer Bank, vergeben. Der Preisträger muß die Bank aufsuchen, um den Scheck einzulösen. Außerdem erhält er eine Goldmedaille und ein sehr elegant gebundenes Diplom. Lewis sagte, er denke daran, die Medaille und das Diplom einem Museum zu stiften. Ich empfahl ihm, sie lieber in seinem Safe zu verwahren.

Er sagte, er sei von einem Schweden für den Preis nominiert worden, doch er kenne den Namen des Mannes nicht. Nominierungen könnten nur von früheren Preisträgern und von der schwedischen, der französischen und der spanischen Akademie abgegeben werden. Aus einem unbekannten Grund würden die amerikanische, die britische und die deutsche Akademie nicht anerkannt. Die britische Akademie habe einmal auf der Liste gestanden, sei aber wieder entfernt worden. Die Mitglieder der schwedischen Akademie – oder jedenfalls die Mitglieder des Verleihungsgremiums – müßten sämtliche Bücher eines Kandidaten lesen, was sie ins Schwitzen bringe. Bei seiner Rückkehr aus Schweden machte er in England Station und stieß auf Unmut darüber, daß Thomas Hardy den Preis nie bekommen hat. Auch die Freunde von H. G. Wells und Arnold Bennett waren unzufrieden. Dieser Mißmut ging so weit, daß man Lewis die kalte Schulter zeigte. Deshalb vertritt er nun verärgert eine anti-englische Haltung. In Deutschland dagegen, meint Lewis, sei er mit großen Ehren empfangen worden. In Schweden seien Nobelpreisträger öffentliche Idole, und wenn sie in eine Straßenbahn stiegen, erhöben sich die anderen Fahrgäste.

Lewis hat seinen Verleger Harcourt verlassen und sieht sich nun nach einem neuen Verlag um. Er trat in London an Knopf heran, doch dieser entschloß sich, ihn nicht in sein Programm aufzunehmen. Nun erklärt Lewis lauthals Goodman, daß Knopf ihn gedrängt habe, worauf er jedoch nicht eingegangen sei, weil K.s Persönlichkeit ihm nicht zusage. Goodman sagt, er verhandele mit Doubleday und der Hearst-Gruppe, aber wahrscheinlich werde er zur Viking Press gehen. Knopf fragte Brace von Harcourt, weshalb Lewis den Verlag wechseln wolle. Brace meinte, er habe die üblichen Klagen vorgebracht – daß für seine Bücher nicht genug geworben werde etc. Lewis teilte mir mit, Harcourt habe ihm gegenüber angedeutet, daß er (Harcourt) etwas mit der Verleihung des Nobelpreises an ihn zu tun gehabt habe. Lewis schien diese Behauptung übelzunehmen, aber sie kommt mir durchaus plausibel vor. Harcourt ist ein gerissener Holländer und zieht zweifellos seine Fäden in Schweden. Ich vermied es wegen Knopf, diese Angelegenheit mit Lewis zu erörtern. Den größten Teil des Abends verbrachte ich im Gespräch mit Frank Adams und verabschiedete mich vor allen anderen. Wenn sich Autoren mit ihren Verlegern streiten, gehört meine Sympathie meistens den Verlegern, denn diese haben fast immer recht. Harcourt hat eine Menge für Lewis getan. Er gab ihm die Anregung zu „Main Street" und ist ihm auch sonst sehr nützlich gewesen.

Nachdem Lewis den Roman über einen Gewerkschaftsführer aufgegeben hat, wirkt er nun verloren und unsicher. Er scheint nicht mehr so stark zu trinken, aber offenbar hat er noch keinen Plan für sein nächstes Buch. Meine Befürchtung ist, daß er den Nobelpreis beim Schreiben immer im Hinterkopf haben und deshalb zu vorsichtig sein wird. Es ist sehr unwahrscheinlich, daß er jemals wieder etwas so Gutes wie „Babbitt“ oder „Main Street“ oder auch nur „Elmer Gantry“ zustande bringt. Seine Situation ist sehr schwierig. Das Publikum erwartet ein Meisterwerk von ihm, sein neuer Verleger einen Bestseller.

Meiner Ansicht nach hätte er den Nobelpreis, genau wie zuvor den Pulitzerpreis, ablehnen sollen. Dadurch hätte er alle anderen Preisträger überragt. Diese Tatsache wäre alljährlich erwähnt worden, während man die jeweiligen Gewinner bekanntgab. Er hätte sich leisten können, auf das Geld zu verzichten, denn er erhielt vom „Cosmopolitan“ hohe Honorare für anspruchslose Beiträge. Die 47 000 Dollar – oder was immer es war – sind für ihn weniger als ein Jahreseinkommen. Ich glaube, der Verzicht darauf hätte sich als glänzende Investition erwiesen. Nach Lage der Dinge erinnert sich jeder daran, daß er den Pulitzerpreis ausschlug, und man vermutet allgemein, er habe es vor allem deshalb getan, weil der Betrag – tausend Dollar – zu gering gewesen sei. Bei Goodman erzählte er mir, daß Harry Hansen[33] ihm dies vorgehalten habe. „Wenn Sie den Pulitzerpreis ausgeschlagen haben“, sagte Hansen, „weil Ihnen mißfällt, daß bessere Autoren ihn nicht erhielten, warum haben Sie dann vergessen, daß Ibsen, Tolstoi, Hardy und Joseph Conrad nie mit dem Nobelpreis ausgezeichnet wurden?“ „Darauf fiel mir keine Antwort ein“, meinte Lewis. „Hansen brachte mich einfach zum Schweigen.“

12. März 1931
Hergesheimer war zum Lunch hier. Er ist aus Palm Beach nach Washington gekommen, um sich nach Material für seine Sheridan-Biographie umzusehen.[34] Seit dem 31. Dezember hat er 6 000 Wörter geschrieben und nun erfahren, daß einige wertvolle, bisher nicht zugängliche Briefe in der Library of Congress liegen. Er hat Dr. Jameson, den Leiter der Handschriftenabteilung, um Erlaubnis gebeten, die Briefe einzusehen, aber Jameson schrieb, sie seien trivial. H. bezweifelt das und plant, sich mit Herbert Putnam[35], dem Bibliotheksdirektor, zu treffen. Er sagt, Sheridans Erben neigten dazu, den Ruhm des alten Phil eifersüchtig zu hüten. Sie stritten ab, daß er in einem Einwandererschiff auf dem Meer geboren worden und deshalb für die Präsidentschaft nicht in Frage gekommen sei. Aber H. behauptet, dies sei ihm von den katholischen Behörden bestätigt worden. Er ist in die Kleinstadt in Ohio gefahren, die als Sheridans Geburtsort gilt, und hat die dortigen Akten eingesehen. Sein Gastgeber war der Chefredakteur der Lokalzeitung. Eines Morgens bot man ihm eine Büchse Erbsen zum Frühstück an. Er sagt, das Haus sei außerordentlich schmutzig gewesen.

Es belustigte mich, zu hören, daß H. Nathan wegen seines Strebens nach sozialem Aufstieg verspottet. Seit Wochen schickt er mir Ausschnitte aus der „New York Times“, die Nathans gesellschaftliche Aktivitäten in Palm Beach schildern: Dinners, Lunches, Backgammon-Partys etc. Aber nun meint H., daß N. durch seine Verbindung zu Herman Oelrichs[36] und Co. schwer in Mitleidenschaft gezogen werde. Meine Meinung ist, daß diese Albernheit beiden geschadet hat. Nathan verschwendet sehr viel Zeit darauf, sich mit reichen Idioten abzugeben, Hergesheimer aber auch. H. sagt, die jüngere Generation in Palm Beach sei schwachsinnig, besonders die Männer. Er selbst habe hauptsächlich Kontakt mit den Älteren. Man trinke dort zwar eine Menge, aber die Trunkenheit werde mißbilligt.

Ich nahm H. mit ins Union Memorial Hospital, um Sara[37] zu besuchen. Sie war guter Dinge und sprach davon, bald nach Hause zu kommen. Dan Henry[38] rief mich aus Easton an, um mich wissen zu lassen, daß er mit einem Schildkrötengericht nach Baltimore kommen werde. Ich lud H. zum Dinner ein, aber er war gerade im Begriff, im Hotel Carlton in Washington eine Party abzuhalten und mußte um 16 Uhr abreisen. Wir aßen das Schildkrötengericht hier. Anwesend: Henry, Woollcott[39], Hamilton Owens, Buchholz[40] und ich. Wir saßen bis Mitternacht zusammen. Henry war ein bißchen beschwipst; alle anderen blieben nüchtern. Wir tranken Cocktails, Madeira, Beaune, Niersteiner, Liköre und Bier. Henry hatte Blätterteiggebäck aus Maryland für Sara mitgebracht.

14. März 1931

Raymond Pearl[41] kam vor ein paar Tagen zu mir und zeigte mir eine angebliche Einladung des University-Club-Vorstands, mich dem Verein anzuschließen. Ich sagte, ich käme offensichtlich nicht für die Mitgliedschaft in Frage, aber er erwiderte, der Vorstand sei durch die Satzung befugt, pro Jahr fünf Männer, die nicht der Universität angehören, aufzunehmen. Ich kann diesem Vorschlag nichts abgewinnen. Der Verein wimmelt von viertrangigen Pädagogen und versoffenen Anwälten. Es wundert mich, daß Pearl so viel Zeit auf derartige Leute verschwendet. Er hat ein arbeitsreiches

Jahr als Aufsichtsratsmitglied des St. Johns College in Annapolis hinter sich und redet ständig von einem Plan, 10 Millionen Dollar für das College aufzutreiben. Selbst wenn das Geld zusammenkäme, wäre das College immer noch zweitrangig. Ich kann kein Interesse an der Ausbildung der jungen Männer aufbringen, die dort studieren. Aber Pearl schwankt stets zwischen der Haltung eines Freigeistes und eines akademischen Wichtigtuers. Viele seiner Probleme sind auf diese Tatsache zurückzuführen. Ich glaube, er täte besser daran, alle Clubs und Klüngel zu meiden und sich ganz auf seine Arbeit zu konzentrieren.

Seine Untersuchung über die Langlebigkeit wird ihn mindestens zwei Jahre in Anspruch nehmen, selbst wenn er ihr seine ganze Zeit widmet. Wenn sie abgeschlossen ist, wird eine wertvolle Studie vorliegen, die seine Reputation fördern dürfte. Aber jedesmal, wenn er an einer Sitzung der Treuhänder in Annapolis teilnimmt oder einen Abend im University Club oder im Maryland Club vergeudet, fügt er sich selbst Schaden zu.

Ich sagte, daß ich mir seine Einladung überlegen würde, aber die Sache bedarf natürlich keiner langen Überlegung. Bei einer solchen Bande wäre ich so unglücklich wie bei den Elks [d. h. einer großen wohltätigen Brüderschaft].

24. März 1931

Sinclair Lewis rief gestern aus Washington an, wo er heute abend einen Vortrag halten wird. Er wollte nach Baltimore kommen, und ich lud ihn für gestern abend um 21.30 Uhr ein. Er erschien um 21.15 Uhr mit einem Engländer, dessen Namen ich vergessen habe – einem der Direktoren des Heinemann-Verlags in London. Kurz darauf kamen Paul Patterson und Dick Crocker, der Zeitungsmann. Ich servierte Scotch, Roggenwhisky und Gin. Wir saßen bis 0.15 Uhr zusammen, Lewis hatte sich ziemlich vollaufen lassen. Der Engländer und er waren mit dem Auto aus Washington gekommen und fuhren auch mit dem Auto zurück.

Lewis war mit einer übel zugerichteten Nase eingetroffen, von der Blut über seinen Mantel tropfte. Er sagte, er sei in Washington gestolpert und dann gestürzt, doch die Geschichte blieb vage. Ich versuchte, das Blut mit einem feuchten Handtuch von seinem Mantel zu wischen, aber ich machte es nur noch schlimmer. Er bestand darauf, mit Sara zu sprechen, die wegen ihrer neuerlichen Krankheit gerade ins Bett gehen wollte. Er signierte zwei seiner Bücher für sie.

Er erzählte mir, er sei vor ein paar Tagen bei Ray Longs[42] Dinner in New York betrunken gewesen, als Dreiser und er sich gestritten hätten und Dreiser ihm eine Ohrfeige gegeben habe. Lewis sagte, er habe D. offen vorgeworfen, das Buch seiner (Lewis') Frau über Rußland plagiiert zu haben, und ihn einen Schweinehund genannt. Dieses Wort hat für Lewis keinerlei Bedeutung, er benutzt es ständig. Aber D. fühlte sich beleidigt und schlug Lewis ins Gesicht. Ich glaube nicht, daß D. das Buch plagiiert hat. Mrs. Lewis und er haben wahrscheinlich einfach die gleichen Quellen benutzt. D. ist jemand, der sich zusammen mit einer Tatsache auch die damit verbundene Formulierung einprägt. Sein Buch über Rußland war schwach und töricht, genau wie das von Mrs. Lewis. Beide hatten sich offenbar vom bolschewistischen Pressebüro beeinflussen lassen.

Lewis sagte, er plane einen neuen Roman. Darin wolle er die Geschichte von drei Generationen einer amerikanischen Familie erzählen. Der Stammvater werde der methodistische Evangelist Peter Cartwright, der Sohn Eugene Debs und der Enkel Stuart Chase sein. Lewis berichtete, die Hearst-Gruppe habe ihm 1 500 Dollar pro Woche für jeweils drei Artikel oder Kurzgeschichten angeboten, aber er könne das nicht schaffen, ohne seinen Roman auf die lange Bank zu schieben, weshalb er das Angebot ausgeschlagen habe. Seine Frau (Dorothy Thompson) habe gerade ihren ersten Artikel – einen Beitrag über die gegenwärtigen Zustände in Deutschland – an die „Saturday Evening Post" verkauft. Er selbst werde ein paar Geschichten für den „Cosmopolitan" schreiben.

Ich fragte ihn, weshalb er sich von seinem Verleger Harcourt getrennt habe. Er antwortete, H. habe seine früheren Bücher glänzend vermarktet, jedoch nicht „die letzten zwei oder drei". Keine Einzelheiten. Er verhandele mit Doubleday, Cape, der Viking Press und anderen Verlagen. Da Heinemann und Doubleday eng liiert sind, vermute ich, daß der Engländer ihn für Doubleday warmhält. Der Engländer sagte, Heinemann werde mit Vergnügen meine Bücher in England übernehmen, aber ich erwiderte, daß dafür Knopf zuständig sei.

Lewis' Lesereise scheint mir eine Torheit zu sein. Er hält drei Lesungen – in Toledo, Washington und einem dritten Ort – und verschwendet damit eine ganze Woche. Der Zusammenstoß mit Dreiser wird überall auf den Titelseiten herausgestellt. Den Lewis mit lädierter Nase wird jeder auslachen.

16. April 1931

Gestern abend zusammen mit Sara bei Lewis P. Hamburger[43] in Eutaw Place: eine Abendgesellschaft nach der Oper.

Anwesend: der österreichische Botschafter, Senator Tydings, Dr. Finney[44], Dr. Dean Lewis, Dr. Lewellys F. Barker[45] und viele andere – etwa fünfzig Personen. Eine ausgezeichnete Mahlzeit und ein angenehmer Abend. Barker vertraute mir an, die beharrliche religiöse Ausbildung in seiner Jugend – er mußte sonntags dreimal in die Kirche gehen – habe zur Folge, daß er sich noch heute dem Gebet zuwende. Er sei ein ungezügelter Freidenker, aber in Katastrophenfällen suche er instinktiv nach übernatürlicher Hilfe. Ein neuer Beweis für meine alte Theorie, daß drei Generationen nötig sind, um einen echten Agnostiker hervorzubringen.

Mrs. Van Lear Black[46], eine direkte Nachbarin der Hamburgers, war ebenfalls anwesend. Sie kam spät am Abend auf mich zu und sagte, sie wisse, daß ich sie nicht leiden könne. Ich entgegnete, da irre sie sich sehr. Eine etwas rechthaberische, aber immer noch gutaussehende und eindrucksvolle Frau. Hamburger hatte ein wenig Bier für mich. Mrs. Black erklärte, es sei in ihrem Haus gebraut worden. Ihre jüngeren Kinder und deren Freunde tränken zuviel Gin, und sie habe das Bier als Ersatz herstellen lassen. Der Plan habe sich bewährt. Es war ein sehr ordentliches Bier.

Barker ist nun 63 Jahre alt. Sein Haar ist völlig weiß, er ist gealtert, aber noch immer schlank und kerzengerade.

18. April 1931

Es ist nun fünf Jahre und vier Monate her, seit ich zuletzt ein Wort mit Theodore Dreiser gewechselt habe. Zwanzig Jahre lang, von 1905 bis 1925, waren wir sehr vertraut miteinander, und ich fuhr selten nach New York, ohne ihn aufzusuchen. Der erste Riß zeigte sich gegen Ende 1924 oder vielleicht Anfang 1925, als er „An American Tragedy“ [dt. „Eine amerikanische Tragödie"] abschloß. Er hatte einige Zweifel, was seine Todeshausszenen betraf, und wollte sich die Todeszellen in Sing-Sing anschauen. Unglücklicherweise waren solche Besuche gesetzlich streng limitiert, und er konnte sich keine Genehmigung verschaffen. Daher bat er mich, ihm die Hilfe der „New York World" zu vermitteln, zu der ich damals sehr freundschaftliche Beziehungen unterhielt. Ich erfüllte seine Bitte, und ein Richter des Obersten Gerichtshofs erteilte eine Genehmigung. Aber zu diesem Zweck hatte die „World" vortäuschen müssen, daß Dreiser Mitglied ihrer Redaktion sei – offenbar hatte der gelehrte Richter nie von ihm gehört – und daß ein Mann im Todeshaus ein Geständnis ablegen wolle. Angeblich sollte Dreiser mit diesem Mann sprechen und für die „World" einen Artikel über ihn schreiben.

Natürlich kam es zu keinem Geständnis und deshalb auch zu keinem Artikel in der „World". Der Richter, der daraufhin Nachforschungen anstellte, wurde recht unangenehm und deutete an, daß die „World" ihn betrogen habe. Also rief der Lokalredakteur Dreiser an und bat ihn, irgend etwas – etwas völlig Beliebiges – zu schreiben, um den Richter versöhnlich zu stimmen. Dreiser forderte 500 Dollar. Daraufhin beschwerte sich die „World" bei mir, und ich war entrüstet, denn mir schien, daß sich Dreiser sehr undankbar für die Hilfsbemühungen der „World" ihm gegenüber zeigte; zudem waren 500 Dollar eine höhere Summe, als er sie damals auf dem offenen Markt je für einen Zeitungsartikel bekommen hätte. Ich schickte ihm ein wütendes Telegramm, und er antwortete genauso verärgert, da ich ihn der Erpressung bezichtigt und deshalb beleidigt hätte.[47] Aber die Sache wurde beigelegt, er schrieb einen Artikel für die „World" –

was er dafür erhielt, weiß ich nicht, aber bestimmt keine 500 Dollar –, und am Ende des Jahres besuchte er mich in Baltimore.

Er traf unerwartet am 12. Dezember ein, gerade nachdem ich meine Mutter ins Krankenhaus gebracht hatte, wo sie am folgenden Tag starb. Ich wußte, daß sie sehr krank war, und fühlte mich sehr bedrückt. Es war ein kalter Wintertag, Dreiser erschien am Spätnachmittag, allein und unangekündigt, in der Hollins Street 1524. Er sagte, er fahre mit dem Auto Richtung Süden, und bat mich, ihm eine Flasche Scotch mitzugeben. Ich holte ihm eine Flasche und servierte ihm auch einen Drink. Sofort bot er an, die Flasche zu bezahlen. Das irritierte mich, aber es kam zu keinem Streit. Wir saßen am Kamin und unterhielten uns. Ich erkundigte mich, wo sein Auto sei, und er erwiderte, er habe es einen Block weiter oben in der Hollins Street geparkt. Ich fragte ihn, ob er allein sei, er verneinte: er werde von seiner Freundin Helen Richardson begleitet.

Ich ging sofort ohne Hut und Mantel hinaus auf die Straße und holte sie ins Haus, und wir saßen dann noch zu dritt eine halbe Stunde lang zusammen. Meine Schwester Gertrude kam ein paarmal herein, und ich glaube, mein Bruder August ebenfalls. Wir alle machten uns große Sorgen wegen der Krankheit unserer Mutter, und ich sagte Dreiser, daß wir fürchteten, sie könne sterben. Aber obwohl er sie kannte und im Haus ihr Gast gewesen war, zeigte er kein Interesse und äußerte kein Wort der Hoffnung, daß sie sich erholen werde. Kurz darauf verabschiedete er sich, wobei er immer noch versuchte, mir Geld für den Whisky aufzudrängen. Auf der Türschwelle sagte er noch immer nichts über meine Mutter. Seine Freundin bemerkte dies offenbar und kam zurück, um ein paar konventionelle Floskeln von sich zu geben. Sie fuhren im Dunkeln los, und ich habe ihn seitdem nie wieder gesehen oder je wieder von ihm gehört. Meine Mutter starb am nächsten Tag, er schickte mir keine Beileidsbekundung.[48]

Diese Episode veranlaßte mich, ihn als unverbesserlichen Rüpel einzustufen. Es hatte während unserer langen Bekanntschaft andere Hinweise darauf gegeben, aber keiner war so grob und abstoßend gewesen. Seitdem sind verschiedene Personen an mich herangetreten, um mich zu einer Versöhnung zu bewegen – ob mit Dreisers Wissen oder nicht, kann ich nicht sagen –, aber ich glaube noch immer, daß ich ihn nie wiedersehen möchte.

Boston, den 25. April 1931

Alfred Knopf und ich trafen vorgestern abend in Boston ein; nachdem wir eine ruhige Nacht im Ritz-Carlton verbracht hatten, fuhren wir gestern morgen hinaus nach Cambridge, um mit verschiedenen großen Tieren zu sprechen. Unser erster Besuch galt dem Historiker Sidney B. Fay[49]. Er erwies sich als ein sympathischer Mann in den Fünfzigern, wir hielten uns eine angenehme Stunde lang bei ihm auf. Er äußerte beträchtliches Interesse an meinem Plan, eine psychologische Geschichte der amerikanischen Beteiligung am Weltkrieg zu veröffentlichen, und bat mich, mein Material sichten zu dürfen und mit ihm in Verbindung zu bleiben. Das meiste davon befindet sich auf dem Dachboden in der Hollins Street; es zu sortieren dürfte eine mühsame und unangenehme Arbeit sein. Aber ich werde mich vielleicht im Sommer daranmachen. Fay hat ein freundliches und teures Haus in der Hauptstraße von Cambridge. Er bezahlte es, wie ich erfuhr, mit den Einnahmen aus seiner „Geschichte der Ursprünge des Krieges".

Wir trafen uns zum Lunch mit dem Astronomen Harlow Shapley[50] im Dozentenclub. Er war ein unscheinbarer und etwas rustikal wirkender Mann von vielleicht Ende Vierzig. Aber je länger er redete, desto stärker trat sein ländliches Wesen in den Hintergrund. Er sagte, der neue, 500 Zentimeter breite Parabolreflektor, den man gerade baue, werde außer als Reklame für den Stand der Astronomen für sie nur von geringem Wert sein. Praktisch alles, was man mit ihm bewerkstelligen könne, lasse sich auch mit Hilfe der schon existierenden Teleskope erreichen. Diese hätten bereits die Entdeckung von Millionen Sternen ermöglicht, und sie zu studieren werde die Astronomen fast ein Jahrhundert in Anspruch nehmen. Shapley meinte, das Harvard Observatory benötige höchstens zwei oder drei wirklich kompetente Astronomen. Die übrige Arbeit werde zufriedenstellend von Personen mit relativ bescheidener Ausbildung geleistet. Einige seien Absolventinnen der Frauen-Colleges. Shapley lehnte die Ausbildung einer größeren Zahl von Astronomen ab. Für wirklich kompetente Männer stünden nur wenige Plätze zur Verfügung, und sehr leicht könne ein Überangebot an Bewerbern entstehen. Er äußerte heftige Mißbilligung gegenüber Robert A. Millikan, besonders gegenüber Millikans Versuchen, Wissenschaft und Religion in Einklang zu bringen. Ich schloß aus seinen Ausführungen, daß er selbst ein Erzskeptiker ist. Er erzählte uns von einer vernichtenden Bemerkung, die der englische Astronom Sir Ernest Rutherford über Millikan gemacht habe. Rutherford erklärte, das Werben um Publizität sei zu einer Wissenschaft und einer großen Kraft des modernen Lebens geworden, weshalb man eine Einheit zu ihrer Messung erfinden müsse. Diese Einheit sei der *kan*. Er sei jedoch so groß, daß es gelte, auf einen praktikablen Bruchteil davon zurückzugreifen. Dieser Bruchteil sei der *millikan*.

Heute kamen wir zum Lunch im Tavern Club mit dem Musikkritiker Philip Hale[51] zusammen, den seine Programmerläuterungen für das Boston Symphony Orchestra berühmt gemacht haben. Er ist mittlerweile 77 Jahre alt, was man ihm anzusehen beginnt. Noch heute trägt er die blumige Windsorkrawatte der Bohemiens von vor fünfzig Jahren, und er verbreitet sich hauptsächlich über die alten Zeiten. Knopf möchte ihn dazu bewegen, ein Buch zu schreiben, aber es liegt auf der Hand, daß er keine Chance hat, sich jemals auf eine solche Arbeit zu konzentrieren. Trotz seines Alters ist Hale sehr aufgeschlossen für die neuere Musik, er ist von erstaunlicher geistiger Spannkraft. Während unserer Mahlzeit aßen verschiedene bejahrte Clubmitglieder an einem runden Tisch im selben Raum. Sie brüllten einander an und machten auch sonst viel Lärm. Nach dem Lunch begannen sie, auf eine überaus geräuschvolle und kindische Art Billard zu spielen. Einer von ihnen kam immer wieder an unseren Tisch, um sich bei Hale über Koussevitzkys moderne Musikprogramme der jüngeren Zeit zu beschweren. Der alte Knabe bestreitet laut Hale, daß seit Schumann irgendwelche anständige Musik komponiert worden sei.

Gestern abend kamen der Historiker Arthur M. Schlesinger[52] und seine Frau zum Dinner ins Hotel. Wir verbrachten einen sehr unterhaltsamen Abend, sie blieben bis fast ein Uhr.

Boston, den 26. April 1931

Alfred Knopf und ich waren gestern abend in einem Konzert des Boston Symphony Orchestra, danach luden uns der Dirigent Koussevitzky[53] und seine Frau zum Abendessen in ihr Haus in Jamaica Plain ein. Sonst war niemand anwesend außer Koussevitzkys Neffen und Nichte, die anscheinend in dem Haus wohnen.

Koussevitzky redete anderthalb Stunden lang unablässig. Sein Englisch hat sich stark verbessert, obwohl er hin und wieder noch immer nach einem Wort sucht oder das Deutsche zu Hilfe nimmt. Er erwähnte das in Boston verbreitete Gerücht, er sei unfähig, eine Orchesterpartitur zu lesen. Diese Meinung sei darauf zurückzuführen, daß man seine Methode zur Vorbereitung auf das Dirigieren mißverstehe. Zuerst studiere er eine Partitur sorgfältig, dann lasse er sie von jemandem auf dem Klavier spielen und stehe auf, um sich ein Verfahren zum Dirigieren zu erarbeiten. Offenbar hat jemand, der diese Technik beobachtete, den Schluß gezogen, daß ihm die Musik à la Caruso beigebracht werde. Es scheint unvorstellbar, daß man solchem Unsinn Glauben schenkt. Koussevitzky ist seit seinem fünften Lebensjahr Musiker und seit seinem zwölften Lebensjahr Dirigent. Er leitete vor dem Krieg ein großes Orchester in Rußland und dirigierte später sowohl Sinfoniekonzerte als auch Opern in Paris. Trotzdem nehmen viele allen Ernstes an, daß er nicht in der Lage sei, eine Partitur zu lesen.

Bethlehem, Pennsylvania, den 16. Mai 1931

Alfred Knopf und ich sind zum Bach-Fest hier. Gestern, am ersten Tag, versuchten wir mehrmals vergeblich, Bier zu bekommen. Nachdem ich die Hoffnung aufgegeben hatte, daß uns das Hotelpersonal helfen würde, wandte ich mich heute morgen an einen Taxifahrer, und er brachte uns zu einem billigen Hotel hinter dem Bahnhof, in dem das Zimmer einen Dollar pro Tag kostet. Als wir an die Tür klopften, steckte der Barkellner die Nase durch einen Spalt und beäugte uns mißtrauisch. Er fragte: „Was wollen Sie?“ Ich antwortete: „Bier.“ Dann erkundigte er sich: „Wer sind Sie?“ Ich erwiderte: „Zwei arme Musiker.“ Danach fragte er: „Woher sind Sie?“ Ich sagte: „Aus New York.“ Er schien noch immer argwöhnisch zu sein, deshalb hielt ich eine Partitur der h-Moll-Messe hoch. Anscheinend erkannte er sie, denn er öffnete sofort die Tür und ließ uns ein. Das Bier erwies sich als ausgezeichnet; wir bekamen für 65 Cent fünf Gläser und ein Schinkensandwich. Ein Lokalpolitiker saß an der Bar, und wir begannen sogleich ein Gespräch mit ihm. Als er erfuhr, daß wir Freunde von John M. Hemphill seien, wurde er äußerst leutselig und erzählte uns eine lange, vertrauliche Geschichte über die politischen Verhältnisse in dieser Gegend.

Schade, daß wir dieses prächtige Lokal so spät entdeckten. Hätten wir gestern abend davon gewußt, hätten wir zwei angenehme Stunden mit Biertrinken verbringen können. Statt dessen saßen wir in unserem Hotelzimmer und tranken Scotch-Highballs. Scotch eignet sich nicht für Bach. Seine Musik verlangt Malzgetränke.[54]

New York, den 20. Mai 1931

Philip Goodman, Raymond Pearl und ich trafen uns gestern abend zum Dinner im Three Stars in der 47th Street. Das Essen war vorzüglich und das Bier hervorragend. Pearl und seine Frau stechen morgen nach Europa in See. Nach dem

Dinner begleiteten mich Goodman und er ins Algonquin. Goodman verabschiedete sich bald, doch Pearl blieb bis nach Mitternacht. Er erzählte mir einige seltsame Dinge über die letzten Tage des japanischen Bakteriologen Noguchi[55]. Dieser starb vor ein oder zwei Jahren in Afrika an Gelbfieber. Eine neue Biographie beschreibt sein Ende als sehr friedlich. Pearl sagt, in Wirklichkeit sei Noguchi zwei oder drei Wochen vor seinem Tod verrückt geworden und habe einige schreckliche Szenen gemacht. Er habe sich in dem Labor, das er in Afrika gegründet hatte, eingeschlossen, sämtliche Mikroskope zerschmettert, alle pathologischen Muster durch den Raum geschleudert und dann einen Leichnam angegriffen, den man zur Autopsie hereingebracht hatte. Kurz darauf sei er selbst an Gelbfieber erkrankt und bald gestorben.

Pearl glaubt, Noguchis Wahnsinn sei wenigstens teilweise durch die Entdeckung ausgelöst worden, daß ein großer Teil seiner Arbeit über Gelbfieber wertlos war. Ein oder zwei Jahre zuvor habe er in Südamerika die Isolation des Gelbfiebererregers verkündet, und Simon Flexner[56], der Chef des Rockefeller Institute, habe ihn nach Westafrika geschickt, wo Gelbfieber endemisch sei, damit er diese Ergebnisse bestätigen könne. Leider habe Noguchi herausgefunden, daß er wahrscheinlich im Irrtum gewesen sei. Nach japanischer Art sei er in einer schrecklichen Depression versunken, und später habe er deutliche Zeichen des Wahnsinns erkennen lassen.

12. Juli 1931

Am 3. Juli fuhren Sara und ich nach Vermont, um Sinclair Lewis und seine Frau zu besuchen. Philip Goodman und seine Frau begleiteten uns. Wir vier verließen New York am frühen Morgen, und nach einer sehr staubigen Zugfahrt erreichten wir Windsor, Vermont, mitten am Nachmittag. Dort erwartete uns Lewis' Frau, Dorothy Thompson, mit einem Lincoln und fuhr uns zu ihrem Haus in Barnard, das knapp vierzig Kilometer von Windsor entfernt ist. Die Autofahrt war faszinierend. Die Straße folgt den Gebirgsflüssen und ist deshalb nicht sehr steil, aber sie schlängelt sich durch Wälder und ist abwechslungsreich und interessant. Die Wälder zeigten die Üppigkeit des Mittsommers. Es gab viele große Farnböschungen.

Die Lewis' besitzen ein großes Grundstück, drei Kilometer hinter Barnard, mit zwei Häusern, die ungefähr dreihundert Meter voneinander getrennt liegen. Beide sind gut ausgestattet: mit elektrischem Licht, Badezimmern, Warmwasser, Fliegengittern etc. Die Goodmans wohnten bei den Lewis' in dem größeren der beiden Häuser, das auf einer Anhöhe steht und eine herrliche Aussicht auf die Berge bietet. Das Gebiet ist spärlich besiedelt, und nachts sind keine Lichter zu entdecken. An das Haupthaus ist ein großes Studio angebaut, das früher als Wagenschuppen diente. Es dürfte zehn Meter lang und sechs Meter breit sein und hat einen ausladenden Kamin. An einem Ende, vor einem riesigen Fenster, von dem man auf die Berge hinausblickt, ist der Eßtisch aufgestellt. Draußen ist eine doppelte Terrasse, auf der man abends behaglich sitzen kann. Eines Abends herrschte starker Wind, der uns wieder ins Haus trieb.

Das kleinere Haus liegt etwas niedriger und einem Hügel gegenüber, so daß es keine Aussicht bietet. Michael, der einjährige Sohn der Lewis', ist dort mit seinem Kindermädchen untergebracht. Über der angrenzenden Garage wohnen der Koch und seine Frau – beide sind Deutsche – und der irische Gärtner, ein Junggeselle. Außerdem hat die Familie ein weißes Dienstmädchen aus der Gegend. Verschiedene andere Bedienstete, alles Einheimische, helfen dem Gärtner. Sara hatte ein bequemes Zimmer mit Bad im ersten Stockwerk des Hauses, ich ein Zimmer mit Bad im Erdgeschoß. Das Baby und das Kindermädchen waren im ersten Stockwerk. Sie hatten die vierjährige Pamela, die Tochter von Dorothys Schwester Peggy, bei sich. Lewis hat 10 000 Dollar für das Anwesen bezahlt, das 300 oder 400 Morgen umfaßt. Aber beide Häuser waren verfallen, und er sagt, er habe eine Menge Geld ausgeben müssen, um sie zu renovieren und das Grundstück anzulegen. Bisher belaufe sich seine Gesamtinvestition auf fast 75 000 Dollar. Er gibt noch immer hohe Summen aus: für die Bohrung eines tiefen Brunnens, den Bau einer Zuckerahornanlage im oberen Wald und für einen Landmaschinenschuppen im Tal. Er hat zwei Kühe, vier Automobile und einen Ford-Lieferwagen. Die Stromleitungen mußten über drei Kilometer hinweg verlegt werden. Da seine Quellen nur wenig Wasser liefern, braucht er den Brunnen. Bis jetzt seien die Bohrleute noch nicht auf Wasser gestoßen. Das ausgebildete Kindermädchen bekommt 200, das deutsche Ehepaar 175 und der Gärtner 150 Dollar pro Monat. Es ist ein teures Besitztum, das nur die Hälfte des Jahres genutzt werden kann. Im Winter ist es zu kalt und abgelegen – die Lewis' müssen ein Haus mieten, das näher an New York liegt. Im letzten Winter hatten sie Franklin P. Adams' Villa in Westport, Connecticut, gemietet.

Goodman fürchtete, daß sich Lewis nach unserer Ankunft betrinken würde, aber er blieb zwei Tage lang nüchtern: am Samstag, dem 4., und am Sonntag, dem 5. Am Montag, dem 6., schlug er vor, mit mir in das fünfzehn Kilometer entfernte Woodstock zu fahren und dort verschiedene Honoratioren aufzusuchen, darunter einen Werkstattbesitzer, der den „American Mercury" liest. Wir machten in der Stadt ein paar Einkäufe, und dann faßte er den Plan, uns von einem der Ärzte etwas Whisky verschreiben zu lassen. Der erste Arzt war nicht da, und er versuchte es bei einem anderen. Auch diesen trafen wir nicht an, so probierte er es bei einem dritten. Danach kehrte er zu dem ersten zurück, der noch immer unterwegs war. Während wir auf ihn warteten, kam der erwähnte Werkstattbesitzer vorbei und bot an, Lewis zwei Flaschen Alkohol zu leihen: eine mit kanadischem Roggenwhisky und eine mit Rum. Als wir ins Auto stiegen, um heimzufahren, meinte Lewis, wir sollten den Roggenwhisky probieren, aber ich protestierte, und das Getränk wurde nicht angerührt, bis wir zu Hause waren. Dann nahm Lewis einen großen Schluck aus der Flasche und gab sie mir. Ich feuchtete meine Lippen an und nahm noch einen Schluck. Er versteckte den Roggenwhisky in einer Schreibtischschublade im Studio. Dorothy war nicht zu Hause. Er wollte nicht, daß sie den Whisky zu Gesicht bekam. Danach zog er sich in sein Zimmer zurück und nahm den Rum mit.

Nach dem Lunch erzählte ich Goodman von dem Roggenwhisky im Schreibtisch, und er meinte, wir sollten ihn konfiszieren, damit Lewis ihn nicht trinkt. Aber als wir die Schublade öffneten, war er schon weg. Lewis ließ sich den Nachmittag hindurch nicht blicken. Beim Dinner war er eindeutig betrunken. Während wir abends auf der Terrasse saßen, ging Goodman ins Haus, um mir einen Highball zu holen. Bei der Rückkehr rutschte er auf einer Stufe aus, stürzte schwer und verstauchte sich den Knöchel. Am Sonntag, dem Tag zuvor, hatten wir über die Dauer unseres Besuchs gesprochen und beschlossen, am Freitag, dem 10. Juli, nach New York zurückzufahren. Aber da Lewis betrunken war, benutzte Goodman seinen verstauchten Knöchel als Vorwand, um früher aufbrechen zu können. Ich schlug vor, am Mittwoch morgen, dem 8., abzufahren – also zwei Tage früher, als wir geplant hatten. Lewis und seine Frau erhoben Einwände, und wir debattierten ohne Ergebnis. Am folgenden Morgen erschien Lewis um vier Uhr in dem kleinen Haus und weckte Sara und mich. Er war im Morgenmantel und stockbetrunken. Wir sollten ihm versprechen, bis Freitag zu bleiben, aber wir wimmelten ihn ab, ohne uns festzulegen.

Am nächsten Tag, dem Dienstag, war Lewis ziemlich angeschlagen. Er legte sich gleich nach dem Lunch ins Bett und blieb dort den ganzen Nachmittag. Am Abend machte er Goodman schwere Vorwürfe, weil er schon am Mittwoch nach Hause fahren wolle. Aber in Wirklichkeit handelte es sich nicht um Goodmans Idee, sondern um meine. Goodmans Knöchel war angeschwollen, und er fühlte sich sehr schlecht. Seine Frau und Dorothy fuhren nach Woodstock, um Verbandsstoff für den Knöchel zu besorgen. Inzwischen hatten wir den festen Entschluß gefaßt, trotz Lewis' Protesten am Mittwoch abzureisen. Er hatte den ganzen Abend schlechte Laune und saß, den Kopf in den Händen, schweigend auf der Terrasse. Ein unerfreulicher Abend. Tagsüber hatte er dauernd Drinks von Dorothy gefordert, die den häuslichen Vorrat in einem Versteck aufbewahrt. Beim Dinner hatte er einen Liter kanadisches Ale, einen Becher Milch und einen Roggenwhisky-Highball vor sich und trank abwechselnd von allem. Wir hatten uns jeden Tag vor dem Dinner Cocktails und zur Mahlzeit Ale genehmigt. Abends tranken wir Highballs oder Sprudel mit Gin. Aber es waren die beiden Flaschen aus Woodstock, die Lewis wirklich aus dem Leim gehen ließen.

Am Samstag, dem 4., fuhren Lewis und Dorothy mit Sara, den Goodmans und mir zu ihrer Zuckerahornpflanzung in den Bergen. Wir fuhren den Gebirgspfad in zwei Autos hinauf. Lewis und Goodman saßen im vorderen Wagen. An einer Stelle neigte sich die Straße in einem Winkel von vielleicht dreißig Grad zur Seite und war mit trockenen und schlüpfrigen Blättern bedeckt. Wir gerieten in so große Gefahr, uns zu überschlagen und den Hang hinunterzustürzen, daß die Goodmans, Sara und ich uns weigerten, im Auto zurückzukehren. Lewis fuhr bei der Zuckerpflanzung mit seinem Auto in einen Graben – offenbar absichtlich, um nicht wieder hinunterfahren zu müssen. Aber Dorothy lenkte tapfer das andere Auto. Die Rückfahrt ohne Passagiere war weniger riskant, aber immer noch bedrohlich genug. Wie sich herausstellte, war keiner von beiden je mit einem Auto die Straße hinaufgefahren; sie waren stets zu Fuß zur Pflanzung gegangen.

Wir reisten am Mittwoch morgen bei schwerem Regensturm ab, ich wurde völlig durchnäßt, als ich das Gepäck hinten am Lincoln festschnallte. Goodman konnte mir wegen seines verstauchten Knöchels nicht helfen, und Lewis war noch nicht wieder nüchtern. In Woodstock wollte Dorothy um eine Kurve biegen und prallte dabei mit dem Wagen an den Zementsockel eines Verkehrszeichens. Zum Glück fuhr sie langsam, und Goodman, der auf dem Beifahrersitz saß, zog die Handbremse. Trotzdem war der Kühler des Autos ramponiert, wir mußten es stehen lassen. Wir mieteten ein anderes und kamen damit nach Windsor und zum Zug. Niemand war verletzt. Ich hatte mir die Haut an einem Fingerknöchel abgeschürft und die rechte Schulter verrenkt, aber ernste Schäden blieben nicht zurück. Die Windschutzscheibe war heil geblieben. Wir ließen Dorothy mit dem zertrümmerten Auto zurück. Der Unfall passierte genau vor einer Werkstatt, die sich um den Wagen kümmerte und Dorothy nach Hause fuhr. Als wir in New York angekommen waren, rief Sara sie gleich an. Dorothy sagte, sie sei nicht verletzt, und deutete an, daß Lewis dabei sei, seinen Rausch abzubauen.

Lewis schien mir nicht in der Verfassung zu sein, ernste Arbeit zu leisten. Er zeigte mir die Manuskripte von zwei Geschichten, die er für die „Saturday Evening Post“ geschrieben hatte. Beide waren sehr schlecht. Die eine ist eine alberne Burleske über einen englischen Romanschriftsteller, der die Vereinigten Staaten besucht. Der Mann wirkt keinen Moment überzeugend, die Episoden sind allesamt unglaubwürdig. Die Atmosphäre hat etwas Übellauniges. Lewis haßt die Engländer, weil sie ihn nach dem Nobelpreis arrogant behandelten. Ich fürchte, er läßt seine Abneigung zu deutlich erkennen, weshalb die Geschichte sogar „S. E. P.“-Lesern töricht vorkommen wird. Die andere Erzählung, die etwas besser ist, handelt von einem Vermonter, der nach New York übersiedelt und große Opfer bringt, um seinen Sohn zum Zahnarzt ausbilden zu lassen. Aber der Sohn liebt die Berge und kehrt schließlich zu ihnen zurück.

Lewis hat seinen nächsten Roman noch nicht einmal angefangen. Er sagte mir, daß er ihn noch vor Ende des Jahres in Angriff nehmen wolle. Aber das gegenwärtige Ausmaß seiner Unkosten macht ihn zu einem Sklaven der „Saturday Evening Post“. Er kann nicht gleichzeitig an zwei oder drei Projekten arbeiten. Wenn er mit dem neuen Roman anfängt, muß er mit den Kurzgeschichten aufhören. Aber er braucht das Geld, das sie ihm einbringen. Ein Roman, der so schlecht geschrieben ist wie die Geschichten, würde ihn ruinieren. Insgesamt erscheint mir seine Zukunft recht fragwürdig. Ich kann mir nicht vorstellen, daß er innerhalb der nächsten zwei oder drei Jahre etwas so Gutes wie „Babbitt“ oder auch nur „Dodsworth“ [dt. „Sam Dodsworth“] zustande bringt. Dorothy bemüht sich heroisch, seinen Alkoholkonsum in Grenzen zu halten, aber ohne großen Erfolg. Sie ist offensichtlich mit ihm in die Berge umgesiedelt, um die Versuchungen zu reduzieren, aber er ist trotzdem noch in der Lage, sich Whisky zu beschaffen; sie selbst muß ihm erhebliche Mengen zukommen lassen, damit er nicht Amok läuft.

Als wir wieder in Baltimore waren, schickte ich ihr eine Vorrichtung zum eigenen Bierbrauen mit den nötigen Rohstoffen und Gebrauchsanweisungen. Aber Bier mit einem Alkoholgehalt von 3,8 Prozent wird für Lewis nicht stark genug sein. Er lechzt nach Whisky, und wenn die Gelegenheit günstig ist, trinkt er ihn pur, ein Glas nach dem anderen. Es scheint ihm ganz unmöglich zu sein, in Maßen zu trinken. Er ist in einer traurigen Verfassung, seine arme Frau eine tragische Figur.

New York, den 29. Juli 1931

James M. Cain[57] kam zum Lunch ins Algonquin. Er arbeitete für zweihundert Dollar pro Woche als Leitartikler für die

„New York World“, als die Zeitung eingestellt wurde. Mit viel Glück wurde er zum Chefredakteur des „New Yorker“ berufen, wo er das gleiche Gehalt bezog. Das war vor sechs Monaten. Er wirkt unzufrieden, hauptsächlich, weil der „New Yorker“ nichts druckt, was ihn interessiert. Er erzählte mir, die Redaktion sei ein Irrenhaus mit einem Personal, das um das Dreifache zu groß sei; außerdem gebe es alle möglichen Intrigen. Ross[58], der die Zeitung leitet, sei ein aufdringlicher und mißtrauischer Mann – eine seltsame Kombination. Cain sagte, das Redaktionsbudget belaufe sich auf 7 500 Dollar pro Woche, eine gigantische Summe, wenn man bedenkt, wie wenig Substanz jede Nummer hat. Den Karikaturisten würden vierzig Dollar und mehr für Bilder gezahlt. Gewöhnlich müsse man ihnen aber die Ideen liefern. Für diese Ideen zahle Ross Freiwilligen jeweils 10 Dollar. Peter Arno[59] seien vertraglich 300 Dollar pro Woche zugesichert. Zwei der stellvertretenden Chefredakteure, beide zweitrangige Lyriker, bezögen 120 und 190 Dollar. Es gebe drei Textbearbeiter und zwei Reporter. Aber das meiste Material komme von Leuten, die nicht zum Hauspersonal gehören.

Cain machte den verrückten Vorschlag, den „American Mercury“ in eine Wochenzeitschrift umzuwandeln, anscheinend mit ihm selbst als Chefredakteur. Er sagte, er habe das Wochengeschäft gelernt. Wenn ich selbst eine Wochenzeitschrift besäße, könnte ich Leitartikel über aktuelle Themen schreiben und veröffentlichen. Ich erwiderte, ich hätte nicht den geringsten Wunsch, solche Themen zu erörtern.

Er zahlt seiner ersten Frau, einer Professorin, Unterhalt. Seine zweite Frau, eine Finnin, hat zwei halbwüchsige Kinder. Sie verbringt die Hälfte ihrer Zeit in Europa, um sie zu besuchen. Nun möchte sie die Kinder nach Amerika holen. Cains fixe Ausgaben sind hoch, und er ist immer in Geldnot. Er hat eine Menge Talent, aber er ist nicht in der Lage, sein Leben zu organisieren.

New York, den 30. Juli 1931

Phil Goodman ließ mich wissen, Ernest Boyd[60] sei verärgert, weil ich mich im vergangenen Jahr kaum mit ihm getroffen habe. Ich gehe ihm deshalb aus dem Weg, weil er dem Alkohol mehr Energie widmet als seiner Arbeit. Deshalb hat er auch nie Geld. Vor einiger Zeit versuchte er, sich tausend Dollar von Harry C. Black zu leihen, obwohl er diesem bereits seit Jahren tausend Dollar schuldete. Ich verabscheue Männer, die sich Geld leihen, besonders wenn sie es aus eigener Trägheit tun. Boyd hat eine gewisse Begabung, aber er läßt sich dauernd Vorschüsse für Arbeiten geben, die er dann auf die lange Bank schiebt, und auch sonst benimmt er sich beruflich daneben.

Zur Zeit ist er als Gast von Tom Beer[61] in Nantucket. Er ist für drei Wochen dorthin gereist, aber Goodman prophezeit, daß er wahrscheinlich bis zum Tag der Arbeit dortbleiben wird. Es ist schade, einen guten Mann auf Abwegen zu sehen, aber solange er ihnen folgt, ist er unsympathisch. Ich kann es mir nicht leisten, ihm Geld zu leihen, und ich habe keine Lust, mir seine Probleme anzuhören. Gott weiß, wie er sich durchschlägt. Er hatte Jobs bei der „Time" und beim „New Freeman", aber nun hat er die „Time" verlassen, und der „New Freeman" ist eingestellt worden. Ich lieh seiner Frau[62] vor drei oder vier Jahren, als sie zu einer Operation nach Baltimore kam, 250 Dollar. Diesen Betrag werde ich wohl nie zurückbekommen. Womit sie sich beschäftigt, weiß ich nicht. Als letztes hörte ich, sie betreibe eine literarische Agentur, was ihr jedoch schwerfalle. Boyd und sie leben seit zwei Jahren getrennt. Beide erzählen mir von ihren Leiden, wenn ich sie treffe.

Vielleicht stimmt es ja, daß ich Freunde, die mich ärgern, allzu schnell fallenlasse. Die Liste ist lang: Dreiser, Wright[63], Nathan, Harry Barnes[64] und so weiter, von anderen älteren Freunden gar nicht zu reden. Aber ich sehe keine Möglichkeit, es zu vermeiden. Das Leben ist zu kurz, um sich mit Freunden zu belasten, die zuviel verlangen.

Boyd trinkt, wenn er in New York ist, sehr häufig mit Herman Oelrichs. Wahrscheinlich gibt Oelrichs ihm Geld.

15. August 1931

Sara hat von William Cobb, der bei Houghton Mifflin ist, gehört, daß all seine Kollegen glauben, ich sei dafür verantwortlich, daß Willa Cather[65] nach „My Antonia" [dt. „Die Frau, die sich verlor"] von Houghton zu Knopf ging. Das ist nicht wahr. Ich kann mich nicht erinnern, jemals mit ihr über die Angelegenheit gesprochen zu haben. In jenen Tagen schrieb Cather mir – hauptsächlich wegen meines aktiven Eintretens für „My Antonia" – häufig, und ich lud sie immer zum Lunch ein, wenn sie an einem Buch arbeitete, und diskutierte es mit ihr. Aber seit „Death Comes for the Archbishop" [dt. „Der Tod holt den Erzbischof"] habe ich sie sehr selten gesehen, nie unter vier Augen. Sie war wütend über meine Rezension des Buches im „American Mercury", die ich neben einer Besprechung von Harvey Fergussons „Wolf Song", eines in vieler Hinsicht besseren Werkes, druckte. Sie beschwerte sich bei Knopf, daß ich sie nicht mit Fergusson[66] in einen Topf hätte werfen dürfen. Ich erklärte ihm, ich sei nicht bereit, ihre Wünsche in derartigen Fragen zu berücksichtigen. Wenn sie versuche, mich durch ihn zu beeinflussen, würde ich sie ganz und gar aus der Zeitschrift verbannen. Genau das habe ich seitdem getan.

Cather ist eine hundertprozentige Amerikanerin, wie „One of Ours" [dt. „Sei leise, wenn du gehst"] beweist, und sie kann den „American Mercury" nicht ausstehen. Wie ich von Knopf höre, glaubt sie, man hätte sie konsultieren sollen, als die Zeitschrift gegründet wurde. Ich bat sie am Anfang nicht um einen Beitrag, weil sie damals sehr hohe Honorare für ihre Kurzgeschichten bekam – viel höhere, als ich sie hätte zahlen können – und weil ich mich ihr nicht verpflichten oder den Eindruck erwecken wollte, daß ich von meinem Freudengeschrei für „My Antonia" profitierte. Sie bot mir weder damals noch später jemals ein Manuskript an. Was sie heute schreibt, würde ohnehin nicht in die Zeitschrift passen. Sie hat sich dem Katholizismus ergeben, sowohl „Death Comes for the Archbishop" als auch „Shadows on the Rock" [dt. „Schatten auf dem Fels"] sind überwiegend von Katholiken gelesen und gelobt worden. Der Baltimorer Buchhändler Stanley Remington sagte mir, er habe an einem Tag der letzten Woche 125 Exemplare von „Shadows on the Rock" verkauft – ein gewaltiger Absatz für Baltimore, der wohl überwiegend auf die katholische Nachfrage zurückzuführen ist. Knopf druckte eine Startauflage von 110 000 Exemplaren.

Cather verhält sich sehr geschickt und hat eine Menge Geld verdient. Sie führt ein einfaches Leben und ist deshalb reich. Knopf mag sie gern und geht freundschaftlich mit ihr um, aber sie setzt ihm mit allen möglichen Angelegenheiten zu und kann lästig werden. Wenn sie ihn in seinem Büro aufsucht, erwartet sie, daß er alles stehen und liegen läßt und ihr seine ungeteilte Aufmerksamkeit widmet. Vor einiger Zeit rief sie seinen Vater Samuel Knopf an und bat ihn, ihr eine Flasche Gin und eine Flasche Brandy zu besorgen. Sie wolle eine Party geben, kenne aber keinen Schwarzhändler. Der alte Mann schickte ihr zwei Flaschen aus seinen eigenen Beständen.

Meine Beziehungen zu Schriftstellerinnen sind etwas unglücklich. Julia Peterkin[67] ist ein Beispiel. Ich brachte sie im alten „Smart Set“ heraus und bewog Knopf, ihr erstes Buch, „Green Thursday“, 1924 zu drucken. Natürlich wurde es nur schleppend verkauft, und Knopf machte damit Verluste. Ihm war von vornherein klar, daß dies der Fall sein würde, aber er veröffentlichte es in der Hoffnung, die Einbußen später wettzumachen. Doch Peterkin publizierte ihr nächstes Buch bei Bobbs-Merrill, ohne Knopf oder mich um Rat zu fragen, und mit ihrem dritten, „Scarlet Sister Mary“, wurde eine Menge Geld verdient. Deshalb habe ich sie aus dem „American Mercury“ verbannt.

Ruth Suckow[68] benimmt sich fast genauso schlecht. Ich veröffentlichte ihre Erzählungen im „Smart Set“ und überredete Knopf, ihr erstes Buch, „Country People“, 1924 herauszubringen. Er verwandte viel Aufmerksamkeit auf die Werbung für sie, und nachdem „The Odyssey of a Nice Girl“ 1925 erschienen war, begannen sich ihre Bücher zu verkaufen – zwar nur in Maßen, aber jedenfalls hinreichend, um sie zu einer aussichtsreichen Autorin zu machen. Vor ungefähr sechs Monaten las Knopf in einer Zeitung, daß sie einen Vertrag mit der Hearst-Gruppe, der Cosmopolitan Book Corporation, unterzeichnet hatte. Als er sie zur Ordnung rief und an ihren Vertrag mit ihm erinnerte, der sie zu zwei weiteren Büchern für Knopf verpflichtete, brach sie in Tränen aus und sagte, sie habe den Vertrag nie gelesen. Knopf war bereit, sie gehen zu lassen, aber ich riet ihm nachdrücklich, sie zur Einhaltung des Vertrags zu zwingen. Das scheint er zu tun, denn er hat gerade ihr „Children and Older People" veröffentlicht. Ich habe sie seit diesem unerfreulichen Ereignis nicht gesehen und nichts von ihr gehört. Die Hearst-Leute müssen sie eingefangen haben, indem sie ihr einen phantastischen Vorschuß anboten. Auf diese Weise haben sie in New York alle möglichen Autoren für sich gewonnen, darunter auch Louis Bromfield[69]. Es ist seltsam, sich daran zu erinnern, daß sich der Stokes-Verlag sechs oder sieben Jahre lang weigerte, Anzeigen im „American Mercury" zu veröffentlichen, weil ich angeblich geschworen hätte, Bromfield niederzumachen – ein reiner Irrglauben, denn er interessiert mich viel zuwenig, als daß ich Krieg gegen ihn führen wollte. Und nun bedankt er sich für diese Treue, indem er zu Hearst überläuft!

1929 heiratete Suckow Ferner Nuhn, einen jungen Mann aus ihrer Heimat Iowa. Sie war damals 37, er ungefähr 25. Kurz zuvor hatte ich zwei sehr gute Kurzgeschichten von ihm im „American Mercury" gedruckt. Ich habe immer vermutet, daß Suckow selbst sie schrieb oder doch wenigstens sehr genau korrigierte. In letzter Zeit scheint Nuhn nichts veröffentlicht zu haben, außer einem kritischen Essay in „The American Caravan" – ziemlich unreifes Zeug. Ich habe den Verdacht, er könnte sie bewogen haben, auf die Hearst-Sirenen zu hören. Wahrscheinlich braucht er mehr Geld, als sie verdient. Ich habe lange nichts mehr von ihr gehört.

3. September 1931

Ritchie kam gestern abend vorbei, um über seinen Präsidentschaftswahlkampf zu berichten. Er blieb bis 1.30 Uhr sitzen, was für ihn nicht spät ist, denn gewöhnlich hält er es bis drei Uhr morgens aus, da er erst kurz vor Mittag aufsteht. Er sagte, er habe das Hauptquartier des Democratic National Committee in Washington besucht und erheblichen Widerstand gegen Franklin D. Roosevelt festgestellt. Die meisten Akademiker seien für Owen D. Young[70], aber sie glaubten nicht mehr, daß er kandidieren werde. Damit sei der Weg offen für einen neuen Kandidaten, und Ritchie glaubt, er könne einige ihrer Stimmen in seine Richtung lenken. Ich riet ihm, Abgesandte in die verschiedenen Staaten zu den lokalen Parteivorsitzenden zu schicken. Viele von ihnen kommen nie nach Washington, und was sie denken und tun, wird in der Berichterstattung nicht hinreichend berücksichtigt. Ich schlug Howard Bruce[71] als einen geeigneten Agenten vor. Er vertritt Maryland im Democratic National Committee und hat dadurch wertvolle Kontakte. Außerdem ist er vermögend und kann sich den Zeitaufwand und die Kosten einer Reise durch das Land leisten. Ich schlug vor, Bruce solle mit den Neuenglandstaaten beginnen. Ritchie fand Gefallen an dem Plan und sagte, er werde Bruce heute zum Lunch treffen und ihm das Projekt unterbreiten. Er lud auch mich zum Lunch ein, aber ich lehnte wegen meines Heuschnupfens ab.

Natürlich kann ein einziger Mann nicht das ganze Land bereisen. Ich schlug E. Brooke Lee[72] als Nummer zwei vor und regte an, ihn in den Mittelwesten zu schicken. Ritchie meinte, Lee sei vertrauenswürdig, aber er habe wahrscheinlich keine Zeit für die Reise, da er geschäftlich engagiert sei. Ein geeigneter dritter Mann wurde erörtert. Mir fiel keiner ein, Ritchie auch nicht. Er bat mich, Verbindung mit John Hemphill aufzunehmen und herauszufinden, was in Pennsylvania vor sich gehe. Ich versprach es. Ritchie sagte, er bekomme viele zustimmende Briefe, einige sogar von der Pazifikküste. Er könne wenig für sich selbst tun, denn die einzige vernünftige Methode bestehe darin, Reden zu halten, und dafür seien ihm die Ideen ausgegangen. Er stehe auf gutem Fuß mit einer Reihe von staatlichen Parteichefs, zögere jedoch, sich persönlich an sie zu wenden. George Creel[73] sei kürzlich nach Baltimore gekommen, um ihn ausführlich für „Collier's" zu interviewen. Und er (Ritchie) selbst habe Artikel für „Forum" und „North American Review" geschrieben.

Er schien etwas verwirrt zu sein. Zwar glaubt er, daß der Roosevelt-Boom vor dem Parteikonvent eingedämmt werden kann, aber er fürchtet offensichtlich, daß Raskob[74] und Co, wenn sie auf Young verzichten müssen, versuchen werden, einen ganz anderen, noch unbekannten Kandidaten aufzustellen. Er hat vor kurzem mit Raskob gesprochen, der sich wohlwollend gab, aber Ritchie hat offenbar wenig Vertrauen zu dieser freundlichen Haltung. Raskob habe ihm zu verstehen gegeben, daß die New Yorker Bosse gegen Roosevelt sein und ihn fallenlassen würden, wenn sie es könnten. Ob sie hoffen, Al Smith erneut nominieren zu können, weiß er nicht, aber er hat seine Zweifel.

4. September 1931

Paul Patterson und John W. Owens kamen gestern abend zu einem Schwatz und auf ein paar Drinks vorbei. Wir besprachen verschiedene „Sun"-Angelegenheiten: den Posten des

Londoner Korrespondenten, die geplante Untersuchung der Schulen von Baltimore, die Frage eines neuen Lokalredakteurs für die „Sun" und so weiter. Patterson ist gerade aus Europa zurückgekommen. Einer seiner Mitpassagiere war Dekan Roscoe Pound[75] von der Harvard Law School, der kürzlich mit 61 Jahren geheiratet hat. Patterson sagt, Pound habe die ganze Reise damit verbracht, mit seiner neuen Frau zu tanzen. Die Dame ist nicht mehr jung, aber ihre Tanzlust scheint unstillbar zu sein. Jeden Abend nach dem Dinner betraten Pound und sie den Tanzboden und blieben dort, bis die Musik aufhörte. Keiner der beiden tanzte je mit einem anderen Partner. Patterson hoffte, die Gelegenheit zu einem ungestörten Palaver mit Pound zu erhalten, aber dazu kam es nicht: der Dekan war zu sehr von seinen ehelichen Pflichten in Anspruch genommen.

6. September 1931

„Treatise on Right and Wrong"[76] macht nur sehr langsam Fortschritte. Ich habe den ersten Teil in der letzten Woche beendet, aber dann hat mich der Heuschnupfen erwischt, und seitdem habe ich nicht mehr arbeiten können. Ich hatte gehofft, Knopf das Buch bis Ende des Jahres schicken zu können, aber nun wird es wahrscheinlich bis zum Frühjahr dauern. Es ist ein schwieriger Stoff. Ich muß bei jedem Schritt Experten konsultieren und sehr viel überarbeiten. Der erste Entwurf von Teil 1 ist mit Korrekturen übersät.

Wie viele Bücher ich noch schreiben kann, bleibt abzuwarten. Sobald „Treatise on Right and Wrong" fertig ist, hoffe ich, mich der englischen Fassung von Johann Burckhardt Menckes „De charlataneria eruditorum"[77] widmen zu können. Ich ließ sie vor fünf oder sechs Jahren übersetzen, doch ich habe das Vorwort und die Redaktion des Textes bisher nicht beenden können. Ein solches Buch läßt sich natürlich nicht verkaufen. Ich habe vor, es in einer begrenzten Auflage zum Preis von zehn Dollar drucken zu lassen. Knopf hat angeboten, das Risiko zu übernehmen, aber ich werde wahrscheinlich darauf bestehen, wenigstens einen Teil davon selbst zu tragen. Das Buch sollte mit Reproduktionen der alten Stiche und mit ausführlichen Anmerkungen hergestellt werden.

Danach will ich „The American Language" [dt. „Das amerikanische Englisch", gekürzte Fassung] überarbeiten. Eine Menge neues Material hat sich angesammelt, die Neuauflage wird wahrscheinlich zwei Bände umfassen. Ich habe vor, sämtliche Anmerkungen und Dokumente in Band II zusammenzustellen, so daß Band I separat verkauft werden kann.[78] Wenn diese mühsame Arbeit abgeschlossen ist, muß ich auch „In Defense of Women"[79] [dt. „Zur Verteidigung der Frau"] überarbeiten. Es hat sich besser verkauft als jedes andere meiner Bücher, und es findet immer noch Käufer, aber Teile davon sind überholt, und der gesamte Text muß neu bearbeitet werden. Allerlei gutes Material über das Thema Frauen verteilt sich auf die sechs Bände meiner „Prejudices". Es sollte in „In Defense of Women" eingearbeitet werden. Ich will die „Prejudices"-Bücher auslaufen lassen, bis sie vergriffen sind. Große Teile sind ohnehin überholt. Was noch verwendbar ist, werde ich umformulieren und wahrscheinlich in zwei statt in sechs Bänden neu veröffentlichen. Knopf möchte, daß ich einen Band Reprints aus dem „American Mercury", der „Evening Sun" und anderen Zeitschriften zusammenstelle, wenn ich „Treatise on Right and Wrong" beendet habe. Wenn die Zeit reicht, werde ich das vielleicht tun. Für ein solches Buch brauche ich höchstens sechs Wochen. Ich habe seit „Prejudices VI" keine Nachauflagen mehr herausgebracht.

Außerdem plane ich, ein Büchlein mit dem Titel „Advice to Young Men", eine freimütige Erörterung moralischer Probleme, zu schreiben. Früher habe ich einmal daran gedacht, es als letzten Abschnitt dem „Treatise on Right and Wrong" anzuhängen, aber es schien mir besser, dieses Buch mit „Treatise on the Gods" in Einklang zu bringen. Die beiden können dann zusammen verkauft werden, und das eine wird dem anderen helfen. Ich hoffe, Knopf dazu bewegen zu können, daß „Treatise on the Gods" eine neue Titelseite erhält und daß der Anfangsteil neu gesetzt wird. Im Moment ist das Ganze reichlich künstlerisch aufgemacht. Solche Bücher sollten aber, finde ich, in sehr nüchterner Form gedruckt werden.

Wenn ich in zwei oder drei Jahren noch am Leben bin, werde ich „Homo Sapiens" in Angriff nehmen, eine große Abhandlung über das Menschengeschlecht, in der ich meine gesammelten Ideen zu diesem Thema darlege.[80] Ich plane, sie mit zahlreichen Dokumenten zu belegen.

Vielleicht fasse ich diese ganze Dokumentation in einem zweiten Band zusammen, so daß der erste separat verkauft werden kann, ebenso wie der erste Band der Neuauflage von „The American Language".

Und dann? Ich habe noch keine genauen Vorstellungen. Sehr gern würde ich eine Art psychologische Autobiographie schreiben, in der ich den Ursprung und die Entwicklung meiner Ideen beschreibe, aber das wäre wahrscheinlich sehr schwierig. Außerdem möchte ich ein Buch über das Regierungswesen, größer und besser als

„Notes on Democracy" [dt. „Demokratenspiegel"], schreiben. Auch ein Werk über Musik würde mir Spaß machen, aber vermutlich werde ich nie dazu kommen. Die Jahre vergehen. Ich kann zwar immer noch so intensiv arbeiten wie eh und je, aber das kann sich schnell ändern. Der Heuschnupfen behindert mich in diesem Jahr so stark wie noch nie. Im nächsten Jahr, wenn ich genug Geld habe und Sara reisen kann, werde ich mit ihr ins Ausland fahren. Aber zuerst muß ich für die „Evening Sun" über die beiden Parteikonvente berichten.

Baltimore, den 9. Oktober 1931

Gestern abend fuhr ich nach Washington, um mit Bischof Cannon[81] zu sprechen. Das Treffen wurde von Franklyn Waltman junior vom Washingtoner Büro der „Sun" arrangiert. Seine Gnaden empfingen mich sehr höflich, und unser Gespräch dauerte zweieinhalb Stunden. Etliches von dem, was er sagte, werde ich in einem Interview festhalten, das am 12. Oktober in der „Evening Sun" erscheinen wird.[82] Eine seiner Äußerungen, die ich nicht drucken kann, hatte mit Hoovers Ablehnung des Wickersham-Berichts zu tun.[83] Als der Bericht erschien, lag der Bischof in Washington im Krankenhaus, weshalb er Hoover nicht aufsuchen konnte. Aber er ließ dem Weißen Haus durch seinen Amtsbruder Bischof McDowell eine Botschaft übermitteln. Der Kern dieser Botschaft war, daß er, Cannon, glaube, Hoover habe hinsichtlich der Prohibition zu lange gezaudert; die Tatsache, daß der Präsident keinen klaren Standpunkt bezogen habe, sei überaus schädlich für das ganze Anliegen gewesen, und er müsse sich nun entschieden auf die Seite der Prohibitionsbefürworter schlagen. Ein paar Tage später schrieb Hoover seine berühmte Botschaft an den Kongreß, in der er sich gegen eine Aufhebung oder Änderung des Gesetzes aussprach. Gleichzeitig unternahm sein Amt den notorischen und erfolgreichen Versuch, das Land über den Inhalt des Berichts zu täuschen. Cannon weigerte sich, auch nur ein Wort über diese Episode öffentlich zu äußern, aber er war offenkundig hoch erfreut über seinen eigenen Einfluß auf das Weiße Haus. Er gab mir zwei- oder dreimal zu verstehen, daß er sich nicht völlig für Hoovers Erklärung verantwortlich fühle, aber jedesmal wurde mir deutlicher, daß er glaubte, sie sich als Verdienst anrechnen zu können.

Cannons Büro erwies sich als ein finsteres Loch. Während wir uns unterhielten, beobachtete ich mindestens zehn große Kakerlaken. An den Fenstern waren keine Fliegengitter, und ich wurde von einer riesigen Mücke gestochen. Das Büro ist klein, und es ist karg, geradezu schäbig möbliert. Cannon übernachtet anscheinend in einem kleinen Nebenzimmer. Durch die halboffene Tür war ein Bett zu sehen. An der anderen Seite befindet sich ein kleines Badezimmer, das er auch als Küche benutzt. Seine Frau ist seit fast einem Jahr im Krankenhaus, weshalb er ein Junggesellenleben führt. Man kann sich kaum eine kümmerlichere Behausung vorstellen. Schlimmer noch, sie liegt im zweiten Stock eines Bürogebäudes, in dem der Aufzug nicht funktioniert. Ich hatte Glück, daß ich dem Hausmeister im unteren Foyer begegnete. Sonst hätte ich eine halbe Stunde gebraucht, Cannons Quartier zu entdecken, denn er hat kein Schild an der Tür.

21. November 1931

Pearl erzählt mir, er habe vor ein paar Tagen eine Party besucht, auf der auch Dr. William H. Welch anwesend war. Welch amüsierte eine bunte Gesellschaft mit der Nachricht, daß der „American Mercury" in erheblichen Schwierigkeiten sei und zum Verkauf stehe. Sein Gewährsmann sei W. W. Norton, ein Verleger von naturwissenschaftlichen Büchern. Das ist mein Lohn dafür, daß ich Norton so oft einen Gefallen getan habe, besonders in seinen Anfängen als Verleger. Pearl sagt, Welch habe sich offensichtlich über die Neuigkeit gefreut. Das überrascht mich nicht. Welch ist ein verschlagener alter Bursche. Während des Krieges schloß er sich den Berufspatrioten an, um die Deutschen zu verunglimpfen, obwohl er ihnen seine ersten Erfolge verdankte. Ich warne Pearl schon seit langem vor ihm.

New York, den 27. November 1931

Gestern abend gaben die Knopfs nach einem Konzert des Boston Symphony Orchestra eine Logenparty in der Carnegie Hall, danach ein Abendessen in ihrer Stadtwohnung, 400 East 57th Street, zu Ehren des Dirigenten Koussevitzky und seiner Frau. In der Loge waren Willa Cather, Bundesrichter John M. Woolsey[84] und seine Frau, ein alter Mann namens Seligman und seine Frau, ein anderer, dessen Namen ich nicht verstand, Alfred Knopf und ich. Blanche Knopf[85] saß mit Madame Koussevitzky in der Nachbarloge. Das Programm: Mahlers 9. Sinfonie, zwei Stücke von Debussy und ein Stück von Ravel. Mahlers Sinfonie schien mir ein sehr interessantes Werk zu sein, obwohl die Koda des zweiten Satzes viel zu lang war. Alfred Knopf, der die Partitur mitlas, sagte, Koussevitzky habe einige erhebliche Kürzungen vorgenommen. Willa Cather überraschte mich mit der Mitteilung, daß die Sinfonie zu anstrengend für sie gewesen sei, daß ihr der Ravel jedoch gefallen habe (der für mich reiner Schund war). Ich hatte Willa Cather immer für eine Musikexpertin gehalten, aber sie vertraute mir an, daß sie in Wirklichkeit kaum etwas von Musik verstehe. Deshalb hat sie wohl Ravels Banalitäten Mahlers eleganter Komposition vorgezogen.

Nach dem Konzert holte ich Sara im Hotel Algonquin ab, und wir fuhren zur Wohnung der Knopfs. Sara machte offenbar großen Eindruck. Cather, Fanny Hurst[86] und verschiedene andere lobten sie über die Maßen. Sie sah glänzend aus. Richter Woolsey forderte mich auf, sie im nächsten Sommer mit in sein Haus in Massachusetts zu bringen. Außerdem anwesend: George Gershwin, Fania Marinoff[87], ein Mädchen vom Film namens Taschmann, Jim Rosenberg[88] und seine Frau. Ich lernte allerlei neue Menschen kennen. Bekam nur einen einzigen Drink: einen kleinen Scotch pur. Dashiell Hammett[89], der Autor von Detektivgeschichten, traf betrunken ein und wurde etwas lästig. Nachdem wir gegangen waren, mußte Blanche ihn an die Luft setzen, wie sie mir heute erzählte. William Faulkner aus Mississippi kam spät und betrank sich ebenfalls. Um vier Uhr morgens beschlossen Blanche und Eddie Wasserman[90], ihn zu einer Flüsterkneipe [d. h. zu einem unkonzessionierten Alkoholausschank] zu bringen, um ihn loszuwerden. Unglücklicherweise waren alle Kneipen in der Gegend schon zu, weshalb sie ihn in sein Hotel schleppen mußten. Er redete noch zusammenhängend, aber seine Beine versagten ihm den Dienst, und er konnte nicht mehr stehen.

New York, den 16. Dezember 1931

William Faulkner, der Südstaatenautor, der sich sechs oder acht Wochen in New York aufgehalten hat, ist endlich abgereist und hat eine mächtige Alkoholfahne hinterlassen. Nach Geschichten zu urteilen, die ich von allen Seiten höre, war er hier jeden Abend betrunken.

Zu denen, die ihn bewirteten, gehörte auch Alfred Knopf. Vor ein paar Tagen wurde Knopf anderswo zu einem Dinner mit Faulkner als Ehrengast eingeladen. Knopf nahm zwei Exemplare von Faulkners Büchern mit und bat ihn, sie zu signieren. Faulkner antwortete: „Tut mir leid, aber ich glaube nicht, daß ich das tun sollte. Zu viele Leute bitten mich um Autogramme. Gestern wollte ein Page in meinem Hotel eines haben. Ich finde, es ist falsch, daß ein Autor seine Unterschrift allzusehr verbreitet. Da Sie es sind, könnte ich aber vielleicht eine Ausnahme machen und eines der Bücher signieren." Dieses unglaublich flegelhafte Benehmen einem Mann gegenüber, der ihn mit seiner Gastfreundschaft verwöhnt hatte, verschlug allen Anwesenden die Sprache. Knopf schwieg und erwähnte die Bücher nicht wieder.

Faulkners Verleger Harrison Smith schrieb mir vor einer Woche, daß Faulkner auf der Fahrt nach Süden in Baltimore Station machen werde. Zum Glück überlegte er es sich anders. Die Stadt ist voll von Geschichten über seine endlosen Saufereien. Er hat sich hier glänzend amüsiert und wird mit genug Alkohol in den Adern nach Mississippi und zur Prohibition zurückkehren, um ein ganzes Jahr über die Runden zu kommen.

1932

Baltimore, den 19. Februar 1932

Ellery Sedgwick[91], Herausgeber des „Atlantic Monthly“, war gestern abend zum Dinner hier. Später am Abend kamen Paul Patterson, Hamilton Owens und John W. Owens vorbei. Als sich Sedgwick gegen Mitternacht verabschiedete, blieben Patterson und John Owens zurück, und ich konnte mich schließlich kurz nach zwei Uhr hinlegen.

Sedgwick hatte allerlei seltsame Anekdoten auf Lager. Er erzählte von einer Dinnerparty, die er mit dem inzwischen verstorbenen Moorfield Storey[92] besucht hatte. Der Name Hearst fiel, und Storey sagte: „Hearst hat eine Prostituierte geheiratet und sie dann allmählich auf sein eigenes Niveau heruntergezogen.“

Außerdem hörte ich von Sedgwick, daß der Artikel, den Felix Frankfurter[93] im „Atlantic Monthly“ über den Sacco-Vanzetti-Fall[94] geschrieben hatte, in Wirklichkeit durch den Lordkanzler von England inspiriert worden sei. Sedgwick saß bei einem Dinner in London zufällig neben dem Lordkanzler. Als guter Bostoner hatte er stets angenommen, daß Sacco und Vanzetti mit Sicherheit schuldig seien, aber der Lordkanzler äußerte Zweifel, und als Sedgwick nach Boston zurückgekehrt war, begann er Nachforschungen anzustellen. Er erfuhr, daß Frankfurter mehr als jeder andere über den Fall wußte, und beauftragte ihn mit dem Artikel. Frankfurter legte ein Manuskript vor, das für ein ganzes Buch gereicht hätte.[95] Es wurde für den „Atlantic Monthly“ komprimiert und löste eine Riesensensation in Boston aus. Danach zeigten einige der Lokalgrößen Sedgwick die kalte Schulter. Er sagte mir, der berühmte Lowell-Bericht sei in

Wirklichkeit das Werk von Stratton.[96] Dieser gibt sich als Ballistikexperte aus und glaubt beweisen zu können, daß Sacco tatsächlich den tödlichen Schuß auf den Zahlmeister abfeuerte. Seine Überzeugung griff auf Lowell und Grant über, so daß sie schon vor Beginn ihrer Ermittlungen voreingenommen waren. Sedgwick selbst meint, es gebe gute Gründe für den Verdacht, daß Sacco den Schuß abgegeben hat, er habe aber keine plausiblen Indizien gegen Vanzetti finden können.

Als Frankfurters Artikel im „Atlantic Monthly" erschien, versuchte man in Harvard gerade, Geld für die juristische Fakultät, an der Frankfurter als Professor lehrt, aufzutreiben. Die reichen Spießer gaben sofort bekannt, daß sie nichts spenden würden, und der arme Lowell saß in der Klemme. Zu diesem Zeitpunkt schickte ihm Mrs. John D. Rockefeller junior einen Scheck über 150 000 Dollar, so daß die Fakultät die benötigten Mittel erhielt. Später überwanden die Spießer ihren Schrecken und leisteten weitere Spenden.

27. April 1932

F. Scott Fitzgerald und seine Frau kamen gestern zum Lunch. Mrs. Fitzgerald ist Patientin in der Phipps Clinic. Das arme Mädchen wurde vor ein oder zwei Jahren in Paris verrückt, und sie hat ihre fünf Sinne offensichtlich noch nicht wieder beisammen. Beim Lunch war sie ruhig, aber sie hatte eine verstörte Miene und ließ hin und wieder Zeichen ihrer geistigen Verwirrung erkennen. Fitzgerald wohnt im Hotel Rennert und kümmert sich um sie. Ihre Krankheit hat für ihn enorme Unkosten mit sich gebracht, und er ist gezwungen, sich mit Geschichten für die „Saturday Evening Post" durchzuschlagen. Lorimer[97] hatte ihn, wie er mir sagte, von 4 000 auf 3 500 Dollar pro Geschichte heruntergesetzt. Seit sechs Jahren hat er keinen Roman mehr veröffentlicht. Er hat zwar die ganze Zeit an einem Roman gearbeitet, aber der ist immer noch nicht abgeschlossen.

Wie er mir erzählte, hat er sich absichtlich zurückgezogen, weil er Zeit brauchte, um seine Situation zu überdenken. Er hat mit zweiundzwanzig angefangen zu schreiben und jetzt den gesamten Vorrat seiner Erfahrungen erschöpft. In den späten zwanziger Jahren merkte er, daß seinen Büchern die Substanz fehlte und beschloß, eine Zeitlang keine ernsten Romane zu schreiben und neue Erfahrungen zu sammeln. Deshalb ging er nach Paris; er hat seitdem zahlreiche weitere Reisen unternommen. Leider ist Fitzgerald ein starker Trinker, er sammelte die meisten seiner Erfahrungen in Bars. Die Krankheit seiner Frau ist eine große Belastung für ihn, denn er scheint ihr sehr zugetan zu sein. Die beiden haben ein Kind, ein mittlerweile zehn Jahre altes Mädchen.

Fitzgerald ist mit mehreren alten Maryland-Familien verwandt, zum Beispiel mit der von Francis Scott Key. Während seines Aufenthalts in Baltimore hat er die Gräber seiner Vorfahren in Süd-Maryland besucht. Er ist charmant und – in nüchternem Zustand – ein ausgezeichneter Gesprächspartner. Leider läßt der Alkohol bei ihm alle Dämme brechen, und es kann vorkommen, daß er im Suff einen Eßtisch umwirft oder mit seinem Auto gegen ein Bankgebäude fährt.

Baltimore, den 6. Mai 1932

Mehrere Briefe von Philip Goodman, der vor kurzem mit Sinclair Lewis ins Ausland gereist ist. Goodman hatte keine

Ahnung, daß Lewis ihn begleiten wollte. Eines Abends suchte er Lewis auf, um sich zu verabschieden, und dabei schloß dieser sich ihm plötzlich an. Sie stachen mit der „Dresden“ vom Norddeutschen Lloyd in See, und Lewis gab am Kai ein Interview, in dem er erklärte, ich hätte dem Alkohol abgeschworen und die Ehe habe mich ruiniert. Er war betrunken und bezog seine Informationen von Nathan, der zum Geleit erschienen war und hoffte, dadurch ein gewisses Aufsehen zu erregen.

Goodman berichtet nun in seinen Briefen, daß Lewis sich auf der Reise furchtbar danebenbenimmt. Er schreibt: „Wenn Red weiterhin Tag für Tag beduselt ist, werde ich mich von ihm trennen. Er ist laut, redet pausenlos und gibt sich beleidigend vertraulich. Da habe ich mich wirklich auf etwas eingelassen!“ In einem anderen Brief spricht er folgendermaßen von Lewis' neuem Buch: „Wenn Dir die Bücher von Elsie Dinsmore gefallen, dann wirst Du auch Reds neuestes Werk, ‚Ann Vickers‘, mögen. Allerdings sind Elsies Bücher besser geschrieben, besser konstruiert und verfügen bei aller Unschuld über eine höhere Integrität. Daß Ann von Anfang bis Ende langweilig und durchschnittlich ist, veranlaßt mich weniger zu meiner Kritik als die Tatsache, daß der Autor nicht für eine Sekunde mein Interesse an ihrer Langweiligkeit und Durchschnittlichkeit wecken kann. Er selbst ist sich dessen nicht bewußt. Er hat zweifellos einen neuen Tiefpunkt erreicht – ja, einen beschämenden neuen Tiefpunkt! Du wirst feststellen, daß Reds charakteristisches Tischgeplauder überall in den Text eingeflochten ist. Von den kraß einfältigen, unpassenden Dialogen gar nicht zu reden. Aber denk daran, diese Worte sind nur für *Deine* Augen bestimmt!“

Außerdem schreibt er: „An Bord sind zwei junge Flitterwöchner. Red hat Gefallen an der Frau gefunden. Heute morgen weckte er mich, um mir zu sagen, es gebe seiner Ansicht nach ‚Hoffnung' für ihn, noch bevor die Reise beendet sei. Es ist typisch, daß er in solchen Angelegenheiten versteht, das Eisen zu schmieden, solange es kalt ist. Der arme, blinde Trottel!"

New York, den 22. September 1932

Phil Goodman, seine Tochter und sein Schwiegersohn[98] kamen gestern zum Dinner, und wir verbrachten den Abend gemeinsam. Sie hatten viel über Sinclair Lewis und dessen Frau zu erzählen. Ruth, die Tochter, und ihr Mann hielten sich im August zehn Tage in Lewis' Haus in Vermont auf. In dieser Zeit war Lewis zweimal schwer betrunken, dazwischen goß er sich mit kanadischem Bier und Sherry voll.

Er hat sich seiner ersten Frau Gracie entledigt, indem er ihr 38 000 Dollar in bar zahlte. Laut Unterhaltsregelung hatte sie Anspruch auf 10 000 Dollar pro Jahr, doch Gracie schloß, daß er wegen seiner permanenten Sauferei nicht mehr lange leben werde. Deshalb war sie daran interessiert, sich durch eine einmalige größere Zahlung abfinden zu lassen, denn im Falle seines Todes bekäme sie überhaupt keinen Unterhalt. Sie forderte 50 000 Dollar, aber er handelte sie auf 38 000 herunter. Auch diese Summe hatte er nicht, aber seine jetzige Frau Dorothy gab ihm 10 000 Dollar aus ihrem eigenen Vermögen. Goodmans meinten, auch Dorothy sei davon überzeugt, daß Lewis nicht mehr lange durchhalten kann. Sie setzt ihre Zeitungs- und Zeitschriftenarbeit fort, weil sie annimmt, daß er bald sterben wird und daß sie dann ihr Kind und sich selber allein ernähren muß.

Lewis hat kaum Geld gespart. In den letzten zehn oder zwölf Jahren dürfte er mehr als 600 000 Dollar verdient haben, aber von alledem hat er nur noch sein Haus in Vermont vorzuweisen, das wahrscheinlich keine 15 000 Dollar einbringen würde. Der Vorschuß von 30 000 Dollar, den er für „Ann Vickers" – das Buch wird nun in Fortsetzungen im „Red Book" gedruckt – bekommen hat, ist aufgebraucht. Er versucht, die Filmrechte für „Ann Vickers" zu verkaufen, aber bisher ohne Erfolg. Die Juden haben ihm 30 000 Dollar angeboten, aber er will 50 000. Um den Vorschuß von 30 000 Dollar auszugleichen, den er von Doubleday, Doran & Co. bekommen hat, müssen 600 000 Exemplare des Buches verkauft werden. Er hat eine Nettobeteiligung von zwanzig Prozent bei einem Ladenpreis von 2,50 Dollar.

Goodman erzählte mir Einzelheiten von Lewis' Benehmen, als die beiden im letzten Frühjahr im Ausland waren. Sie saßen am Kapitänstisch, Lewis zur Rechten des Kapitäns. Er begann für alle anderen Gäste am Tisch Champagner zu bestellen, und als diese sich weigerten, mit ihm zu trinken, geriet er in Rage. Bei der zweiten Mahlzeit hätte er sich fast mit einem der deutschen Passagiere geprügelt. Während der ganzen Reise stiftete er so viel Unruhe, daß der Chefsteward ernsthaft davon sprach, ihn unter Aufsicht stellen zu lassen.

New York, den 18. Oktober 1932

Alfred Knopf und ich sind heute nach Garden City gefahren, um uns mit den Verlagsleitern von Doubleday, Doran & Co. zum Lunch zu treffen. Die Reise war entsetzlich. Von dem Moment an, in dem der Zug den Tunnel hinter sich läßt, bis zum Zeitpunkt, in dem er Garden City erreicht, rollt er durch eine endlose Reihe von Rangierbahnhöfen und baufälligen Vororten. Man kann sich nichts Deprimierenderes vorstellen. Heute war es wegen eines Nieselregens sogar noch schlimmer als sonst.

In Garden City trafen wir uns mit Nelson Doubleday, Harry E. Maule, DeGraff, Reginald Townsend[99], dem Herausgeber von „Country Life", und noch einem Mann, dessen Namen ich vergessen habe. Das Gespräch drehte sich fast ausschließlich um den kläglichen Zustand des Verlagsgeschäfts. Auf dem Fußboden eines der Zimmer waren die Wand entlang Bronzebüsten von Autoren – darunter Arnold Bennett, Frank Swinnerton, Edgar Wallace und Christopher Morley – aufgereiht. Jo Davidson hat sie geschaffen, und es heißt, sie hätten Doubleday, Doran & Co. jeweils 5 000 Dollar gekostet. Doran hatte sie in Auftrag gegeben; seine Unvorsichtigkeit war, wie ich hörte, einer der Gründe für seine Entlassung. Die übrigen Direktoren hatten offenbar wenig für die Skulpturen übrig.

New York, den 19. Oktober 1932

William Lengel[100] vom „Cosmopolitan" kam heute nachmittag vorbei. Wir saßen zwei Stunden zusammen und tranken Scotch. Lengel hatte bei Ray Long gearbeitet. Er erzählt, daß Long vor zwei oder drei Jahren angefangen habe, Zeichen geistiger Verwirrung zu zeigen. Long sei eifersüchtig auf den Geschäftsführer der Zeitschrift geworden und habe einen großen Teil seiner Zeit mit Intrigen gegen ihn zugebracht. Gleichzeitig wollte er krampfhaft als Literaturexperte glänzen, weshalb er die Zeitschrift mit Beiträgen füllte, die weit über den Horizont ihrer Käufer hinausgingen. Am Ende konnte sich der Geschäftsführer in der

Hearst-Zentrale gegen ihn durchsetzen, und er verlor seinen Posten.

Lengel deutet an, Long habe ein Gehalt von ungefähr 60 000 Dollar bezogen. Daneben verfügte er über ein praktisch unbegrenztes Spesenkonto, von dem er ausgiebig Gebrauch machte. Long ist derzeit mit einer Frau in der Südsee. Sie ist keine Schauspielerin, wie man in New York munkelt, sondern ein Mädchen, das früher beim „Cosmopolitan" angestellt war. Sie heißt Temple. Bevor Long mit ihr nach Tahiti abreiste, schickte er seiner Frau 6 500 Dollar und einen Brief, in dem er sie aufforderte, die gemeinsame Wohnung zu kündigen und das Inventar, darunter seine eigene Kleidung, zu verkaufen – allerdings nicht seine Abendanzüge. Insgesamt deutet diese phantastische Reise in die Südsee eher auf einen romantischen Esel als auf einen vernünftigen Mann hin.

Lengel sagt, der größte Teil des Geldes, das Long auf seinem „Cosmopolitan"-Posten gespart hatte, sei nun futsch. Er habe sich praktisch aus seinem Verlag zurückgezogen und steuere dem Untergang entgegen. Der Zusammenbruch dieses Mannes könnte den Stoff für eine außergewöhnliche Geschichte liefern.

Baltimore, den 20. Oktober 1932

Ellen Glasgow[101] war letzten Sonntag bei uns zum Lunch. Sie war mit dem Auto auf der Rückfahrt von New York nach Richmond. Das alte Mädchen ist taub und hat ein Hörrohr bei sich, aber sie benutzt es geschickt und ist ein recht angenehmer Gast. Vor dem Lunch trank sie zwei doppelte Sherry, ließ sich ihren Anteil an einer Flasche Rotwein schmecken und kippte dann noch einen großen Brandy hinterher. Diese Stimulanzien machten sie redselig. Ich mußte um 14.30 Uhr nach New York aufbrechen, aber sie blieb noch und unterhielt sich mit Sara weiter. Außer Klatsch hatte sie wenig zu berichten.

Sie gab vor, die literarischen Teegesellschaften und andere derartige Veranstaltungen, die sie in New York besuchte, zu verabscheuen, aber in Verlagskreisen weiß man sehr wohl, daß sie Spaß an solchen Dingen hat und sich der Werbewirkung für ihre Bücher vollauf bewußt ist.

Baltimore, den 30. Oktober 1932

Jim Tully[102] reiste gestern nachmittag aus New York an, und nach dem Dinner begleitete er mich zur Clubversammlung in Pearls Haus. Heute ist er zum Lunch gekommen und bis nach 16 Uhr geblieben. Vor einiger Zeit hat er William Randolph Hearst in San Simeon, Kalifornien, einen Besuch abgestattet, und beim Lunch erzählte er uns die Geschichte.

Er sagt, der Hearst-Palast habe gewaltige Dimensionen, und Hearst beschäftige das ganze Jahr hindurch einen Architekten, um Anbauten vornehmen zu lassen. Woche um Woche ist der Palast mit Gästen gefüllt, darunter angesehene Politiker und andere öffentliche Figuren, aber die meisten sind Filmleute aus Hollywood. Die Kastellanin ist Hearsts Freundin Marion Davies. Sie wohnt nun dort und führt bei allen Mahlzeiten den Vorsitz. Wenn jemand aus Hollywood eine Einladung erhält, liegt ihr ein Schreiben bei, in dem es heißt, er solle seine Zugfahrkarte am Bahnhof abholen. Mit der Karte wird ihm ein ganzes Abteil reserviert. Der Zug erreicht San Luis Obispo, den nächstgelegenen Bahnhof, gegen vier Uhr morgens. Die Besucher werden dann mit dem Auto fünfzig Kilometer zur Hearst-Ranch auf einer Anhöhe gefahren, von der aus der ferne Ozean zu sehen ist.

Hearst taucht zum Frühstück nicht auf, und gewöhnlich läßt er sich auch zum Lunch nicht blicken, aber er erscheint stets zum Dinner. Die Gäste werden aufgefordert, sich pünktlich zum Dinner einzufinden, aber manchmal läßt Hearst sie eine Stunde lang warten. Dann stehen sie verlegen herum, denn die meisten haben Angst vor ihm, besonders die Filmleute. Tully meint, alle Diener seien Detektive und in den meisten Zimmern habe man Abhöranlagen installiert. Die Atmosphäre ist finster und beklemmend, und Tully berichtet, er sei nach vier Tagen mit einem Gefühl der Erleichterung abgereist.

Nicht selten brechen Streitigkeiten unter den Gästen aus. Dann werden sie in ihre Zimmer beordert, wo ihr Gepäck bereits gepackt ist, und der Diener teilt ihnen mit, daß man sie sofort zurück nach San Luis Obispo bringen werde. Tully, ein ganz harmloser Mann, hatte die Befürchtung, er könne etwas anstellen, was Hearst veranlassen werde, ihn auf diese Weise hinauszuwerfen. In Hollywood gilt es als Schande, eine solche Erfahrung zu machen. Vor einiger Zeit ließ Hearst einen Schauspieler hinaussetzen, weil er eine Frau mitgebracht hatte, mit der er nicht verheiratet war. Obwohl sich Marion Davies im Haus aufhielt, kam diese Episode den Filmleuten durchaus nicht lächerlich vor. Tully sagt, kurz vor seinem Besuch habe es eines Abends eine gewaltige Schlägerei zwischen betrunkenen Schauspielern gegeben. Daraufhin verbot Hearst Alkohol nach dem Dinner. Das war ein schwerer Schlag für Tully. Er wurde von Marion Davies gerettet, die zwei Flaschen Scotch hervorzauberte. Sie wurden dann von Davies, Tully selbst, Constance Talmadge[103] und Hearsts Sohn George in Tullys Zimmer geleert. Zum Dinner serviert man Champagner, aber keine anderen alkoholischen Getränke. Häufig sind an die vierzig Gäste eingeladen; Hearst könnte im Notfall auch zweihundert bewirten.

Laut Tully ist das Haus scheußlich, aber einige Zimmer sind wunderbar eingerichtet. Vor allem die Bibliothek ist ein herrlicher Raum. Tully benutzte sie ein halbes dutzendmal, ohne dort je einen der anderen Gäste anzutreffen. Die wertvollsten Bücher sind allesamt eingeschlossen, denn es wäre eine Torheit, sie manchen der Filmleute anzuvertrauen.

Tully ist anscheinend noch immer mehr oder weniger in seine Frau Marna verliebt, von der er vor ein oder zwei Jahren geschieden wurde. Marna hat inzwischen wieder geheiratet. Tully ist dabei, aus seinem Haus in Hollywood auszuziehen, in dem die beiden zusammengelebt haben, und baut sich eine neue Villa an einem See in sieben oder acht Kilometer Entfernung. Das Grundstück scheint, wenn man seiner Beschreibung glauben darf, prachtvoll gelegen zu sein, aber ich fürchte, daß er sich dort einsam fühlen wird. Er scheint eine Todesangst zu haben, daß ein anderes Mädchen ihn einfangen könnte. Ich glaube, sein Unbehagen ist durchaus gerechtfertigt. Wahrscheinlich wird er sich beim nächstenmal in eine Filmschauspielerin verlieben, und die wird sich mit seinem restlichen Geld davonmachen. Anscheinend hat Marna doch weniger bekommen, als die Gerüchte damals behaupteten.

Aus seiner ersten Ehe hat Tully einen neunzehnjährigen Sohn. Der Junge taugt offenbar nicht viel. Vor einiger Zeit mußte Tully ihn aus dem Gefängnis holen. Er erlernt nun die Kunst und die Geheimnisse eines Tankstellen-Geschäftsführers bei der Standard Oil Company in Los Angeles. Wenn er die Ausbildung abgeschlossen hat, wird er eine Tankstelle übernehmen.

Tullys Tochter, die Trilby heißt, ist jetzt vierzehn Jahre alt. Er sagt, sie sei sehr hübsch und auch intelligent. Anscheinend ist er sehr stolz auf sie. Trilby hat künstlerische Neigungen und möchte Designerin werden. Tully erwähnte nicht, auf welche Art Design sie sich spezialisieren will. Er hat ihr versprochen, sie für zwei Jahre nach Paris zu schicken, wenn sie zu Hause gute Fortschritte macht.

Baltimore, den 3. November 1932

Heute gab der Germania Club ein Mittagessen im Southern Hotel für Henry Sigerist[104], den neuen Professor für Geschichte der Medizin an der Johns Hopkins University. Es waren 28 Mitglieder anwesend, vier oder fünf Reden wurden gehalten.

Ich saß neben Dr. William H. Welch, der nun 82 oder 83 Jahre alt ist und entsprechend auszusehen beginnt. Sein Gesicht wird immer weißer, und die großen gelben Sommersprossen, von denen es übersät ist, heben sich geradezu verblüffend davon ab. Der alte Bursche ist eine wandelnde Widerlegung der Lehren einiger seiner Kollegen. Er hat sein ganzes Leben lang herzhaft gegessen und getrunken und hat seit vielen Jahren erhebliches Übergewicht. Trotzdem hat er sich bis in die Achtziger eine mehr oder weniger gute Gesundheit bewahrt. Theoretisch hätte ein Mann mit seinem runden Bauch und seinem dicken Hals schon in den Vierzigern sterben müssen.[105]

Welch weiß zahlreiche interessante Anekdoten über seine Zeit in Deutschland zu erzählen. Als er zum Beispiel

Carl Ludwig[106] in Leipzig mitteilte, daß er vorhabe, nach Berlin zu ziehen und in Rudolf Virchows[107] Laboratorium mitzuarbeiten, äußerte Ludwig scharfe Kritik an Virchow. Welch wandte ein, daß Virchow einen gewissen Respekt verdient habe, denn schließlich sei er der Begründer der Zellularpathologie. Ludwig antwortete: „Na und? Lag die Zellularpathologie denn nicht auf der Hand? Nachdem man einmal entdeckt hatte, daß der normale Körper aus Zellen besteht, ergab sich daraus doch unvermeidlich, daß krankhafte Gewebe die gleiche Zusammensetzung haben." Ludwig lehnte Virchow so leidenschaftlich ab, daß er Welch überredete, lieber zu Cohnheim[108] zu gehen. Diese Änderung seiner Pläne hatte zweifellos beträchtliche Auswirkungen auf Welchs weiteres Leben und mithin auch auf die Geschichte der Pathologie in Amerika.

Baltimore, den 5. November 1932

Fred Essary[109] war in der Redaktion und berichtete von Hoovers Wahlkampfabenteuern. Wie jeder weiß, hatte Hoover wenig Lust, eine aktive Kampagne zu führen. Ursprünglich plante er, nur in Washington zu sitzen und sich in erhabenes Schweigen zu hüllen. Aber als deutlich wurde, daß sich die Dinge zu seinem Nachteil entwickelten, mußte er doch ins Land hinausziehen. Essary sagt, er habe eine Heidenangst vor einem Anschlag gehabt. Auf seinen beiden ersten Reisen weigerte er sich kategorisch, an irgendwelchen Straßenkundgebungen teilzunehmen.

In Cleveland wimmelte es von Polizei und Miliz, und man postierte sogar Wächter in der Kanalisation unter den Straßen, die Hoover überqueren mußte. Er wurde überall ausgebuht. In Detroit drohte die Polizei, jeden zu verprügeln, der ihn ausbuhte; deshalb schlossen die Massen einen Kompromiß und machten ihm eine lange Nase, während er vorbeifuhr. Essary meint, das Schauspiel Tausender von Menschen mit dem Daumen an der Nase sei wirklich ganz erstaunlich gewesen.

Weil im Laufe des Wahlkampfs keine Bomben explodierten, faßte Hoover Mut, und gegen Ende erschien er sogar auf größeren Kundgebungen.

1933

Baltimore, den 20. Januar 1933

Joe Hergesheimer rief aus West Chester an und sagte, daß er aus dem National Institute of Arts and Letters ausgetreten sei. Er habe seine Sekretärin vor einiger Zeit angewiesen, die Liste seiner Mitgliedschaften zu überprüfen und allen Vereinen, bei denen er Beiträge bezahlt habe, seine Austrittserklärung zu schicken. Zufällig sei das National Institute darunter gewesen. Ich schloß daraus, daß er, wäre ihm das rechtzeitig aufgefallen, seiner Sekretärin befohlen hätte, beim National Institute eine Ausnahme zu machen. Trotzdem behauptete er, erleichtert über seinen Austritt zu sein. Seine Haltung in dieser Angelegenheit ist mir unverständlich. Mir scheint, daß er sich ohnehin sehr erniedrigte, als er sich vom National Institute zum Mitglied wählen ließ. Er wußte genau, welche üblen Charaktere darin vertreten waren, doch er konnte der Schmeichelei nicht widerstehen. Das war vor acht oder neun Jahren. Bei verschiedenen Gelegenheiten hat er mir seitdem erzählt, er wolle seinen Austritt einreichen. Aber in Wirklichkeit wartete er, bis seine Sekretärin ihn infolge eines Irrtums abmeldete.

Baltimore, den 31. Januar 1933

Alfred Knopf war übers Wochenende hier. Er traf am Freitag abend ein, kam am Samstag zum Lunch und Dinner zu uns, ging am Abend mit mir in den Saturday Night Club, stattete Sydney Nyburg[110] am Sonntag nachmittag einen Besuch ab und war am Montag wieder bei uns zum Lunch. Wir hatten viel Zeit zu Gesprächen.

Ich ließ ihn wissen, daß es meiner Ansicht nach an der Zeit sei, an meinen Rücktritt von der Herausgeberschaft des „American Mercury" zu denken. Ende 1933 habe ich den Posten zehn Jahre lang gehabt. Er nimmt einen großen Teil meiner Zeit in Anspruch. Ich redigiere die Zeitschrift nicht nur nahezu allein, denn Angoff[111] taugt nur für Routinearbeiten, sondern ich schreibe auch monatlich 6 000 bis 12 000 Wörter für jede Nummer. Ich erklärte Knopf, es sei meines Erachtens unklug, mich so stark mit der Zeitschrift zu identifizieren – denn da der Absatz meiner Bücher zurückgehe, müsse auch der „American Mercury" entsprechende Einbußen erleiden. Da ich früher oder später in den Ruhestand ginge, sei es am besten, die Angelegenheit zu überdenken, bevor wir dazu gezwungen würden. Ich empfahl ihm Henry Hazlitt, der zur Zeit für die „Nation" arbeitet, als einen geeigneten Nachfolger.[112] Demnächst werde ich ihn in New York aushorchen. Ich ließ Knopf wissen, daß ich bereit sei, auch in Zukunft für die Zeitschrift zu schreiben – entweder eine ständige Kolumne oder gelegentliche Artikel. Diese Artikel könnten so geschrieben werden, daß sie sich zu Büchern zusammenstellen lassen. Dafür sind meine gegenwärtigen Leitartikel nicht geeignet.

Wir sprachen ausführlich über die Geschichte der Zeitschrift. Knopf scheint sich allmählich meiner Meinung anzuschließen, daß sie von seinem Vater schlecht geführt wurde, denn dieser setzte sich für eine hohe Auflage und einen großen allgemeinen Anzeigenteil ein, wodurch mir Änderungen der Redaktionspolitik aufgezwungen wurden. Meiner Meinung nach sollte die Zeitschrift viel literarischer und weit weniger politisch als bisher orientiert sein – wir sollten nicht versuchen, uns nach dem Vorbild von „Harper's", „Scribner's" und „Atlantic" an eine Leserschaft zu wenden, die an öffentlichen Fragen interessiert ist.[113]

Er sagte, es sei wahrscheinlich ein Fehler seinerseits gewesen, daß er nicht von Anfang an ein fixes Kapital für die Zeitschrift bereitgestellt habe. Statt dessen überwies er einfach Vorschüsse von Alfred A. Knopf, Inc. Im Moment belaufen sich diese Vorschüsse auf ungefähr 30 000 Dollar. Aber sie werden allmählich reduziert und lagen ohnehin nie viel höher.

Baltimore, den 2. Februar 1933

T. S. Eliot ist schon seit einer Woche hier und hält Vorlesungen über Lyrik an der Johns Hopkins University. Er ist zu Gast bei George Boas[114], der als außerordentlicher Professor für Philosophie an der Hopkins University arbeitet und Beiträge zum „Atlantic Monthly" liefert – ein forscher, gescheiter Jude. Gestern rief Boas' Frau an und sagte, daß Eliot mich kennenlernen wolle. Sie lud Sara und mich für gestern abend zum Dinner ein. Sara liegt krank im Bett. Ich bat sie,

Mrs. Boas zu sagen, daß ich nicht zum Dinner kommen könne, aber im Laufe des Abends vorbeischauen würde. Um 21.45 Uhr fand ich die Boas', Eliot und eine mir unbekannte Frau namens Smith am Kamin sitzend vor. Mrs. Boas gähnte schon. Sie ist eine französische Jüdin. Obwohl sie höflich ist, hat sie Mühe, ihr Mißtrauen mir als Deutschem gegenüber zu verbergen.

Eliot ist ein hochgewachsener, etwas linkischer Mann, der mehr als jeder andere Engländer wie ein Oxford-Dozent aussieht. Er sagte, er verbringe eine ruhige, ergiebige Zeit in Harvard. Einmal in der Woche hält er eine Vorlesung, veranstaltet eine wöchentliche Teegesellschaft für Studenten und leitet einen Kurs über moderne englische Literatur seit 1890. Das letztere falle ihm, wie er mir anvertraute, nicht gerade leicht, denn er lese kaum moderne Literatur und könne den Großteil davon nicht ausstehen. Er sagte, einer der Studenten habe eines Tages ein hübsches Mädchen mit zum Tee gebracht und die Gesellschaft dadurch fast gesprengt. Eliot ließ die Leute wissen, daß er es vorziehe, keine weiblichen Gäste zu haben. Seine Arbeit läßt ihm genug Zeit, noch andere Vortragsangebote anzunehmen.

Ein sympathischer Mann, aber er hat wenig zu sagen. Sein Vater war Ziegelfabrikant in Missouri. Kein Wort über Religion. Wir sprachen über Zeitschriftenpreise. Er nimmt 7 Shilling Sixpence für ein Exemplar des „Criterion". Seiner Ansicht nach ist J. C. Squires beim Versuch gescheitert, den Absatz des „London Mercury" durch die Herabsetzung des Preises von 2 Shilling Sixpence auf einen Shilling pro Nummer zu steigern. Ich trank einen Liter selbstgebrautes Bier, Eliot kippte zwei Scotch. Ein fader Abend. Ich verabschiedete mich um 23.45 Uhr und mußte noch das Mädchen

Smith nach Hause begleiten. Zum Glück wohnt sie an der Ecke Cathedral und Monument Street, nur einen halben Block von Cathedral Street 704 entfernt.

Baltimore, den 18. März 1933

Gestern abend waren Sara und ich bei F. Scott Fitzgerald und seiner Frau Zelda zum Dinner. Es war ein seltsamer Abend. Die Fitzgeralds wohnen in einem altmodischen Haus im Wald bei Towson, fast einen Kilometer von der Hauptstraße entfernt. Die gespenstische Atmosphäre wird durch die Tatsache, daß Zelda zweifellos nur halb bei Sinnen ist, nicht gerade gemildert. Ihr Mann und sie sind vor allem deshalb nach Baltimore gezogen, damit sie die Phipps Clinic rasch erreichen kann, und drei junge Ärzte von der Klinik waren auch, neben Scotty, der zehnjährigen Tochter der Fitzgeralds, die anderen Dinnergäste.

Man merkt sofort, daß Zelda mehr oder weniger abnormal ist. Sie beschäftigt sich vorwiegend mit Malerei, ihre Gemälde sind voller grotesker Übertreibungen und phantastischer Ideen. Auch Scott selbst läßt Zeichen eines zerrütteten Gemüts erkennen. Vor einiger Zeit hatte er einen Nervenzusammenbruch, wie er heute sagt, und war zwei Monate lang in den Händen der Psychiater. Angesichts seines Lebens der letzten Jahre ist es kein Wunder, daß er aus den Fugen zu geraten beginnt. Außer wenn Zelda in einem Sanatorium war, blieb er Tag und Nacht in engem Kontakt mit ihr, denn manchmal nahmen ihre Extratouren einen beunruhigenden und sogar bedrohlichen Charakter an. Außerdem ist Scott ein starker Trinker. Er versucht seit sechs Jahren, einen neuen Roman zu schreiben, aber er wird nicht fertig damit. Im letzten Winter hat er angeblich 35 000 Wörter zu Papier gebracht, aber offenbar ist er noch immer weit vom Schluß entfernt.

Mittlerweile versucht er, Geld zu verdienen, indem er entsetzliches Gefasel für die „Saturday Evening Post“ schreibt. Diese Arbeit verschaffte ihm früher ein hohes Einkommen, aber in letzter Zeit zahlt die „Post“ nicht mehr soviel, und der arme Kerl ist ziemlich knapp bei Kasse. Wie Sara von ihm erfuhr, hatte er zur Zeit des Bankmoratoriums vor zwei Wochen nur noch 300 Dollar auf dem Konto. Zeldas Krankheit kommt ihn wahrscheinlich extrem teuer, denn die Psychiater verlangen unglaubliche Honorare, und ihre Sanatorien werden wie Hotels in Palm Beach geführt. Insgesamt ist Scotts Situation sehr bedrückend.

Anscheinend hat Zelda nicht das geringste Interesse an Haushaltsfragen. Sie hatte nicht einmal die Sitzordnung ihrer Gäste vorbereitet, das ganze Dinner scheint von der Köchin organisiert worden zu sein. Nach dem Essen setzten sich Sara und Zelda auf ein Sofa, um sich über ihre frühen Tage in Montgomery zu unterhalten. Sara erzählte mir, daß Zelda während des ganzen Gesprächs mit den Zähnen geknirscht habe.

Das kleine Mädchen, Scotty, ist sehr intelligent, aber schrecklich nervös. Beim Dinner spielte sie dauernd mit den Kerzenhaltern auf dem Tisch.

Aus welchem besonderen Grund wir zum Dinner eingeladen waren, weiß ich nicht. Scott hatte Anfang der Woche angerufen und gesagt, er müsse geschäftliche Dinge mit mir besprechen, aber während unseres Besuchs erwähnte er nichts Geschäftliches. Der Abend fiel in eine der arbeitsreichsten Wochen, die ich je erlebt habe, und deshalb leistete ich der Einladung nur widerwillig Folge.

1934

Baltimore, den 12. Juni 1934

Die Situation von F. Scott Fitzgerald wird immer deprimierender. Er trinkt hemmungslos und ist zu einem öffentlichen Ärgernis geworden. Seine Frau Zelda, die seit Jahren wahnsinnig ist, ist jetzt im Sheppard Pratt Hospital, er wohnt allein mit seiner zwölfjährigen Tochter Scotty in der Park Avenue. Vor einiger Zeit erschien er mit Scotty in der Wohnung der Duffys[115] und schockierte Anne Duffy mit seinem Auftritt. Sie sagt nicht, was genau er anstellte, aber es muß schlimm gewesen sein. Als Fitzgerald vor mehreren Jahren Joe Hergesheimer in West Chester, Pennsylvania, besuchte, löste er im Ort einen Skandal aus: er erhob sich am Speisetisch, ließ seine Hose herunter und entblößte seine Gebetspfeife. Joe will seitdem nichts mehr mit ihm zu tun haben. Vor kurzem wurde Fitzgerald mit Leberbeschwerden ins Johns Hopkins Hospital eingeliefert. Die jungen Ärzte von Baltimore versuchen, ihm aus dem Weg zu gehen, denn er hat die spaßige Angewohnheit, die Ärzte, die er kennt, um drei Uhr morgens anzurufen und eine Behandlung zu verlangen, das heißt etwas zu trinken. Wie er überhaupt noch irgend etwas zustande bringt, ist mir schleierhaft. Bei seinen Leberbeschwerden soll es sich um eine Zirrhose handeln. Hin und wieder ruft er bei uns zu Hause an und schlägt meistens vor, eine Autofahrt mit Sara und mir zu machen, aber er ist immer blau, und

Sara wimmelt ihn regelmäßig ab. Es ist furchterregend und erstaunlich zugleich, wie er sein Automobil lenkt.

Baltimore, den 5. Dezember 1934

Gestern abend habe ich mich mit Dreiser im Anschluß an unsere Korrespondenz über Burton Rascoes[116] Vorwort zur „Smart Set Anthology" in New York zum Dinner getroffen. Er lud mich ein, es war unmöglich, abzusagen. Wir sprachen nur am Rande über die Rascoe-Angelegenheit. Ich versicherte Dreiser, daß weder Knopf noch ich eine Sekunde lang geglaubt hätten, er habe etwas mit Rascoes Verleumdungen zu tun, und daß ich meine Zeit nicht mit Diskussionen über einen so offenkundigen Esel verschwenden wolle.

Dreiser ging ausführlich auf den Prozeß gegen Robert Edwards in Wilkes-Barre, Pennsylvania, ein. Edwards ermordete ein Mädchen, um frei für die Ehe mit einer anderen zu sein, womit er den Helden von Dreisers Buch „An American Tragedy" imitierte. Dreiser reiste nach Wilkes-Barre, um für die „New York Evening Post" und andere Zeitungen über die Verhandlung zu berichten. Er meinte, seine Gesamteinnahmen für die Arbeit würden sich auf 3 300 Dollar belaufen. David Stern, der Verleger der „Evening Post", sagte mir vor einiger Zeit, daß manches von dem, was Dreiser aus Wilkes-Barre schickte, zu vage und albern gewesen sei. Der eine Artikel, den ich selbst las, war jedenfalls ziemlich schlecht.

Dreiser hat sich seit unserer letzten Begegnung – im Dezember 1925 – kaum verändert. Sein Haar ist weißer, und er scheint abgenommen zu haben, aber sonst sieht er genauso aus wie früher. Mir fällt auf, daß er noch immer Schaukelstühle bevorzugt, und wenn er ein solches Möbel in

Bewegung gesetzt hat, sind seine Hände unentwegt damit beschäftigt, sein Taschentuch zusammenzufalten. Seine Frau sah ich nicht. Wenn sie zu Hause war, gab sie es nicht zu erkennen. Wir saßen zwei Stunden lang in seiner Suite im Hotel Ansonia und gingen dann zum Dinner in ein schlechtes Restaurant auf der anderen Straßenseite. Während wir im Ansonia waren, kam der Herausgeber des „Esquire", dessen Namen ich nicht kenne, herein.[117] Er war im Begriff, nach Miami zu fliegen, und verbreitete sich über seine Flugreisen. Ich halte ihn für einen oberflächlichen Burschen. Am folgenden Tag hörte ich von Knopf, daß er ihm ein Romanmanuskript geschickt habe. Der „Esquire" macht angeblich 10 000 Dollar Verlust pro Monat. Er hat eine hohe verkaufte Auflage, bringt aber so viele Farbabbildungen, daß die Produktionskosten die Einnahmen weit übersteigen. Aber er gehört einer Firma, die eine ungeheuer profitable Fachzeitschrift für Herrenkleidung vertreibt. Offensichtlich wurde der „Esquire" in der Hoffnung gegründet, daß man die Anzeigen von Tuchhändlern, Hemdenfabrikanten, Kragenherstellern und so weiter auch in eine allgemeine Zeitschrift dirigieren könne.

Dreiser zeigte mir einige der russischen Ausgaben seiner Bücher. Sie sind schäbig gedruckt, scheinen sich aber gut zu verkaufen; er sagte, seine Bareinnahmen aus Rußland betrügen bisher fast 5 000 Dollar. Die Russen behandeln ihn mit ungewöhnlicher Höflichkeit. Normalerweise werden amerikanische Autoren in Rubeln bezahlt und müssen nach Rußland reisen, um das Geld zu bekommen und auszugeben. Sie haben keine Möglichkeit, die Beträge mit nach Hause zu nehmen. Aber Dreiser sagte, die Russen schickten ihm sein Geld in Form von Auslandsanweisungen.

Er sprach ausführlich über verschiedene alte Freunde, darunter Ralph Barton. Eine von Ralphs früheren Frauen, Carlotta, die jetzt mit Eugene O'Neill verheiratet ist, schien ihn sehr aufgebracht zu haben. Dreiser erzählte, Carlotta habe sich nach der Heirat mit O'Neill weiterhin mit Barton getroffen und dieser habe schließlich ihretwegen Selbstmord begangen. Ob das stimmt, weiß ich nicht. Damals wurde getuschelt, Barton habe sich wegen eines Mädchens namens Kresge, der Tochter des Ladenketten-Bosses, umgebracht, weil sie sich einem anderen Mann zugewandt und ihn deshalb verlassen habe.

Dreiser überreichte mir ein dickes Manuskript mit seinen Beobachtungen und Reflexionen über den Fall Edwards. Es umfaßt 166 maschinegeschriebene Seiten. Ich soll es lesen und ihm meine Meinung dazu sagen. Es wirkt abschreckend.[118]

Baltimore, Maryland, den 6. Dezember 1934

Oberst Patrick H. Callahan, ein katholischer Alkoholgegner, schickt mir einen seltsamen Brief von einem seiner Freunde namens Hickey, der seit Jahren zur Unternehmensführung des Rasierklingenwerks Gillette gehört. Hickey erzählt darin von einem Besuch in Europa, wo er sich mit den Filialleitern der Gesellschaft unterhielt. Alle besaßen Aktien und wollten unbedingt von den Fortschritten der Firma hören. So war bei allen Dinnerpartys von den Geschäften des Unternehmens die Rede, bis Mrs. Hickey schließlich einen Protest nicht mehr unterdrücken konnte.

Am Ende ihrer Reise fuhren die Hickeys nach Rom und bemühten sich als gute Katholiken um eine Audienz beim Papst. Mrs. Hickey trat voller Ehrerbietung auf Seine Heiligkeit zu und verlor die Fassung, als der Papst auf englisch erklärte:

„Ich freue mich, Sie beide in Rom begrüßen zu können. Erstens weil wir alle Kinder derselben Heiligen Mutter sind, aber auch weil Sie, Mr. Hickey, wie ich höre, Geschäftsführer des Gillette-Rasierklingenwerks sind. Sie müssen wissen, daß ich seit vielen Jahren einen Gillette-Rasierapparat benutze, den ich für eine wunderbare Erfindung halte. Aber, sagen Sie mir, was ist bloß mit den Klingen los?"

Baltimore, den 9. Dezember 1934

Auf Einladung von James L. Wright, dem Washingtoner Korrespondenten der „Buffalo News" und Vorsitzenden des Gridiron Club, fuhr ich gestern abend nach Washington und hielt eine Rede beim Clubdinner. Bei jedem Dinner gibt es nur eine einzige Tischrede – neben der des Präsidenten der Vereinigten Staaten, der fast immer anwesend ist. Gewöhnlich lädt man einen notorischen Gegner der Regierung ein – seine Tirade gehört zum Standardprogramm des Clubs, das durch Sketche und Kabaretteinlagen ergänzt wird, darunter viele mit Musikbegleitung. Diese Dinner, die zweimal im Jahr stattfinden, sind seit 1885 fester Bestandteil des Washingtoner Lebens. Sie werden nun im großen Ballsaal des Willard-Hotels abgehalten, der 490 Plätze hat, und sie sind stets überfüllt. Gewöhnlich erscheinen mehrere Kabinettsmitglieder, dazu ein oder zwei Richter des Obersten Gerichtshofs, der Vizepräsident, ein oder zwei Dutzend Senatoren, vierzig oder fünfzig Kongreßabgeordnete, ein halbes Dutzend ausländische Botschafter und verschiedene andere hohe Tiere. Die Einladungen scheinen sehr begehrt zu sein, und die Gäste reisen aus großen Entfernungen an.

Die Tische sind in Form eines riesigen Gitters angeordnet. Die Gästetische ziehen sich an drei Seiten hin und sind ein wenig erhöht, die anderen Tische stehen in Reihen dazwischen. Der Clubvorsitzende nimmt im Zentrum des mittleren Gästetisches Platz, mit dem Präsidenten der Vereinigten Staaten zu seiner Rechten und dem Vizepräsidenten zur Linken. Ich saß etwas links vom Zentrum, mit Gouverneur Ritchie rechts und George D. Crofts von der University of Buffalo links neben mir. An Crofts' anderer Seite saß Henry P. Fletcher, der Vorsitzende des Republican National Committee; dann kamen Harry Nice, designierter Gouverneur von Maryland, und Senator David A. Reed aus Pennsylvania. Ich war Reed nie zuvor begegnet, aber Fletcher ist ein alter Bekannter von mir. Sein Bruder, David W. Fletcher, arbeitete 1899 mit mir beim alten „Morning Herald".

Das Dinner geht sehr langsam voran, und benachbarte Gäste statten einander allerlei Besuche ab. Die Veranstaltung beginnt um 19.20 Uhr, und es wird meistens 23.30 Uhr, bevor der Präsident der Vereinigten Staaten sich erhebt, um seine Rede zu halten. Die Pausen zwischen den Gängen können bis zu einer Stunde dauern, insgesamt ist die Sache ziemlich langweilig. Einige der Sketche sind ganz lustig, aber vielen Gästen dürften sie unverständlich sein.

Vor dem Dinner finden Cocktailpartys im Hotel statt. Ich besuchte eine, die von Bob Barry, dem ehemaligen Korrespondenten der Curtis-Zeitungen in Washington, gegeben wurde. Er scheint jetzt in der Wall Street zu arbeiten. Außerdem schaute ich bei einer Party eines der Gäste von Essary vorbei, dessen Namen mir entfallen ist. Cocktails, Highballs und andere Getränke werden auf diesen Partys reichlich ausgeschenkt, und die Honoratioren kommen und gehen.

Gegen 19 Uhr begeben sich alle in das große Vorzimmer des Bankettsaals, wo man sich miteinander bekannt macht und gegenseitig auf die Schulter klopft. In der Menge begegnete ich dem Vorsitzenden des Obersten Gerichtshofs, Hughes, Donald Richberg[119], dem japanischen Botschafter Saito, Harry Hopkins[120] und zahlreichen anderen Leuten.

Nachdem wir den Bankettsaal betreten hatten, ging ich ins Vorzimmer auf der anderen Seite, das von Clubmitgliedern als Garderobe benutzt wird, und traf dort auf Roosevelt. Ich trat nicht an ihn heran, aber er rief mich zu sich, und wir hatten eine angenehme Konversation. Er war ausgesprochen herzlich, bedachte mich mit seinem Christian-Science-Lächeln und bestand darauf, mich mit meinem Vornamen anzureden.[121]

Baltimore, den 11. Dezember 1934

Ich habe einen Brief von T. C. Wallen erhalten, dem Washingtoner Korrespondenten der „Herald Tribune". Er bittet mich um eine Kopie meiner Gridiron-Rede, die er seiner Redaktion in New York schicken möchte. Gridiron-Reden dürfen zwar nicht veröffentlicht werden, aber Wallen beabsichtigt, seinen Kollegen den Text zur vertraulichen Lektüre zu geben. Eine ähnliche Bitte ist über Paul Patterson von T. J. White eingegangen, dem Geschäftsführer der Hearst-Zeitungen. White reist demnächst nach San Francisco und möchte Hearst die Rede zeigen. Es gibt noch weitere Wünsche in dieser Richtung.

Ich erwidere allen, daß ich nicht befugt bin, Kopien zu verteilen. Jim Wright hat eine in seinem Besitz, und wenn er sie zirkulieren lassen will, steht es ihm frei. Ich habe ihn gebeten, mir eine Kopie der Notizen zu besorgen, aus denen Roosevelt vorlas, aber bisher ist noch keine eingetroffen.

Gestern abend bezog sich Edwin C. Hill, der bei dem Dinner anwesend war, in seiner Rundfunksendung auf den Streit mit Roosevelt. Ich habe die Sendung verpaßt, aber anscheinend erweckte er den Eindruck, daß die Angelegenheit viel ernster war, als es den Tatsachen entsprach.

Baltimore, den 11. Dezember 1934

Hamlin Garlands[122] „Afternoon Neighbors" ist gerade bei Macmillan erschienen. Folgendes steht auf Seite 247:

„Während meiner Lähmung las ich mehrere von Henry Menckens Büchern und war von diesen Essays nicht sonderlich beeindruckt.

Sie alle sind vom Zeitungsstil geprägt. Mencken macht viele zutreffende Aussagen, aber er verdirbt seine Argumentation durch Übertreibung. Wenn ein Kritiker *alle* anderen Schriftsteller seiner Zeit als Fanatiker oder Dummköpfe bezeichnet, macht er einen sehr schlechten Eindruck auf seine Leser. Was immer seine Privatmeinung über Wilson, George, Roosevelt oder Shaw sein mag, er beschreibt sie als Demagogen, Idioten oder Betrüger. All das verrät eine große Torheit. Ich beendete die Lektüre mit dem Gefühl, so unterhalten worden zu sein wie durch eine ‚Verulkung' am Eßtisch. Es ist so, als werde einem immer wieder der aufgeblasene, mit getrockneten Erbsen gefüllte Beutel eines Jungen auf den Kopf geschlagen. Am Ende wird es langweilig. In Wirklichkeit ist Mencken im Privatleben ein ruhiger und friedlicher Bürger. Diese Tatsache mindert die Wildheit seiner Pose. Er setzt jeden anderen Schriftsteller herab, um sich selbst herauszustellen.

(Das war vor zehn Jahren meine aufrichtige Reaktion auf seine ‚Prejudices'. Er ist nun im Ruhestand und verheiratet!)"

Garlands dritter Satz ist von der für ihn typischen Idiotie, und ich sollte hinzufügen, von der für ihn typischen Unredlichkeit. Er schrieb seine Zeilen 1925, damals waren vier meiner „Prejudices"-Bücher erschienen. Sie enthielten zahlreiche lobende Beiträge über Schriftsteller wie Joseph Conrad, Theodore Dreiser, Edgar Lee Masters, Willa Cather, Carl Sandburg, Vachel Lindsay, Joe Hergesheimer, James Branch Cabell und Sinclair Lewis. Nirgends gab es den geringsten Hinweis darauf, daß ich mich irgendeinem dieser Schriftsteller überlegen gefühlt hätte. Garlands Feinseligkeit mir gegenüber geht auf die Zeit des Angriffs auf Dreisers „The Genius" im Jahre 1915 zurück. Damals führte ich den Protest amerikanischer Autoren gegen den Versuch an, das Buch zu unterdrücken. Garland weigerte sich nicht nur, den Protest zu unterzeichnen, sondern ließ sich auch nur mit Mühe davon abhalten, das Buch heftig zu attackieren. Da einige seiner eigenen früheren Bücher von den Comstocks[123] angeprangert worden waren, kam mir dieses Verhalten scheinheilig vor, und ich machte kein Hehl aus meiner Meinung. Seitdem ist er mir böse.

1935

Baltimore, den 10. Januar 1935

Louis Untermeyer[124], der sich auf einer Vortragsreise befindet, kam gestern um 18.45 Uhr zum Dinner. Wir aßen eine schmackhafte Portion gedämpften Truthahn mit Austernsoße und tranken dazu eine Flasche Niersteiner und eine Flasche spanischen Rotwein. Louis war guter Laune, und wir verbrachten einen angenehmen Abend. Sara fand ihn anscheinend sehr sympathisch. Im Laufe des Gesprächs beschrieb er Alexander Woollcott[125] als „einen brünstigen Schmetterling", was ich sehr treffend und amüsant fand.

Louis verbringt alljährlich drei oder vier Wintermonate mit Vorträgen. Ich entnehme seinen Ausführungen, daß er durchschnittlich etwa 100 Dollar pro Auftritt erhält. Manchmal bekommt er 125, aber wahrscheinlich muß er sich häufiger mit 75 zufriedengeben. Er verdient damit ungefähr 3 000 Dollar im Jahr. Während er dieser Tätigkeit nachgeht, wohnt seine frisch mit ihm vermählte Frau in Toledo, Ohio, wo sie als Polizeirichterin arbeitet. Die beiden verbringen ihre Sommer in Louis' Haus in den Adirondacks. Sie haben keine gemeinsamen Kinder, ziehen jedoch zwei kleine Jungen auf, von denen der eine, glaube ich, aus einer von Louis' früheren Ehen stammt. Dies ist jetzt seine vierte. Er ließ sich von seiner ersten Frau scheiden, heiratete eine zweite, ließ sich von ihr scheiden und heiratete wieder die erste. Die zweite Ehe mit der ersten Frau scheiterte ebenfalls, und etwas später heiratete er die Polizeirichterin.

Baltimore, den 17. Januar 1935

H. H. Schaff[126] von J. W. Luce & Co., meinem ersten Verlag, besuchte uns gestern abend zum Dinner. Schaff ist Anwalt und geht in Washington irgendwelchen juristischen Geschäften nach. Seit vielen Jahren interessiert er sich für das Urheberrecht und ist an den Bemühungen beteiligt, die Vereinigten Staaten zum Mitglied der Internationalen Urheberrechts-Konvention zu machen. Er hofft nun, daß er den Außenminister veranlassen kann, einen für die Vereinigten Staaten bindenden Vertrag zu unterzeichnen, der dann durch den Senat gemogelt werden soll. Schaff erzählte mir, er habe sich vor kurzem mit Thorval Solberg getroffen, dem früheren Urheberrechts-Registrator, der nun über achtzig Jahre alt ist. Sie sprachen über die Möglichkeit, eine Schriftstellerdelegation nach Washington zu schicken, um Eindruck auf den Senat zu machen, aber sie mußten die Idee aufgeben, weil ihnen kein Autor einfiel, der bedeutend genug wäre, Einfluß auf Politiker auszuüben. Früher war alles einfacher. Wann immer man eine solche Delegation benötigte, wurde Mark Twain zum Vorsitzenden ernannt, und Männer wie William Dean Howells und Richard Watson Gilder gehörten zu den Mitgliedern. Aber heutzutage gibt es niemanden von vergleichbarem Rang, jedenfalls nicht nach Ansicht der Politiker. Schaff sagte, Solberg und er hätten sich fast gezwungen gesehen, Ellery Sedgwick, den Herausgeber des „Atlantic Monthly“, zu ihrem Sprecher zu machen.

Baltimore, den 18. Januar 1935

Frank R. Kent erzählte mir folgende Geschichte, die ihm von Alice Roosevelt (Mrs. Nicholas Longworth)[127] mitgeteilt wurde:

Als Pater Coughlin[128], der Rundfunkpriester aus Detroit, vor einem der Kongreßausschüsse erschien, begegnete Mrs. Longworth ihm am Kapitol. Sie lud ihn ein, sie irgendwann zu besuchen, sie serviere fast jeden Nachmittag Cocktails. Coughlin, von drei weiteren Priestern begleitet, besuchte sie gleich am nächsten Nachmittag. Er wirkte etwas steif und mißtrauisch und trank nur einen einzigen Cocktail. Ein paar

Wochen später hatte er wieder in Washington zu tun und rief Mrs. Longworth an, um sich zu einem weiteren Besuch anzukündigen. Diesmal war er in Begleitung von zwei Priestern und trank zwei Cocktails. Kurz darauf kam er zum drittenmal vorbei. Nun hatte er nur einen einzigen Priester bei sich – und trank drei Cocktails. Mrs. Longworth ließ Kent wissen, sie erwarte, daß Coughlin beim nächstenmal allein auftauchen und wenigstens ein Dutzend Cocktails trinken werde.

Fulton Oursler[129], Herausgeber der Macfadden-Zeitschriften, war gestern mit seiner Frau zum Lunch hier. Sie befanden sich auf der Durchreise nach Washington, wo sie zu einem Empfang im Weißen Haus eingeladen waren. Oursler berichtete mir von einem Gespräch bei einem noch nicht lange zurückliegenden Dinner, an dem auch Coughlin teilnahm. Oursler selbst war nicht dabei, aber das Ereignis wurde ihm von einem dort anwesenden Freund geschildert. Coughlin begann nach ein paar Drinks Mutmaßungen über seine eigene Zukunft anzustellen. Bald wurde deutlich, daß er mit der Vision liebäugelte, Diktator der Vereinigten Staaten zu werden. Anscheinend glaubte er, seine Liga von Rundfunktrotteln werde ihn derart stärken, daß er die Macht ergreifen könne. Er sagte: „Wenn ich fünf Tage Diktator bin und dann ermordet werde, lebe ich in den Geschichtsbüchern fort."

Baltimore, den 21. Januar 1935

Dr. Marjorie Nicolson[130], Dekanin des Smith College, besuchte uns gestern zum Lunch. Sie ist eine von Saras alten Goucher-Freundinnen und war in Washington, um an einem Treffen der Vereinigung ehemaliger Smith-Studentinnen teilzunehmen. Die junge Constance Morrow, die Schwester von Mrs. Lindbergh, leistete ihr Gesellschaft. Constance studiert am Smith College. Dr. Nicolson sagt, die Zeitungsreporter hätten Miss Morrow in Washington schrecklich unter Druck gesetzt, aber sie habe sich kein Sterbenswort entlocken lassen.

Dr. William A. Neilson[131], der Präsident des Smith College, war zur Zeit der Eröffnung des Prozesses gegen Hauptmann[132] in Flemington, New Jersey, und traf sich häufig mit den Lindberghs. Er erzählte Dr. Nicolson, Mrs. Lindbergh habe über die Zeitungsberichte gelacht, die ihr heroisches Verhalten im Zeugenstand beschrieben. Die Entführung sei nun eine alte Geschichte für die Familie Morrow, deren Angehörige begonnen hätten, die Sache objektiv zu betrachten. Sie seien nun sogar in der Lage, mit den Namen der Prozeßzeugen Limericks zu verfassen. All den Schrecken und Kummer hätten sie schon lange überwunden.

Laut Dr. Neilson geht Lindbergh zur Verhandlung, als wäre sie ein Schauspiel, und freut sich über seinen guten Platz. Wie seine Frau empfinde auch er nicht den geringsten Zorn auf Hauptmann. Die Sache sei ihm nun aus den Händen genommen, und er interessiere sich hauptsächlich für die abstrakte Dramatik des Prozesses an sich.

New York, den 25. Januar 1935

Gestern abend traf ich mich zum Dinner mit Theodore Dreiser. Ich suchte ihn im Hotel Ansonia auf, und nach einem Drink gingen wir in den Schnee hinaus, um ein Restaurant zu suchen. Dreiser dachte an ein italienisches in der 45th Street, aber nachdem wir dort angekommen waren, fanden wir es nicht. Dann schickte uns ein Taxifahrer zur 48th Street, und wir stapften mühsam durch den Schnee, bis wir sie endlich erreichten. Einmal verlor ich das Gleichgewicht und stieß Dreiser an, so daß er stürzte. Eine Minute später fiel er von ganz allein krachend um. Er verletzte sich aber nicht dabei.

Das Dinner bestand aus den üblichen italienischen Gerichten, und wir tranken anderthalb Liter schlechten Chianti dazu. Wir blieben bis nach Mitternacht sitzen. In den letzten ein oder zwei Stunden waren wir die einzigen Gäste des Restaurants.

Dreiser möchte unbedingt nach Kalifornien zurück und dann eine Autofahrt nach Alaska machen. Anscheinend ist eine Autostraße bis nach Sitka gebaut worden. Er will seine Freundin Helen mitnehmen und schlug vor, daß Sara und ich uns ihnen anschließen. Ob er mit Helen verheiratet ist, weiß ich nicht. Jedenfalls lebt er seit mindestens zwölf Jahren mit ihr zusammen. Ich habe nie gehört, daß er sich von seiner ersten Frau Sara hat scheiden lassen, aber vielleicht ist er doch geschieden. Sara ist ein oder zwei Jahre älter als Dreiser. Sie ist eine kleine Frau, deren Haar früher rot war. Vor vielen Jahren schloß sie sich den Christian Scientists an. Das Leben mit ihr muß entsetzlich gewesen sein, und ich hatte immer Verständnis für Dreisers Entschlossenheit, sie loszuwerden. Eine Zeitlang beklagte sie sich dauernd bei seinen Freunden darüber, wie schlecht er sie behandelt habe, aber in den letzten Jahren hat offenbar niemand mehr etwas von ihr gehört. Vielleicht ist sie tot.[133]

Dreiser und Helen verbrachten vor etwa zehn Jahren drei Jahre in Kalifornien. Dort habe er, so Dreiser, keine Zeile schreiben können. Ich fragte ihn, weshalb er in Kalifornien geblieben sei; er sagte, wegen Helen. Damals war er sehr in sie verliebt, und sie versuchte, eine Filmkarriere zu machen. Dreiser sagte, man habe ihr eine Hauptrolle in einem wichtigen Film angeboten, aber nur unter der Bedingung, daß sie ihn verließ und mit dem Produzenten zusammenlebte. Helen weigerte sich, und sie warteten noch drei Jahre, in denen Dreiser in Los Angeles Trübsal blies und nichts zustande brachte.

Wie er mir anvertraute, hat er den dritten Band[134] der Titan-Finanzier-Trilogie beendet und will ihn bald Simon & Schuster, seinem neuen Verlag, vorlegen.

Zu meiner Überraschung überschüttete er mich mit einem antisemitischen Wortschwall. Ich fragte ihn, weshalb er bei dieser Einstellung einen jüdischen Verlag gewählt habe. Er antwortete, er habe einfach keine andere Wahl gehabt. Ein Agent habe sich bemüht, das Interesse von Harcourt und anderen christlichen Verlagen zu wecken, doch ohne Erfolg. Dreiser war durch den Zusammenbruch der Firma Liveright in die Klemme geraten. Als sich Liveright zurückzog, geriet der Verlag unter die Kontrolle eines Juden namens Pell, der laut Dreiser ein übler Halunke ist. Dreiser beschloß daraufhin, den Verlag zu wechseln, und zu diesem Zweck mußte er die Rechte an einer Reihe seiner Bücher zurückkaufen. Die Rechte an den übrigen gehörten ihm bereits. Er hat sich sein ganzes Leben lang mit Verlegern gestritten und ist überzeugt davon, daß sie eine doppelte Buchführung betreiben und ihn auch sonst übers Ohr hauen. Vor Jahren trat er an Knopf heran, aber ich riet diesem, Dreiser aus dem Weg zu gehen. Gewiß, ihn zu veröffentlichen bringt Prestige, aber er verlangt hohe Tantiemen und Vorschüsse und bringt Verlagen keinen Gewinn ein.

Dreiser sagte mir, Jesse Lasky habe ihm 100 000 Dollar für die Filmrechte an „An American Tragedy" gezahlt. Davon mußte er Liveright 10 000 Dollar abtreten, doch den Rest behielt er für sich selbst. Nachdem Lasky die Rechte erworben hatte, erhob der ehrwürdige Hays[135] Einwände gegen seine Verfilmung des Buches, und das Projekt wurde auf Eis gelegt. Als die Tonfilme aufkamen, holte Lasky seinen Plan erneut aus der Schublade und überredete Hays schließlich, ihm die Produktionserlaubnis zu erteilen. Dreiser erfuhr davon und forderte ein zusätzliches Honorar von 60 000 Dollar. Sein Argument lautete, er habe die Filmrechte, nicht jedoch die Tonfilmrechte verkauft. Lasky protestierte heftig, rückte aber letzten Endes das Geld heraus. Dadurch beliefen sich Dreisers Gesamteinnahmen aus Hollywood für das Buch auf 150 000 Dollar.

Ich fragte ihn, ob das Gerücht stimme, daß er in New York die Mitgliedschaft in der Kommunistischen Partei beantragt und eine Absage erhalten habe. Er erklärte, es sei genau andersherum gewesen. Die Kommunisten seien an ihn herangetreten, aber er habe sich geweigert, in die Partei einzutreten. Er sympathisiert mit dem Kommunismus, kann aber anscheinend viele der amerikanischen Kommunisten nicht ausstehen. Dann berichtete er mir ausführlich von seiner Rußlandreise vor vier oder fünf Jahren. Er fuhr durch einen großen Teil des Landes und besuchte so ferne Orte wie Baku, Samarkand und Odessa. Die russische Regierung trug all seine Unkosten, und er genoß das Privileg, anhalten zu können, wo er wollte. Manchmal ließ er in irgendeinem Dorf, das ihn zufällig interessierte, haltmachen. Er befragte die Menschen gründlich, aber da er kein Russisch sprach und einen Dolmetscher hinzuziehen mußte, ist zu bezweifeln, daß er den genauen Inhalt aller Antworten begriff.

Er sagte, John Chamberlain, der Literaturkritiker der „New York Times", habe ihm vor kurzem mitgeteilt, daß alle Rezensenten der „Times" bei ihren Besprechungen von Büchern, für die viel Reklame gemacht wird, sehr vorsichtig sein müßten. Wenn sich ein solches Buch als schlecht erweise, gingen sie trotzdem behutsam damit um. Auch Chamberlains Sekretär, ein junger Mann namens Vanderveer oder so ähnlich, hat das bestätigt.

Dreiser kam auf Red Lewis, Hergesheimer, Cather und andere Romanciers zu sprechen. Er war verblüfft darüber, daß Lewis die Mitgliedschaft im National Institute of Arts and Letters angenommen hat. Er habe Lewis trotz dessen Verschrobenheit für einen zu ehrlichen Mann gehalten, als daß er der Versuchung nachgeben werde. Dreiser ärgerte sich darüber, daß das Mitgliedschaftsangebot, das Henry S. Canby ihm (Dreiser) gemacht hatte, als „privat und vertraulich" gekennzeichnet war. Canby habe kein Recht, ihm vertrauliche Briefe zu schicken und ihm – stillschweigende oder offene – Verpflichtungen aufzuerlegen. Dreiser glaubte, er sei berechtigt, die ganze Korrespondenz zu veröffentlichen. Wie in meinem eigenen Fall setzte Canby nach seiner ersten Absage nach. Er zeigte mir Canbys zweiten Brief und seine eigene Antwort. Sie war kurz und brüsk.

Dreiser sagte, er halte „Babbitt" für das beste aller Bücher von Lewis. Er brachte eine gewisse Bewunderung für Cather zum Ausdruck, erklärte sich jedoch außerstande, Hergesheimer zu lesen.

Wir kamen auf das Thema seines Nachlasses zu sprechen. Er plant, Helen sein ganzes Geld zu vermachen, aber hinsichtlich seiner Papiere kann er sich nicht entscheiden. Ich schlug ihm vor, sie der Library of Congress zu geben; er schien überrascht, als ich ihm sagte, daß er verfügen könne, die Papiere dürften zu seinen Lebzeiten nicht ohne seine Genehmigung geöffnet werden. Das interessierte ihn sehr, und er bat mich, an Herbert Putnam, den Direktor der Library of Congress, heranzutreten. Das werde ich bei der nächsten Gelegenheit tun. Vor einigen Jahren suchte ich die Library auf, um die Übertragung meiner eigenen Papiere zu erörtern. Putnam bekam ich nicht zu Gesicht, aber ich fiel einem alten Knaben namens Jameson, dem Leiter der Handschriftenabteilung, in die Hände. Als ich Jameson mitteilte, daß ich Eigentümer des Originalmanuskripts von Dreisers „Sister Carrie" [dt. „Schwester Carrie"] sei, zeigte er wenig Interesse. Er sagte, die Handschriftenabteilung sei hauptsächlich für politische Dokumente bestimmt. Allerdings habe man vor einiger Zeit die Bücher einer alten New Yorker Firma akquiriert, weil es sich zwar nicht um historische Dokumente im eigentlichen Sinne handele, sie jedoch ein gewisses Licht auf die amerikanische Geschichte werfen könnten. Er deutete beiläufig an, daß das Manuskript von „Sister Carrie" eine ähnliche Funktion haben könne. Es war offensichtlich, daß er nur vage von dem Buch gehört hatte. Ihm war völlig unklar, wovon es handelt. Das erwähnte ich Dreiser gegenüber aber nicht. Wenn ich das nächstemal nach Washington fahre, werde ich Jameson aus dem Weg gehen und Putnam aufsuchen.

Baltimore, den 29. Januar 1935

Paul Palmer[136], der neue Herausgeber des „American Mercury", kam zum Lunch vorbei, und wir unterhielten uns zwei Stunden lang über die Zeitschrift. Palmer ist ein vierunddreißigjähriger Harvard-Absolvent. Nach seinem Studium suchte er mich in der Redaktion des alten „Smart Set“ auf, und ich gab ihm ein Empfehlungsschreiben für Stanley M. Reynolds, den damaligen Chefredakteur der „Baltimore Sun“. Reynolds stellte ihn ein, und er blieb etwa ein halbes Jahr bei der „Sun“. Danach ging er nach New York zur „World“, wo er schließlich Sonntagsredakteur wurde.

Seine erste Frau war eine Journalistin, die sich heute Greta Palmer nennt. Nach ihrer Scheidung heiratete er die Tochter eines der reichen Lewisohns. Sein Schwiegervater stellte ihm offenbar 25 000 Dollar zur Verfügung, womit er eine fünfzigprozentige Beteiligung am „American Mercury“ von Lawrence E. Spivak erwarb. Wir hatten die Zeitschrift zwei Monate zuvor an Spivak verkauft. Mit diesem war vereinbart, er solle 53 000 Dollar für den „American Mercury“ bezahlen, aber genug Zeit haben, um diesen Betrag aus seinen Gewinnen zu bestreiten – das heißt, falls er einen Gewinn machte. Sollte er scheitern, würde die Zeitschrift wieder an die Firma Alfred A. Knopf übergehen. Nachdem diese Vereinbarung mit Spivak getroffen worden war, tauchte Palmer auf, und Spivak verkaufte ihm einen halben Anteil.

Die 25 000 Dollar werden für Spivak von ungeheurem Wert sein. Bisher wird er durch einen Mangel an Arbeitskapital behindert. Natürlich besteht die Möglichkeit, daß die Lewisohns nötigenfalls mehr Geld herausrücken.

Charles Angoff machte ein großes Theater, als er von der Transaktion erfuhr. Er war der Meinung, daß man ihn vorher hätte informieren sollen, und bezichtigte Spivak und Knopf, ihn unfair behandelt zu haben. Ich glaube, daß Spivak ihm gegenüber ein wenig offener hätte sein sollen. Tatsache bleibt jedoch, daß die Transaktion erst sehr kurz, bevor man Angoff in Kenntnis setzte, abgeschlossen worden war.

Ich redete ihm zu, sich als Chefredakteur mit Palmer abzufinden, aber er weigerte sich, weil er Palmers Programm nicht billigen und ihm nicht guten Gewissens dienen könne. Ich wies ihn darauf hin, daß er neun Jahre lang für mich gearbeitet habe, obwohl sich unsere politischen Standpunkte radikal unterscheiden, aber er behauptete, die beiden Situationen seien nicht vergleichbar.

Als ich mich zum 1. Januar 1934 vom „American Mercury" zurückzog, arbeitete Angoff als Chefredakteur weiter unter meinem Nachfolger Henry Hazlitt. Inzwischen war Spivak Geschäftsführer geworden. Nach Hazlitts Fortgang ließen Spivak und Alfred Knopf zu, daß Angoff die Zeitschrift herausgab. Er verwandelte sie sogleich in ein sehr radikales Organ und bestand darauf, brutale Buchrezensionen zu drucken, in denen jeder Autor, der nicht offenkundig rot war, verrissen wurde. Außerdem druckte er einen Artikel, in dem Albert J. Nock[137] heruntergemacht wurde. Das war eine überaus geschmacklose Attacke, denn er wußte genau, daß Nock ein Freund von mir ist und in den früheren Tagen der Zeitschrift treu seine Beiträge abgeliefert hatte. Insgesamt verhielt sich Angoff sehr unüberlegt, und sowohl Spivak als auch Knopf waren ernstlich beunruhigt. Sie mußten auf jede Zeile aufpassen, die er druckte, und wenn sie Vorschläge machten, leistete er heftigen Widerstand.

Auf Palmers Bitten hin unternahm ich den Versuch, Angoff zum Bleiben zu bewegen. Aber nach einem fünfminütigen Gespräch mit ihm wurde deutlich, daß Palmer und er nicht friedlich zusammenarbeiten würden, und ich stellte meine Bemühungen ein. Was Angoff tun soll, weiß ich nicht. Seit einem Jahr arbeitet er nicht mehr an der Zitatensammlung mit, die wir gemeinsam in Angriff genommen hatten. Letzte Woche schlug ich ihm in New York vor, er solle mir seine Rechte gegen bar abtreten. Er weigerte sich, weil er angeblich nicht wollte, daß ich Geld in das Buch investiere. Dann schlug ich vor, daß er für seine Beiträge eine begrenzte Beteiligung erhalten solle, zum Beispiel ein Drittel der Tantiemen nur für das erste Jahr. Darüber denkt er zur Zeit nach. Er soll sich innerhalb einer Woche mit mir in Verbindung setzen.[138]

Angoff hat die wahrscheinlich beste Chance seines Lebens vergeudet. Hätte er die Zeitschrift mit einem gewissen Grad an Geschick und Diskretion weitergeführt, hätten Knopf und Spivak ihn auf dem Herausgeberposten belassen, aber sein kindischer Radikalismus alarmierte sie so sehr, daß sie Angoff, selbst wenn Palmer nicht erschienen wäre, gefeuert hätten. Er sagte mir, er arbeite an einem Buch über die Geschichte der Zeitschriftenliteratur seit 1900. Das ist eine gewaltige Aufgabe, und er wird die Sache wahrscheinlich verpfuschen. Die Wahrheit ist, daß er nicht schreiben kann und fast kein kritisches Talent besitzt. Als Chefredakteur, der einem anderen unterstellt ist, leistet er ausgezeichnete Arbeit. In den neun Jahren bei mir war er überaus sorgfältig und zuverlässig, und ich hatte nie den geringsten Grund, an seiner Loyalität zu zweifeln. Aber in den neun Monaten als alleiniger Herausgeber hat er sich eine ziemlich absurde Meinung über seine eigene Wichtigkeit zugelegt, und ich fürchte, daß ihm Schwierigkeiten bevorstehen.

Baltimore, den 6. März 1935

Ritchie kam gestern abend vorbei, und wir führten ein langes Gespräch. Zwar sieht er äußerlich besser aus als seit Jahren, aber er schien mir in geistiger Hinsicht etwas lethargisch zu sein. Er sagte, daß er seine Anwaltspraxis sehr leichtnehme. Wenn er abends bis spät aufbleibt, schläft er morgens länger, und häufig kommt er erst kurz vor Mittag in sein Büro. Er beabsichtigt, sich auf ein paar Fälle zu beschränken, vor allem auf solche, bei denen sein Honorar über 1 000 Dollar liegt. Da er für seinen Unterhalt nicht viel zusätzliches Geld benötigt, ist er nicht geneigt, unnötige Arbeit auf sich zu nehmen.

Wie er mir erzählte, war der schlimmste Fluch seines Lebens als Gouverneur nicht die Verpflichtung, Bankette zu besuchen und sich idiotische Reden anzuhören, sondern die Tatsache, daß er den ganzen Tag politische Trottel empfangen und höflich zu ihnen sein mußte. Die Anstrengung, die es kostete, sie nicht hinauszuwerfen, habe ihn manchmal regelrecht erschöpft. Zwar habe er mit ihnen umgehen müssen, um im Amt zu bleiben, aber er sei nie in der Lage gewesen, sich auch nur an ihre physische Anwesenheit zu gewöhnen. Nun empfinde er es als große Erleichterung, seine Tage mit relativ anständigen und vorzeigbaren Personen zu verbringen.

Er meinte, wenn es nach ihm ginge, würde er die Stadtvertretung in Annapolis nicht vergrößern, sondern eher verkleinern. Viele der Leute aus dem Verwaltungsbezirk seien zwar dumm, aber wenigstens ehrlich, während es höchst ungewöhnlich sei, daß irgendein ehrlicher Mann aus der Stadt in die Legislative entsandt werde. Natürlich gebe es hin und wieder brillante Ausnahmen, aber diese seien selten.

Die gegenwärtige Legislative betreibe Erpressung in hohem Grade. Sie versuche, aus den Rennbahnbesitzern im Gegenzug für eine Verringerung der Rennbahnsteuern Geld herauszuholen; ein weiteres ihrer Opfer sei die Gesellschaft, die Werbung für den Bau der Brücke über die Chesapeake Bay macht.

Sara Haardt Mencken starb am 31. Mai 1935; diese Tatsache wird im Tagebuch zu jenem Zeitpunkt nicht erwähnt. Nach dem Tod seiner Frau hörte Mencken mit dem Tagebuchschreiben auf; für 1935 gibt es nur noch einen weiteren Eintrag, den hier folgenden vom 14. September. Auch 1936 machte er kaum Aufzeichnungen. Erst 1937 führte er das Tagebuch wieder einigermaßen regelmäßig fort. Und erst am fünften Jahrestag von Saras Tod, im Eintrag vom 31. Mai 1940, beschäftigte er sich ausführlich mit dem Thema: mit den Umständen ihrer letzten Krankheit, seinen Gefühlen für sie und ihrem gemeinsamen Leben.

Baltimore, Maryland, den 14. September 1935

Gestern, am Freitag, dem 13., kehrte ich mit dem Zug um 11.30 Uhr Eastern Standard Time nach New York zurück. 11.30 Uhr enthält eine weitere 13. Der Pullman-Angestellte gab mir Platz Nr. 13 in Waggon 231. Eine weitere 13 in 231, diesmal umgekehrt. Ich rechnete damit, daß der Zug entgleisen würde. Etwa bei Trenton begegnete ich Rob Hanes von Winston Salem, und wir setzten uns zu einer Plauderei zusammen. Dadurch wurde ich von den mir drohenden Gefahren abgelenkt und erreichte Baltimore in guter Laune und ohne jeglichen Verlust an Körpergewicht. Der Rest des Tages verlief ruhig und sogar recht behaglich. Ich fange an, meine Privattheologie mit atheistischen Zügen zu versehen.

1936

Baltimore, Maryland, den 23. Mai 1936

Am 18. Mai, eine Woche nach der Veröffentlichung der vierten Auflage von „The American Language", erfuhr ich von Knopf, daß er 2 535 Exemplare in Amerika und 365 in England verkauft habe. Außerdem hatte er etwa 350 Ansichtsexemplare an amerikanische Buchhandlungen verschickt, dazu kamen 304 unerledigte Bestellungen. Damit war der erste Teil dieser Auflage von 5 000 Exemplaren so gut wie ausgeschöpft.

Ich hatte gehofft, den Text überarbeiten zu können, bevor das Buch nachgedruckt wird, aber dazu reicht die Zeit nicht. Also muß eine zweite Quote von wahrscheinlich 3 000 Exemplaren mit dem vorliegenden Satz gedruckt werden. Während sie verkauft wird, werde ich sämtliche Fehler im gegenwärtigen Text korrigieren, und dann kann man neue Druckplatten herstellen. Die Leser machen Hunderte von kleinen Verbesserungsvorschlägen. Manche sind einfach pedantisch, aber sehr viele korrigieren wirkliche Irrtümer.

Baltimore, Maryland, den 20. August 1936

Vor ein oder zwei Monaten rief mich William M. Baskervill an, der führende Hearst-Vertreter hier in Baltimore. Ich traf mich mit ihm bei Schellhase's[139], er erzählte mir, daß der Hearst-Kolumnist Arthur Brisbane[140] schwer erkrankt – anscheinend todkrank – in Europa sei. Bei der Hearst-Organisation rechne man damit, daß er in einem halben Jahr stirbt. Baskervill fragte mich in Hearsts Auftrag, ob ich bereit wäre, Brisbanes Kolumne nach dessen Tod zu übernehmen.

Hearst sei gewillt, mir 1 000 Dollar pro Woche zu zahlen, wahrscheinlich werde er den Betrag später erhöhen. Der erste Vertrag solle über fünf Jahre geschlossen werden. Man erwarte von mir täglich eine Kolumne, vielleicht hin und wieder sonntags einen Leitartikel. Ich erklärte Baskervill, daß ich wenig Interesse an einem solchen Job hätte und mit meiner Arbeit bei der „Sun" zufriedener sei.

Das Gespräch endete in freundlicher Atmosphäre. Baskervill ließ mich wissen, daß Hearst das ganze Land nach einem geeigneten Nachfolger für Brisbane abgesucht und nur sehr wenige geeignete Kandidaten gefunden habe. Er nannte keine Namen. Ich wies darauf hin, daß sich meine Kolumnen erheblich von denen Brisbanes unterscheiden würden, er erwiderte, das sei Hearst egal. Dieser lege keinen Wert darauf, einen bestimmten Standpunkt vertreten zu lassen. Ihm komme es nur darauf an, daß eine Kolumne Aufmerksamkeit erregt. Baskervill sagte, ihm sei klar, daß meine Ansichten in manchen Punkten kraß von Hearsts Ideen abwichen, aber Hearst sei bereit, mir relativ freie Hand zu lassen.

Es wäre Wahnsinn, in meinem Alter eine solche Aufgabe zu übernehmen. Brisbane schreibt jeden Tag mindestens anderthalb Spalten und macht selten Urlaub. Sogar wenn er auf Reisen ist, diktiert er seine Artikel. Zur Zeit werden sie, obwohl er sich schwerkrank in Europa aufhält, täglich herübertelegrafiert. Er leidet an irgendeiner Herzkrankheit und muß laut Baskervill fast immer im Bett bleiben. Vor ein paar Tagen ist Hearst nach Europa gereist, um ihn zu besuchen.

Baltimore, den 10. Dezember 1936

Am 22. September 1920 waren H. Adams[141] und Paul Patterson in London. Sie suchten George Bernard Shaw auf und führten ein langes Gespräch mit ihm. Adams' Tagebuch, das in der „Sun"-Redaktion verwahrt wird, enthält folgende Zeilen:

„Shaw sagte, er kenne Henry Mencken und habe viel von ihm gelesen. ‚Eine herrliche Lektüre', meinte er. ‚Ich erinnere mich sogar, daß er ein Buch über mich geschrieben hat.'"[142]

1937

Baltimore, Maryland, den 30. August 1937

Im Frühjahr 1917, nachdem die Vereinigten Staaten in den Krieg eingetreten waren und die Jagd auf Spione begonnen hatte, gab ich J. H. Adams, dem damaligen Herausgeber der „Sun", zu bedenken, daß durch einige unserer Artikel ein ungerechtfertigter Verdacht auf ganz und gar friedliche Deutschamerikaner geworfen werde. Ich erklärte ihm, daß viele von ihnen nichts mit politischen Aktivitäten zu tun hätten und durch den jetzigen Aufruhr in Gefahr gebracht würden. Adams war ein ziemlich ungestümer Liberaler, und ich nahm natürlich an, daß er etwas in der „Sun" veröffentlichen würde, was den Pöbel von diesen Personen ablenken konnte. Zu meiner großen Überraschung weigerte er sich, etwas dergleichen zu tun. Im Gegenteil, er erwiderte, daß alle Deutschamerikaner, wie unschuldig sie auch sein mochten, die Schikanen verdient hätten. Diese Einstellung verblüffte mich so sehr, daß ich ihm gegenüber nie wieder auf das Thema zurückkam.

Die „Sun“ war, ehrlich gesagt, weniger aggressiv als die meisten amerikanischen Zeitungen, aber dennoch veröffentlichte sie einige wirklich empörende Hetzartikel. Zum Beispiel war sie daran beteiligt, daß Dr. Schumacher als Dozent am St. John's College in Annapolis entlassen wurde. Schumacher war ein völlig harmloser Mann und hatte sich nie in die Diskussion eingeschaltet, die sich vor dem Kriegseintritt der Vereinigten Staaten abspielte. Im Frühjahr 1917 druckte die „Sun“ verschiedene Artikel, in denen sie auf ihn aufmerksam machte, woraufhin er brutal von St. John's auf die Straße gesetzt wurde. Er hatte kein sehr hohes Gehalt und geriet nun in große Schwierigkeiten. Was schließlich aus ihm geworden ist, weiß ich nicht.

Baltimore, Maryland, den 6. September 1937

Am Freitag, dem 3. September, fuhr ich nach West Chester, Pennsylvania, und traf mich dort am Abend zum Dinner mit Joe Hergesheimer. Es war eine reine Männergesellschaft mit nur sechs Teilnehmern: Richter Biggs vom Bundesgericht der Vereinigten Staaten; Richter Windel, dem Vorsitzenden des Kreisgerichts Chester; Archie du Pont, John Hemphill, Joe und mir.

Wir genossen ein köstliches Essen, das mit Whisky begann, wahrscheinlich nahmen wir ein oder zwei Drinks zuviel zu uns. Als wir am Samstag morgen aufstanden, waren Joe und ich leicht benebelt. Trotzdem führten wir einen seit langem gehegten Plan aus, das pennsylvanisch-deutsche Gebiet in den Kreisen Lancaster und Berkshire aufzusuchen. Joe selbst ist Pennsylvania-Deutscher, und ich habe mein ganzes Leben in nur rund 150 Kilometer Entfernung von dieser Gegend verbracht, aber keiner von uns beiden hatte sie je besichtigt.

Wir fuhren am Morgen nach Lancaster und wurden dort von Dr. Herbert J. Beck, Chemieprofessor am Franklin and Marshall College, empfangen. Er erbot sich freundlicherweise, für uns den Fremdenführer zu spielen. Sehr bald stellte sich heraus, daß er historisch viel interessierter war als wir. Wir waren gekommen, um mit der Landbevölkerung zu sprechen, nicht um die historischen Denkmäler zu besichtigen. Aber Beck war so liebenswürdig, auch auf unsere Pläne einzugehen.

Wir fuhren zum Lunch nach Lititz und machten uns dann in den nördlichen Teil des Kreises auf. Dort hielten wir an mehreren Farmen und unterhielten uns mit den Landleuten. Die interessantesten Personen, denen wir begegneten, waren zwei ungeheuer dicke Schwestern bei Lebanon. Sie sind alte Jungfern und betreiben ihre große Farm mit der Unterstützung eines einzigen Knechtes. Außerdem nehmen sie Sommergäste auf. Vor einiger Zeit quartierte sich ein Mann, dessen Namen ich vergessen habe, für mehrere Monate bei ihnen ein und kehrte dann nach New York zurück, um ein Buch über die Pennsylvania-Deutschen zu schreiben. Die Schwestern waren sehr verärgert über einige seiner Äußerungen, besonders über die Behauptung, daß sie selbst nur gebrochen Englisch sprächen. In Wirklichkeit war ihr Englisch ausgezeichnet, und sie wirkten sehr aufgeklärt. Ihre Farm war jedenfalls in einem hervorragenden Zustand. Als wir ankamen, half gerade eine von ihnen dem Knecht, Hühner für das Sonntagsessen zu schlachten. Dem armen Hergie wurde vom Anblick des Blutes fast übel.

Im Norden von Lancaster fuhren wir durch Orte mit so merkwürdigen Namen wie Blue Ball, Bird-in-Hand und Intercourse [Geschlechtsverkehr]. Wie Intercourse zu seinem Namen kam, weiß keiner. Der Ort zieht zahlreiche Autoausflügler an, die von dort Postkarten verschicken.

Schließlich landeten wir in Schaefferstown hoch oben in Lancaster. Es handelt sich um eine wirklich altmodische pennsylvanisch-deutsche Gemeinde. In der Bar sprach der Dorfsäufer uns im Lokaldialekt an, und wir hörten, wie die Frau des Gastwirts in diesem Dialekt mit dem Coca-Cola-Lieferanten schwatzte.

Zum Lunch in Lititz gehörten Bratäpfel, Knödel und deutsches Essiggemüse. Am Abend machten wir in Lancaster halt. Mrs. Beck gab einen Empfang für uns, und wir begegneten den meisten Ortshonoratioren. Einige erwiesen sich als sehr amüsant, und überhaupt war der Abend überaus erfreulich. Beck servierte uns sechsprozentiges, in Lancaster gebrautes Bier. Es war nicht übel, aber man mußte es vorsichtig trinken.

Am Sonntag morgen brachen Hergesheimer und ich allein in den Kreis Berks auf. Wir durchfuhren einen großen Teil des Gebiets, das wir am Samstag besucht hatten, und sahen außerdem einige neue Orte, darunter Ephrata, das Jerusalem der Pennsylvania-Deutschen. Wir hielten lange genug an, um das schreckliche Steinhaus zu besichtigen, in dem die frommen Schwestern vor zweihundert Jahren wohnten und arbeiteten. Die Landschaft war großartig, und die Farmen sahen prächtig aus. Selbst die größten Scheunen sind mit riesigen Augen bemalt, um Hexen abzuschrecken. Dies ist das Kerngebiet des pennsylvanisch-deutschen Hexenwahns; zwei Drittel der Farmer glauben noch an Hexen.

Am späten Vormittag erreichten wir Reading und fuhren weiter nach Allentown und Bethlehem. Wir aßen in Bethlehem zu Mittag und steuerten dann das schöne Tal hinunter nach Norristown. Inzwischen lag das pennsylvanisch-deutsche Territorium hinter uns, aber es war trotzdem eine wunderbare Landschaft. Einige der Häuser in den Dörfern machten einen prächtigen Eindruck. Die meisten waren aus roten Ziegeln gebaut und hatten weiße Zierleisten, andere aus weißen Schindeln mit grüner Verzierung. Ihre unübertreffliche Einfachheit war einfach bezaubernd.

Spät am Nachmittag trafen wir in West Chester ein, und Hergesheimers Chauffeur fuhr mich nach Wilmington. Zum Dinner war ich wieder zu Hause.

Überall in Lancaster waren die Farmer dabei, ihre Tabakernte einzubringen. Wie oft hatte ich als Junge von diesem Tabak gehört! Mein Großvater reiste jeden Sommer nach Lancaster und kaufte Tabak auf dem Feld, und mein Vater folgte später seinem Beispiel. Damals wurde ein großer Teil des Tabaks von den Farmern selbst zu billigen Zigarren verarbeitet. An den öden Wintertagen rollten sie Glimmstengel, von denen zwei für fünf Cent verkauft wurden. Dieses ganze Gewerbe existiert heute nicht mehr. Der Tabak wird nach Lancaster transportiert und dort maschinell zu Zigarren verarbeitet.

Es war ein angenehmes Abenteuer, das mir großen Spaß machte. Am Samstag war es entsetzlich heiß, aber am Sonntag morgen wehte ein kräftiger Nordostwind, und es wurde kühler.

Hergesheimer sieht nicht sehr gesund aus. Sein Blutzuckerspiegel ist noch immer zu hoch, und er darf nichts Stärkehaltiges essen und keinen Alkohol außer Scotch

Whisky trinken. Da er Scotch nicht mag, verzichtet er gewöhnlich auf Alkohol. Er führt ein einsames Leben in West Chester. Seine Frau Dorothy hält sich an der Küste von Jersey auf, und er wohnt allein mit seinem Personal in dem Haus. In körperlicher Hinsicht geht es ihm nicht schlecht, aber die endlosen Abende müssen schwer zu ertragen sein. In ein paar Wochen will er nach Baltimore kommen, um hier den Winter zu verbringen. Er will eine Wohnung mieten und seine Köchin mitbringen. Zur Zeit plant er, seine Autobiographie zu schreiben, und zwar hier in Baltimore.

Baltimore, Maryland, den 3. Oktober 1937

Dr. Francis E. Litz, der Übersetzer von „De charlataneria eruditorum", hat einen wirklich verblüffenden Fehler in dem Buch entdeckt. Auf der Titelseite heißt es, es sei aus dem Deutschen übersetzt worden, aber das Original war natürlich in lateinischer Sprache geschrieben. Litz sagt, er habe die Fahne der Titelseite nicht gesehen, aber ich vermute, daß er sich irrt. Das Buch wurde mehrere Male neu gesetzt, was den Fehler erklären dürfte. Ich war nicht der einzige, der ihn übersah. Das gleiche gilt für die Korrektoren der Plimpton Press und mehrere Mitarbeiter von Alfred A. Knopf, Inc. Nun ist es zu spät, den Fehler zu korrigieren. Das Buch wurde in einer kleinen Auflage von ungefähr 1400 Exemplaren gedruckt, und die Aussicht, daß es zu einer Nachauflage kommt, ist gering.

Die schlimmsten Fehler finden sich oft auf der Titelseite von Büchern. Niemand scheint die entsprechenden Fahnen sorgfältig genug zu lesen. Vor Jahren, als Philip Goodman die erste Auflage meines Buches „In Defense of Women" herausbrachte, wurde sein eigener Name auf der

Titelseite fälschlich als Phpip[143] wiedergegeben. Goodman legte größten Wert auf typographische Genauigkeit, und ich weiß, daß er viel Mühe in das Buch investierte. Trotzdem entging ihm ein eklatanter Irrtum auf der auffälligsten Seite.

1938

Baltimore, Maryland, den 22. Oktober 1938

Ein Brief von Perry Molstad, dem Angestellten einer Telefonvermittlung in New York, der sich für Bücher interessiert, enthält aufschlußreiche Details über den verstorbenen Thomas C. Wolfe[144]. Er schreibt zum Beispiel, daß Wolfe, nachdem er seiner Familie ein Exemplar seines ersten Buches „Look Homeward, Angel“ [dt. „Schau heimwärts, Engel“] nach Asheville, North Carolina, geschickt hatte, von seiner Mutter und seiner Schwester ein Telegramm bekam: „Christus hatte Judas – wir haben Dich.“

Baltimore, Maryland, den 11. November 1938

H. R. Knickerbocker[145], ein Auslandskorrespondent von Hearst, hielt gestern abend in Baltimore einen Vortrag. Ich traf ihn danach zum ersten Mal. Sein Äußeres kam mir reichlich sonderbar vor. Er ist in Texas geboren, als Sohn eines protestantischen Predigers, aber er sieht eindeutig jüdisch aus. Er hat das rötliche Haar eines blonden Juden sowie dessen schwache Sommersprossen und blaßrosa Augen.

Knickerbocker sagte mir, er sei gut mit Hitler bekannt und habe ihn in den Tagen, bevor er die Macht übernahm, häufig besucht. Damals habe es Gerüchte gegeben, daß Hitlers Eisernes Kreuz eine Fälschung sei, und Knickerbocker habe es eines Tages gewagt, ihn danach zu fragen. Hitler erwiderte, er habe die Auszeichnung auf folgende Weise erhalten:

Während des Krieges war er Meldegänger, und eines Tages hatte man ihn durch eine Art Niemandsland geschickt. Die Deutschen glaubten, daß sich darin keine Franzosen befänden, aber auf halber Strecke hörte Hitler französische Stimmen und entdeckte eine Reihe von Franzosen in ihren Unterständen. Hitler näherte sich dem einzigen Eingang und brüllte mehrmals laute Befehle in der Hoffnung, daß die Männer im Innern annehmen würden, es mit einer größeren deutschen Einheit zu tun zu haben. Der Trick war erfolgreich, und nach ein paar Minuten kamen die Franzosen einer nach dem anderen mit erhobenen Händen hervor. Hitler war nur mit einer Pistole bewaffnet, aber da sie ihre eigenen Waffen niedergelegt hatten, konnte er sie in einer Reihe zur deutschen Front zurückmarschieren lassen. Dafür erhielt er das Eiserne Kreuz.

Knickerbocker beteuerte, die Geschichte in Anwesenheit eines englischen Korrespondenten gehört zu haben. Am Ende sagte Hitler höflich: „Wären diese Franzosen Engländer oder Amerikaner gewesen, wäre ich heute wahrscheinlich nicht hier."

Laut Knickerbocker ist Hitler im Privatleben ein sehr leutseliger Mann mit ausgeprägtem Humor. Aber sobald er auf öffentliche Angelegenheiten zu sprechen komme, setze er zu langen Reden an. Er beginne in normalem Tonfall, brülle jedoch bald los wie ein Wahlredner und fuchtele mit den Armen.

Knickerbocker kennt auch Mussolini. Er meint, Mussolini hasse Hitler aus tiefster Seele und werde ihn mit Sicherheit bei der ersten Gelegenheit im Stich lassen.

Baltimore, Maryland, den 25. November 1938

Beim Dinner für Thomas S. Cullen[146] am 19. November saß ich unter anderem mit J. Albert Chatard[147] zusammen. Chatard ist französischer Abstammung, seine Familie kam zur Zeit der Französischen Revolution aus Haiti nach Baltimore. Er ist der fünfte seines Namens, der Mediziner geworden ist, sein Sohn arbeitet als Assistenzarzt im Johns Hopkins Hospital. Chatard selber studierte dort zur gleichen Zeit wie Gertrude Stein. Sie schloß das Radcliffe College 1897 ab und verbrachte die Jahre von 1897 bis 1902 an der Johns Hopkins Medical School. Sie hat an der Universität nie ein Examen gemacht. Dr. J. Whitridge Williams, der Leiter der Geburtshilfe-Abteilung, ließ sie in diesem Fach durchfallen. Er verabscheute Ärztinnen und hatte außerdem heftige Vorurteile gegenüber dicken Frauen. „La Stein" wog schon damals fast neunzig Kilo. Chatard erzählte mir, die anderen Studenten hätten ihr den Spitznamen „Xanthippe" gegeben. Medizinstudentinnen waren damals noch eine Neuheit, und die Männer distanzierten sich von ihnen. Also beschlossen die Mädchen, eigene Partys zu veranstalten. Zu der ersten, die Chatard besuchte, erschien die Stein mit einer Pfeife im Mund. Das war in jenen unschuldigen Tagen überaus schockierend. Hätte eine durchschnittlich attraktive Frau eine solche Ungeheuerlichkeit begangen, wäre sie sofort von allen männlichen Studenten ins Bett bugsiert worden. Doch da es sich bei der Revolutionärin um die Stein handelte, blieben derartige Versuche aus.

Nach dem Dinner verließ ich den Bankettsaal zufällig direkt hinter Dr. J. M. T. Finney. Er sprach mit einem Mediziner, der zu Besuch hier war, und ich hörte seine Worte zwangsläufig mit. Der Besucher erkundigte sich nach Dean Lewis, Chirurgieprofessor an der Hopkins Medical School. „Lewis ist sehr krank“, erwiderte Finney. „Er hat einen leichten Hirnunfall gehabt.“ Diesen Euphemismus für einen Schlaganfall fand ich sehr clever. Seitdem habe ich erfahren, daß er bei Medizinern gang und gäbe ist.

Lewis ist seit sechs Wochen außer Gefecht. Der Schlaganfall hat eine Körperseite gelähmt und sein Sprechvermögen beeinträchtigt. Wahrscheinlich wird er nie wieder normal arbeiten können. Er ist ein sehr sympathischer Mann mit einer unglaublichen Energie. Die Studenten an der Hopkins Medical School können ihn nicht besonders leiden, weil er ein strenger Prüfer ist. Er läßt sich von niemandem hinters Licht führen. Entweder die Kandidaten kennen sich in dem betreffenden Gebiet aus, oder er empfiehlt ihnen, noch einmal gut in die Bücher zu schauen. Sein Satz „Das sollten Sie besser noch einmal nachsehen“ ist an der Medical School gefürchtet.

1939

Baltimore, Maryland, den 9. Januar 1939

Als Edgar Lee Masters vor ein paar Tagen hier war, erzählte er mir, daß Dreiser, der zur Zeit in Glendale, Kalifornien, wohnt, bankrott sei. Vor sechs oder acht Jahren, nach dem Verkauf der Filmrechte an mehreren seiner Bücher, schwamm Dreiser geradezu im Geld. Leider investierte er das meiste in ein groteskes Haus in Mount Kisco, New York. Er lud mich einige Male auf ein Wochenende dorthin ein, aber ich zog mich immer wieder aus der Affäre. Leute, die das Haus gesehen hatten, meinten, es sei geradezu umwerfend. Dreiser hatte es selbst entworfen, und auch die überwiegend blaue Bemalung ging auf sein Konto. Das Haus überstieg aber bald seine Mittel, und er versuchte mehrmals, es zu verkaufen. Am Ende mußte er sich wahrscheinlich für einen Bruchteil des Wertes davon trennen.

Vor zwei oder drei Jahren verwickelte er sich in einen Streit mit einem Juden namens Pell, dem Erben und Rechtsnachfolger des alten Liveright-Verlags. Sie verklagten sich gegenseitig, Dreiser verlor in allen Punkten. Er legte in New York Berufung ein, aber das Urteil wurde bestätigt. Insgesamt kosteten ihn diese Verfahren, laut Masters, fast 20 000 Dollar.

Masters sagt, Dreiser sei mit einem Mädchen, dessen Namen ich vergessen habe, nach Glendale gezogen. Sie sei jung und sehr frech, und Dreiser bezeichne und betrachte sie als „The Cricket" [„Die Grille"]. Als die beiden in Glendale eingetroffen waren, hörte Dreisers frühere Freundin Helen Richardson, die in Seattle gewesen war, davon und machte sich zu ihnen auf. Nach einem kurzen, heftigen Kampf wurde die Grille hinausgeworfen, und Helen ist nun wieder die Herrin des Anwesens. Sie stammt aus dem Süden – ich glaube, aus Charleston – und ist eine hübsche, selbstbewußte Frau. Seit vielen Jahren hält sie zu Dreiser, eine Zeitlang führte sie sogar seinen Namen. Dreisers wirkliche Frau Sara ist wahrscheinlich noch am Leben. Sie ist eine kleine Person aus der Wildnis des Mittelwestens, hat rotes Haar und glaubt fest an die Christian Science. Da sie ein oder zwei Jahre älter als Dreiser ist, dürfte sie ungefähr siebzig sein. Er hat lange versucht, sie zur Scheidung zu überreden, aber sie weigerte sich immer wieder. Sara verbrachte einen großen Teil ihrer Zeit damit, ihre Freunde in New York zu besuchen und ihnen zu erklären, was für ein Schurke er sei. In den Tagen, als ich sie kannte, arbeitete sie in einem Verlag. Was aus ihr geworden ist, falls sie noch lebt, weiß ich nicht.

Dreiser schreibt in Glendale angeblich ein neues Buch. Masters meint, er werde nie damit fertig werden. Ich bin da etwas optimistischer. Dreiser hat die Manuskripte von mindestens vier oder fünf unvollendeten Büchern in der Schublade; es wäre eine Kleinigkeit für ihn, das eine oder andere fertigzustellen.

Unglücklicherweise sind seine Verlagsverhältnisse nicht sehr günstig. Nachdem er ein ganzes Leben damit verbracht hat, Verleger der doppelten Buchführung und anderer Infamien zu bezichtigen, ist er nun in den Fängen von Simon & Schuster. Wie ich höre, sind sie durch ihren Vertrag mit ihm nicht verpflichtet, seine früheren Bücher nachzudrucken. Ihm gehören die Rechte an allen, da er sie von seinen verschiedenen Verlegern zurückerworben hat, aber Simon & Schuster wollen nur diejenigen drucken, nach denen eine deutliche Nachfrage besteht. Das trifft vermutlich nur auf sehr wenige zu.

Dreiser sagte mir bei unserer letzten Begegnung, er habe die Überzeugung gewonnen, daß Kalifornien genau der richtige Wohnort für einen bejahrten Literaten sei. Dort könne er ungehindert arbeiten, und er ziehe ohnehin das kalifornische Klima dem von New York vor. Glendale sei ein abgelegener Ort, und er habe keinerlei Kontakt mit den

Filmleuten, was ich bezweifle. Solange es noch ein paar vielversprechende junge Mädchen beim Film gibt, wird der alte Knabe mit Sicherheit aus seiner Festung herauskommen, um sie sich anzuschauen. Sein Leben lang hatten Frauen leichtes Spiel mit ihm. Ich kann mich an keinen Zeitpunkt erinnern, an dem er nicht wenigstens mit dreien ein Verhältnis gehabt hätte. Alle Frauen, mit denen er zusammengelebt hat – das ergibt eine ziemlich lange Liste –, verbrachten die Hälfte ihrer Zeit damit, Rivalinnen fernzuhalten.

Baltimore, Maryland, den 17. Januar 1939

Gestern abend traf ich den Romancier Hulbert Footner[148] bei Schellhase's. Er hat ein Haus am Patuxent in Süd-Maryland und verbringt den Winter gewöhnlich in Baltimore. Footner ist seit vielen Jahren in Maryland ansässig und weiß allerlei amüsante Anekdoten über die Tölpel des Kreises Calvert – es ist der fernste und rückständigste Kreis des Staates – zu erzählen.

Vor kurzem wurde dort ein Farmer namens Gantt ermordet, und in den letzten Wochen hat man einen jungen Mann und zwei Mädchen wegen dieser Tat eingesperrt. Footner kannte Gantt und zog ihn häufig zu Gelegenheitsarbeiten heran. Vor einiger Zeit beauftragte er ihn, ein Zimmer zu streichen. Dafür sollten zwei Blautöne verwendet werden, und Gantt mühte sich wochenlang ab. Zuerst widmete er sich immer dem hellblauen Teil und ging dann zu dem dunkelblauen über. Jedesmal, wenn er den Wechsel vollzog, kleckerte etwas von der dunkelblauen Farbe auf den hellblauen Teil, so daß er neu gestrichen werden mußte. Bald spritzte dann etwas von der hellblauen Farbe auf den dunkelblauen Teil, so daß ein weiterer Anstrich nötig war. Laut Footner hatte Gantt sieben Schichten aufgetragen. Danach entließ er ihn, und Gantt zog knurrend ab.

Gantt betrieb eine kleine Farm und besaß auch eine Lizenz für einen der primitiven Vergnügungsparks am Patuxent. Er trug immer sein ganzes Geld in der Tasche mit sich herum und stellte es gern zur Schau, wenn er betrunken war. Diese Gewohnheit kostete ihn das Leben. Seine Mörder erfuhren, daß er 900 Dollar bei sich hatte, und wurden von dem Duft eines so großen Vermögens benebelt. Sie suchten ihn auf seiner Farm auf und brachten ihn nach einem Gelage um. Footner sagt, die allgemeine Reaktion auf Gantts Tod habe gelautet: Geschieht ihm recht!

Baltimore, Maryland, den 15. April 1939

Bei der Durchsicht alter Rechnungen entdeckte ich vor ein paar Tagen, daß ich 1880 in Nr. 380 West Lexington Street geboren wurde. Ich erkundigte mich schriftlich bei der Steuerbehörde nach der gegenwärtigen Nummer und erfuhr, daß sie nun 811 laute.[149] Heute morgen ging ich hinunter zur Lexington Street, um einen Blick auf das Haus zu werfen. Es ist ein anheimelndes kleines dreistöckiges Gebäude direkt gegenüber einer Slumgegend, die jetzt im Rahmen des Bundeswohnungsbaus geräumt wird. Die Tür war auf, drinnen stand auf einer Stehleiter ein Farbiger und auf einer anderen ein Weißer. Der Farbige sagte, er sei der neue Hausbesitzer. Er habe in der Slumgegend in seinem eigenen Haus gewohnt, doch es sei nun von der Regierung für abbruchreif erklärt worden. Die Summe, die er dafür erhalten habe, sei erheblich geringer als seine ursprüngliche Investition. Mit dem Geld habe er Nr. 811 gekauft und sei nun dabei, das

Haus zu renovieren. Er kratzte die Tapetenschichten von den Wohnzimmerwänden; der Weiße, ein Stukkateur, verputzte die Löcher, die dabei zum Vorschein kamen. Der Farbige schien mir ein sehr intelligenter und anständiger Bursche zu sein. Er sagte, er hoffe, eines Tages eine Zentralheizung einbauen zu können – ich war versucht, ihm eine günstige Quelle zu nennen. Wahrscheinlich werde ich bald noch einmal mit ihm reden.

Vor fünfzehn oder zwanzig Jahren hatte meine Mutter mir das Haus gezeigt, aber nach ihrem Tod konnte ich es nicht mehr wiederfinden. Es ist in einem arg baufälligen Zustand. Als ich damals in der West Lexington Street geboren wurde, war das Haus fast vorstädtisch vornehm. Die Straße war von Bäumen gesäumt, die Fahrbahn kaum mehr als ein Landweg. Die ganze Gegend ist seit vielen Jahren von Negern übernommen worden und dabei stetig heruntergekommen. Wie gesagt, man hat den gegenüberliegenden Block als einen der übelsten Slums in Baltimore für unbewohnbar erklärt, er muß abgerissen und neu gebaut werden. Bei dieser Aktion wurde offenbar nicht berücksichtigt, daß der Farbige, der jetzt gerade Nr. 811 renoviert, Besitzer eines eigenen Hauses war und sich redlich bemüht hat, es instand zu halten. In den schlimmsten Slums gibt es viele solcher Männer. Die alten Straßen von Baltimore zeugen von der Sparsamkeit und dem Fleiß solcher Bewohner. Leider sind die Nachbarn meist so verwahrlost, daß deren Behausungen unbewohnbar werden. Der arme Kerl bekam nicht nur einen lächerlichen Preis für sein eigenes Haus, er war auch gezwungen, eine viel zu hohe Summe für sein neues Domizil zu zahlen, selbst wenn dessen Wert sich durch den Wiederaufbau des Blocks an der anderen Straßenseite erhöht. Er gehört zu denen, die immer das Nachsehen haben, wenn sich Aufbaupläne abzeichnen.

Baltimore, Maryland, den 21. April 1939

Gestern fuhr ich nach Washington, um vor der Society of American Newspaper Editors eine kurze Rede zu halten. Die Versammlung fand im National Press Club statt, sie war von Grove Patterson, dem Herausgeber des „Toledo Blade", organisiert worden. Als Vorsitzender fungierte William Allen White[150]. Er begann mit einer zu langen Rede, die Versammlung selber war ebenfalls zu lang. Man hatte nicht weniger als fünf Vorträge angesetzt. Ich hielt den letzten: eine kurze Erläuterung der Situation von Zeitungen im Fall eines neuen Weltkriegs. Ich brachte ihre Schwierigkeiten während des letzten Krieges in Erinnerung und prophezeite, daß Ickes[151], ein erbitterter Feind der Zeitungen, im nächsten Krieg mit der Oberaufsicht über alle Publikationsorgane betraut würde.

Als ich den Saal betrat, sah ich Josephus Daniels[152] in der ersten Reihe sitzen. Daniels war während des letzten Krieges Kabinettsmitglied und dient unter der gegenwärtigen Regierung als Botschafter. Um ihn nicht in Verlegenheit zu bringen, milderte ich meine Rede in einigen Punkten ab. Nach der Versammlung unterhielt ich mich mit ihm; er überraschte mich mit der Behauptung, daß er während des Weltkriegs heftig bei Postminister Albert S. Burleson[153] gegen dessen irrwitzige Versuche, die Presse zu zensieren, protestiert habe. Wir gingen zwar nicht direkt auf Ickes ein, aber ich entnahm Daniels' Worten, daß er meine Befürchtungen teilte. Überhaupt verblüffte mich der alte Knabe ziemlich. Sicher, er ist ein Heuchler, aber ich glaube, in diesem Fall war er doch mehr oder weniger aufrichtig. Ich fragte ihn, ob er in Mexiko, wo er amerikanischer Botschafter ist, Tequila trinke. Er gab zu, ihn probiert zu haben. Bekanntlich ist er Prohibitionist.

Einer der anderen Redner war Harry Haskell, Herausgeber des „Kansas City Star". Der Chef der Demokratischen Partei von Kansas City, ein gewisser Pendergast[154], ist gerade wegen Korruption angeklagt worden, und Haskell frohlockte darüber. Ich war versucht, ihn zu fragen, weshalb, wenn Pendergast wirklich so korrupt sei, der „Star" ihn nicht längst entlarvt habe. In Wirklichkeit ist der „Star" eine sehr ängstliche Zeitung, und ich bezweifle, daß er irgend etwas mit Pendergasts letztlicher Vernichtung zu tun hatte. Der Kampf wurde von anderen und mutigeren Helden geführt.

Nach der Versammlung, die drei Stunden dauerte und überaus fade war, lud mich Commander Leland P. Lovette[155], der Chef des Marine-Presseamtes und ein alter Freund von mir, in den Army and Navy Country Club ein. Lovette und seine Frau gaben eine große Cocktailparty, und ich traf dort viele Marineleute und Marine-Ehefrauen. Ihre Besorgnis gab mir sehr zu denken. Alle jüngeren Frauen fragten mich, ob ich einen Krieg für wahrscheinlich hielte. Ich erwiderte, dies sei nicht der Fall. Das traf nur teilweise zu, aber der Anstand bewog mich, sie zu beruhigen.

Unter den älteren Offizieren, mit denen ich sprach, war Kapitän Henry Williams, ein Sohn von T. J. C. Williams[156], der lange als Leitartikler für die „Baltimore Sun" und später als Richter am Jugendgericht gewirkt hat. Lovette teilte mir mit, Williams sei der Mann, der die Schlachtschiffe entwirft. Er ist stellvertretender Leiter des Konstruktionsbüros und hat damit eine sehr wichtige Aufgabe. Seine Frau und er fuhren mich zurück zum Bahnhof; um 20 Uhr war ich wieder zu Hause. Es war ein ermüdender, aber interessanter Tag. Ich traf viele Zeitungsleute, die ich nur selten zu Gesicht bekomme; es war angenehm, mit ihnen zu plaudern.

Baltimore, Maryland, den 1. Mai 1939

Heute morgen bin ich mit dem Schlafwagen aus Durham, North Carolina, zurückgekommen, wo ich zwei Tage bei Fred M. Hanes[157] und seiner Frau verbrachte. Hanes ist Medizinprofessor an der Duke University und ein alter Freund von mir. Es macht mir immer Spaß, ihn zu besuchen. Er ist sehr wohlhabend und hat ein bezauberndes Haus in Durham. Seine Frau ist eine der vorzüglichsten Gastgeberinnen unter meinen Bekannten. Sie schafft es immer, daß ihre Gäste sich wie zu Hause fühlen.

Am Samstag morgen nahm Hanes mich mit zur wöchentlichen Konferenz der Kliniker und Pathologen an der Duke Medical School. Dabei berichten Mitglieder des Lehrpersonals den Professoren von schwierigen Fällen. Die Professoren bemühen sich dann um eine Diagnose, und danach präsentieren die Pathologen ihre Autopsiebefunde. Der erste Professor war Fred selbst. Die behandelnden Ärzte gaben ihm ein Protokoll, in dem die letzten Tage eines Patienten mit zahlreichen alarmierenden Symptomen beschrieben wurden. Der Mann war seit Jahren krank gewesen, alle lebenswichtigen Organe waren anscheinend in Mitleidenschaft gezogen. Man verzeichnete eine erhebliche und hartnäckige Schwellung des Unterleibs. Er hatte starke Schmerzen an der rechten Körperseite gehabt, und gegen Ende seines Lebens hatte er mehrere Magenblutungen. Fred kam zu dem Schluß, daß der Mann eine Gallenblasenkrankheit gehabt habe. Als er seinen Vortrag beendet hatte, hob der Pathologe feierlich das Tuch, das die Überreste der Eingeweide des Patienten bedeckte, und hielt eines nach dem anderen hoch. Alle erwiesen sich als völlig normal. Zwar war das Herz ein wenig geschädigt, aber nicht so sehr, daß es den Tod des Mannes hätte bewirken können. Dieser erstaunliche Widerspruch zwischen dem klinischen Bild und den Autopsiebefunden löste eine lange Diskussion aus, aber die anwesenden Experten waren zu keiner Schlußfolgerung fähig. Am Ende sagte irgend jemand, es sei vielleicht eine gute Idee, den einzigen anwesenden Laien, nämlich mich, um eine Meinung zu bitten. Ich erwiderte, daß der Mann überhaupt nicht gestorben sei, und schlug vor, seine Eingeweide wieder in seine Bauchhöhle zu stopfen und ihn nach Hause zu schicken.

Am Sonntag lud Betty Hanes Dr. Joseph Banks Rhine[158] und dessen Frau zum Lunch ein. Rhine ist Psychologieprofessor an der Duke University und Autor eines Buches, „New Frontiers of the Mind“, das unter Leichtgläubigen großes Interesse erregt. Es liefert angeblich Beweise für Gedankenübertragungen. Ich hatte das Buch gelesen, als es 1937 erschienen war, und fand Rhines Tabellen höchst unzuverlässig. Nach einem zweistündigen Gespräch mit ihm sah ich mich mehr denn je in meinen Zweifeln bestätigt. Er ist ein bäurisch wirkender Mann mit tiefliegenden, pechschwarzen Augen, der sehr langsam spricht und auch etwas langsamen Geistes zu sein scheint. Je länger ich seiner Darlegung lauschte, desto weniger beeindruckt war ich. Hanes, der ihn kaum kannte, kam zu dem gleichen Schluß.

Rhine ist das Sorgenkind der Duke University. Er ist bekannter als jeder andere Professor, aber die meisten Wissenschaftler betrachten diesen Umstand als schlechte Werbung für die Universität. Das gilt besonders für die medizinische Fakultät, an der niemand auch nur im geringsten an Telepathie glaubt. Leider scheint es unmöglich zu sein, Rhine loszuwerden. Keine andere Universität will ihn haben, und er fühlt sich an der Duke University sehr wohl. Es ist ihm gelungen, eine beträchtliche Summe für seine sogenannten Forschungen aufzutreiben, und er bemüht sich um noch mehr. Seine Arbeit ist so sinnlos, daß sie von Upton Sinclair[159] als meisterhaft gepriesen wird. Rhine hat offenbar viel Respekt vor Sinclair. Als ich ihm erklärte, Sinclair sei der größte Esel, der mir je begegnet sei, war er offensichtlich nicht erfreut.

Seine Frau schien viel intelligenter als er zu sein. Sie kommt aus Ohio und ist wohl deutscher Herkunft, genau wie Rhine selbst. Ich bemerkte, daß sie ihn schweigend und mit einem spöttischen Lächeln betrachtete, während er seine Ideen vortrug. Womöglich kennt sie die Zusammenhänge, ist jedoch zu diskret, sich darüber zu äußern. Derselbe Gesichtsausdruck ist mir häufig bei den Frauen von Quacksalbern und Enthusiasten aufgefallen. Frauen scheinen mir im allgemeinen deutlich intelligenter als Männer zu sein. Viele von ihnen leiden stumm unter den Albernheiten ihrer Männer. Ich wage zu behaupten, daß auch meine arme Sara gelegentlich ihren Teil dieser Last auf sich nahm.

Gestern abend fuhr mich der farbige Chauffeur der Hanes' von Durham Greensboro zum Zug. Die Entfernung zum Bahnhof beträgt ungefähr neunzig Kilometer, und ich nutzte die Chance, den Chauffeur zum Sprechen zu bringen. Er erwies sich als ungebildeter, doch extrem scharfsinniger Mann und erzählte mir allerlei interessante Dinge. Das

Gebiet um Greensboro und Durham bildet die obere Spitze der Baumwollzone und ist kaum noch rentabel. Da der Baumwollpreis um fünf Cent gefallen ist, geht es den Farmern sehr schlecht. William, der Chauffeur, hatte begriffen, daß sie jetzt andere Pflanzen anbauen mußten. Er sagte, er habe sich dafür ausgesprochen, aber der Mangel an kompetenten Zwischenhändlern sei ein Hindernis. Mit anderen Worten, es gebe keine Möglichkeit, die neue Ernte rasch und mit Gewinn zu verkaufen. Er habe daran gedacht, sich zwei Lastwagen zuzulegen, selber Zwischenhändler zu werden und dann Gemüse, Eier und so weiter nach Richmond und Washington zu transportieren. Offenbar sind die New-Deal-Ökonomen nie auf den Gedanken gekommen, daß Zwischenhändler eine durchaus nützliche Funktion haben.

William erzählte mir auch, daß die Schweinezucht, die in solch einer Gegend sehr profitabel sein müßte, ein Verlustgeschäft sei, weil es keine Käufer mehr gebe. Das Fleisch, das in den Städten von North Carolina gegessen wird, kommt aus Chicago. Wenn jemand eine Ortsschlachterei gründete oder wenn einer der Konservenhersteller aus Chicago hier einen zusätzlichen Schlachthof eröffnete, würden die Farmer sofort zu Wohlstand gelangen. Der Mais, den sie jetzt anzubauen versuchen, ist fast nutzlos für sie, denn sie können ihn weder als Getreide verkaufen noch an die Schweine verfüttern.

New York, den 23. Mai 1939

Heute traf ich mich zum Lunch mit George Jean Nathan – es war unsere erste gemeinsame Mahlzeit seit vielen Jahren. Er wirkte durchaus gesund, wenn auch etwas grau, und er erzählte mir, daß er mit dem Zigarrenrauchen aufgehört habe.

Früher rauchte er acht oder zehn Stück pro Tag. Nun beschränkt er sich auf Zigaretten und konsumiert täglich fünf Päckchen. Seine alte Neuralgie, die ihn früher fast rasend machte, ist im Winter zurückgekehrt, wenn auch nicht in so schwerer Form.

Ich entnahm seinen Ausführungen, daß er sein Streben nach sozialem Aufstieg beendet hat und sich nun hauptsächlich auf das literarische Leben und das Theater konzentriert. Er meinte, die Weltwirtschaftskrise habe einen hohen Prozentsatz seiner Investitionen vernichtet. Einige habe er aus seinen eigenen Einnahmen und die übrigen aus dem Geld seiner Mutter bestritten, einer Schwester von Sam Nixon, dem Theatermagnaten in Philadelphia. Als seine Schuldverschreibungen fällig geworden seien, habe er die Beträge in bar auf seinen Konten gelassen, weshalb er nun 75 000 Dollar auf verschiedenen Banken liegen habe, ohne daraus ein Einkommen zu beziehen. Der größte Teil seines Nachlasses soll dazu dienen, eine Stiftung zur Förderung von Stückeschreibern zu gründen. Offenbar denkt er an so etwas wie die Pulitzerstiftung mit jährlichen Preisverleihungen für hervorragende amerikanische Dramen.

Baltimore, den 10. Juni 1939

In Washington hörte ich vor kuzem auf einer Versammlung der WPA[Works Progress Administration]-Mitarbeiter, wie Mrs. Roosevelt eine Rede vor den Delegierten hielt. Es war interessant, sie zu beobachten. Ihre Freundlichkeit enthielt eine spürbare Nuance von Herablassung. So spricht nicht jemand, der das Elend seiner Zuhörer miterlebt hat, sondern jemand, der es gelassen aus der Ferne zur Kenntnis nimmt. Obwohl sie sich überaus liebenswürdig gab, hatte ihr

Lächeln etwas Starres und Künstliches. Ich glaube nicht, daß sie einen großen Eindruck auf die armen Wichte vor ihr machte. Diese jubelten, als sie hereinkam, und applaudierten höflich, als sie geendet hatte, aber es wurde deutlich, daß sie genauso verzweifelt waren wie vor Mrs. Roosevelts Rede. Sie hatten seit drei oder vier Tagen einer langen Reihe offenkundiger Schwindler gelauscht, angefangen von General Jacob S. Coxey[160] bis hin zu dem Kongreßabgeordneten John M. Coffee aus dem Staat Washington. Verglichen mit diesen durchschaubaren Hochstaplern wirkte Mrs. Roosevelt immerhin aufrichtig, aber ihre Sympathie für die armen Malocher war eindeutig die einer gütigen Ärztin, nicht die einer leidenden Mitpatientin.

11. August 1939

Raymond Moley rief mich gestern aus New York an und bat mich, ihm bei der Vermarktung seines Werkes zu helfen. Es wird zur Zeit in Fortsetzungen in der „Saturday Evening Post" abgedruckt und soll am 1. Oktober als Buch erscheinen.[161] Es ist ein Bericht über Moleys Abenteuer auf der Wirtschaftskonferenz in London und enthält eine Menge Material, das Roosevelt, Hull und die anderen großen Magier des New Deal in ein ziemlich ungünstiges Licht rückt. Moley hatte aus Washington erfahren, daß sich die New-Deal-Brüder große Mühe gaben, Verrisse des Buches zu lancieren. Das dürfte ihnen nicht schwerfallen, denn die meisten Zeitungs- und Zeitschriftenrezensenten sind ohnehin leidenschaftliche Anhänger des New Deal und in nicht wenigen Fällen eingefleischte Kommunisten. Ich erklärte Moley, daß ich keine Möglichkeit sähe, diese Verschwörung zu zerschlagen, und gab zu bedenken, daß Verrisse durch rötlich angehauchte Rezensenten seinem Buch eher nutzen als schaden könnten. Anscheinend schloß er sich dieser Meinung am Ende an.

Er bat mich, einen Klappentext für das Buch zu schreiben; ich lehnte aus den üblichen Gründen ab, deutete aber an, daß ich nach der Veröffentlichung wahrscheinlich in einem Artikel in der „Sunday Sun“ darauf hinweisen würde.

Moley ist ein leicht naiver Mann und offenbar erschüttert über die sture Feindseligkeit der überlebenden New-Deal-Anhänger. Nach den in der „Saturday Evening Post“ gedruckten Auszügen zu urteilen, wird sein Buch wohl keine sehr weitreichende Wirkung haben. Sein Stil ist ziemlich verworren, und er erklärt die finanziellen Sachverhalte, denen er sich widmet, nicht einleuchtend genug für den Laien. Insbesondere macht er die Komplikationen der Devisenwirtschaft nicht deutlich. Aber dieses Thema wird den meisten Menschen wohl für immer unverständlich bleiben. Moley trägt jedenfalls nicht zur Erhellung der Materie bei. Gleichwohl macht er in seinem Buch einige amüsante Aussagen über Dummköpfe wie Hull. Man kann diese Schilderung nicht lesen, ohne sich an Oxenstjernas Worte seinem Sohn gegenüber zu erinnern: „Mein Sohn, wenn du älter wirst, wird dich verblüffen, welche Idioten die Welt regieren.“[162]

Hull kommt in Moleys Darstellung nicht nur als Ignorant, sondern auch als eitler und kleinlicher Bursche vor. Ich glaube, daß dies eine zutreffende Beurteilung ist.

18. September 1939

Heute abend habe ich das zwanzigste und letzte Kapitel von „Happy Days“ – und damit das Manuskript – abgeschlossen.

Zwei Kapitel hatte ich 1936 als Artikel für den „New Yorker“ geschrieben, aber dann unterbrach ich die Arbeit an dem Buch und nahm sie erst im letzten Winter wieder auf. Ich beendete ein drittes Kapitel am 23. Februar und ein viertes am 28. März. Danach machte ich mich daran, das Buch zu vollenden, doch leider wurde dies durch meine Krankheit im Sommer stark verzögert, und eine Zeitlang hatte ich Zweifel, ob ich es zum vorgesehenen Termin, dem 1. Oktober, abschließen könnte. Aber zum Glück habe ich es nun geschafft. Das Schreiben war ein wirkliches Vergnügen, denn es ist immer angenehm, über die Abenteuer der Kindheit nachzusinnen.

Meine körperliche Verfassung ist im Moment nicht allzu gut, denn neben der Krankheit, die mich im Juni niederwarf, leide ich auch an einem schweren Heuschnupfen. Die Impfstoffe verschafften mir fünf Jahre lang Erleichterung, aber letztes Jahr (bei besonders ungünstigem Wetter) ließ ihr Widerstand nach, und in diesem Jahr ist die Situation sogar noch schlechter. Dr. Vander Veer teilte mir vor zwei Wochen in New York mit, seiner Ansicht nach wirkten Impfstoffe bei einer konstitutionellen Störung nur unzureichend. Allerdings sei sein Partner, Dr. Cooke, anderer Meinung. Dr. Baker hier in Baltimore sagte mir, der Heuschnupfen sei in diesem Jahr so schlimm, daß praktisch alle Patienten, die geimpft wurden, Schwierigkeiten bekommen hätten.

Ich bin unschlüssig, was meine nächste Arbeit betrifft. Am liebsten würde ich den Zitatenschatz beenden und dann „Advice to Young Men“ in Angriff nehmen. Wenn der Krieg weitergeht und die Vereinigten Staaten in ihn eintreten, müssen diese Pläne natürlich revidiert werden. Ich würde auch gern früher oder später einen Ergänzungsband zu

„The American Language" verfassen und „In Defense of Women", das inzwischen hoffnungslos veraltet ist, überarbeiten.

29. November 1939

Al Capone, der berühmte Chicagoer Gangster, wird gerade im Union Memorial Hospital behandelt. Er leidet an einer Parese, der Folge einer Syphilisinfektion. Sein behandelnder Arzt ist Dr. Joseph E. Moore, der Chef der Syphilisklinik im Johns Hopkins Hospital. Capone sagt, er habe sich in jungen Jahren angesteckt und immer geglaubt, längst geheilt zu sein. Er hat mit sechzehn Jahren geheiratet und ist Vater eines gesunden Sohnes. Seine Frau ist der Infektion anscheinend entgangen.

Die Symptome der Parese traten bei Capone gleich zu Beginn seiner Inhaftierung zutage. Damals saß er in Atlanta hinter Schloß und Riegel. Die Ärzte dort wollten eine Lumbalpunktion vornehmen, um seinen Zustand genau diagnostizieren zu können, aber Capone war damit nicht einverstanden. 1937, nachdem man ihn nach Alcatraz verlegt hatte, bekam er plötzlich Krämpfe. Das ist meist das erste Anzeichen einer Parese. Man leitete eine Malariabehandlung ein, aber nach neun Schüttelfrostanfällen kehrten die Konvulsionen zurück und wurden so schlimm, daß man die Therapie einstellte. Mittlerweile war Capone, der nicht unintelligent ist, von der Gefährlichkeit seines Zustands überzeugt, weshalb er für die Zeit nach seiner Entlassung eine intensive Behandlung arrangierte. Dr. Moore wurde ihm empfohlen, und so kam Capone nach Baltimore. Moore hatte vor, ihn im Johns Hopkins Hospital unterzubringen. Dr. Winford Smith, der Direktor, gab sein Einverständnis, aber das Laienkuratorium erhob Einwände, weshalb man Capone ins Union Memorial Hospital schickte. Dort spielte sich fast das gleiche ab. Das medizinische Komitee sprach sich dafür aus, ihn aufzunehmen, und zwar deshalb, weil ein erstklassiges Krankenhaus jeden Kranken versorgen müsse und keine Zeit mit moralischen Erwägungen verschwenden dürfe. Das war der Standpunkt von Dr. John M. T. Finney, dem Leiter des medizinischen Komitees. Nachdem Capone ins Krankenhaus eingeliefert worden war, brachen die Frauen des Laienkuratoriums, angeführt von Mrs. William A. Cochran, deren Mann ein berühmter Prohibitionist und Moralapostel ist, einen Streit vom Zaun. Dieser Streit dauert noch an, aber Capone bleibt vorläufig im Krankenhaus. Die Protestierenden behaupten, seine Anwesenheit nehme anderen Patienten einen Platz weg. Das medizinische Komitee entgegnet, das sei bedauerlich, doch nicht zu vermeiden. Das Krankenhaus dürfe aus ethischen Gründen keinen Menschen, der um Behandlung bittet, zurückweisen.

Moore hat Capone die Malariatherapie verordnet, und im Moment scheint sie sehr wirksam zu sein. Manchmal steigt sein Fieber auf über 41 Grad. Er erträgt die damit einhergehenden Beschwerden offenbar gleichmütig und ist überhaupt ein erstaunlich fügsamer Patient. Seine Geisteskrankheit nimmt die Form von Größenwahn an. Zum Beispiel glaubt er, irgendwo in Florida Besitzer einer Fabrik mit 25 000 Beschäftigten zu sein, und er prophezeit, daß es bald 75 000 sein werden. Diese Fabrik besteht natürlich nur in seiner Phantasie. Aber sonst sind Capones Verirrungen nicht allzu ernster Art. Er ist noch immer fähig, rational über seinen eigenen Zustand und über die Tagesereignisse zu sprechen.

Capone belegt zwei Zimmer und ein Bad für dreißig Dollar pro Tag. Er schläft in einem der Zimmer, das andere dient als Treffpunkt für seine alte Mutter, seine drei Brüder und seine Frau. Die Brüder spielen den ganzen Tag Dame und werfen nur gelegentlich einen Blick auf den Patienten. Vor kurzem versuchten sie, ein Haus in Guilford zu mieten, doch man wies sie ab, als ihre Identität bekannt wurde. Die Mutter ist eine uralte Italienerin bäuerlicher Herkunft und kann kaum Englisch sprechen. Die Brüder, die alle hier geboren wurden, sind relativ intelligente Männer. Die Frau, ungebildet, aber anscheinend nicht unintelligent, schiebt jede Nacht ein Bett in Capones Zimmer und schläft dort. Er hat zwei Nachtschwestern und eine Tagesschwester zu seiner Verfügung. Natürlich ist er beim Krankenhauspersonal sehr beliebt, besonders bei den Pflegern, denn er ist nicht nur ein guter Patient, sondern gibt auch hohe Trinkgelder. Seine Fieberanfälle kommen alle zwei Tage; Moore plant, ihn im Bett zu lassen, bis er fünfzehn davon hinter sich hat. Dann wird man ihn nach Miami verlegen. Das Federal Bureau of Investigation hat Moore mitgeteilt, daß keine Mordpläne gegen Capone bekannt seien. Deshalb steht kein Polizist vor seinem Zimmer, und jeder Krankenhausbesucher kann ihn ohne weiteres sehen.

29. November 1939

Wenn ich lese, was über mich geschrieben wird, sehe ich immer wieder, wie wenig man sich durch seine Schriften verständlich macht. Die Leute vermuten immer, daß ich von Motiven inspiriert werde, die mir in Wirklichkeit völlig fremd sind. In den ersten Tagen des „American Mercury“ zum Beispiel herrschte die allgemeine Ansicht, mein Ziel sei es, die

College-Studenten zu beeinflussen. Nichts hätte abwegiger sein können: ich habe nicht das geringste Interesse an den Meinungen von Studenten. Sie sind meines Erachtens einfach unreif und laufen einem neuen Messias nach dem anderen hinterher. Die Tatsache, daß ich vorübergehend ein solcher Messias war, empfand ich nicht nur als überraschend, sondern geradezu als beleidigend. Ich erhielt Hunderte von Einladungen zu Vorträgen vor Studenten, schlug jedoch alle aus, bis mehr oder weniger deutlich wurde, daß die Jungen anderen Führern folgten. Erst dann nahm ich ein paar Einladungen an.

Häufig wird auch vermutet, ich sei im Grunde meiner Seele ein Reformer. Das ist völliger Unsinn. Es bekümmert mich im Gegenteil immer, wenn ich höre, wie jemand seine Ansichten ändert; deshalb arbeite ich nie auf Bekehrungen hin. Meines Erachtens behält jeder vernünftige Mensch seine wichtigsten Überzeugungen von Jugend an unverändert bei. Wenn er schwankt, dann zeigt er damit nur, daß er dumm ist. Der einzige Zweck meiner Arbeit, so habe ich immer wieder erklärt, besteht darin, eine Art Katharsis für meine eigenen Gedanken zu liefern. Denn diese beunruhigen mich, bis ich sie zu Papier gebracht habe. Das mag eine Art Wahnsinn sein, aber jedenfalls ist er frei von moralischen Absichten. Ich interessiere mich nicht besonders für die Wirkung meiner Schriften. So unglaublich es für einen alten Rezensenten klingt, aber ich lese die Besprechungen meiner eigenen Bücher nur flüchtig. In zwei von drei Fällen kenne ich den Rezensenten, und nur selten habe ich Respekt vor seinem Urteil. Folglich ist sein Lob – wenn er mich lobt – von subtiler Peinlichkeit, und sein Verriß – wenn er mich denn verreißt – läßt mich ungerührt. Ich kann mich an keine einzige Rezension erinnern, die mich je wirklich beeinflußt hätte. Ich lebe in einer Art Vakuum, und das dürfte auch für die meisten anderen Autoren gelten. Es ist schwer, sich vorzustellen, daß einer der bedeutenden Schriftsteller den zeitgenössischen Meinungen große Aufmerksamkeit widmet. Jedenfalls deutet nichts darauf hin, daß Shakespeare dies getan hätte. Er mag die praktischen Erfordernisse der Londoner Bühne seiner Zeit hin und wieder berücksichtigt haben, aber im Reich der Ideen folgte er seinem eigenen Kurs, unabhängig von dem, was die Schwachköpfe, die ihm nachliefen, glaubten oder zu glauben meinten.

10. Dezember 1939

Gestern abend fuhr ich zum Gridiron Club Dinner nach Washington. Es war die übliche, entsetzlich langweilige Veranstaltung. Sie dauerte von 19.20 bis 23.30 Uhr. Das Dessert wurde erst nach 23 Uhr serviert. Das Unterhaltungsprogramm kam mir überwiegend öde vor. Es gab ein oder zwei amüsante Sketche, aber die übrigen wirkten forciert und gingen daneben. Drei Botschafter waren anwesend, und man stellte sie wie üblich im Scheinwerferlicht vor. Dem Dänen wurde oberflächlicher Applaus zuteil. Der britische Botschafter, Lord Lothian, erhielt nicht viel mehr Beifall. Aber als der Finne aufstand, wurde er mit einer Ovation begrüßt.[163] Alle Anwesenden sprangen auf, der Applaus dauerte mindestens eine halbe Minute. Der Finne war offenbar sehr gerührt. Er stand stocksteif da, ihm rannen Tränen über die Wangen. Sein Platz war vier oder fünf Sitze von dem Roosevelts entfernt, der ihn zu sich rief und ihm die Hand schüttelte. Roosevelt selbst konnte wegen seiner

Behinderung natürlich nicht aufstehen. Das war der einzige wirklich bemerkenswerte Augenblick eines ansonsten trübseligen Dinners. Die Reden wurden von dem neuen Gouverneur von Minnesota, dessen Namen ich vergessen habe[164], und von Paul V. McNutt[165] gehalten. Der Gouverneur hielt eine ziemlich gute Rede, aber sie war etwas zu lang – mehr noch, sie brachte das ganze Programm durcheinander, das an einem strengen Zeitplan orientiert ist. Auch McNutt hielt keine schlechte Rede, aber ich merkte, daß sie einen negativen Eindruck hinterließ. Die meisten Gäste, mit denen ich danach sprach, fanden, daß seine Bemerkungen hohl klangen und alles andere als überzeugend waren.

Thomas E. Dewey[166], Vandenberg[167] und andere Kandidaten waren anwesend, aber keiner von ihnen ergriff das Wort. Ich kam später mit Dewey zusammen und verabredete mit ihm ein Treffen in New York, damit ich ihn zu seinen Ideen ins Kreuzverhör nehmen kann.

Nach dem Dinner schaute ich bei zwei oder drei Trinkgelagen im Hotel vorbei und ging dann noch zu einer Party, die Lyle Wilson von der United Press in seinem Haus in der Massachusetts Avenue gab. Sie war sehr unterhaltsam, und ich blieb bis fünf Uhr morgens. Ich stand um elf Uhr auf und kehrte mit dem Zwölf-Uhr-Zug nach Baltimore zurück.

Am Bahnhof traf ich Stanley Walker[168], und wir plauderten während der kurzen Fahrt von Washington nach Baltimore. Er erzählte mir, er habe Probleme in Philadelphia, wo er den „Public Ledger" herausgibt. Das Angebot an guten Zeitungsleuten in der Stadt sei gering, und die Öffentlichkeit habe wenig Interesse an einem besseren Journalismus. Mir schien, daß Walker wenig begeistert von seinem Posten ist und ihn bald aufgeben wird. Die Kühle von Philadelphia sei, wie er sagte, abschreckend. Man habe ihn frostig empfangen, und niemand versuche, ihm das Leben leichter zu machen. Meine eigene Erfahrung dort im Jahr 1904 war ähnlich.[169] Ich verbrachte damals fünf Wochen damit, unter großen Schwierigkeiten eine Zeitung herauszubringen; kein einziger Journalist aus Philadelphia schenkte mir oder meinen Kollegen die geringste Aufmerksamkeit. Wir lebten wie Seeleute, die auf einer Wüsteninsel gestrandet sind, und freuten uns über die Maßen, als wir heimkehren konnten.

1940

3. Januar 1940

James Thurber vom „New Yorker" hält sich in dieser Woche in Baltimore auf, um ein Theaterstück zu überarbeiten.[170] Es wird im Maryland-Theater gezeigt und muß anscheinend stark umgeschrieben werden. Paul Patterson empfing Thurber gestern in der „Sun"-Redaktion, und ich hatte Gelegenheit, mit ihm zu sprechen. Er berichtete seltsame Dinge über Ross, den Herausgeber des „New Yorker". Ross liest angeblich nichts anderes als Manuskripte für die Zeitschrift. Seine Bibliothek soll aus drei Büchern bestehen. Das eine ist Mark Twains „Life on the Mississippi" [dt. „Leben auf dem Mississippi"], das zweite ein Buch von einem Mann namens Spencer, den Ross fälschlich für Herbert Spencer hält, das dritte eine Abhandlung über die Wanderung der Aale. Trotz dieser kargen Lektüre ist Ross ein erstklassiger Herausgeber. Mehr als einmal hat sich seine Meinung gegen den Rat der gesamten Redaktion am Ende als richtig erwiesen. Thurber sagt, er sei ein Philister auf allen anderen Gebieten der Kunst. Die Malerei betrachte er als Irrwitz, die Musik als unmoralisch.

9. Januar 1940

Heute morgen fuhr ich nach Washington, um mich mit Senator Robert A. Taft zu treffen, einem der republikanischen Präsidentschaftskandidaten. Seine Sekretärin hatte unser Gespräch für neun Uhr angesetzt, so mußte ich vor sieben Uhr aufstehen, um rechtzeitig dazusein. Taft verspätete sich um zehn Minuten. Er erwies sich als ein sympathischer Mann, seine Ansichten zu aktuellen Fragen waren freimütig, aber er machte auf mich nicht den Eindruck einer ernstzunehmenden Kraft. Wenn er gewählt würde, dürfte seine Regierung genauso langweilig und wirkungslos sein wie die seines Vaters. Ihm ist klar, daß die Aufhebung des New Deal mit Schwierigkeiten befrachtet ist, von denen einige nahezu unlösbar sind. Er glaubt, es werde mindestens zwei, wahrscheinlich drei Jahre dauern, bis man Roosevelts Ausgabenprogramm drastisch einschränken könne. Taft ist leutselig; die Unterredung mit ihm war erfreulich, aber er konnte mich in keiner Weise überzeugen, daß er ein vom Schicksal Auserwählter ist. Ich kenne hundert Männer, die genauso fähig und genauso gut informiert sind wie er. Wäre er nicht der Sohn eines Präsidenten, würde der Gedanke, ihn ebenfalls zum Präsidenten zu machen, absurd erscheinen.

Nachdem ich eine Stunde mit Taft zusammengesessen hatte, ging ich zum Gebäude des Labor Relations Board [Nationales Komitee für Gewerkschaftsbeziehungen], um meinem alten Freund, dem früheren Senator James A.

Reed[171] aus Missouri, zuzuhören, der die Firma seiner Frau, die Donnelly Garment Company von Kansas City, verteidigte. Reed, seine Frau und ihre Sekretärin erschienen pünktlich, ich sah Mrs. Reed zum ersten Mal. Sie ist eine außergewöhnliche Irin – nicht schön, aber interessant und attraktiv. Ich saß während des Hearings neben ihr. Sie gründete die Kleiderfabrik vor 25 Jahren mit zwei Arbeiterinnen und hat heute tausend Beschäftigte. Das National Labor Relations Board wirft ihr vor, eine Firmengewerkschaft gebildet und Kontakte zur International Ladies Garment Workers' Union abgelehnt zu haben. Ihre Vorbehalte gegenüber der letzteren gehen, wie sich rasch herausstellte, hauptsächlich darauf zurück, daß die Gewerkschaft von New Yorker Juden geleitet wird. In ihrer eigenen Fabrik in Kansas City gebe es kaum Juden. Ihre Arbeiterinnen stammten überwiegend aus dem ländlichen Missouri und seien fast ausschließlich gebürtige Amerikanerinnen. Fast alle nähmen früher oder später ihren Abschied, um zu heiraten.

Ich hatte Reed seit mehreren Jahren nicht mehr gesehen. Er wirkte gesund, aber spürbar gealtert. Infolge eines Unfalls hatte er ein lahmes Bein und mußte während des Hearings um Erlaubnis bitten, sich hinzusetzen. Seine Argumentation war ausgezeichnet, aber er war überzeugt, daß sie das Komitee nicht beeindrucken werde. Leiserson, das neue Mitglied, war nicht anwesend.

In einer Sitzungspause kam J. Warren Madden, der Ausschußvorsitzende, freundlicherweise auf mich zu, und ich machte ihn mit Mrs. Reed bekannt. Sie fiel sofort vehement über ihn her und beschwerte sich über die Methoden seiner Agenten. Madden hörte sich ihre Klagen gelassen an und entfernte sich so rasch wie möglich.

Die beiden Reeds, Mrs. Reeds Sekretärin und ich gingen in der Sitzungspause zum Lunch in den Drugstore im Komiteegebäude. Es war seit langem meine erste Mahlzeit in einem Drugstore – ich kann nicht behaupten, daß sie mir besonders geschmeckt hat. Die einzelnen Gänge waren gräßlich, und wir wurden während des Essens dauernd angestoßen. Leider dauerte die Sitzungspause nur eine halbe Stunde, so daß wir kein richtiges Restaurant aufsuchen konnten.

Baltimore, Maryland, den 29. März 1940

Im Dezember 1918 veröffentlichte ich im „Smart Set" eine Rezension von George Moores[172] Buch „A Story Teller's Holiday". Darin wies ich auf die geschickte Methode hin, mit der er unterschiedliche Erzählstile voneinander abgegrenzt hatte. Kurz darauf erhielt T. R. Smith, der Cheflektor bei Moores amerikanischem Verlag, einen Brief des Autors folgenden Inhalts:

„Ich habe den Ausschnitt aus dem ‚Smart Set' bekommen und war erstaunt darüber, wie überlegen die amerikanische Kritik der englischen ist. In England gibt es, davon bin ich überzeugt, keinen einzigen Kritiker, der begreift, daß das Buch in drei unterschiedlichen Stilen, die jeweils den Umständen und den handelnden Personen angemessen sind, geschrieben wurde. Übermitteln Sie bitte dem Verfasser meinen Dank, falls Sie ihm begegnen."

Baltimore, Maryland, den 11. Mai 1940

Das enorme Anwachsen von Behörden bürdet dem Journalismus eine so schwere Last auf, daß er schlicht zusammengebrochen ist. Keine Zeitung, wie groß sie auch sein mag, kann über die endlos vielen Vorgänge jedes einzelnen Tages berichten. Allein das National Labor Relations Board führt manchmal fünfzig oder sechzig Verfahren zugleich durch – natürlich nicht alle in Washington, sondern an verschiedenen Orten des Landes. Zu Beginn dieser Wucherungen versuchten die Zeitungen, wenigstens auf die wichtigsten Fälle einzugehen, aber auch das erwies sich bald als unmöglich; heute können sie allenfalls versuchen, über wenige herausragende Verfahren zu berichten. Das gleiche gilt für viele andere Gebiete. Die Washingtoner Korrespondenten sehen sich außerstande, gründlich über die einzelnen Ministerien zu schreiben – damit nicht genug, sie sind kaum in der Lage, über den Kongreß mit seinen endlosen Untersuchungsausschüssen zu berichten. Wenn ein Ausschuß auf der Titelseite erscheint, vergißt man die anderen, obwohl diese mittlerweile vielleicht sehr wichtige Arbeit leisten. Kurz, die Öffentlichkeit kann nicht mehr durchschauen, was sich abspielt. Überaus wichtige Maßnahmen werden ohne vorherige Diskussion eingeleitet und ohne jegliche rationale Kritik ausgeführt. Damit wächst die Macht der Bürokratie ständig, und kein Kontrollsystem scheint zu funktionieren. Gott weiß, wie das alles enden soll. Im Moment liegt es jedenfalls auf der Hand, daß die Regierung außer Kontrolle geraten ist und die alten Kontrollmechanismen nicht mehr funktionieren.

Baltimore, Maryland, den 11. Mai 1940

Wahrscheinlich werde ich meinen alten Plan nie ausführen, eine Mustertrauerfeier für (zugegebenermaßen zur Verdammnis verurteilte) Agnostiker abzuhalten. Ich bin nun meiner eigenen Trauerfeier so nahe, daß ich das Projekt nicht mehr mit der nötigen Leichtigkeit behandeln kann. Irgendwann wird jemand anders eine solche Trauerfeier abhalten. Es ist erstaunlich, daß bisher niemand so etwas geplant hat. Die Beerdigung eines Agnostikers besteht heute, nach Lage der Dinge, hauptsächlich aus idiotischen Reden – das heißt, wenn überhaupt irgendeine Zeremonie stattfindet.[173]

Baltimore, den 31. Mai 1940

Sara ist heute fünf Jahre tot – länger als unsere Ehe, die nur vier Jahre und neun Monate gedauert hat. Erstaunlich, welche tiefen Spuren sie in meinem Leben hinterlassen hat – und auch wiederum nicht erstaunlich, denn eine glückliche Ehe führt zu vielen neuen und festen Gewohnheiten. Sie mögen sich mit den Jahren und Gepflogenheiten lockern, aber wenn eine Ehe auf dem Höhepunkt ihres Erfolgs endet, existieren sie weiter. Noch immer denke ich jeden Tag meines Lebens und fast jede Stunde des Tages an Sara. Wenn ich etwas sehe, was ihr gefallen hätte, sage ich mir unwillkürlich, daß ich es ihr kaufen werde, und mir fallen dauernd Dinge ein, die ich ihr erzählen möchte. Sie war eine unglaublich vielschichtige Persönlichkeit und stand doch immer fest zu ihren Grundsätzen. Ich erinnere mich an keinen einzigen Augenblick in unseren gemeinsamen Jahren, in dem ich den geringsten Zweifel an unserer Ehe gehabt oder mir gewünscht hätte, sie nicht geschlossen zu haben. Und ich glaube, daß sie genauso glücklich war. Wir hatten unsere Probleme, besonders durch ihre Krankheiten, aber nie ließen sie Gegensätze zwischen uns aufkommen, sondern sorgten nur dafür, daß unsere Beziehung noch enger wurde. Im Grunde wurde nur das letzte Jahr durch ihre Krankheit verdüstert, denn vorher hatte sie sich immer rasch erholt und schien zunehmend gesünder zu werden. Ich wußte von Anfang an, daß ihre Überlebenschancen nicht gut waren, aber da die äußere Situation zumeist beruhigend wirkte, verdrängte ich meistens meine Befürchtungen. Alles, was ich im Vorwort zu „Southern Album" über ihre Tapferkeit geschrieben habe, entspricht der Wahrheit. Nur selten ließ sie Zeichen der Entmutigung erkennen. Ich erinnere mich an einen Fall: Sie bekam eine Augeninfektion, und Alan C. Woods, freimütig wie immer, erklärte ihr, es handele sich wahrscheinlich um Tuberkulose. Als sie aus seiner Praxis nach Hause kam, war sie dem Zusammenbruch nahe und ließ sich kaum beruhigen. Aber schon zwei Tage später hatte sie ihre innere Stärke wiedergewonnen, und kurz darauf ging die Infektion zurück. Sie war schrecklich anfällig für Tuberkulose, besaß aber auch eine ausgleichende Fähigkeit, die Krankheit abzuschütteln. Ihre Rippenfellentzündungen waren sehr ernst, aber sie erholte sich beide Male rasch.

Unsere vielleicht glücklichste gemeinsame Zeit verbrachten wir in den ersten Monaten des Jahres 1934 am Mittelmeer.[174] Die Reise war lang und anstrengend, und manchmal war alles zuviel für sie. Sie konnte mich nicht auf einer etwas rauhen Fahrt durch Palästina begleiten, und sie war entsetzt, als wir in Tripolis in einem offenen, von einer Barkasse des Schiffes gezogenen Rettungsboot zur „Columbus" gefahren wurden und das Boot von der schweren See wild geschüttelt wurde und Wasser eindrang. Sie hatte ein fast romantisches Vertrauen in das Geschick der jungen deutschen Schiffsoffiziere, aber Angst hatte sie trotzdem. Damals wußte ich es noch nicht, doch ihre tödliche Krankheit hatte bereits begonnen. In Ägypten war sie zu schwach, um den

Nil mit hinaufzufahren, und als wir nach vier oder fünf ruhigen Tagen in Kairo auf die „Columbus“ zurückkehrten, hatte sie leichtes Fieber, so daß Dr. Fischer, der Schiffsarzt, sie ins Bett schickte. Sie kannte ihn bereits von einer Seereise nach Westindien und hatte eine hohe Meinung von ihm. Ihr Fieber stellte ihn offenkundig vor ein Rätsel, und er machte etwas Vages wie das schlechte Klima in Ägypten dafür verantwortlich, aber nach unserer Rückkehr fand ihr Hausarzt, Benjamin M. Baker junior, bald heraus, was ihr fehlte. Irgendwo hatte sich ein Teil der Tuberkuloseinfektion erhalten und flackerte nun wieder auf. Im folgenden Sommer besuchte Sara in Montgomery ihre Mutter, die krank war und noch vor Jahresablauf sterben würde; ich fuhr nach Roaring Gap, North Carolina, wohin sie nach ihrer Rückkehr nachkommen sollte. Als ich sie am Bahnhof abholte – ich glaube, es war in Greensboro –, merkte ich, als sie aus dem Zug stieg, wie schlecht sie sich fühlte. Sie sah blaß und fast durchsichtig aus. Unsere Gastgeber, Dr. und Mrs. Fred M. Hanes – er Medizinprofessor an der Duke University, sie Schwester am Johns Hopkins Hospital –, sahen sofort, daß es nicht gut um sie stand, aber sie konnten nichts unternehmen, sondern sie nur drängen, sich auszuruhen. Als wir wieder in Baltimore waren, riet Baker ihr dringend, sich ins Bett zu legen, was sie auch von September bis Weihnachten tat. Ich besorgte ihr ein Krankenhausbett, und sie ertrug ihre Inhaftierung mit großer Tapferkeit. Gegen Ende der Zeit versuchte sie zu arbeiten, aber das war sehr schwierig für sie. Nach dem Tod ihrer Mutter zeigten sich bedenkliche Symptome, und Baker schickte sie ins Johns Hopkins Hospital. Bald darauf kam sie nach Hause, aber im Mai wurde sie erneut eingeliefert – zum letztenmal.

Ihre letzte Krankheit war gottseidank kurz, aber sie hatte starke Schmerzen. Baker und sein Vorgesetzter Louis Hamman hofften ein paar Tage, daß es sich nicht um Hirnhauttuberkulose handele, denn einige der üblichen Symptome hatte sie nicht, aber nachdem man die Rückenmarkflüssigkeit untersucht hatte, war klar, daß sie sterben mußte. Am Sonntag abend, dem 26. Mai, traten neue, alarmierende Symptome auf. Ihr Geist verwirrte sich plötzlich, obwohl sie noch einige lichte Momente hatte. Ich sah sie, zusammen mit meiner Schwester Gertrude, zum letztenmal am Mittwoch, dem 29. Mai. Sie war für einige Minuten ganz verständig und heiter und fragte meine Schwester nach den Schafen, die zum Weiden auf ihre Farm im Kreis Carroll gebracht worden waren. Aber die Krankheit gewann rasch wieder die Oberhand, und sie klagte, daß sie nicht deutlich sehen könne. Ich mußte ihr sagen, daß die Ärzte ihr etwas Belladonna gegeben hätten. Das schien die Augenprobleme zu erklären und beruhigte sie für eine Weile. Aber nach jenem Nachmittag verschlechterte sich ihr Zustand rapide, und Baker riet mir, sie nicht mehr zu besuchen. Ich habe sie danach nie wiedergesehen, auch nach ihrem Tode nicht. Sie ist unvergessen. Ich hatte, wie in vielen anderen Dingen, großes Glück mit meiner Ehe. Sara hatte eine scharfe Intelligenz, und doch war sie durch und durch feminin und von der Mentalität der Südstaaten geprägt. Sie hatte nicht das geringste von einem Blaustrumpf. Ehen bestehen zum großen Teil aus Gesprächen, und ich erinnere mich noch deutlich an die langen Plaudereien, die wir miteinander führten. Zwar arbeiteten wir beide gern abends nach dem Dinner, aber um 22 Uhr machten wir meistens Schluß. Wenn wir keine Besucher hatten, was gewöhnlich der Fall war, setzten wir uns in den Salon, auf den sie so stolz war, und nahmen ein paar Drinks zu uns, bevor wir ins Bett gingen. Sonntag abends, wenn das Personal fort war, kochte sie oft für uns in der Küche, und wir aßen auch dort. Wir hatten immer viel zu besprechen. Ich beschrieb ihr meine Projekte, und sie schilderte mir ihre. Ich glaube nicht, daß wir einander je gelangweilt haben. Für mich jedenfalls waren die letzten Tage jener Unterhaltungen so anregend wie die ersten. Sie hat nie etwas ganz und gar Albernes gesagt. Sie hatte in vielen Dingen ihre unverrückbare, eigene Ansicht, genauso wie ich, nur selten waren wir unterschiedlicher Meinung. Ich fand, daß sie ihren Standpunkt immer plausibel vertrat. Ich habe nie eine vernünftigere oder auch nur halb so charmante Frau kennengelernt. Sie war viel zu reserviert, als daß man sie allseits beliebt hätte nennen können, aber sie machte immer einen guten Eindruck auf gescheite Menschen, und es tat mir gut, daß all meine alten Freunde sie gern mochten.

Ob ich ein guter oder schlechter Ehemann war, entzieht sich menschlicher Beurteilung, da die einzige kompetente Zeugin nicht mehr am Leben ist. Wie gesagt: Ich glaube, daß sie glücklich mit mir war und sich nicht gelangweilt hat. Die Ehe gab ihr die Sicherheit, die sie jahrelang entbehrt hatte. Seit dem Tod ihrer Großmutter, als sie noch das College besuchte, war sie allein gewesen, und ihre Krankheiten hatten etliche Male bedrohliche Formen angenommen. Während unserer Ehe hatte sie wenigstens keine Geldsorgen. Mein Einkommen war mehr als ausreichend für uns beide, und sie konnte das tun, was ihr Spaß machte – das ist immer die lohnendste Beschäftigung. Die Zeitschriftenherausgeber schätzten ihre Erzählungen und kamen gut mit der Autorin aus. Sie hatte unter ihnen einige gute Freunde, vor allem Arthur H. Samuels von „Harper's Bazaar". Wir trafen uns oft mit Samuels und seiner bezaubernden Frau, wenn wir in New York waren, und die beiden besuchten uns häufig in Baltimore. Inzwischen ist auch er tot. Wenn ich vierzehn Stunden am Tag in meinem winzigen Büro hockte und schrieb, spielte sie nie die vernachlässigte Ehefrau. An manch einem Tag bekam ich sie erst mittags zu Gesicht; ich ließ sie dann den ganzen Nachmittag allein und arbeitete noch den ganzen Abend. Sie selbst hatte viel zu tun und kannte die Belastungen, die das Schreiben mit sich bringt. Wenn sie krank zu Hause im Bett lag und ich viel zuwenig Zeit hatte, mich um sie zu kümmern, ermunterte sie mich oft, nach meinem Tagewerk auszugehen, da ich, wie sie meinte, Abwechslung und Gespräche mit Männern brauchte. In jenen Tagen kam oft ihre alte Lehrerin und Freundin, Dr. Ola E. Winslow[175], vom Goucher College Samstag abends zum Dinner. Dr. Winslow und ich aßen gemeinsam, und dann setzte sie sich den ganzen Abend zu Sara, so daß ich in den Saturday Night Club gehen konnte. Wenn Sara über Stunden im Bett lag, konnte sie sich immer beschäftigen. Sie las, schrieb und hörte Radio. Nie hat sie über ihre Bettlägerigkeit geklagt. Sie war die perfekte Patientin und munterte ihre Ärzte auf, wenn sie nicht mehr weiterwußten.

Wir haben oft über den Tod gesprochen; ihr war bewußt, daß ihre Lebenserwartung unter dem Durchschnitt lag. Sie sagte, sie werde als erste von uns sterben, aber das kam mir trotzdem unwahrscheinlich vor, denn ich war achtzehn Jahre älter als sie und litt seit Jahren an allen möglichen Krankheiten. Als überzeugte Skeptikerin nahm sie mir das

Versprechen ab, daß ich sie, falls sie zuerst sterben sollte, einäschern lasse. Als sie an jenem schönen Maientag dahinging, bedrückte mich der Gedanke an das Krematorium, denn ich fürchtete, ihre Schwestern könnten Einwände erheben. Aber als sie in Baltimore eingetroffen waren, stellte sich heraus, daß Sara sie schon über ihren Wunsch unterrichtet hatte und daß sie ihre Entscheidung billigten. Ich selber ging nicht ins Krematorium. Ihre sterblichen Überreste wurden von meinen beiden Brüdern und ihrem Bruder John dorthin gebracht. Ihre Asche ist am Fuß des Grabes meiner Mutter beigesetzt, neben ihr ist Platz für meine eigene. Wenn ich an sie denke, kann ich die große menschliche Sehnsucht verstehen, die den Glauben an die Unsterblichkeit hervorbringt, aber ich teile diesen Glauben nicht, genausowenig wie Sara es tat. Wir sind für immer auseinandergegangen, doch meine Asche wird sich bald mit ihrer vermischen. Ich werde sie in meinem Geist bewahren, bis alle Gedanken und Erinnerungen dahin sind – das ist alles. Ob es so besser ist oder nicht, wage ich nicht zu sagen, aber so stellen sich mir die Tatsachen dar. Wir waren glücklich miteinander, doch alle schönen Dinge müssen enden. Entbehren sollst; du sollst entbehren.[176]

Baltimore, Maryland, den 3. Juni 1940

Ich vermute, daß die Zeitungen ihre schwachsinnigeren Käufer auf lange Sicht an den Rundfunk verlieren werden. Ihre Zukunft hängt also von der relativ intelligenten Minderheit ab. Jener Minderheit gehört nahezu das gesamte Geld des Landes, aber sie wird von den Zeitungen immer mehr vernachlässigt. Die „Baltimore Sun“ hat allmählich alle Sparten gestrichen, die Intelligenz verlangen, und sie durch Beiträge ersetzt, die sich unmittelbar an Idioten wenden. Der Magazinteil ist völlig verschwunden, an seiner Stelle gibt es nun eine Reihe alberner Rubriken, die fast so umfangreich sind wie die übrige Zeitung. Zugleich wurde die politische Qualität immer schlechter. Nach dem letzten Krieg unternahm man eine Zeitlang ernste Anstrengungen, ein aufgeklärtes Niveau zu erreichen, aber jetzt hat sich ein solcher Niedergang vollzogen, daß man den Einfaltspinseln in rührseliger Dummheit voranmarschiert. In Raucherabteilen und Friseurläden hört man vernünftigere Ansichten als in den Leitartikeln einer angeblich abgeklärten, intelligenten und integren Zeitung. Das dürfte sich als schlechte Taktik erweisen. Der Versuch, die Demagogie der Rundfunkschwätzer zu überbieten, ist zwecklos. Die Funktion einer Zeitung besteht in einer Demokratie darin, den herrschenden Quacksalbern eine Art Daueropposition zu bieten. Sobald sie versucht, deren Gejohle noch zu übertreffen, büßt sie ihren Charakter ein und macht sich lächerlich. Ich glaube, daß dieser Verfall bereits von vielen bemerkt wird und in gewissem Grade für die Hinwendung zum Rundfunk verantwortlich ist.

Baltimore, den 9. Juni 1940

Ich nähere mich meinem sechzigsten Geburtstag bei geschwächter Gesundheit, allerdings nur in körperlicher Hinsicht, denn ich kann keine geistige Beeinträchtigung feststellen und habe noch immer Lust zu arbeiten. Eines Tages im letzten Sommer, es muß im August gewesen sein, ging ich die Baltimore Street östlich der „Sun"-Redaktion entlang, als ich eine Art Taubheit an meiner linken Halsseite bemerkte. Als sie am folgenden Morgen nicht verschwunden war, suchte ich meinen Arzt Benjamin M. Baker junior auf, und er schickte mich zur Untersuchung ins Johns Hopkins Hospital. Seine eigene Diagnose, der sich Dr. Louis Hamman anschloß, lautete auf einen „spastischen Gehirnvorgang" – mit anderen Worten, auf einen Krampf der Blutgefäße in der Großhirnrinde. Die Symptome waren so schwach, daß die beiden Ärzte annahmen, es sei zu keiner Blutung gekommen. Ich bemerkte ein leichtes Kribbeln an der rechten Seite meines Gesichts und auch in der rechten Hand, aber weder meine Sinne noch meine Körperfunktionen waren gestört. Sie schickten mich für ein oder zwei Wochen ins Bett, nach vier oder fünf Tagen durfte ich mich zu den Mahlzeiten aufsetzen und alleine ein Bad nehmen. Die Ärzte erklärten mir, die Sache hätte kaum Beachtung verdient, wäre ich zwanzig Jahre jünger, aber bei einem Sechzigjährigen sei damit nicht zu spaßen. Anscheinend konnte jedoch nichts dagegen unternommen werden, denn ich wurde nicht behandelt, sondern nur mit dem Rat bedacht, körperliche Anstrengungen zu meiden. Die Taubheit dauert an, aber sie hat sich inzwischen sehr abgeschwächt. Am ehesten fällt sie mir auf, wenn morgens Wasser meine Hände berührt. Dr. Baker untersuchte mich gründlich und stellte fest, daß mein Blutdruck gestiegen war, wenn auch nicht auf bedrohliche Weise. Bei der letzten Messung betrug er 152. Bis zum letzten Jahr war er nie höher als 135 gewesen. Daneben fand Baker einige Herzsymptome, die bei einer gewöhnlichen Untersuchung kaum wahrgenommen werden, die der Elektrokardiograph jedoch entdeckte. Er sagte mir nicht, worum es sich handelt, aber ich nehme an, daß es Sklerose in der Herzkranzarterie ist. Das ist ein unheilbares Leiden, und ich muß mich wohl darauf einstellen, daß es allmählich schlimmer wird. Meine lebenslange Vermutung, daß ich nicht viel älter als sechzig Jahre werden würde, scheint wohlbegründet gewesen zu sein.[177]

In letzter Zeit fühle ich mich sehr unbehaglich, denn ich habe hin und wieder Schmerzen im rechten Arm und im rechten Fuß. Vor vier oder fünf Wochen rutschte ich auf der Treppe zum Schlafzimmer aus und stürzte schwer auf die linke Seite. Ich hatte zwei Wochen lang eine starke Prellung an der Hüfte, und mein linker Ellbogen war wie gelähmt. Aber da keine Knochen beschädigt zu sein schienen, suchte ich Baker nicht auf. Nun bemerke ich eine kleine Schwellung am linken Ellbogen, wahrscheinlich eine Schleimbeutelentzündung, und das linke Schultergelenk schmerzt, so daß ich nachts nur mit Mühe darauf liegen kann. Der Ellbogen tut nicht weh und die Schulter nur, wenn sie belastet wird. Aber ich werde von erheblichen Schmerzen im Kreuz geplagt. Zuerst führte ich sie auf einen Hexenschuß zurück, dadurch verursacht, daß ich mit einem offenen Fenster im Rücken an meinem Schreibtisch saß, doch sie dauern an und waren heute ziemlich schlimm. Wenn sie nicht weggehen, werde ich Baker nach meiner Rückkehr aus New York aufsuchen. 1934, nach meinem Taxiunfall in Algier, ließ ich mich von dem Orthopäden Dr. George E. Bennett untersuchen. Er machte Röntgenaufnahmen und teilte mir mit, daß meine Knochen keine Unfallschäden erkennen ließen, aber an meinen unteren Rückenwirbeln gebe es Zeichen von Konkrementen, wie sie sich manchmal in späteren Jahren herausbilden, die zu starken Beschwerden führen können. Er sagte, daran lasse sich nichts ändern; falls sie mir je Schmerzen bereiteten, würde ich mich damit abfinden müssen.

Mein Herz scheint, Sklerose hin oder her, ganz gut zu funktionieren. Nur wirklich heftige Anstrengungen lassen mich nach Luft ringen, aber nicht allzusehr. Mein Puls ist weiterhin stark und regelmäßig, und die Frequenz hat sich nicht erhöht. Eines Nachts in New York, vor ein oder zwei Monaten, stieg sie auf 95, doch das war nach einem langen Abend, als ich zuviel getrunken hatte. Meine gewöhnliche Alkoholdosis scheint sie nicht zu beeinflussen. Wenn ich abends mit August zusammensitze, trinke ich normalerweise entweder drei Flaschen Bier oder zwei Scotch-Highballs. Danach kann ich gut schlafen, ohne daß ich morgens verkatert bin. Meistens bin ich beim Aufstehen in der schlechtesten Verfassung. Im Tagesverlauf fühle ich mich besser, und am Abend bin ich gewöhnlich gut in Form. Aber ich ermüde jetzt schneller als früher, und wenn ich vor dem Dinner keine Zeit zu einem kurzen Nickerchen habe, bin ich abends meist nicht mehr in der Lage zu schreiben. Trotzdem erledige ich ein beachtliches Wochenpensum, und mir schweben zahlreiche neue Projekte vor. Hätte ich noch ein zweites Leben, schriebe ich viel mehr Bücher. Ich habe feste Pläne für mindestens ein Dutzend Titel, doch wenn ich meine Zitatensammlung und den Ergänzungsband zu „The American Language" zu Ende bringe, kann ich mich glücklich preisen. Ich hoffe nur, daß mich das Ende rasch ereilt. Denn ich kann mir nichts Entsetzlicheres vorstellen, als lange behindert zu sein, unfähig zu arbeiten, gelangweilt und gezwungen, allmählich all meine Ersparnisse aufzubrauchen. Mein Onkel William C. Abhau ist seit mehr als vier Jahren hilflos, er hat eine lange Reihe von Gehirnblutungen hinter sich. Er sitzt nur noch lächelnd in einem Sessel. Zwar versteht er, was ihm gesagt wird, aber sein Geist ist derart beeinträchtigt, daß er anscheinend weder seiner eigenen Situation noch der seiner armen Frau einen Gedanken widmen kann. Er fragt nicht einmal, woher das Geld für seine Ernährung und Unterbringung kommt. Wenn ich je in einen solchen Zustand geraten sollte, hoffe ich, wenigstens einen lichten Moment zu haben, in dem ich mir selbst ein Ende bereiten kann.

Seit zwei Jahren machen mir beunruhigende Gefühle in der Herzgegend zu schaffen. Baker entdeckte die Ursache: einen spastischen Magenausgang, der den Magen aufbläht und Druck auf das Herz ausübt. Damals gelangte er zu dem Schluß, daß das Herz selbst nicht unmittelbar betroffen sei. Er verschrieb mir Belladonna, und nach sechs oder acht Monaten fühlte ich mich wohler. Die Beschwerden treten manchmal wieder auf, aber nur für kurze Zeit. Ein paar Tage Belladonna, und sie sind verschwunden. Wie gesagt, mein Herz scheint im Moment mehr oder weniger normal zu funktionieren. Aber früher oder später wird es natürlich nachlassen.

Ich habe nur sehr wenigen Leuten von dem „Gehirnvorgang" des letzten Sommers erzählt und mir dadurch eine Menge wohlgemeinter, aber ärgerlicher Mitleidsbekundungen und Ratschläge erspart. Am besten ist es wohl, so lange wie möglich weiterzumachen, als wäre nichts geschehen. Es ist albern für einen Mann meines Alters, sich von einer solchen Situation allzusehr aus dem Gleichgewicht bringen zu lassen. Schließlich haben meine Familienangehörigen fast alle nicht sehr lange gelebt, und ich habe meine eigenen Erwartungen bereits übertroffen. Ich kann ohne großes Bedauern auf mein Leben zurückblicken. Tag um Tag hat mich die Welt gut behandelt, und in Anbetracht meiner begrenzten Mittel bin ich sehr erfolgreich gewesen. Jedenfalls konnte ich mir durch genau das, was ich tun wollte, einen angenehmen Lebensunterhalt verdienen, und immer wenn ein Posten mich zu langweilen begann, konnte ich ihn ohne weiteres aufgeben. Wenn ich zehn oder fünfzehn Jahre länger zu leben hätte, würde ich wahrscheinlich noch einige bessere Bücher als die bisherigen verfassen, aber das sagt jeder, und es steht keineswegs fest, ob er es kann. Ein Teil meiner Zufriedenheit dürfte auf die offenbar von meiner Mutter ererbte Fähigkeit zurückgehen, einen Schlußstrich zu ziehen und „Genug" zu sagen. Deshalb habe ich den „Smart Set" aufgegeben, bevor er mich zu seinem Sklaven machte, und später den „American Mercury". Ich zog mich aus der aktiven Zeitungsarbeit – das heißt aus der täglichen Fron – zurück, als ich erst dreiundfünfzig war, und seitdem habe ich nur 1938 drei Monate lang an einem Zeitungsschreibtisch gesessen, als ich die Redaktionsseite der „Evening Sun" übernahm, um sie umzumodeln und zu verbessern. Was für meine Arbeitsplätze gilt, läßt sich auch von meinen Freunden sagen. Wenn sie anfangen, mich zu langweilen, trenne ich mich von ihnen. Das hat mir eine Reihe von Feinden eingebracht – zum Beispiel George Jean Nathan –, aber im großen und ganzen ist es mir zustatten gekommen. Dr. Johnson hatte recht: Freundschaften bedürfen hin und wieder der Überprüfung. Es ist töricht, sich weiter mit Menschen abzugeben, die einem nichts mehr bedeuten und zu Ärgernissen geworden sind. Kurz, mein Leben wurde von rein egoistischen Motiven geprägt, aber ich glaube doch, meine Verpflichtungen mit hinreichender Sorgfalt und überwiegend gut gelaunt erfüllt zu haben. Ich habe mich für die „Sun" abgemüht und versucht, eine ehrliche und vernünftige Zeitung aus dem Blatt zu machen. Sollte ich gescheitert sein, dann war es die Unfähigkeit anderer, nicht meine eigene Nachlässigkeit. Zuerst hatte ich in Gestalt von J. H. Adams und später von John W. Owens mit Herausgebern zu tun, die im Grunde zutiefst konventionell und phantasielos und folglich nicht in der Lage waren, ein wirklich hohes Niveau zu halten. Die Zeitung in ihrem jetzigen Zustand läßt die Grenzen dieser Leute erkennen. Owens ist, seit die derzeitige Kriegsangst begann, in intellektueller Hinsicht gebrochen. Statt in einem Klima demagogischen Geschwätzes und grotesker Massenhysterie einen rationalen Standpunkt zu vertreten und alle Emotionen zu vermeiden, ist er mit der Menge – und sogar vor ihr her – marschiert. Es ist schade, aber anscheinend kann nichts dagegen unternommen werden. Manchmal frage ich mich, ob eine Tageszeitung, wenigstens in Amerika, überhaupt intelligent sein kann. Es ist theoretisch möglich, aber in der Praxis kommt es nicht vor. Im allgemeinen gilt: je besser die Zeitung, desto weniger profitabel ist sie. Paul Patterson ist natürlich stolz auf seine Leistung, die „Sun" vor dem Bankrott gerettet und sie reich gemacht zu haben, und ich gönne ihm seinen Stolz durchaus. Aber genau dieser Erfolg hat ihn vorsichtig werden lassen, weshalb er jetzt zögert, Druck auf seine Untergebenen auszuüben, wenn sie hinter seinen Erwartungen zurückbleiben. Das gleiche läßt sich von Owens sagen. Anfangs versuchte Patterson, unerfreuliche Situationen dadurch zu überwinden, daß er sich selbst einredete, Owens und er seien einer Meinung, aber nun weiß er es besser und fühlt sich sehr unwohl. Nicht nur die Vorsicht zügelt ihn, sondern auch seine Leutseligkeit. Es mißfällt ihm, jemandem Ungemach zu bereiten. Dadurch gerät die Zeitung manchmal außer Kontrolle, zum Beispiel als Hamilton Owens, der Herausgeber der „Evening Sun", versuchte, sie zu einem Organ des New Deal zu machen. Erst im Sommer 1936 bereitete Patterson dieser Dummheit ein Ende; inzwischen war schon viel Schaden angerichtet worden. Unter anderem hatten ein paar drittrangige Leitartikler den Eindruck gewonnen, daß es möglich und ungefährlich sei, von der politischen Linie der Zeitung abzuweichen. Einige von ihnen glauben das immer noch. Sie werden eines Besseren belehrt werden, wenn sich Patterson wirklich einmal mit John Owens überwerfen sollte.

1934, kurz nach meinem Rücktritt als Herausgeber des „American Mercury", schlug Patterson mir vor, Vizepräsident der A. S. Abell Company mit dem Zuständigkeitsbereich redaktionelle Angelegenheiten zu werden, genau wie William F. Schmick als Vizepräsident für alle geschäftlichen Dinge zuständig ist. Ich lehnte aus zwei Gründen ab. Der erste war meine Abneigung gegen einen neuen Routineposten, der zudem viel harte Arbeit und allerlei Unerfreuliches mit sich bringen würde. Der zweite war mein Eindruck, daß Patterson selbst in erster Linie ein Herausgebertyp ist, weshalb meine Berufung zu einer Art Doppelspitze und damit zwangsläufig zu Schwierigkeiten führen würde. Wir sind in vielen Dingen der gleichen Ansicht, aber keineswegs in allen, und es hätte ständig Differenzen gegeben. Ich erklärte ihm, es sei seine Aufgabe, die „Sunpapers" zu leiten, und er müsse sich dieser Herausforderung stellen. Ich sei bereit, ihm mit meinem Rat zur Seite zu stehen, wenn er mich darum bitte, aber ich hätte nicht den geringsten Wunsch, ein Herausgeber zu werden, der letzten Endes immer nur ein halber Herausgeber sein könnte. Ich glaube, er hatte Verständnis für meine Haltung, denn er kam nie wieder auf die Sache zurück. Wir stehen seitdem auf gutem Fuße und waren uns in wichtigen Punkten der Redaktionspolitik nie uneinig, bis sich der Krieg abzuzeichnen begann und er John Owens erlaubte, Amok zu laufen. Ich erhob schon 1938 Einwände, als die „Sun“ die spanischen Roten in Leitartikeln zu bejubeln begann und in manchen ihrer Artikel ihren Sieg prophezeite. Die Sache spitzte sich mit dem deutschen Einmarsch in Polen zu, und eine Zeitlang vereinbarten Patterson und ich stillschweigend, das Thema zu vermeiden, wenn auch nur, um müßige Debatten auszuschalten. Immerhin ließ er mich vor ein paar Tagen wissen, daß er sich meinem Standpunkt bis zu einem gewissen Grad angeschlossen habe und die Unterstützung Roosevelts durch die Zeitung im kommenden Wahlkampf ablehne. Auch Owens hat seinen Enthusiasmus ein wenig gedämpft, vielleicht kann ein Zusammenstoß vermieden werden. Aber die allgemeine redaktionelle Situation ist mißlich – es bedürfte radikaler Eingriffe. Es gibt keinen wirklich erstklassigen Leitartikler unter den Redakteuren, die schlechtesten sind keinen Pfifferling wert. Ich vermute, daß Patterson schon zu alt ist, um gründlich aufzuräumen – was er übrigens selber zugibt –, und daß dies mithin seinem Nachfolger überlassen bleibt. Bis dahin werde ich selbst nicht mehr unter den Lebenden weilen, weshalb es mich auch nicht allzusehr kratzt.

13. November 1940

Der gegenwärtige Redaktionsstandpunkt der „Sun“ ist erheiternd und deprimierend zugleich. Er stellt die völlige Negation des Programms dar, das 1920 so sorgfältig ausgearbeitet worden war. Das Hauptziel jenes Programms bestand darin, das banale Geschwätz zu vermeiden, das den redaktionellen Kurs der Zeitung während des Ersten Weltkriegs gekennzeichnet hatte. Insbesondere wollte man Nachrichten aus dem Ausland von ihrem Propagandagehalt befreien und sie offen und realistisch präsentieren. Zu diesem Zweck wurden ein Büro in London gegründet, der Depeschendienst des „Manchester Guardian“ abonniert und Anstrengungen unternommen, kundige Korrespondenten in allen wichtigen Ländern der Welt zu finden. Mit alledem ist es nun vorbei. Die außenpolitischen Leitartikel, die seit Beginn des gegenwärtigen Krieges gedruckt werden, sind von kläglicher Unbedarftheit. Ihr Ziel ist es offensichtlich nicht, die Wahrheit zu ergründen und weiterzuvermitteln, sondern sie dienen einfach nur dazu, den Anglomanen Trost zu spenden. Es wäre amüsant, einige der Artikel ein halbes Jahr später nachzudrucken. Alle sagten englische Triumphe auf militärischem wie auf diplomatischem Gebiet voraus, die nie eingetroffen sind.

Bei der Gründung des Londoner „Sun“-Büros wurde festgelegt, daß niemand länger als zwei Jahre dort arbeiten solle. Denn danach würde er sich mit Sicherheit in einen Engländer verwandeln. Leider hat sich die Zweijahresfrist als zu lang erwiesen. So gut wie alle, die als Korrespondenten in London waren, sind nun überzeugte Anglomanen. Da sie fast alle Leitartikel der Zeitung schreiben, ist es kein Wunder, daß deren Haltung schwach und sogar stupide ist. Ich habe verschiedene Versuche gemacht, Patterson von der Notwendigkeit einer weiteren Reform zu überzeugen, aber er scheint ganz im Banne der Engländer zu stehen, und nun bemühe ich mich nicht mehr, ihn zu beeinflussen.

John Owens ist sogar noch schlimmer. Er hat den gesamten Krieg auf einen einfachen Lehrsatz reduziert, als gehe es um die Moral der Sonntagsschule – es ist unmöglich, vernünftig mit ihm zu sprechen. Ein paar Wochen nach Kriegsausbruch erklärte ich ihm, daß ich seine moralische Entrüstung leicht erkennen könne und keine Zeit auf eine Debatte mit ihr verschwenden wolle. Seitdem habe ich die Lage mit ihm nicht mehr erörtert. Wir stehen auf gutem Fuße und gehen freundschaftlich miteinander um, aber wir setzen uns nie zusammen, um die Situation der „Sun" zu beraten. Owens erweist sich, während er älter wird, immer mehr als eine Kopie von J. H. Adams, dem „Sun"-Herausgeber im letzten Krieg. Womöglich ist er noch naiver und voreingenommener als Adams. Auf gewissen Gebieten mag er ein ausgezeichneter Leitartikler sein, aber unglücklicherweise ist er träge und geht selten aus sich heraus.

Die Leitartikel der „Sun" im allgemeinen sind sicher genauso gut wie die aller anderen großen amerikanischen Zeitungen. Die wichtigsten Autoren verstehen sich darauf, ein klares Englisch zu schreiben, einige haben sogar eine gewisse stilistische Eleganz. Leider sind es Leute von konventioneller Geisteshaltung, manche von ihnen fallen durch ihre Dummheit auf. Gerald W. Johnson mag als Beispiel dienen. Sein geistiger Horizont entspricht dem eines zweitrangigen Südstaatlers. Er kann zwar seine Ausführungen in ein anmutiges Englisch kleiden, aber ihnen fehlt alle Substanz.[178] Frederic Nelson schreibt besser als Johnson, ist aber wohl noch ein Quentchen dümmer. Ein charmanter und ehrlicher Mensch, der an genau das gleiche glaubt wie jeder konventionelle Neuengländer. Früher war er College-Professor, und seine Gedankengänge riechen immer noch nach Universität.

In Anbetracht all dieser Tatsachen wäre es zu diesem Zeitpunkt wohl sinnlos, sich um eine Reform der politischen

Haltung der Zeitung zu bemühen. Sollte ich nach dem Krieg noch am Leben sein, werde ich den unausbleiblichen Katzenjammer gewiß dazu nutzen, aber im Moment wäre es aussichtslos, Patterson oder Owens beeinflussen zu wollen. Patterson ist natürlich der fähigere der beiden, aber aus Gründen, auf die ich hier nicht eingehen kann, hat er Angst, Owens in irgendeiner wichtigen Frage Paroli zu bieten. Gäbe es diese Furcht nicht, könnte ich ihn wahrscheinlich überzeugen, aber nach Lage der Dinge kann ich nichts tun.

Das berührt mich nicht allzusehr, denn mein alter Glaube an die Möglichkeiten der „Sun" ist verflogen. Ihr großer materieller Erfolg hat ihre journalistische Kraft geschwächt, und ihr alter Einfluß geht offenkundig zurück. Das hat teilweise mit ihren eigenen Schnitzern, vor allem aber mit den allgemeinen Tendenzen zu tun. Nirgendwo in den Vereinigten Staaten gibt es eine Zeitung, die einen so unbestrittenen Einfluß ausübt wie früher die „Sun". Der Trend bewegt sich von Meinungsorganen hin zu reinen Kommerzblättern wie dem „Washington Star" und dem „Philadelphia Bulletin".

1941

Baltimore, Maryland, den 10. Februar 1941

Letzte Woche habe ich Herman Melvilles „Moby Dick" zum erstenmal gelesen. Ich war erstaunt, wie schlecht der Roman im Grunde ist. In letzter Zeit ist er wortreich von vielen gepriesen worden, die als Fachleute gelten, und deshalb waren meine Erwartungen hoch. Aber was ich las, war ein äußerst geschraubtes und phrasenhaftes literarisches Werk. Das melodramatische Ende ist schlicht mißlungen, und das Rachemotiv gerät mehr als einmal bedrohlich in die Nähe der Komik. Etwas, was alle Literaturexperten übersehen zu haben scheinen, ist Melvilles starke Abhängigkeit von Carlyle. Wenn er sich wirklich Mühe gibt, schreibt er wie Carlyle, und zwar wie schlechter Carlyle. Walt Whitman geriet unter den gleichen Einfluß. Seine frühen Zeitungsartikel waren in jenem plumpen, mittelmäßigen Englisch geschrieben, das für die Journalisten seiner Zeit typisch war, aber nachdem er auf Carlyle gestoßen war, bastelte er sich einen Carlyle nachempfundenen Stil zurecht, der seine ganze späte Prosa beherrscht. Mir scheint, daß letztlich dieser Carlyle-Stil der Journalistensprache seiner Anfänge sogar vorzuziehen ist. Aber er blieb immer manieriert, und sein Mangel an Aufrichtigkeit lag offen zutage.

Das gleiche gilt für Melvilles Werk. Selbst wenn er Carlyle besonders erfolgreich imitiert, bleibt es eine Imitation.

Vor ein paar Wochen las ich zum erstenmal zwei Bücher von George Borrow: „Lavengro“ und „Die Bibel in Spanien“. Ich brauche kaum zu erwähnen, daß sie mich enttäuschten. Borrow hatte einen scharfen Blick für das Leben der Unterschicht, und einige seiner Charakterskizzen sind zweifellos ausgefeilt, aber im Grunde war er ein oberflächlicher und schäbiger Mensch, das ist einfach nicht zu übersehen. Was er über seine Figuren zu sagen hatte, war selten lesenswert. Er schrieb im großen und ganzen besser als Melville, hatte aber trotzdem wenig von einem wirklichen Stilisten an sich. Das könnte mit seinen fremdsprachlichen Fähigkeiten zu tun haben. Wer viele Sprachen kennt, ist selten in der Lage, auch nur in einer von ihnen gut zu schreiben. Natürlich gibt es Ausnahmen – zum Beispiel Joseph Conrad –, aber nicht viele. Borrow sprach zehn bis zwölf Sprachen fließend und war mit mindestens einem Dutzend weiterer mehr oder weniger vertraut. Das wird in seiner schriftstellerischen Arbeit sehr deutlich. Immer wieder scheint er in einer Sprache zu denken und in einer anderen zu schreiben. Seine theologischen Betrachtungen in „Die Bibel in Spanien" sind ganz und gar abwegig. Er schrieb wie ein Methodistenpfarrer, der eine Predigt über die Hure von Babylon hält. Es ist nicht leicht, die Ansichten eines so offenkundig törichten Menschen ernst zu nehmen.

Baltimore, 22. März [1940][179]

Meine Wurzeln in Baltimore reichen tief. Ich wurde nicht nur hier geboren, sondern habe auch mein ganzes Leben in der Stadt verbracht. In meinen zwanzig Jahren als Zeitschriftenherausgeber in New York habe ich mich strikt geweigert, dorthin zu ziehen. Schon 1900 bot Ellery Sedgwick mir die stellvertretende Herausgeberschaft von „Frank Leslie's Popular Monthly" an, für das er damals als Herausgeber tätig war. Ich schlug den Posten aus, weil ich Baltimore nicht verlassen wollte. In meinen Zeitschriftentagen pendelte ich ständig, was ziemlich unbequem war, aber immer noch besser, als in New York zu wohnen. Mein Vater und meine Mutter starben hier und sind hier begraben, und neben ihnen ruht die Asche meiner Frau. Auch meine vier Großeltern und drei meiner Urgroßeltern sind in Baltimore beigesetzt.

Baltimore, Maryland, den 17. Juni 1941

Heute fand die Jahresversammlung der Knopf-Aktionäre statt, anschließend war eine Sitzung der Direktoren. In Alfred A. Knopfs Bericht als Generaldirektor ist für 1940 ein Nettogewinn von 33 550 Dollar ausgewiesen. Das ist seit etlichen Jahren das beste Ergebnis. Damit wird das Kapitaldefizit vom 30. April an auf 36 815 Dollar reduziert. Leider haben sich 167 000 Dollar an ungezahlten Dividenden für die Vorzugsaktien angesammelt. Auf diese Aktien können keine Dividenden gezahlt werden, bevor der Kapitalverlust beglichen ist. Zwei weitere gute Jahre würden genau das zur Folge haben, aber es ist unwahrscheinlich, daß 1941 so gut sein wird wie 1940. Denn die Verlagsbranche ist zur Zeit in einem traurigen Zustand; die Verkaufszahlen sind stark zurückgegangen. Knopf und ich versuchen seit einigen Jahren, eine Methode zu finden, um die Ansammlung von Dividenden für Vorzugsaktien zu vermeiden. Leider sind alle unsere Vorschläge von Knopfs Cousin Samuel Knox, der Aktionär und Direktor zugleich ist, blockiert worden. Er hat weder an der Aktionärsversammlung noch an der Direktorensitzung teilgenommen. Auf der ersten war Samuel Kaplan als einziger konzernfremder Aktionär anwesend. Kaplan behauptet, er werde jedes plausible Verfahren zur Tilgung der angesammelten Dividenden begrüßen, aber Knopf und ich bezweifeln, daß er es wirklich ernst meint.

Knox gibt sich der Hoffnung hin, daß die Firma eines Tages einen Titel wie „Gone with the Wind“ [dt. „Vom Winde verweht“] herausbringen – und ihn dann ausbezahlen wird. Das dürfte sehr unwahrscheinlich sein; und selbst wenn morgen ein neuer „Gone with the Wind“ auftauchte, würde so ein Buch wahrscheinlich nicht genug Gewinn abwerfen, um das Defizit auszugleichen, denn aktuelle Gewinne werden jetzt von Steuern verschlungen. Knox ist ein einfältiger Mann, und in seine Hartnäckigkeit mischen sich starke persönliche Vorurteile. Er erwartete, daß man ihm nach Samuel Knopfs Tod den Posten des Geschäftsführers anbot. Als dies nicht geschah, verlor er den Boden unter den Füßen und steckt seitdem tief im Morast.

Der allgemeine Zustand des Konzerns ist nicht besonders gut, obwohl er Gewinn macht. Die angesammelten Dividenden für die Vorzugsaktien erhöhen sich weiter um mehr als 20 000 Dollar pro Jahr, und in ein paar Jahren werden sie kaum noch zu bewältigen sein.

Baltimore, den 27. Juli 1941

Habe heute morgen mit August im Hintergarten gearbeitet. Wir beschnitten die Weinreben und banden sie fest, jäteten Unkraut und düngten viele Pflanzen. Ich habe gerade den Schlauch aufgestellt, damit er das Farnbeet unter dem alten Birnbaum besprüht. Der Baum wächst und gedeiht seit 1883, erfreut sich noch immer bester Gesundheit und hat am Stamm einen Durchmesser von mindestens 45 Zentimetern. Die Birnen reifen nie am Ast, aber in manchen Jahren trägt er Tausende davon; wegen des Gewichtes müssen die Äste abgestützt werden. In letzter Zeit ist der alte Baum so dick geworden, daß er seinen Schatten über das Petunienbeet an der Küchentür wirft; ich habe einen Gärtner beauftragt, ihn zu stutzen. Oft frage ich mich, wie der Garten in fünf oder zehn oder fünfzehn oder zwanzig Jahren aussehen wird. Die Gegend um die Hollins Street verfällt allmählich, irgendwann wird sie sich in einen Slum verwandeln. Verwahrloste Weiße aus den Appalachen und dem südlichen Küstengebiet wohnen schon in den Blocks mit den Nummern 1600 und 1700, ihre stinkenden Kinder und Hunde tummeln sich auf dem Union Square. In meiner Jugend war der Platz sehr gepflegt; kein Kind hätte gewagt, auf dem Rasen herumzutrampeln, aber jetzt graben die Gören der Hinterwäldler dort Löcher und zerfleddern die Sträucher. Wenn der letzte Mencken Nummer 1524 geräumt hat, muß das Haus verkauft werden, und bald darauf wird alles, was wir in den vergangenen dreißig Jahren in das Haus eingebaut haben, ruiniert sein: die Mahagonitüren, die Parkettfußböden, die gekachelten Bäder usw. Der Nutzen, den meine Familie – zuerst meine Mutter, dann meine Schwester, und nun August und ich – in all den Jahren aus dem Hintergarten bezogen hat, ist unschätzbar. Er ist fast 35 Meter lang und hat während seines langen Lebens Millionen von Blumen getragen. Das Haus und der Garten sind zu gegenwärtigen Preisen mindestens 20 000, vielleicht 25 000 Dollar wert; das gesamte Anwesen hat 1883, schlüsselfertig vom Bauunternehmer übergeben, nur 2 900 Dollar gekostet. Wenn unsere jetzigen Nachbarn zu beiden Seiten morgen stürben oder fortzögen, würden ihre wahrscheinlichen Nachfolger das Haus mit einem Schlag unbewohnbar machen.

Baltimore, Maryland, den 22. August 1941

Gestern sind die ersten Exemplare von „Newspaper Days“ gekommen. Dwiggins[180] hat wieder ein stattliches Buch daraus gemacht. Es hat Ähnlichkeit mit „Happy Days“, was das Format betrifft, aber es gibt eine Reihe kleiner und wohldurchdachter Unterschiede. Knopf will die beiden Bände in Kassette im Weihnachtsgeschäft anbieten. Dadurch könnte der Bestand von noch vorhandenen „Happy Days“-Exemplaren abgetragen werden.

Als ich ans Ende der Fahnenabzüge von „Newspaper Days“ gekommen war, stellte ich zu meinem Verdruß fest, daß die letzte Seite die Nummer 313 trug. Sofort begann ich nach Möglichkeiten zu suchen, entweder den Text auf 312 Seiten zu verringern oder ihn auf 314 Seiten zu erweitern. Aber bevor ich diese Arbeit ernsthaft in Angriff nahm, fiel mir ein, daß ich erst nachsehen sollte, wie viele Seiten „Happy Days“ hat. Ich stellte fest, daß es ebenfalls 313 waren, und änderte deshalb nichts an der Seitenzahl von „Newspaper Days“, denn nun war ich überzeugt, daß die doppelte 13 kaum ein größeres Schadenspotential darstellte als die einfache.

Baltimore, Maryland, den 28. August 1941

Mein alter Freund Monsignor J. B. Dudek, Dechant der katholischen Diözese von Oklahoma City und Tulsa, kam vorgestern in Baltimore vorbei. Er macht einen Kurzurlaub, weshalb er seinen Priesterkragen abgelegt hatte und normale Straßenkleidung trug. Ich war mit ihm zum Lunch und zum Dinner zusammen und habe mich angeregt mit ihm unterhalten. Er hat viel Interessantes über die inneren Vorgänge in einer katholischen Diözese zu berichten. Sein Vorgesetzter, Erzbischof Francis C. Kelley[181], geht gern auf Reisen, so daß Dudek einen großen Teil der Routinearbeit in der Diözese zu erledigen hat. Als Dechant ist er jedoch nicht berechtigt, Sakramente wie die Kommunion zu erteilen. Dafür ist der Stellvertreter des Bischofs zuständig.

Dudek erzählte, daß der Bischof und er in einem luxuriösen Haus in Oklahoma City wohnen. Der Bischof hat es günstig aus dem Nachlaß eines Ölmagnaten erworben. Es ist verschwenderisch eingerichtet, unter anderem mit einer kleinen Orgel, die 50 000 Dollar gekostet hat. Die Unterhaltskosten für das Haus belaufen sich auf monatlich 800

Dollar. Der Bischof und er werden von vier Nonnen des örtlichen Ordens versorgt. Sie wohnen im Obergeschoß, bereiten die Mahlzeiten zu und erledigen alle anderen Hausarbeiten bis auf das Kehren vor dem Gebäude. Sie bekommen dafür 80 Dollar im Monat sowie Unterkunft und Logis. Im Haus sind ständig Gäste, meistens Geistliche auf Reisen. Hin und wieder taucht ein Mönch in Sandalen auf, bleibt zwei Wochen und verpestet alle Räume mit seinem schweren Aroma. Vor einiger Zeit erschien ein irischer Mönch, der offenbar noch immer die Hose trug, mit der er vor 26 Jahren in Amerika eingetroffen war. Sein Orden fordert, so selten wie möglich zu baden, was in Wirklichkeit heißt, überhaupt nicht.

Ich habe Bischof Kelley seit mehreren Jahren nicht gesehen. Er war an Bord der SS „Columbus“, als Sara und ich unsere Mittelmeerreise machten; wir verbrachten damals viel Zeit mit ihm. Er ist ein charmanter Ire vom Prince Edward Island, der eine glänzende Karriere gemacht hat. Sein gegenwärtiger Auftrag kommt leider einer Art Exil gleich. Er ist in der Diözese Chicago unangenehm aufgefallen, so daß der mittlerweile verstorbene Kardinal Mundelein beschloß, sich seiner zu entledigen. Zuerst sollte er zum Apostolischen Nuntius von Hawaii ernannt werden, doch als er dagegen protestierte, ernannte Mundelein ihn zum Bischof von Oklahoma. Als der arme Kelly in seiner Diözese eintraf, fand er sich in einer seltsamen und deprimierenden Umgebung wieder. Er hatte einen großen Teil seiner Laufbahn im diplomatischen Dienst der Kirche verbracht und war ans Großstadtleben gewöhnt. In Oklahoma City war er jedoch praktisch im Grenzgebiet gelandet. Die Stadt war zwar in klimatischer Hinsicht ganz passabel, obwohl es dort im Sommer ziemlich heiß werden kann, aber es gab überhaupt kein geselliges Leben. Dieses karge Umfeld dürfte für die permanenten Reisen des Bischofs verantwortlich sein. Er ist in allen nationalen Bewegungen der katholischen Kirche aktiv und scheint an sämtlichen einschlägigen Versammlungen teilzunehmen. Zweimal im Jahr fährt er zu den routinemäßigen Sitzungen der Kirchenleitung nach Washington.

Dudek ist ein hochgelehrter Mann und Verfasser einer Abhandlung über die tschechische Sprache in Amerika. In diesem Werk glänzt er mit seiner scharfen Beobachtungsgabe und der Klarheit seiner Gedankengänge. Ich habe mehrmals den Versuch gemacht, einen Verlag für dieses Werk zu finden – ohne Erfolg. In meiner Zeit beim „American Mercury" veröffentlichte ich ein paar Auszüge daraus, mehrere andere sind im „American Speech" erschienen, aber der Großteil des Buches ist nach wie vor nicht publiziert. Dudek ist auch Briefmarkensammler; er besitzt, wie er mir mitteilte, fast eine Million Exemplare. Er beschränkt sich nicht auf eines der Spezialgebiete, auf die sich Philatelisten heutzutage konzentrieren, sondern sammelt Marken aller Art. Einzige Bedingung ist, daß sie ungestempelt sind. Die Marken sind in großen Bänden angeordnet, und er hat eine umfassende Kartei dazu angelegt. Er schätzt, daß sich der Wert der Sammlung auf 40 000 oder 50 000 Dollar beläuft; er hat natürlich viel weniger dafür ausgegeben.

Baltimore, Maryland, den 18. September 1941

Zur „Sun"-Redaktion, zum Lunch mit Paul Patterson, der gestern aus England zurückgekommen ist. Anwesend: Frank Kent, James C. Fenhagen[182] und John E. Semmes[183]. Patterson gab interessante Beobachtungen aus London und Manchester zum besten. Er wohnte in der Suite im Savoy, die das „Sun"-Personal zur Zeit der Marinekonferenz von 1930 belegt hatte. Patterson sagte, die Hotelkosten seien enorm gewesen, und er habe sich noch nicht entschieden, ob er sie selbst zahlen oder der „Sun" in Rechnung stellen solle. Ich antwortete, meiner Meinung nach müsse die „Sun" für die Kosten aufkommen. Wenn seine Reise nach London irgendeinen Sinn für die Zeitung gehabt hat, dann soll sie auch seine Ausgaben übernehmen.

Offenbar akzeptierten die Engländer Paul ohne Schwierigkeiten. Durch die Vermittlung von Beaverbrook, den er bereits kannte, wurde er den wichtigsten Mitgliedern der Regierung, allerdings mit Ausnahme von Churchill, vorgestellt. Diese Gentlemen pflegten offenbar im Savoy zu dinieren und an der Tafel sitzen zu bleiben, bis die Bar um 23.30 Uhr dichtmachte. Dann gingen alle hinauf in Pauls Suite, wo er sie die halbe Nacht lang bewirtete. Das war, von den Kosten der Suite abgesehen, ziemlich teuer, denn im Hotel berechnete man 30 Shilling für eine Flasche Scotch. Außerhalb des Hotels konnte man ganz gewöhnlichen Scotch für 17 Shilling Sixpence kaufen, aber wenn er mit ins Hotel gebracht wurde, mußte ein Flaschengeld von 5 Shilling entrichtet werden. Der Cutty Sark, den wir hier trinken, wird in London von den Berry Brothers für 21 Shilling die Flasche angeboten. Die Vorräte in England sind so knapp, daß man selten mehr als zwei oder drei Flaschen kaufen kann. Die Engländer exportieren fast ihren gesamten Scotch nach Amerika, um Devisen einzunehmen, worunter das Angebot im Land leidet. In den Bars darf niemand mehr als einen Scotch bestellen, keinen doppelten, nur einen einfachen. Wer mehr braucht, muß das Lokal verlassen und einen Spaziergang um den Block machen, bevor man ihm ein zweites Glas serviert. Da der amerikanische Steuerzahler jetzt damit begonnen hat, alle englischen Rechnungen zu begleichen, ist es denkbar, daß der Devisenbedarf zurückgeht und daß die Engländer wieder mehr von ihrem eigenen Whisky bekommen. Patterson sagt, das Londoner Faßbier sei völlig ungenießbar. Die meisten Engländer der Oberschicht trinken deutsche Weine. Es gibt davon enorme Vorräte in London, die zu relativ niedrigen Preisen verkauft werden.

Theoretisch ist die Lebensmittelmenge für jede Person begrenzt, aber in Wirklichkeit kann jeder, der vermögend genug ist, ein gutes Restaurant aufzusuchen, sich alle Wünsche erfüllen. Gewiß, die Auswahl in den Restaurants ist bescheiden, aber nichts hindert einen Gast daran, dort acht oder zehn Mahlzeiten am Tag zu essen. Patterson erzählte, die größte Schwierigkeit bestehe darin, genug zu essen für eine Party in einem Privathaus zu besorgen. Gewöhnlich nähmen der Gastgeber und die Gastgeberin in solchen Fällen ihre Mahlzeiten ein oder zwei Wochen lang in Restaurants ein, wodurch sie genug Lebensmittelpunkte ansammeln, um ihre Besucher bewirten zu können. Neue Kleidung zu kaufen ist fast unmöglich. Jeder hat eine Karte, die ihm eine bestimmte Zahl von Punkten pro Jahr zuteilt. Für den Kauf eines Anzugs gehen fast alle Punkte drauf; mehr als die Hälfte davon braucht man etwa für ein halbes Dutzend Hemden.

Patterson berichtete, die Trümmer würden in London zügig beseitigt – allerdings nicht in der City. Dort seien die Straßen fast unpassierbar, aber im Westend würden die Bombentrichter zugeschüttet und die Straßen neu gepflastert. Von Wiederaufbau ist noch wenig zu sehen. Das Hotel Carlton besteht weiterhin nur aus vier Mauern. Das Ritz ist mehrere Male getroffen worden, aber die Schäden sind gering. Das gleiche gilt für das Savoy. Beide sind repariert worden. Während Patterson in London war, fielen keine Bomben.

Aus seinen Ausführungen wurde deutlich, daß er sich den Engländern ohne große Schwierigkeiten angepaßt hat. Sie redeten ihn schon nach kurzer Zeit mit Vornamen an. Dieser Brauch hat unter der Belastung des Krieges um sich gegriffen. Pattersons Beobachtungen beschränkten sich fast ausschließlich auf die Oberschicht. Er hat sich zwar die U-Bahn-Schächte angesehen, die als Luftschutzbunker dienten, brachte diese Expedition aber so rasch wie möglich hinter sich. Das U-Bahn-System ist inzwischen gesäubert und riecht nicht mehr wie früher. Jetzt gibt es dort Toiletten und Waschräume. Die Behörden verlangen, daß jeder, der einen Platz in einer U-Bahn-Station hat, diesen an mindestens drei Nächten in der Woche belegt; andernfalls verliert er den Anspruch. Damit will man die Menschen an die Benutzung der Bunker gewöhnen. Wenn sie erst einmal fortbleiben, ist es schwer, sie bei neuen Angriffen wieder zum Aufsuchen der Schächte zu bewegen.

Laut Patterson sind die Engländer davon überzeugt, daß Hitler nie versuchen wird, in England zu landen, aber sie glauben, daß er seine Bombardements bei Einbruch des Winters fortsetzen wird. Alle Londoner Zeitungen werden weiterhin in der Fleet Street herausgebracht. Man hat die Redaktions- und Geschäftsbüros einfach in die bombensicheren Drucksäle verlegt. Die meisten Zeitungen bringen nur vier Seiten pro Tag zustande, der „Daily Telegraph“ hat sechs und die „Times“ acht. Der „Manchester Guardian“, der jahrelang Verluste machte und von seiner Abendausgabe, den „Manchester News“, getragen wurde, schreibt nun vor allem deshalb schwarze Zahlen, weil die Produktionskosten so stark gesunken sind.

Baltimore, Maryland, den 16. Oktober 1941

Gestern abend verbrachte ich zwei Stunden mit Sinclair Lewis bei Schellhase's. Er ist in Baltimore, um ein Stück mit dem Titel „Good Neighbor“ zu inszenieren. Der Autor ist Jack Levin, ein sechsundzwanzigjähriger Anzeigenvertreter aus Baltimore. Ich wollte ihn im Ford's abholen und fand ihn hinter der Bühne inmitten einer Gruppe von Schauspielern, die vorwiegend jiddischer Herkunft zu sein schienen. Er machte mich mit mehreren bekannt, aber ich verstand ihre Namen nicht.

Lewis hat dem Alkohol abgeschworen und trank während unseres Treffens nur Eiskaffee. Gegen Ende des Abends bestellte er sich einen Teller Schokoladeneiscreme. Nachdem wir schon eine Stunde oder länger bei Schellhase's gesessen hatten, erschien seine Freundin, eine junge Jüdin, die auf den Namen Marcella Powers hört und in „Good Neighbor“ eine kleine Rolle hat. Marcella erwies sich als eine taube Nuß – hübsch, aber ohne einen Anflug von Intelligenz. Lewis verriet mir in ihrer Gegenwart, daß er seit mehr als einem Jahr mit ihr zusammen sei.[184]

Bevor sie kam, sagte Lewis, er habe Dorothy Thompson vor etwa einem Jahr endgültig verlassen. Das Leben mit ihr sei unerträglich geworden. Als eingefleischte Fanatikerin verbringe sie ihre Tage damit, über die Schlechtigkeit der Welt zu toben und zu wettern. Lewis sagte, diese Deklamationen hätten ihn schließlich so zermürbt, daß er habe fliehen müssen.

Lewis sieht gespenstisch aus. Sein Gesicht hat das leblose Weiß einer Narbe, er wirkt dünn und verwelkt. Er arbeitet an einem neuen Roman, bezweifelt aber, daß er ihn je zu Ende bringen wird. Die Hauptfigur ist ein Weltverbesserer großen Formats: ein ehemaliger College-Präsident, der in zahllosen Ausschüssen sitzt und alle möglichen lobenswerten Projekte unterstützt. Die Charakterisierung eines solchen Idioten wäre Lewis in seiner Glanzzeit leichtgefallen, aber ich bezweifle, genau wie er selbst, daß er der Aufgabe heute noch gewachsen ist. Offensichtlich ist er einem geistigen Zusammenbruch nahe, von seinem physischen Verfall gar nicht zu reden. Langjähriger Alkoholgenuß und zwei widerwärtige Frauen haben ihn fertiggemacht. Er schien sehr erfreut zu sein, als ich ihm sagte, daß ich sowohl von Cabell als auch von Hergesheimer gehört hätte, ihrer Meinung nach sei „Babbitt“ der beste je in Amerika geschriebene Roman.

Baltimore, Maryland, den 18. Oktober 1941

Vorgestern traf ich J. Harry Covington im Zug nach New York. Ich hatte ihn so lange nicht gesehen, daß ich ihn nicht gleich erkannte, als er mich ansprach. Covington war von 1909 bis 1914 Kongreßabgeordneter für die Eastern Shore Area von Maryland. 1914 gab er sein Mandat auf, um Vorsitzender des Obersten Gerichtshofs im Distrikt Columbia zu werden. Er beendete 1918 seine Richtertätigkeit und praktiziert seitdem als Anwalt in Washington.

Ich fragte ihn, wie ihm das Leben als Richter gefallen habe. Er antwortete, es sei sehr lästig, gegen Ende fast unerträglich gewesen. Seiner Ansicht nach gibt es nur zwei Arten von Juristen, die sich auf der Richterbank wohl fühlen: die trägen Burschen, die den Schlachten anderer Juristen mit Vergnügen zuhören und diesen gern die Arbeit überlassen, und die Streber, die darauf brennen, Einfluß auszuüben. Er sagte, Felix Frankfurter sei das perfekte Beispiel für die zweite Gruppe. Den gegenwärtigen Obersten Gerichtshof beschrieb er als eine Bande von Halbverrückten, von denen kaum jemand etwas von der Juristerei verstehe. Heute sei es für einen Anwalt unmöglich, seine Mandanten zu beraten, denn niemand wisse, was für Urteile der weltfremde Oberste Gerichtshof verkünden werde.

Covington stieg in Wilmington aus, woraus ich schließe, daß die du Ponts zu seinen Mandanten zählen. Im Laufe unseres Gesprächs ließ er den Hinweis fallen, daß er zu den höheren Einkommensgruppen gehört. Er ist einundsiebzig, sieht aber so dynamisch aus wie ein Mann von fünfzig. Covington ist einer der kultivierteren Vertreter der Eastern Shore Area; er erklärte mir, daß der Aufstieg von Trotteln wie T. Alan Goldsborough[185] ihn sehr bekümmere.

Baltimore, Maryland, den 22. Oktober 1941

Am Sonntag morgen, dem 12. Oktober – August und ich arbeiteten gerade im Hinterhof –, rief mich Anna Hildebrandt an und sagte, daß das Haus meines Onkels William C. Abhau in der Garrison Avenue in Flammen stehe. August und ich eilten, so schnell wir konnten, dorthin und trafen noch die Feuerwehrleute an, die gerade mit der Arbeit fertig waren. Das ganze Obergeschoß, eine Art Dachkammer, war abgebrannt, und Wasser lief durch den Rest des Hauses. Meine Schwester Gertrude hat eine Wohnung im ersten Stockwerk;

deshalb stiegen August und ich so schnell wie möglich hinauf, um festzustellen, wie groß der Schaden war. Es war jedoch kaum etwas beschädigt. Die Tapeten hingen von den Wänden herunter, die Fußböden standen unter Wasser, aber die Männer vom Rettungsdienst hatten die Teppiche zusammengerollt, die Bilder abgenommen und auf die Möbel gelegt, die in der Mitte jedes Zimmers standen. Alles war mit einer schweren Persenning abgedeckt, die das Wasser fernhielt. Meine Schwester berichtet mir nun, daß ihr Besitz fast gar nicht in Mitleidenschaft gezogen worden sei. Die Versicherung hat sich bereit erklärt, einen Experten zu schicken, der die Möbel untersuchen und notwendige kleine Reparaturen vornehmen soll. Die Hauptschäden stammen von den Fingern der Männer des Rettungsdienstes. Sie hinterließen Abdrücke, aber wenn man die Möbel ein paar Stunden poliert, werden sie wiederhergestellt sein. Der einzige Schaden, den August und ich feststellen konnten, war ein zerbrochenes Fensterbild.[186] Die Feuerwehrleute hatten es zu Boden geworfen, als sie durch ein Fenster einstiegen.

Im Erdgeschoß wohnt mein Onkel Will, der seit sieben Jahren Invalide ist. Er hat fünf oder sechs Gehirnblutungen gehabt und vegetiert nur noch vor sich hin. Die Nachbarn schleppten ihn hinaus, und als August und ich ihn fanden, saß er seelenruhig im Haus seines Schwagers ein paar Schritte weiter in derselben Straße und lächelte milde. Das Ganze schien ihn köstlich zu amüsieren. Sein Haus ist natürlich schwer ramponiert worden. Der Dachboden ist abgebrannt, die Tapeten sind überall ruiniert, die Fußböden durchnäßt und verzogen, und ein Teil des Verputzes ist zerstört. Die Versicherung hat 3 400 Dollar für die Behebung der Schäden angeboten, was mir angemessen erscheint.

Baltimore, den 29. Oktober 1941

Heute nachmittag Beerdigung von Max Brödel – eine weitere Erinnerung daran, daß meine Uhr abläuft. Wir haben seit 1911 – dreißig Jahre lang – gemeinsam am Klavier des Saturday Night Club gesessen. Max hatte eine außerordentlich geschmeidige und kraftvolle Technik und war der schnellste und sicherste Blattspieler, dem ich je begegnet bin, aber sein Anschlag war, wie der meine, etwas zu schwer. Dadurch machten wir eine Menge Lärm, wenn wir zusammen spielten, die anderen nannten uns die „Fleißigen Berthas". Wenn es einen Unterschied zwischen uns gab (abgesehen natürlich von Max' überlegener Technik), dann den, daß ich nicht ganz so heftig auf das arme Klavier einhämmerte wie er. Wie oft knurrte ich zu ihm: „Nicht so laut, Max! Da steht *pp*!" Wir müßten, mahnte ich immer wieder, die Musik wie das Flattern von Engelsschwingen oder wie das leise Plätschern pinkelnder Engel erklingen lassen. Er nahm das meistens gutmütig hin, wartete, bis ich eine Pianissimo-Passage *forte* spielte, und brüllte dann vor Lachen. Wir kamen sehr gut miteinander aus, und ich kann mich nur an ein paar unbedeutende Meinungsverschiedenheiten erinnern. Die hatten gewöhnlich mit Debatten am Biertisch, nach der Musik, zu tun. Ich lernte ihn 1910, kurz nach der Gründung des Florestan Club[187], kennen, zu dessen Stamm ich gehörte. Er trat dem Club früh bei und kam eines Abends ins Vereinshaus in der Charles Street, um uns ein Farbfoto von Max Klingers vielfarbigem Beethoven-Denkmal in Leipzig zu zeigen und darüber einen Vortrag zu halten. Seine Ausführungen über die ästhetischen Vorstellungen von Klinger waren entsetzlich weitschweifig und langweilten mich über die Maßen; sie zeugten von jener Pedanterie, die Max' unübersehbares sächsisches Erbteil war – er wirkte wie ein Schulmeister, der unbedarften Buben etwas zu erklären versucht. Wir schlossen trotzdem spontan Freundschaft; bald darauf trat er auch in den Saturday Night Club ein, der damals in Al Hildebrandts Geigengeschäft zusammenkam. Max besaß eine große Sammlung von Klavierarrangements zu vier Händen, nach und nach stellte er dem Club die meisten davon zur Verfügung. So bekamen wir fast alle klassischen Sinfonien von Haydn bis Brahms. Die Orchesterpartituren kaufte ich selbst. Manchmal erstattete der Club meine Unkosten, aber meistens nicht. Meine Bibliothek enthält heute nahezu alles, was sich zu spielen lohnt – das heißt alles, was der Club spielen kann.

Wie fast alle Musikliebhaber hatte auch Max ausgeprägte Vorbehalte gegen bestimmte Komponisten. Vergnügen bereiteten ihm Haydn, Mozart, Beethoven, Schubert, Schumann und Brahms – sie gefielen ihm am besten, wenn sie die Moll-Tonarten benutzten. Für die französische Musik hatte er wenig übrig, obwohl er eine Ausnahme bei César Francks d-Moll-Sinfonie machte. Der leichteren Musik konnte er wenig abgewinnen, doch hier nahm er die Strauß-Walzer aus. Es ist von jeher Vereinsbrauch gewesen, die Musikabende mit einem Walzer zu beschließen, gewöhnlich mit einem von Strauß, obwohl die Bibliothek auch viel von Waldteufel, Gungl, Komzák und Ziehrer enthält. Max wußte diesen Kehraus zu schätzen. „Mir ist allmählich nach Bier zumute", sagte er immer – und sobald der Klavierdeckel niederknallte, machten wir uns zum Biertisch auf. Kein Clubmitglied aß und trank herzhafter als er. Mehr noch, er war ein wahrhaft gewaltiger Esser und blieb bis zum Beginn seiner letzten Krankheit bei seinen schweren Abendmahlzeiten.

Baltimore, den 29. Dezember 1941

Das Jahr endet in finsterer Stimmung. August quält sich seit Monaten mit einem Bronchialhusten, und vor zehn Tagen ließ ein starker Wind seine alte Nebenhöhleninfektion erneut ausbrechen. Was mich angeht, so registriere ich seit mehreren Tagen ein schwaches Prickeln in der linken Hand und im linken Fuß – offenbar die ersten Warnsignale eines „Gehirnvorgangs" wie am 21. Juli 1939. Wenn es schlimmer wird, werde ich wieder außer Gefecht gesetzt sein, und es könnte mein Ende bedeuten; wenn es vorübergeht, dürfte es sich nur um eine zeitweilige Erleichterung handeln. Die kommenden Tage sehen also düster aus, und ich frage mich, wieviel ich noch vor dem unweigerlichen Ende zustande bringen kann. Seit ich mit „Newspaper Days" und der Zitatensammlung fertig bin, habe ich mich mit einer detaillierten Beschreibung meiner Tage bei der „Sun" beschäftigt. Sie umfaßt bereits etwa 200 000 Wörter, und ich bin erst beim Jahr 1935. Außerdem enthält das, was ich geschrieben habe, noch beträchtliche Lücken. Ich würde den Text gern abschließen und dann eine ähnliche Schilderung meiner Abenteuer bei und mit verschiedenen Zeitschriften beginnen. In meinen Akten befinden sich zahlreiche Dokumente; wenn ich sie nicht selber kürze und in Ordnung bringe, wird niemand anders je dazu in der Lage sein. In den vergangenen vierzig Jahren habe ich amerikanische Zeitungen und Zeitschriften als Insider beobachtet. Wenn die Geschichtsschreibung irgendeinen Wert hat, dann lohnt es sich vielleicht, die mir vorliegende und erlebte Geschichte zu Papier zu bringen. Es hat mir in meinen letzten Jahren großes Vergnügen bereitet, die Ereignisse noch einmal durchzugehen und zu beschreiben. Bisher ist, soweit ich weiß, keine wirklich ehrliche Geschichte einer Zeitung oder Zeitschrift geschrieben worden.

Ich hatte geplant, mich im Jahr 1942 einem Ergänzungsband zu „The American Language“ zu widmen. Das neue Material reicht aus für einen Band, der so umfangreich ist wie die vierte Auflage. Aber im Moment bin ich eher geneigt, meine Zeit für die erwähnten Aufzeichnungen zu nutzen. Wenn ich 1943 noch erlebe, werde ich genug Zeit haben, den Ergänzungsband zu schreiben. Die Knopfs möchten, daß ich einen dritten Band in der Art von „Happy Days“ und „Newspaper Days“ fabriziere, aber das kann warten. Ich habe schon elf Artikel für den „New Yorker“ geschrieben, die vielleicht als Kapitel für ein solches Buch in Frage kommen, und ich habe Harold W. Ross, dem Herausgeber, die Option auf alle anderen Artikel gegeben, die ich möglicherweise 1942 schreiben werde. Er hat das Recht, nicht mehr als insgesamt zwölf zu drucken und dabei seine eigene Auswahl zu treffen, aber er muß die Veröffentlichung bis Ende des Jahres abschließen. Sehr gern würde ich auch ein Buch mit dem Titel „Thoughts in War Time“ oder so ähnlich schreiben, das nach Kriegsende gedruckt werden sollte, aber es ist nicht sehr wahrscheinlich, daß ich dazu kommen werde.[188]

Trotz meines körperlichen Verfalls ist mein Geist völlig klar geblieben, die schriftstellerische Arbeit macht mir Spaß, aber ich ermüde rasch und muß öfter eine Pause einlegen. Wenn ich den ganzen Vormittag arbeite, bin ich am Nachmittag ausgelaugt, und wenn ich abends weiterarbeite, reichen die Kräfte selten länger als bis 21 Uhr. Früher konnte ich von 10 bis 22 Uhr durcharbeiten – ausgenommen die Pausen für die Mahlzeiten und vielleicht für ein kurzes Nickerchen am späten Nachmittag –, aber das kann ich jetzt nicht mehr.

Am Weihnachtsmorgen fuhr ich mit August zum Loudon Park Cemetery hinaus, wir legten einen Kranz am Familiengrabstein nieder. Es war das einundvierzigste Weihnachtsfest seit dem Tod meines Vaters, das siebzehnte seit dem meiner Mutter, das siebte seit dem Saras und das zweite seit dem meiner Schwägerin Mary. Meine Mutter beginnt allmählich in die Schattenwelt zu entweichen, aber Sara steht noch immer klar vor mir, und ich denke ständig an sie. Trotzdem bin ich fast froh darüber, daß sie nicht mehr lebt, denn die Zukunft sieht trübe aus; 1942 wird bestimmt das schlimmste Jahr meines Lebens. Bald schon werden mir die Berufspatrioten mit Forderungen nach diesem oder jenem auf die Pelle rücken, und mein Frieden wird dahinsein. Zugleich werden überhöhte Steuern mein Einkommen reduzieren, und ich werde viele Bequemlichkeiten, die ich seit langem genieße, aufgeben müssen. Mein Leben ist insgesamt angenehm gewesen. Es hat mir nie an irgend etwas gefehlt, was ich mir wirklich wünschte. Was Geld betrifft, so hatte ich stets einen Dollar mehr, als ich benötigte. Aber von nun an werden die Verhältnisse schwieriger werden. August und ich haben beschlossen, so lange wie möglich in der Hollins Street wohnen zu bleiben, unser Dienstpersonal zu behalten und behaglich zu leben. Wie lange das geht, bleibt abzuwarten – vielleicht nur noch kurze Zeit.

1942

Baltimore, den 5. Februar 1942

William Lyon Phelps' Vortrag am 2. Februar über Paul Armstrong ließ mich wieder an ein altes Projekt denken: gründlich gearbeitete Skizzen über einige der interessanteren Männer, denen ich begegnet bin. Bestimmte Figuren bieten sich von selbst an, zum Beispiel Armstrong, Max Brödel, Raymond Pearl, Theodore Dreiser und Edgar Lee Masters. Leider bleibt mir nicht mehr viel Zeit, weshalb aus der Sache wahrscheinlich nichts werden wird. Ich hoffe, daß ich einigermaßen realistische Porträts von Nathan, John Adams Thayer[189], Willard Huntington Wright und den beiden Knopfs, Vater und Sohn – in einen Bericht über meine Zeitschriftentage aufnehmen kann, den ich schreiben will, wenn ich die Aufzeichnungen über meine Zeit bei der „Sun" beendet habe; aber auch das wird vielleicht nie zustande kommen. So etwas ist nämlich nicht leicht. Es erfordert die langwierige Durchsicht von Briefen und anderen Dokumenten sowie die ermüdende Prüfung von Namen und Daten, und sobald das reibungslos vonstatten geht, ist es auch schon langweilig. Ich beschäftige mich seit Juli 1941 mit meinen „Sun"-Notizen, aber ich bin erst am Anfang des Jahres 1937 angelangt. Dabei liegt eine Reihe sehr geschäftiger Jahre noch vor mir, zum Beispiel 1938. Der gesamte Text, sollte er je beendet werden, wird etwa 350 000 Wörter haben. Meine Erinnerungen an die Zeitschriftentage werden kürzer sein, einfach weil weniger Dokumente verfügbar sind, aber trotzdem werden sie mehr als 150 000 Wörter umfassen. Wenn diese Notizen einmal zu Papier gebracht sind, werde ich einen vollständigen und präzisen Überblick über mein Berufsleben haben, und falls ich je beschließen sollte, einen ernsthaften Band mit Memoiren zu schreiben und zu veröffentlichen, ist das Material fertig aufbereitet. Das wird mir die Unterbrechungen für Recherchen ersparen, durch die sich „Happy Days“ und „Newspaper Days“ so lange hinzogen. Der Band würde kaum etwas über mein Privatleben und fast nichts über Frauen enthalten. Solche Dinge, scheint mir, gehen niemanden etwas an – ich darf nicht vergessen, daß das, was ich schreibe, nach meinem Tod von anderen gelesen wird. In Wirklichkeit gehen diese Sachen nicht einmal den Autor etwas an. Die Frauen, mit denen ein Mann schläft, sorgen für zauberhafte Episoden in seinem Leben, aber sie haben selten Einfluß auf dessen eigentlichen Verlauf. Die Ehe ist natürlich etwas ganz anderes; meine eigene war zu kurz, als daß sie eine nachhaltige Wirkung auf mich gehabt hätte. Ich stand kurz vor meinem 50. Geburtstag, als ich heiratete, meine Gewohnheiten waren längst gefestigt. Die Ehe war zu Ende, bevor ich 55 Jahre alt war, so daß ich noch genug Spannkraft besaß, um zu meiner alten Routine zurückzukehren. Seit Saras Tod im Jahre 1935 habe ich „The American Language“ umgeschrieben und erheblich erweitert, zwei Bücher mit Erinnerungen veröffentlicht, „De charlataneria eruditorum“ herausgegeben, mein Zitatenwörterbuch fertiggestellt und zahlreiche andere Sachen geschrieben. Außerdem habe ich zwei Auslandsreisen unternommen und an vielen „Sun“-Projekten mitgewirkt.

Es ist unwahrscheinlich, daß es eine offizielle Biographie von Brödel im Verlag der Johns Hopkins University Press geben wird, obwohl er sich sehr gut für diese Reihe eignen würde. Ich kenne niemanden, der einen kompetenten Text schreiben könnte; die letzten Bände der Johns-Hopkins-Biographien waren so miserabel, daß sie den Markt für solche Bücher verdorben haben. Tom Cullen, Brödels engster Freund, ist zu alt (74); er kann ohnehin nicht schreiben. Brödels Sohn Carl käme natürlich in Frage, aber Carl ist ein seltsamer Mensch: er besitzt wenig Initiative, und vor ein paar Jahren hat er, aus Südafrika zurückgekehrt, einen Nervenzusammenbruch erlitten. Inzwischen hat er sich anscheinend erholt, aber er unterscheidet sich charakterlich so sehr von seinem Vater, daß von ihm kaum eine lesenswerte Biographie zu erwarten ist. Mir fällt kein anderer auch nur entfernt in Frage kommender Kandidat ein. Damit wird Max, wie so mancher andere begabte Mensch, rasch von der Bildfläche verschwinden; wenn man sich überhaupt an ihn erinnert, dann wegen kurzer, unzulänglicher Fußnoten in den medizinischen Werken von Leuten, die ihm in den meisten Fällen weit unterlegen waren. Unter meinen engen Bekannten war er der einzige, der auf seinem Gebiet unbestritten an der Spitze stand. Es gab andere gute anatomische Zeichner, aber er war eindeutig der beste, und die meisten anderen hatten ihr Handwerk von ihm gelernt. Er war nicht nur Zeichner, sondern auch ein äußerst fachkundiger Anatom. In seinen letzten Tagen arbeitete er an einem Atlas des Ohres, der einen wertvollen Beitrag zu diesem Fachgebiet dargestellt hätte. Hin und wieder ließ er sich im Saturday Night Club dazu verleiten, über diese Arbeit zu sprechen – gewöhnlich von Louis Cheslock[190], der sich als Musikologe dafür interessierte. Es war klar, daß er das Ohr in einer nie dagewesenen Qualität wiedergeben würde und daß er fortwährend Dinge entdeckte, die für die Anatomie Neuland waren. Wie weit er die Arbeit vorangetrieben hat, weiß ich nicht – vermutlich nicht sehr weit. Ich nehme an, sie wird nicht genutzt werden, denn er hat wohl nur ein paar Zeichnungen fertiggestellt. Die übrigen existieren nur als Rohentwürfe, die keiner außer ihm durchschaut.

Seinerzeit spielte George Boyle, Dozent am Peabody-Konservatorium, eine Zeitlang als erster Pianist im Saturday Night Club. Er war Australier und ein sehr begabter Musiker. Wir schreckten vor nichts zurück. Boyle und ich spielten etwa das vierhändige Klavierarrangement einer Sinfonie, einer Suite, einer Ouvertüre oder irgendeines anderen Stückes, und die übrigen Mitglieder fielen mit ihren Instrumenten ein. Viele Instrumente fehlten natürlich, und die vertretenen waren gewöhnlich zu schwach, aber das Klavier ersetzte alle nicht vorhandenen bravourös. Boyle war ein unvergleichlich besserer Pianist als ich; gutmütig erduldete er mein unbeholfenes Secondo.

Al Hildebrandt hatte immer eine Menge Streichinstrumente in seinen Schränken, und gewöhnlich stand ein halbes Dutzend Klaviere in seinem Geschäft herum. Als Boyle das Peabody-Konservatorium und Baltimore verließ, was kurz nach der Gründung des Florestan Club gewesen sein muß, wurde Brödel sein Nachfolger. Auf wessen Empfehlung hin er in den Saturday Night Club kam, habe ich vergessen – wahrscheinlich auf Hildebrandts. Er reichte als Pianist nicht an Boyle heran, denn er war bloß Amateur, Boyle dagegen ein erstklassiger Profi; aber für die Zwecke des Clubs eignete er sich sogar noch besser als Boyle, denn er konnte hervorragend vom Blatt spielen. Und durch seinen Amateurstatus wurde er dem Grundprinzip des Clubs gerecht: nämlich dem, daß die Mitglieder zusammenkamen, weil sie gern spielten, und nicht, weil sie den Ehrgeiz hatten, ein Publikum zu begeistern. Brödels Freude an der Musik kannte keine Grenzen. Er strahlte und gluckste, wenn ein Stück anstand, das er bewunderte – vielleicht etwas von Beethoven oder Brahms, seinen Lieblingen –, er spielte akkurat und brillant, wenn auch selten mit Ausdruck und fast immer zu laut. Er hatte lange Erfahrungen mit dem Vierhändigspielen, und bald begann er, die Clubbibliothek mit Bänden von Arrangements aus seiner eigenen großen Sammlung zu bereichern. Da Hildebrandt mehrere Klaviere besaß, benutzten wir manchmal zwei statt eines einzigen. Einen ganzen Winter hindurch war unser Lieblingsstück Beethovens Klavierkonzert Nr. 5 in Es-Dur, op.73. Max spielte den Solopart, ich übernahm die Begleitung auf einem anderen Klavier, und die übrigen Mitglieder fielen ein.

Die Mitglieder kamen und gingen, wir hatten im Laufe der Zeit fast alle führenden Geigenlehrer des Peabody-Konservatoriums bei uns. Max war ein wertvoller Zugang, nicht nur als solider, zuverlässiger Allroundmusiker, sondern auch als Saufkumpan am Biertisch. Solange es Pilsner gab, trank er es in großen Mengen – sechs oder acht Seidel am Abend. Damals gingen wir nach dem Musizieren ins Hotel Rennert, wo für uns im Untergeschoß ein Privatzimmer mit eigenem Kellner reserviert war. Max bestellte Riesenportionen aus der Rennert-Küche, zum Beispiel Putenflügel mit Austernsoße, und vertilgte sie heißhungrig und schmatzend. Als Pilsner nach dem Ausbruch des Ersten Weltkriegs Mangelware wurde, gingen wir zu Michelob über. Max gewann viele auf Besuch weilende Musiker für unseren Club, meistens Mediziner, die vorübergehend im Johns Hopkins Hospital arbeiteten, sowie eine Reihe mehr oder weniger ständiger Mitglieder wie etwa Raymond Pearl. Pearl kam 1918 ans

Johns-Hopkins-Krankenhaus. Max lernte ihn kennen, und als er erfuhr, daß Pearl Bassetthorn spielte, brachte er ihn mit. Er wechselte später zum Waldhorn über und blieb Clubmitglied bis zu seinem Tod im Jahre 1940.

Die beiden verband gegenseitiger Respekt und ein gemeinsamer Geschmack, aber dahinter verbarg sich eine gewisse Feindseligkeit, wahrscheinlich rassischer Natur, denn Brödel war durch und durch Deutscher, Pearl dagegen, trotz seines Antinomismus, ein unverfälschter Yankee. Beide beklagten sich bei mir über die Manieren des anderen. Beide waren starke Esser; als Pearl 1937 auf Diät gesetzt wurde und seine Nahrungsaufnahme reduzieren mußte, ärgerte er sich, daß Brödel sich weiter vollstopfte. Nachdem die Prohibition aufgehoben worden war, trafen wir uns nach dem Musizieren meistens bei Schellhase's in der Howard Street; die beiden saßen sich am Tisch gegenüber, während ich den Platz neben Pearl hatte. Etliche Male beobachtete ich, wie Pearl zusammenzuckte, wenn sich Max eine Riesenscheibe Roggenbrot mit Butter bestrich und dann Halbkreise aus der Stulle herausbiß. Er hatte auch andere Vorbehalte, etwa gegen Max' Rülpsen, das ihm seit 1940 zur Gewohnheit geworden war. Ich war darüber auch empört und machte Max entsprechende Vorhaltungen. Er verteidigte sich mit der Behauptung, daß er gegen das Rülpsen nichts machen könne. Am Ende stellte sich heraus, daß er leider recht gehabt hatte. Die Darmkrankheit, die ihn 1941 schließlich dahinraffte, war der Grund für das Rülpsen – was damals weder er noch wir wußten.

Pearls Tod war ein schwerer Schlag für Max und für uns alle. Ende 1940 wurde klar, daß sich auch mit Max etwas Schlimmes anbahnte. Im Frühjahr 1941 merkte ich, wenn ich neben ihm am Klavier saß, daß er deutlich schlechter spielte. Vorher war es nie vorgekommen, daß er den Faden verlor oder einen Patzer machte, aber nun spielte er plötzlich fahrig, und seit Ende Juni erschien er nicht mehr im Club. Doch niemand ahnte, daß er todkrank war, nicht einmal seine Ärzte. Sie konstatierten einen etwas erhöhten Blutzuckerspiegel, den sie einem leichten Diabetes zuschrieben, und schickten sich an, diesen mit Insulin zu behandeln. Dann kam die dramatische Zuspitzung – ein paar Wochen später war der arme Max tot; er starb an Krebsgeschwüren, die sich wahrscheinlich im Magen oder in der Bauchspeicheldrüse gebildet hatten und bald in seinem ganzen Unterleib ausbreiteten.

Max hatte eine tief verwurzelte Vorliebe für die absolute, das heißt für die deutsche Musik. Der französischen Musik begegnete er mit Verachtung, aber wie Nietzsche nahm er Bizet aus. Im Club wurde selten italienische Musik gespielt; wenn, dann duldete er sie, ohne daran Gefallen zu finden. Er hielt Tschaikowski für einen Zuckerbäcker, hatte aber für Dvořák grenzenlose Bewunderung. Beethoven stellte er über alle anderen Komponisten, sogar über Bach; Brahms folgte mit geringem Abstand. Er liebte auch Mozart und Haydn, und Schubert war eine seiner Leidenschaften. Schumann gefiel ihm besser als Mendelssohn. Von volkstümlicher Musik hielt er nichts, obwohl er viel Vergnügen an Wiener Walzern fand. Ich versuchte mehrmals vergeblich, sein Interesse an diesem oder jenem Stück amerikanischer Volksmusik zu wecken. Er sah in den Werken von Männern wie Victor Herbert und Reginald DeKoven nur Schund.

Max' Allgemeinwissen außerhalb der Musik und seines Berufs war sehr begrenzt. Sogar im Rahmen der Medizin hatte er nur bescheidene physiologische und chemische Kenntnisse. Dieses Unwissen löste manchmal den gutmütigen Spott von Pearl aus, der wirklich überaus beschlagen war. Eines Abends wurde am Biertisch, wenn ich mich recht erinnere, vom Geschlechtsverkehr beim Menschen gesprochen. Max meinte, dies sei letztlich eine triviale Angelegenheit und nicht halb so aufregend, wie allgemein angenommen werde. „Schließlich dauert es selten mehr als eine Minute und nie mehr als zwei“, sagte er. Das verblüffte Pearl ebenso wie mich, und wir beide knöpften ihn uns vor. Je länger wir ihn ins Kreuzverhör nahmen, desto deutlicher wurde, daß er es ernst gemeint hatte. Als Pearl einwandte, daß sich ein Mann, der eine Dame nur für zwei Minuten unterhalte, einer groben Beleidigung schuldig mache, und zwar nicht nur ihr, sondern dem Frieden und der Würde der Menschheit gegenüber, war es an Max, Verblüffung zu zeigen. Er hatte einfach nicht gewußt, daß die Begattung nach Belieben verlängert werden kann, jedenfalls weit über die von ihm gesetzten Grenzen hinaus. Die Frage wurde im Club später noch bei verschiedenen Anlässen erörtert, doch Max blieb unbelehrbar. Im Gefolge grotesker Diskussionen dieser Art verkündete Pearl die Gründung eines Vereins, der „Society for More and Better Fucking in the Home“ genannt werden solle. Die meisten Quacksalber im Johns Hopkins Hospital – er bezeichnete Mediziner grundsätzlich als Quacksalber – sollten aufgenommen und über die elementaren Tatsachen des Lebens informiert werden. Dieser sarkastische Plan hatte einen gewissen tieferen Sinn. Denn den Medizinstudenten wird sehr viel über die sexuelle Pathologie, doch fast nichts über die normale Sexualtechnik beigebracht. Damit nicht genug, das Thema wird nur in der

Phipps-Klinik behandelt, wo man Psychiatrie lehrt! Das stellte ich fest, als ich 1939 Nachforschungen über das Johns Hopkins Hospital anstellte.

Max machte im Ersten Weltkrieg sehr unangenehme Erfahrungen, und er hätte im Zweiten Weltkrieg wohl ähnliches erlebt, wäre er am Leben geblieben. 1915 hatte er seinen üblichen Sommerurlaub in seinem Camp in Magnetawan, im oberen Kanada, abbrechen müssen; das gleiche wiederholte sich 1940. Seine Frau hielt während des Ersten Weltkriegs mutig zu ihm, aber ich weiß nicht, wie sie sich zu Beginn des Zweiten verhalten hat. Er ärgerte sich 1914 sehr, als sein enger Freund Dr. Thomas S. Cullen, ein Kanadier, Deutschland beschimpfte, blieb aber trotzdem mit ihm befreundet. Seine Stellung im Johns Hopkins Hospital wurde prekär, denn einige der führenden Persönlichkeiten dort erwiesen sich als rabiate Deutschenfresser, darunter sein alter Gönner und Mentor Dr. Howard A. Kelly und sein Vorbild Dr. William H. Welch. Trost spendete ihm in jenen Tagen Dr. William S. Halsted, der viel zu kultiviert war, um Vertrauen in den Krieg als ein Mittel zur Rettung der Demokratie zu haben. In Hitlers ersten Tagen war Max mißtrauisch Halsted gegenüber, aber der Gang der Ereignisse ließ ihn seine Meinung ändern. Merkwürdigerweise erinnere ich mich nicht, jemals nach dem Ausbruch des Zweiten Weltkrieges mit ihm darüber gesprochen zu haben. Ich traf ihn jeden Samstag abend im Saturday Night Club, aber nirgendwo sonst. Im Club war der Krieg tabu, denn es herrschten zu unterschiedliche Meinungen. Wir hatten zwei Juden unter den Mitgliedern, einen Tschechen und Amerikaner mit einem breiten Spektrum von Überzeugungen. Wir gingen nach wie vor freundschaftlich miteinander um, genau wie während des ersten Krieges, als wir die vier Jahre ohne jede Unstimmigkeit überstanden.

Max war ein vorzüglicher Koch und mixte gern delikate Dinge für seine Freunde zusammen. Während der dreizehn Jahre währenden Prohibition, als sämtliche Lokale entweder geschlossen oder anrüchig waren, traf sich der Club in den Häusern seiner Mitglieder; wenn Max an der Reihe war, bewirtete er uns wahrhaft königlich. Eine seiner Spezialitäten waren eingelegte Garnelen – das perfekte Gericht für ein spätes Abendessen. Manchmal kaufte er auch ein paar Austern und lud uns ein, sie mit ihm zu genießen. Er öffnete sie immer selber, mit sichtlichem Vergnügen. Zu Beginn der Prohibition zeigte ich ihm, wie man Bier herstellt – bald darauf hatte er sich zum besten Bierbrauer im Club entwickelt. Als er einmal mit seinem Auto aus Kanada zurückkam, schmuggelte er zwei leere Flaschen von Labatts berühmtem Ale über die Grenze, und in Baltimore züchtete er Hefe aus dem noch in den Flaschen vorhandenen Bodensatz. Aus dieser Hefe stellte er ein Ale her, das mit dem von Labatt fast identisch war. Immer wenn er den Club bewirtete, lud er auch ein paar andere Gäste ein, in der Regel Kollegen von Johns Hopkins. Ich habe oft erlebt, wie hochangesehene Mediziner an seiner Tafel besäuselt waren – Max war der Meinung, daß es sich nicht lohne, schwaches Bier zu trinken.

Sein Tod, so rasch nach dem von Pearl, war ein kaum zu verkraftender Verlust für den Saturday Night Club. Bis zu seiner letzten Krankheit war er von geradezu unbändiger Energie, er gab sich dem Vergnügen genauso inbrünstig hin wie der Arbeit, sozusagen mit Händen und Füßen, um mit Nietzsche zu sprechen. Der Club ist nun dezimiert, wiewohl er weiterbesteht. Ich sitze gewöhnlich allein am Klavier, was unser Repertoire stark einschränkt. Vor ein paar Wochen spielten wir den Samstagabend hindurch nichts als Ouvertüren. Wenn vier Hände erforderlich sind, übernimmt Louis Cheslock das Primo, aber er ist Geiger, nicht Pianist. Cheslock ist das einzige verbliebene Clubmitglied, dessen Konversation sich noch anzuhören lohnt.

Baltimore, den 10. Februar 1942

Heute zum Lunch im Maryland Club mit Samuel E. Morison[191], dem Geschichtsprofessor in Harvard. Er ist nach Baltimore gekommen, um einen Spezialkurs in amerikanischer Geschichte an der Johns Hopkins University abzuhalten. Ein ähnlicher Kurs war letztes Jahr von Dr. Charles Beard[192] veranstaltet worden. In seiner Anfangszeit war das Historische Institut der Johns Hopkins University auf die Geschichte von Maryland spezialisiert und machte sich die reichhaltigen Archivalien des Staates zunutze. Seit neuestem beschäftigt es sich mit anderen Themen, weshalb die Dokumente nicht mehr herangezogen werden. Kent R. Greenfield[193], der Institutsdirektor, stammt aus Maryland, aber sein Hauptinteresse gilt dem italienischen Risorgimento. Die übrigen Angehörigen des Lehrkörpers scheinen Nullen zu sein. Vor einiger Zeit wollten die Kuratoren Dr. Merle E. Curti[194] von der Columbia University nach Baltimore holen, aber der Akademische Senat legte sein Veto ein. Das brachte erhebliche Schwierigkeiten für Curti mit sich, denn er hatte seine Berufung für sicher gehalten und an der Columbia University bereits gekündigt. Laut Morison ist er ein wirklich kompetenter Mann und wäre ein wertvoller Neuerwerb für die Johns Hopkins University gewesen.

Morison hat offensichtlich eine geringe Meinung vom Historischen Institut, obwohl er sich natürlich hütet, dies offen zu sagen. Ich fragte ihn, mit welcher Art Studenten er es zu tun habe. Er erwiderte, es seien hauptsächlich Juden, und nur wenige ließen irgendwelche Fähigkeiten erkennen. Als einzige Graduierte hat sich bisher bei ihm eine ältere Dame beworben, die sich als so skurril erwies, daß er sie sogleich vor die Tür setzte.

Er hält eine Vorlesung über die Amerikanische Revolution und wird sich danach einem anderen amerikanischen Thema zuwenden. Morison ist ein außerordentlich sympathischer Mann, er erinnert mich ein wenig an George Cutler[195], der ebenfalls in Boston geboren wurde. Er möchte, daß ich ihm eines Tages die älteren Teile von Baltimore zeige; ich werde ihm diesen Wunsch sicher erfüllen. Wir kamen auf die Unterschiede zwischen den Großstädten an der Ostküste zu sprechen. Er machte mich auf die seltsame Tatsache aufmerksam, daß die alten Familien nur noch in Boston weiterhin in der Altstadt wohnen. In Philadelphia, Baltimore und anderswo sind sie in die Vororte gezogen. In Boston klammern sie sich an ihre alten Häuser und pflegen einen Lebensstil, der sich kaum von dem vor fünfzig oder sogar vor fünfundsiebzig Jahren unterscheidet.

Morison ist ein solider Historiker und ein vorzüglicher Schriftsteller. Von 1922 bis 1925 war er Gastprofessor für amerikanische Geschichte in Oxford. Trotz dieser Erfahrung, die amerikanische Pädagogen gewöhnlich verdirbt, hat er sich seinen Humor und seine amerikanische Perspektive bewahrt.

Baltimore, den 8. März 1942

Die folgende Passage stammt aus dem Leitartikel der „Sun" von heute:

„Die ‚Sun' ist bemüht, alle sachlichen Informationen über die militärischen und zivilen Aspekte des Krieges zu veröffentlichen, die ohne Bedenken publiziert werden können. Es werden nicht nur die Zensurvorschriften sorgfältig beachtet, sondern auch die in Kriegszeiten geltenden Auflagen, die für jede Zeitung und jeden Bürger verbindlich sind, damit keine Informationen an den Feind gelangen. Angesichts dieser Pflichten haben sich die ‚Sunpapers' freiwillig einen Zensurkodex auferlegt, der noch strenger ist als der von der Bundesregierung verlangte."

Mit anderen Worten: Zum Teufel mit den Nachrichten! Egal wie restriktiv die von den Zauberkünstlern in Washington verhängte Zensur ist – die „Sunpapers" werden sie ohne Widerspruch akzeptieren und sogar noch überbieten.

Baltimore, den 14. März 1942

Das Ende einer bedrückenden Woche. Sie begann mit Theodore Scherers Beerdigung am Dienstag und endete gestern mit J. Fred Essarys Beisetzung. Theodore wurde von einer Herzkrankheit, Fred von einer Gehirnblutung dahingerafft. Als ich Theodore vor ungefähr einem Jahr zum letztenmal sah, war er schon so verfallen, daß er kaum noch humpeln konnte. Er sagte, er könne nicht einmal einen Wohnblock weit gehen. Sein Zustand hatte sich seit 1940 stetig verschlechtert. Nachdem er im vergangenen November seinen Posten als Washingtoner Chefkorrespondent der „Sun" aufgegeben hatte, bekam er, sehr gegen seinen Willen, ein kleines Büro im National Press Building unweit, aber nicht direkt neben der „Sun"-Redaktion. Am 11. März fuhr er in die Stadt, nahm an einer Sitzung des Gridiron Club teil, traf sich dann zum Lunch mit Baumgartner, dem einstigen Presseagenten der Baltimore & Ohio Railroad, und ging danach allein in sein Büro zurück. Als er um 16 Uhr noch nicht nach Hause gekommen war, ging seine Frau voller Unruhe selber in das Büro. Sie fand ihn auf dem Fußboden liegend, von Krämpfen geschüttelt; ein paar Minuten später starb er.

Ich erfuhr am 11. März nach Mitternacht von seinem Tod. Nach einem Dinner mit George Jean Nathan war ich zurück ins Algonquin gegangen und fand dort Telegramme von Patterson und Dewey L. Fleming[196] vor. Fleming schrieb, Helen Essary wünsche, daß ich bei der Beerdigung am 13. März als Sargträger fungiere. Das bereitete mir Kopfschmerzen, denn für den Nachmittag dieses Tages war eine Vorstandssitzung bei Alfred A. Knopf, Inc. anberaumt, und am Abend war ich als Redner bei einem Dinner zu Oswald Garrison Villards[197] 70. Geburtstag engagiert worden. Ich sagte die Knopf-Vorstandssitzung ab, fürchtete jedoch, daß Villard beleidigt sein würde, wenn ich sein Dinner verpaßte. Deshalb kehrte ich am 12. März nach Baltimore zurück, verbrachte hier die Nacht, fuhr am 13. März zur Beerdigung nach Washington und machte mich um 16 Uhr von dort nach New York auf. Mein Zug traf pünktlich in der Pennsylvania Station in New York ein, aber hundert Meter vom Bahnsteig entfernt blieb er stecken und rührte sich 35 Minuten lang nicht vom Fleck. Als ich das Hotel Roosevelt erreichte, war es 20.45 Uhr und das Dinner vorbei. Die Reden waren natürlich noch nicht gehalten – ich hielt meine wie vorgesehen.

Essarys Beerdigung war sehr eindrucksvoll. Es gab keinen Gottesdienst in dem Haus in der Newark Street, aber ich fuhr trotzdem als Sargträger dorthin und sprach kurz mit Helen. Die Arme hatte zwei furchtbare Jahre hinter sich und wirkte völlig erledigt. Freds Tod war natürlich eine Erlösung für sie, aber da seine Leiche noch im Wohnzimmer aufgebahrt lag, wurde dieser Eindruck noch zurückgedrängt. Sie ist katholisch, und Fred war Baptist – die Trauerfeier wurde in der Protestant Episcopal Cathedral abgehalten. Die Kirche war voller Zeitungsleute, viele mußten stehen. Beim Gottesdienst amtierte der Senatskaplan, ein hochgewachsener, massiger, sehr theatralisch wirkender Geistlicher. Er bestritt die gesamte Liturgie allein – und auswendig.

Fred wurde auf dem Rock Creek Cemetery beigesetzt. Wir ließen den schweren Metallsarg in eines der tiefsten Gräber hinunter, die ich je gesehen habe – die Entfernung bis zum Boden schien mir mindestens drei Meter zu betragen. Der Sarg war so schwer, daß die acht Träger und die beiden Bestatter erhebliche Mühe mit ihm hatten.

Das Dinner für Villard war langweilig, wenn auch nicht ganz so monoton wie üblich. Dem Toastmeister John Haynes Holmes[198] gelang es tatsächlich, die meisten Redner auf zehn Minuten zu beschränken. Es waren insgesamt neun, Villard selbst nicht mitgerechnet. Die beste Rede hielt Carl Van Doren[199]. Er schwelgte in Erinnerungen an seine Tage bei der „Nation“ und verriet uns, daß die übrigen Redaktionsmitglieder Villard nur mit Mühe davon abbringen konnten, sowohl die Prohibition als auch die New Yorker Buchzensur zu unterstützen.

Als ich Van Doren letzte Woche in Princeton traf, wettete ich mit ihm, daß seine Rede länger als fünf Minuten dauern würde. Wer gewinnt, sollte soviel Bier trinken dürfen, wie er kann. Van Doren verlor die Wette um drei Minuten, er beglich seine Schuld nach dem Dinner in der Bar des Ritz. Unterwegs stießen wir auf S. K. Ratcliffe, den inzwischen dreiundsiebzigjährigen englischen Journalisten. Wir nahmen ihn mit, aber er hielt sich an Orangensaft. Der arme Ratcliffe schien in schlimmer Geistesverfassung zu sein. Er sagte mir (als sei das eine große Neuigkeit), die Situation der Engländer sei schlecht; Churchill habe Roosevelt in Washington erklärt, daß die Vereinigten Staaten den Pazifikkrieg ohne fremde Hilfe bestreiten müßten. Van Doren und ich taten so, als seien wir überrascht und schockiert.

Das Dinner war um 23.15 Uhr zu Ende. Während ich am erhöhten Gästetisch saß und auf die Versammlung herunterschaute, staunte ich wieder einmal über die ungünstige Wirkung, die das moralische Engagement auf die göttliche weibliche Gestalt hat. Die meisten Frauen, die ich sehen konnte, waren Weltverbesserinnen der einen oder anderen Art, und vier Fünftel von ihnen machten einen unangenehmen Eindruck – einige wirkten fast unmenschlich. Als Villard zu seiner Rede ansetzte, ging ich hinunter in den Saal, um ihn besser hören zu können, und setzte mich neben Arthur Garfield Hays und B. W. Huebsch[200]. Während der Rede ließ ich die Augen schweifen, und bald entdeckte ich eine wirklich schöne Frau. Sie war dunkel und schlank und schien aus Südamerika zu kommen. Ich erkundigte mich nach ihrem Namen, aber niemand in meiner Nähe kannte sie. Nach dem Dinner versuchte ich, sie anzusprechen, aber mittlerweile drängte sich das gesamte Publikum um den Rednertisch, um Villard die Hand zu schütteln, und sie verschwand in dem Gewirr. Was eine solche Frau bei einer Feier von Liberalen zu suchen hatte, blieb mir unklar; vielleicht war sie nur aus Versehen in den Saal geraten.

Villards Rede war albern. Er behauptete, daß sich die Demokratie trotz der gegenwärtigen militärischen Katastrophen auf lange Sicht durchsetzen werde, schon deshalb, weil sie die Tugend auf ihrer Seite habe. Im Laufe seiner Ausführungen lobte Villard die Zeitungen wegen ihrer Kriegsberichterstattung. Er erwähnte eine Reihe von Korrespondenten namentlich, darunter einige der schlechtesten. Zum Beispiel Harsch vom „Christian Science Monitor", der kürzlich ein so gräßliches Telegramm aus Australien schickte, daß es in der „Sun" einen veritablen Skandal auslöste. Villard pries auch Scharlatane wie Walter Duranty und Dorothy Thompson.

Van Doren erzählte mir im Ritz, daß das Dinner von Villard selbst arrangiert worden sei. Die junge Frau, Mary Hillyer, die angeblich die Organisation übernommen hatte, sei in Wirklichkeit seine Agentin gewesen. Das überrascht mich nicht. Solche Festlichkeiten werden in der Regel von den Ehrengästen selber inszeniert.

Meine eigene Rede war kurz und lustig. Die übrigen wurden von George McAneny, Robert E. MacAlarney, Lewis Gannett, Walter White, Elinore M. Herrick, Carl Van Doren, Joseph Schlossberg und Norman Thomas gehalten.[201] Thomas war wie immer in guter Form, ebenso White. Gannett, den ich nicht ausstehen kann, sprach viel zu lange und erwies sich als Niete. Aber der schlimmste Versager war Schlossberg, ein von seiner Mission überzeugter Gewerkschaftsführer. Die beiden Iren McAneny und MacAlarney hielten sentimentale Reden, die sehr gut beim Publikum ankamen. Ich war mehr als verblüfft, als sich die Herrick erhob. Aus irgendeinem Grunde hatte ich sie immer für eine dünne Frau mit spitzem Gesicht gehalten. Wie sich herausstellte, war sie jedoch eine riesige, aufgeblasene Matrone mit Brüsten wie Ballons und einem Hintern wie ein Taxi. Sie sprach von Villards frühem Engagement für das Frauenstimmrecht und hielt eine sehr gelungene Rede. Ich wurde ihr nach dem Dinner vorgestellt und muß zugeben, daß sie eine wirklich amüsante alte Dame ist. Sie leitet das National Labor Relations Board in der Region New York.

Baltimore, den 31. März 1942

Am 29. März (Palmsonntag) lagen 55 Zentimeter Schnee in Baltimore. Die „Sun" von gestern erwähnte natürlich den Sturm, ohne aber die Schneemenge zu nennen – und gerade darüber wollte natürlich jeder Leser informiert werden. Ich habe mich bei der Redaktion darüber beschwert, daß dies ein absurder vorauseilender Gehorsam gegenüber dem Kriegsbefehl sei, keine Wetterinformationen zu drucken, die dem Feind von Nutzen sein könnten. Ich sagte, wenn es wirklich eine Vorschrift gegen die Veröffentlichung von Schnee- oder Regenmengen gäbe, so müßte sie als sinnlos ignoriert werden. Soweit ich sehe, ist aber keine derartige Vorschrift verabschiedet worden – das Weglassen der Schneemenge war bloß ein Versuch, sich übermäßig gehorsam zu zeigen. Das scheint mir eine lächerliche und sogar gefährliche Haltung für eine Zeitung zu sein. Sie sollte im Krieg wie im Frieden bemüht sein, die Wahrheit über alle öffentlichen Angelegenheiten zu ermitteln, und sie sollte, Bürokraten hin oder her, die Wahrheit drucken – es sei denn, die nationale Sicherheit ist eindeutig gefährdet. Aber das ist ein Grundsatz, den man in der „Sun"-Redaktion aufgegeben zu haben scheint. Er war zwar im Weißbuch von 1920[202] zur offiziellen Richtschnur erklärt worden, doch das Weißbuch von 1920 ist so tot wie die Verfassung der Vereinigten Staaten.

Baltimore, den 27. August 1942

Heute ist der zwölfte Jahrestag meiner Hochzeit mit Sara. Sie ist nun seit mehr als sieben Jahren tot und weicht immer mehr ins Schattenreich zurück. Kein Tag vergeht, ohne daß ich an sie denke, aber ich habe mir jetzt mein Leben mit dem Ziel eingerichtet, ohne sie auszukommen, und das werde ich bis zum Ende tun. Trotz ihrer häufigen Krankheiten und der grausamen Ängste, die ihre Leiden begleiteten, waren meine fünf Jahre mit ihr überaus glücklich, und ich blicke mit größter Befriedigung darauf zurück. Aber manchmal frage ich mich, ob ihr Tod nicht vielleicht doch gut für sie war. Wenn sie länger gelebt hätte, wäre sie invalide, in einer unzumutbaren Verfassung und unglücklich gewesen. Als sie starb, war meine Energie noch ungebrochen, aber ein Jahr später begann ich zu verfallen, und dieses Drama hätte ihr großen Kummer bereitet.

Dann kam der Krieg mit all seinen Problemen, und nun stehen mir einige schwere Jahre bevor, immer vorausgesetzt, ich bleibe überhaupt am Leben. Nach Lage der Dinge brauche ich mir kaum viele Gedanken zu machen. Gertie ist gut versorgt, und wahrscheinlich werde ich in annehmbaren Verhältnissen bis zum Ende ausharren können. Wenn die Steuern mich in Bedrängnis bringen sollten, werde ich diese Situation nicht lange ertragen müssen, und niemand wird mit mir darunter leiden. Was mich mit Genugtuung erfüllt, ist die Tatsache, daß ich keine Kinder habe. Sara wollte immer ein Kind haben, aber ihre Krankheit zwang sie natürlich, diesen Gedanken zu verwerfen. Wenn ich heute ein Kind hätte, besonders ein kleines, wäre ich dauernden geistigen Qualen ausgesetzt. In ein paar Jahren – darüber bin ich froh – wird es keine Familie Mencken mehr in Amerika geben, denn Virginia[203] war kaum je eine Mencken und ist nun eine Morrison, und den Nachwuchs meiner Cousins zähle ich nicht. Meiner Ansicht nach beging mein Großvater einen Fehler, als er in dieses Land kam. Er war hier ein unglücklicher Mann, und seine Nachkommen hatten mit großen Schwierigkeiten zu kämpfen. Ehrlich gesagt, ich glaube, daß eine Auswanderung in jedem Fall unklug ist, jedenfalls wenn man nicht dazu gezwungen ist. Meine Aussichten in Deutschland wären, so vermute ich, genauso gut gewesen wie in Amerika (vielleicht sogar besser). Ich wurde hier geboren, ebenso wie mein Vater und meine Mutter, und ich habe alle meine 62 Jahre hier verbracht, aber es fällt mir noch immer schwer, mich in die allgemein akzeptierten Muster des amerikanischen Lebens und Denkens einzufügen. Ich bleibe ein Ausländer, selbst nach so vielen Jahren.

Baltimore, den 10. September 1942

Heute nacht wachte ich zweimal von Schmerzen in der Magengegend auf, die auch tagsüber nicht nachließen. Es sind keine starken Schmerzen, aber sie beunruhigen mich trotzdem. Oberflächlich gesehen scheint es sich nur um Sodbrennen zu handeln, aber ich weiß aus Erfahrung, daß Natriumbicarbonat dagegen nicht hilft. Aller Wahrscheinlichkeit nach rührt es von den Koronararterien her und zeigt den Beginn einer unheilbaren Herzkrankheit an. Ich kann sie nur mit Geduld ertragen.

Ich habe mich den ganzen Sommer nicht wohl gefühlt, habe aber trotzdem ein ordentliches Arbeitspensum erledigt. Mit „Heathen Days“ bin ich im Rückstand und werde es wohl nicht schaffen, das Manuskript im Oktober abzuliefern, wie ich es den Knopfs versprochen habe. Erstaunlicherweise merke ich wenig von den Beschwerden, die mich letztes Jahr und die Jahre davor heimgesucht hatten. Vermutlich hingen sie mit der infizierten Mandelspitze zusammen, die Polvogt im Frühjahr entfernt hat. Eine gewisse Erleichterung bei dem heißen Wetter hat mir auch das häufige Schlucken von Kochsalz verschafft, denn es ersetzt das durchs Schwitzen verlorene Natrium. Mit dieser einfachen Methode habe ich die lähmenden Erschöpfungen vermieden, die mich im Sommer zu befallen pflegten. Die Hitze war lästig, aber wenigstens konnte ich in den kühleren Phasen arbeiten.

Ich habe meinen Heuschnupfen in diesem Jahr nicht behandeln lassen, sondern ihn mit täglichen Dosierungen von Kalziumglukonat und Vitamin A und D bekämpft, die wahrscheinlich wirkungslos sind. Außerdem habe ich Estivin für meine Augen benutzt, aber das ist ein rein lokales Linderungsmittel. Insgesamt habe ich mich weniger geplagt als im letzten Jahr, in dem ich mich noch hatte impfen lassen. Vier oder fünf Jahre lang verschafften mir die Impfstoffe beträchtliche Erleichterung, aber dann ließ die Wirkung nach.

Baltimore, den 11. September 1942

Die Sitzfläche meines Bürostuhls, den ich seit 25 Jahren benutze, ist abgewetzt, mein Büroteppich ist verschlissen, und auch an mir sind die Verschleißerscheinungen nicht zu übersehen. Die Chinesen sagen: „Es ist später, als du denkst."

Baltimore, den 20. September 1942

Als ich am 15. September mit dem Zug nach New York fuhr, bemerkte ich in meinem Abteil einen Mann, dessen Gesicht mir irgendwie bekannt vorkam. Als der Zug Newark verlassen hatte und die kurze Strecke zur Pennsylvania Station zurücklegte, trat er auf mich zu und stellte sich vor. Angermann heiße er, er habe früher als Reporter beim „Baltimore Morning Herald" gearbeitet. Er habe gekündigt, während Oberst A. B. Cunningham noch Chefredakteur war, was vor Ende 1900 gewesen sein muß. Ich war ihm seitdem – 42 Jahre lang – nicht begegnet. Er erzählte mir, nach seiner Kündigung beim „Herald" habe er sich an einem Damenbekleidungsgeschäft beteiligt. Sein Partner und er waren so erfolgreich, daß sie Ende der zwanziger Jahre eine Kette von hundert solchen Läden überall in den Vereinigten Staaten besaßen. Die Weltwirtschaftskrise hat deren Zahl auf fünfzig reduziert, aber sie entgingen dem Bankrott und machten bald wieder hohe Gewinne. Angermann ging vor mehreren Jahren in den Ruhestand, baute sich ein Haus in Coral Gables und führt nun ein komfortables Leben. Er hat ein Büro in Miami und beschäftigt sich vormittags damit, seinen Besitz zu verwalten. Nach dem Lunch beginnt seine Freizeit. Er erkundigte sich nach meiner Gesundheit, und ich erwähnte, daß mir der Heuschnupfen zu schaffen mache. Angermann meinte, er selbst habe früher an einer schweren Form dieser Allergie gelitten, sei jedoch geheilt worden. „Wodurch?" fragte ich. Er antwortete: „Durch die Medikamente meiner Frau. Sie ist Anhängerin der Christian

Science." Ich erfuhr keine Einzelheiten mehr, denn inzwischen hatte der Zug den Bahnhof erreicht, und wir verabschiedeten uns. Angermann sagte mir nicht, daß er auch ein Christian-Science-Anhänger sei, aber er machte ganz den Eindruck. Er hatte die ruhige, selbstgefällige Art, die für Gläubige typisch ist, dazu das bleiche, teigige Gesicht.

Baltimore, den 8. Oktober 1942

Gestern abend habe ich die letzten Worte von „Heathen Days" geschrieben und Mrs. Lohrfinck das Typoskript zur Abschrift geschickt. Heute habe ich den ganzen Tag damit verbracht, meinen Durchschlag neu zu arrangieren und durchzusehen. Aber wie sich jetzt zeigt, brauche ich die Texte nicht mehr zu überarbeiten; so werde ich sie Blanche Knopf wahrscheinlich morgen zusenden. Wie „Happy Days" und „Newspaper Days", besteht das neue Buch aus rund 80 000 Wörtern und zwanzig Kapiteln. Das Titelbild wird eine Fotografie von mir sein, die Aschaffenburg im letzten Frühjahr gemacht hat. Ich sitze an meinem Schreibtisch, das Fenster hinter mir geht auf den Union Square hinaus. Das Foto wurde am Tag nach einem schweren Schneesturm aufgenommen, die Bäume und der Rasen auf dem Platz sind weiß.

Ich hatte Blanche Knopf versprochen, ihr das Manuskript bis Ende Oktober zu schicken, aber vor ungefähr einem Monat merkte ich, daß ich diesen Termin nicht schaffen würde. Nun habe ich mein Versprechen aber doch gehalten und sogar meinen eigenen ursprünglichen Zeitplan unterboten. Die Knopfs wollen das Buch am 1. März 1943 herausbringen.

Baltimore, den 7. November 1942

Gestern besuchte ich in New York zwei Witwen von Paul Armstrong, Rella und Catherine. Ich traf Catherine in einer Wohnung in der 315 East 68th Street, unweit des East River, und Rella in der Wohnung ihres Schwagers Jack in der 1 West 67th Street. Keine wußte, daß ich mich auch mit der anderen verabredet hatte. Sie gaben mir eine Menge Material für die Kurzbiographie Armstrongs, die ich im Rahmen meiner „Forty-five Years as Author and Editor" schreiben will. Ich begann mit diesem Projekt am 27. August und stellte als erstes den Anhang über Percival Pollard[204] fertig. Dann kam der Text über Armstrong. Als die Rohfassung vorlag, nahm ich mir noch einmal den Anfang vor und mache seitdem gute Fortschritte. Der Band wird etwa genauso umfangreich wie „Thirty-five Years of Newspaper Work" werden, mit Anhängen und Registern etwa 1687 Schreibmaschinenseiten. Wenn ich je damit fertig werde, habe ich den gesamten Verlauf meines Berufslebens dargestellt; den Rest meiner Tage kann ich dann neuen Büchern widmen. Als erstes werde ich mir den Ergänzungsband zu „The American Language" vornehmen. Dafür hat sich enorm viel Material angesammelt, ich brauche mindestens ein Jahr für das Buch. Ich habe vor, es genau auf die vierte Auflage von „The American Language" abzustimmen. Jeder Abschnitt wird sich auf eine Passage dieses Werkes beziehen, und die Kapitel werden genauso angeordnet sein. Aber ich hoffe, daß das geplante Buch auch für Leser interessant ist, die „The American Language" nicht kennen. Auch dieser Band soll so gestaltet werden, daß man an jeder Stelle mit der Lektüre beginnen kann.

Hätte ich mehr Zeit, würde ich gerne einige meiner

früheren Bücher gründlich überarbeiten, zum Beispiel „In Defense of Women“ [dt. „Zur Verteidigung der Frau“] und „Notes on Democracy“. Aber daraus wird wohl nichts werden, denn meine Tage werden knapp. Außerdem würde ich gern ein Buch mit dem Titel „Notes in Wartime“ (oder so ähnlich) schreiben, aber auch das ist wohl illusorisch.

1943

Baltimore, den 1. Februar 1943

Es fällt mir immer schwerer, sinnvolle Arbeit zu leisten. Nach ein oder zwei Stunden am Schreibtisch bekomme ich Schmerzen in der Herzgegend, und ich muß mich hinlegen. Vor etwa einem Jahr erholte ich mich in einer halben Stunde von einem solchen Anfall, aber jetzt dauert es zwei Stunden. Außerdem habe ich stechende Schmerzen im linken Arm und hin und wieder leichte Schwindelgefühle. Da ich jedoch gesund aussehe, glaubt jeder, ich sei in prächtiger Verfassung. Gestern habe ich mich mit meiner Einkommensteuererklärung als Verwalter des Nachlasses meiner Mutter herumgeschlagen; nach vier Stunden konzentrierter Arbeit entdeckte ich, daß mir ein schwerer Fehler unterlaufen war, so daß ich wieder von vorn anfangen mußte. Meine eigene Steuererklärung wird mich bestimmt zwei oder drei Tage in Anspruch nehmen.

Baltimore, den 4. Februar 1943

Mein Bruttoeinkommen 1942 betrug 23 499,93 Dollar, aber ich zahle nur für 14 701,66 Dollar Steuern. Meine Auslagen belaufen sich auf 5 374,08 Dollar, und ich habe 829,78 Dollar an absetzbaren Steuern gezahlt. Der Rest des Steuerabzugs besteht aus einem Spendenanteil über 2 594,41 Dollar. 1942 habe ich damit begonnen, meine Sammlung signierter Belegexemplare und anderer Muster an die Pratt Library zu geben, und zwar in drei Posten bis zum Buchstaben N. Nachdem ich die Bücher während des Sommers weggegeben hatte, teilte mir mein Steuerprüfer, der meine Erklärung für 1941 durchgesehen hatte, zu meiner Überraschung mit, daß ich den vollen Kurswert der Bücher absetzen könne, obwohl die meisten mich natürlich nichts gekostet haben. Daraufhin bat ich Major Drake von James F. Drake, Inc., New York, sie zu taxieren, aber er zog gerade in den Krieg und empfahl mir die G. A. Baker & Company, die den „Amerikanischen Buch-Tagespreis“ herausgibt. Edward Lazard, der Firmenchef, führte die Taxierung für 40 Dollar aus. Das Resultat: die drei Sendungen sind 6 170 Dollar wert. Das ist erheblich mehr als mein Spendenfreibetrag von 15 Prozent, aber ich nahm soviel in Anspruch, wie ich konnte. Die übrigen Bücher werde ich im Laufe dieses Jahres abstoßen, ich habe sie bereits schätzen lassen. Sie sind 1 734 Dollar wert, was wahrscheinlich unter meinem Spendenfreibetrag liegen wird.

Paul Patterson erzählte mir heute, daß sich sein Einkommen 1942 auf 112 000 Dollar belaufen habe und daß er mehr als 68 000 Dollar allein an Bundeseinkommensteuern zahlen müsse. Wertpapiereinnahmen und Vermögenssteuern mitgerechnet, muß er für das Jahr ungefähr achtzig Prozent seines Einkommens abführen.

Baltimore, den 18. Februar 1943

Am Sonntag, dem 14. Februar, fuhr ich nach New York und machte mich am folgenden Tag zu Alfred Knopfs Haus in Purchase auf, wo ich übernachtete. Alfred wohnt dort ganz allein; er vertraute mir unterwegs an, daß er sich sehr einsam zu fühlen beginne. Blanche kommt selten nach Purchase – nur dann, wenn Gäste eingeladen sind. Leider wird es nun fast unmöglich, irgendwelche Gäste aufzutreiben, denn das Haus steht ziemlich isoliert und ist nur mit dem Auto zu erreichen. Knopf sagte, die meisten Häuser in der Gegend seien von ihren Eigentümern aufgegeben worden; der nächste Nachbar, mit dem er auf gutem Fuß stehe, wohne zehn Kilometer entfernt. Trotzdem geht er jeden Abend spazieren; nach dem Dinner muß er sich mit der Gesellschaft seines Hundes begnügen.

Es war extrem kalt; als ich am Dienstag morgen aufwachte, zeigte das Thermometer an der Haustür –22° Celsius. Ich schlief unter zwei Decken und fühlte mich relativ wohl. Knopf selbst hat eine Heizdecke. Er sagt, sie halte ihn warm, aber anscheinend strahlt sie nicht viel Hitze ins Zimmer aus, denn in der Nacht kam sein Hund zu mir. Offenbar war es in meinem Zimmer wärmer.

Trotz seiner Einsamkeit lebt Knopf ziemlich komfortabel. Er hat eine neue Köchin, eine Schwedin, die vorzüglich zu sein scheint. Sie kochte uns als Hauptgericht einen schmackhaften Sauerbraten, den Knopf und ich kaum bewältigen konnten. Vor dem Dinner aßen wir marinierten Hering und tranken dazu Aquavit. Zum Dinner gab es einen ausgezeichneten Rheinwein, danach trank ich noch Bier.

Ich schlief sehr gut, und die große Kälte setzte mir kaum zu. Aber als ich in New York ankam und von der

Grand Central Station zum Hotel Algonquin lief, wäre ich fast erfroren. Die Temperatur in der Stadt muß so niedrig wie auf dem Lande gewesen sein, außerdem wehte ein stürmischer Westwind. Als ich im Hotel ankam, hatte ich das Gefühl, daß mir die Ohren abgefroren waren. In Baltimore herrschten etwa 0° Celsius, geradezu frühlingshafte Temperaturen.

Baltimore, den 4. März 1943

In der „Sun"-Redaktion beschäftigten wir uns gestern abend noch einmal mit dem Unfall in der Druckerei. Wieder war eine Platte durch die Luft geflogen, während die Presse auf Hochtouren lief – sie hätte leicht eine ganze Reihe von Druckern verletzen können. Die von Kavanaugh eingeleitete Untersuchung läßt vermuten, daß niemand schuld an dem Unfall ist. Die Platte, die abbrach, war vorschriftsmäßig befestigt gewesen, und es gab keine Hinweise auf Nachlässigkeit beim Betrieb der Presse. Alle, die dabei zugegen waren, sind Mitglieder der International Union. Das ist ein glücklicher Umstand, denn die Gewerkschaft versucht seit einiger Zeit, das National Labor Relations Board davon zu überzeugen, daß die „Sun" ihre Mitglieder nach Unfällen entläßt, nicht jedoch Angehörige der Redaktionsgewerkschaft.

Die Untersuchung wurde von William D. Macmillan, dem Anwalt für Gewerkschaftsangelegenheiten bei den „Sunpapers", sowie von E. P. Kavanaugh geleitet. Ich war anwesend, beteiligte mich allerdings nicht an dem Verfahren. Mrs. Lohrfinck hielt den Verlauf der Ermittlungen stenographisch fest. Zu den Zeugen gehörte John Hopkins, ein Ignorant, der 1938 während des Verfahrens vor dem National Labor Relations Board einige bemerkenswerte Meineide geleistet hatte. Er sagte, die herumfliegenden Trümmer der Platte hätten ihn fast getroffen und er habe große Angst gehabt. Alle Zeugen, darunter Alfred C. Miller, der Aufseher der Druckerei, waren sich einig, daß niemand für den Unfall verantwortlich gemacht werden könne – das heißt alle mit Ausnahme von Fred Hofsass, einem für die Pressen zuständigen Maschinisten. Hofsass, der, wie sich herausstellte, weitaus intelligenter war als die übrigen Zeugen, bestand darauf, daß irgend jemand die Verantwortung tragen müsse, und äußerte die Vermutung, daß die Platte unzureichend befestigt gewesen sei. Da ihm niemand zur Seite stand, beschloß Kavanaugh, die Ansicht Millers und der anderen zu übernehmen.

Baltimore, den 13. Mai 1943

Heute fuhr ich nach Washington zum Lunch mit General James K. Parsons im Army and Navy Club; Parsons war Befehlshaber des Dritten Korpsbereichs mit Hauptquartier in Baltimore. Er ist jetzt im Ruhestand und wohnt in San Antonio, Texas. Der alte Knabe ist in der Hoffnung nach Norden gekommen, im Krieg noch irgendeine Beschäftigung zu finden, doch obwohl er bei bester Gesundheit zu sein scheint, ist er immerhin 66 Jahre alt – die Armee kann Männer über sechzig nicht mehr verwenden. Zwar gibt es Ausnahmen – zum Beispiel George C. Marshall, den derzeitigen Generalstabschef, der 62 Jahre ist –, aber nicht viele. Alle Feldkommandeure sind viel jünger. D. D. Eisenhower, der Befehlshaber in Nordafrika, ist erst 53, viele Generäle sind noch jünger. Parsons berichtete, in der Armee gebe es kaum einen West-Point-Absolventen mit mehr als fünf Jahren Erfahrung, der nicht mindestens Oberstleutnant sei. Praktisch alle aktiven Kompanieoffiziere und fast alle Majore seien junge Männer, die seit der Einführung der Wehrpflicht als Zivilisten eingezogen wurden.

Der General blickt trotz der Erfolge in Afrika nicht allzu optimistisch in die Zukunft. Er glaubt, Hitler werde Mussolini im Stich lassen, so daß man Italien mühelos einnehmen könne, aber es sei eine gewaltige Aufgabe, die Alpen zu überschreiten und Hitler im eigenen Land anzugreifen. Die Siege in Afrika seien fast ausschließlich der Luftüberlegenheit zu verdanken. Warum Hitler seine Luftwaffe zurückgezogen habe, wisse er nicht. Mehr noch, deren gegenwärtiger Zustand sei den Armeebefehlshabern in Washington ein Rätsel. Man nehme an, daß ihm die Piloten knapp geworden seien und daß er versuche, weitere ausbilden zu lassen. Nichts deute darauf hin, daß seine Flugzeugproduktion zurückgegangen sei.

Parsons kommt aus Alabama; bei unserer letzten Begegnung erzählte er von dem Plan, aus Spaß eine kleine Tageszeitung in Talladega zu erwerben. Er berichtete, er habe Vorbereitungen getroffen, sie zu einem sehr bescheidenen Preis zu übernehmen. Aber noch bevor die Verträge unterzeichnet waren, habe sich in der Gegend Kriegsindustrie angesiedelt. Tausende von Bauerntölpeln seien herbeigeströmt, die Geschäfte florierten, und die Zeitung habe ihre Einnahmen verdoppelt und verdreifacht, wodurch der Preis unerschwinglich geworden sei. Ich fragte den General, weshalb er in San Antonio wohne. Er führte als Grund an, daß die Stadt ein mildes Klima habe und voller pensionierter Heeresoffiziere sei, wie Annapolis, wo es von pensionierten Marineoffizieren nur so wimmele. Sie seien eine angenehme Gesellschaft für ihn, und er habe keinen Mangel an Golfpartnern. Er selbst hat früher den Armeeposten in der Stadt befehligt und kennt deshalb zahlreiche Ortshonoratioren. Parsons lud mich nach San Antonio ein, aber ich sagte ihm, daß mein Gesundheitszustand eine so lange Reise wohl nicht mehr erlauben werde. Die Zugverbindungen in den Süden sind jetzt so schlecht, daß Reisen dorthin zu einem Problem werden.

Baltimore, den 4. Juli 1943

Ich habe die Anmerkungen zu den drei „Days"-Büchern, mit denen ich vor sechs bis acht Wochen begonnen hatte, fast abgeschlossen. Sie enthalten allerlei Zusätze und Korrekturen. Zu Anfang glaubte ich, alles in einem einzigen Karton unterbringen zu können, aber die Texte sind mindestens 100 000 Wörter lang, und ich werde einen extra Karton für jedes der drei Bücher benötigen.[205] Ich habe zwei Reinschriften von Mrs. Lohrfinck herstellen lassen. Eine wird nach meinem Tod in die Pratt Library gehen – mit dem Vorbehalt, daß sie bis 25 Jahre nach meinem Tod oder bis zum Jahre 1970 – je nachdem welcher Zeitpunkt weiter entfernt ist – versiegelt bleibt. Die zweite wird unter den gleichen Bedingungen einer anderen Bibliothek übergeben werden. In den Notizen befindet sich viel Material, das zur Zeit noch nicht veröffentlicht werden kann; zum Beispiel enthalten sie die wirklichen Namen der Personen, die unter fiktiven Namen in den Büchern auftauchen. Außerdem habe ich im „Sun"-Archiv viel Stoff über Gestalten aus dem alten Baltimore, wie Eugene Grannan, John Weyler, Major Richard M. Venable, Al Herford, Fred Gottlieb und Max Ways, ausgegraben.[206] Manche Ausschnitte im Archiv waren so vergilbt und brüchig, daß man sie kaum anfassen konnte. Sie sind nun auf Hadernpapier kopiert worden – damit ist wenigstens ein kleiner Teil der Geschichte von Baltimore vor dem Vergessen gerettet. Ich habe viele eigene Anmerkungen und Kommentare hinzugefügt.

Auf Drängen von Harold W. Ross habe ich auch eine neue Artikelserie für den „New Yorker" angefangen, aber es bleibt abzuwarten, wie lange ich dabei bleibe; ich will sie auf keinen Fall zu einem weiteren Buch verarbeiten. Drei Bände Erinnerungen in der gleichen Stimmungslage sind genug. Wenn ich jemals weitere Memoiren zu Papier bringen sollte, dann auf seriösere Art. Ich hoffe, früher oder später die Schilderung meiner Zeitschriftentage, mit der ich Ende 1918 steckengeblieben bin, fortsetzen zu können. Ich kann sie nicht veröffentlichen, weil einige der beschriebenen Personen noch am Leben sind, aber ich sehe keinen Grund, warum ich sie nicht in öffentlichen Bibliotheken hinterlegen sollte, wo sie, ähnlich wie „Thirty-five Years of Newspaper Work" und meine Notizen und Zusätze zu den drei „Days"-Büchern, mindestens 25 Jahre lang unter Verschluß bleiben. Heutzutage ist es, selbst wenn man alle Privatgefühle beiseite läßt, ganz unmöglich, Texte ohne jede Einschränkung zu schreiben und zu veröffentlichen. Wir werden wohl noch auf lange Sicht von der Zensur geknebelt bleiben.

Baltimore, den 12. Juli 1943

Der Krieg dauert nun fast vier Jahre, und die Vereinigten Staaten sind seit neunzehn Monaten aktiv an ihm beteiligt, aber bisher habe ich von unmittelbaren Auswirkungen auf mein eigenes Leben kaum etwas gespürt. Gewiß, ich werde daran gehindert, irgend etwas über die Kriegsthematik zu schreiben, aber das ist nicht weiter schlimm, denn ich bin alles andere als ein Propagandist, und selbst wenn ich völlig uneingeschränkt das schreiben und veröffentlichen könnte, was ich will, würde ich wahrscheinlich gar nicht erst den Versuch machen, das amerikanische Volk von seinen Torheiten abzubringen. Meiner Meinung nach ist es nicht zu retten – jedenfalls durch nichts, was einem vernünftigen Argument ähnelt. Vielleicht kommt es irgendwann durch eine Katastrophe zur Vernunft, aber das wird wohl noch eine Weile dauern. Unterdessen mache ich gelassen und friedlich weiter und schreibe trotz meines schlechten Gesundheitszustandes alles mögliche. Bisher hat mich niemand belästigt, obwohl meine Ablehnung der Position, auf deren Grundlage die Vereinigten Staaten den Krieg führen, jedem, mit dem ich auch nur entfernt Umgang habe, wohlbekannt ist. Ich bin zu alt für den Militärdienst, und es fällt mir leicht, die gelegentlichen Angebote abzulehnen, mich an der offiziellen Propaganda zu beteiligen. Niemand hat mir empfohlen, Kriegsanleihen zu erwerben, ich habe auch keine gekauft. Alle vier Bücher, die ich seit Kriegsbeginn veröffentlicht habe, sind von der Presse überwiegend positiv aufgenommen worden; man hat sie sogar wohlwollender behandelt als meine früheren Werke. Zwar werde ich in den Zeitungen, besonders im Süden, gelegentlich kritisiert, aber die Vorwürfe sind harmloser als in der Vergangenheit. Ich bekomme nach wie vor viel Post und werde häufig von Fremden, auch von Militärangehörigen, aufgefordert, die Scharlatane zu attackieren, die das Land heute in den Bankrott treiben.

Meine Situation im Hinblick auf die „Sunpapers" erscheint mir nicht ärgerlich, sondern amüsant. Man zahlt mir ein sehr großzügiges Gehalt für eine sehr leichte Arbeit, und ich stehe weiterhin auf gutem Fuß mit meinen alten Kollegen, obwohl alle wissen, daß ich ihren politischen Kurs für irrwitzig halte. Meine Beziehung zu Paul Patterson bleibt freundschaftlich, obgleich unser Verhältnis nicht mehr so eng ist wie früher, denn ich habe ihm mehr als einmal – und in sehr deutlicher Form – erklärt, wie ich seine redaktionelle Haltung einschätze. Trotzdem braucht er mich für alles, was über die Redaktionspolitik hinausgeht, und er zieht mich oft heran, wenn er Rat und Unterstützung braucht. Anscheinend glaubt er noch immer, daß ich ein guter Geschäftsmann bin. Jedenfalls fängt er nie ein größeres Projekt an, ohne mich zu konsultieren, und etliche Male konnte ich ihn überreden, festgefaßte Pläne aufzugeben. Er braucht ein ausgleichendes Element, und das weiß er auch. Seit sechs Jahren haben sowohl sein berufliches Geschick als auch sein gesunder Menschenverstand nachgelassen, in letzter Zeit hat sich diese Entwicklung sehr beschleunigt. Er ist nicht mehr der aufgeweckte Mann von einst, was meine alte Theorie bestätigt, daß es unmöglich ist, auf einem Gebiet ein Narr und auf einem anderen ein Weiser zu sein. Als er sich von den Engländern in deren Lager ziehen ließ, verließen ihn alle guten Geister; heute ist er, verglichen mit seiner Verfassung von 1920, eine wirklich klägliche Gestalt. Dabei spielt natürlich auch das bloße Vorrücken der Jahre eine Rolle. Er hat viel von seiner Energie und Initiative verloren und ist nun fraglos ein alter Mann, obwohl es ihn erstaunen würde, solche Worte zu hören. Folgenreicher war die Tatsache, daß er kein System klarer und zusammenhängender Gedanken besaß, als der Kriegsdruck begann. Er hatte sich keine ernsthaften Gedanken über die Fragen gemacht, die durch den Krieg aufgeworfen wurden, und wurde deshalb ein leichte Beute der Propagandisten. Er ist auch weiterhin von der tiefen Sehnsucht erfüllt, außerhalb der Redaktion respektiert zu werden – dies ist eines der Hauptsymptome seines beklagenswerten Minderwertigkeitskomplexes. Ich bin überzeugter denn je, daß der soziale Aufstieg aus den Niederungen beschwerlich und stürmisch ist. In Zeiten der Belastung kann ein Mensch, der diesem Weg folgt, leicht zerbrechen. Genau das dürfte mit Patterson passiert sein.

Wenn er aus England zurückkommt, ist er bestimmt unerträglich geworden – in dem Fall werde ich die „Sun" verlassen. Nachweinen wird mir wohl niemand. Aber die Tatsache, daß ich mich von der Zeitung trennen muß, wird für sie sehr viel unangenehmer sein als für mich. Künftige Historiker werden wohl auch etwas erwähnen müssen, was schon in diese Richtung weist, nämlich meine Weigerung seit Anfang 1941, weiterhin für die Zeitung zu schreiben. Allerdings bezweifle ich, daß es überhaupt solche Historiker geben wird. Die „Sun" ist längst nicht mehr, was sie einmal war, und wenn nicht alle Zeichen trügen, wird es weiter bergab mit ihr gehen. Zeitungen haben, wie die Menschen, eine Jugend, eine Zeit der Reife und ein Greisenalter. Jedenfalls steht fest, daß sich im amerikanischen Journalismus während der nächsten fünfzig Jahre ein radikaler Wandel vollziehen wird. Man wird den Zweck von Zeitungen in Frage stellen, und dabei könnten sie viele ihrer jetzigen Funktionen verlieren. Die „Sunpapers" sind auf solche Umbrüche nicht so gut vorbereitet, wie es nötig wäre. Diejenigen, die den Konzern nach dem letzten Krieg saniert haben, bringen keine Kraft mehr auf, und junge Leute mit Originalität und Dynamik sind nirgends in Sicht. Von den derzeit in der Leitung der „Sunpapers" aktiven Männern sind nur

Schmick und Swanson wirklich qualifiziert; Schmick ist aber schon sechzig und baut ab. Sein Sohn ist ein verdienstvoller junger Mann, aber genau wie Pattersons Sohn erreicht er nicht das Niveau seines Vaters.

Der allgemeine Verfall ist für mich wahrscheinlich von Vorteil, denn wenn es überall Volldampf voraus hieße wie in den zwanziger und dreißiger Jahren, wäre ich versucht, meine abnehmenden Kräfte überzustrapazieren. Doch nach Lage der Dinge bin ich in einer fast idealen Situation für einen alternden Menschen. Ich tue genau das, was ich tun möchte. An den meisten Wochentagen, den Samstag ausgenommen, schaue ich in der „Sun"-Redaktion vorbei, um mit Patterson, Black, Swanson und Schmick zu plaudern, aber wenn ich nicht auftauche, macht es auch nichts. Ich schreibe, was mir Spaß macht, und sogar die Tatsache, daß ich nicht auf den Krieg eingehen darf, inkommodiert mich nicht, denn ich habe ohnehin nicht den geringsten Wunsch, mich mit ihm zu beschäftigen. Nun rächen sich frühere Versäumnisse, und ich begnüge mich damit, die Vorgänge von außen zu beobachten. Wenn ich mich morgens schlecht fühle, bin ich nicht gezwungen, etwas zu schreiben. Alles kann auf den folgenden Tag verschoben werden. Ich gebe mir große Mühe, Terminarbeiten zu vermeiden. Sie werden mir dauernd angeboten, aber ich lehne sie fast immer ab. Meine häusliche Situation ist sehr angenehm, obwohl es an einer Frau fehlt. August und ich haben zwei gute Hausangestellte, die sich vorbildlich um uns kümmern. Die besten Mahlzeiten, die es in Baltimore gibt, werden in meinem Haus serviert. Ich schätze sie ~~so,~~ daß ich zum Lunch sehr ungern ausgehe. Ich habe irgend etwas von Lebensmittelrationierungen gehört, aber nur vage, und fast alles, was mir schmeckt, steht noch auf unserer Speisekarte. Mein Keller ist gefüllt mit ausgezeichneten Weinen und Spirituosen, und wir haben einen großen Vorrat an Konserven – er reicht, um uns eine längere Notzeit überstehen zu lassen. Und schließlich habe ich mich fast aller gesellschaftlichen Verpflichtungen entledigt. Ich gehe selten aus und empfange noch seltener Gäste. An zwei von drei Abenden nehmen August und ich in unserem Wohnzimmer ein paar gemütliche Drinks zu uns – stets erstklassige Getränke.

Meine Gesundheit verschlechtert sich weiter, aber einige der in diesem Notizbuch im Januar und Februar erwähnten Beschwerden haben sich verflüchtigt, jedenfalls im Moment. Der Druck in der Herzgegend, der mir im Februar zu schaffen machte, ist verschwunden, und ich schlafe trotz der momentanen Hitze sehr gut und habe nur wenige beunruhigende Träume. Mein Herz ist natürlich noch immer geschwächt, und ich vermute, daß mein Blutdruck steigt, aber selbst wenn das der Fall ist, bereitet mir keines von beiden bis jetzt wirklich ernste Unannehmlichkeiten. Nachdem ich das kalte Duschen für drei oder vier Jahre aufgegeben hatte, begann ich zu Anfang des jetzigen Sommers wieder damit; es scheint keine negativen Folgen zu haben. Mein Appetit ist hervorragend, und ich kann noch immer soviel Alkohol trinken, wie ich will, das heißt von Jahr zu Jahr weniger. Zur Zeit trinke ich jeden Abend drei Flaschen Bier oder zwei steife Highballs. Manchmal kann es auch mehr werden, ohne daß ich am nächsten Tag, abgesehen von einer gewissen Mattigkeit, leide. Mein Rachen fühlt sich weiterhin unangenehm an, aber ich kann damit leben. Vor ein paar Tagen ließ ich ihn von LeRoy Polvogt untersuchen. Er sagte, es gebe keine Anzeichen einer Infektion; was mich störe, sei einfach das verdickte Narbengewebe in meiner alten Mandelkrypte auf der linken Seite. Dort habe ich drei Operationen hinter mir. Ich schlug Polvogt vor, er solle versuchen, das gesamte Narbengewebe herauszuschneiden, aber er meinte, dadurch würde sich das lästige Gefühl nur noch verschlimmern. Einige feine Nervenenden scheinen in das Gewebe eingedrungen zu sein. Das Ergebnis ist eine Art Unbehagen, aber kein direkter Schmerz. Ich rauche sehr viel weniger als früher. An den meisten Tagen gebe ich mich mit drei Zigarren zufrieden, manchmal sind es sogar weniger. Seit drei oder vier Jahren rauche ich nicht mehr Pfeife.

Ich bezweifle langsam, daß ich meinen geplanten Ergänzungsband zu „The American Language" je beende. Das gesamte Material liegt vor, aber ich brauchte mindestens ein Jahr konzentrierter Arbeit, um es auf ein für den Druck geeignetes Maß zu reduzieren. Ich bin nun einmal so veranlagt, daß ich mich bei einer solchen Aufgabe maßlos übernehme. Wie behutsam ich auch anfinge – ich würde schon bald acht oder zehn Stunden am Tag arbeiten. Die Ärzte erklären mir, daß mich ein solches Tempo unweigerlich ins Verderben stürzen würde, obwohl es früher völlig normal für mich war. Ich gehe auf die Dreiundsechzig zu, was sich einfach nicht leugnen läßt. Wenn ich ein Jahr Urlaub auf dem Meer machen könnte, würde das meiner Gesundheit sicher sehr nützen, aber einen solchen Urlaub gibt es nun einmal nicht für mich. Ich fahre nur noch selten nach New York und nie mit großem Vergnügen, denn meine Besuche haben meist zur Folge, daß ich Alfred Knopf nach Purchase begleite, wo ich den Klagen seiner Frau zuhören oder sonst etwas tun muß, was mir widerstrebt. Die Eisenbahnfahrten werden immer unbequemer. Nach New York kann ich mir ziemlich leicht einen Platz verschaffen, wenn ich ihn brieflich vier oder fünf Tage im voraus bestelle, aber die Rückreise ist immer schwierig. Mehrere Male mußte ich schon einen ungünstigen Zug nehmen, weil ich in einem geeigneteren einfach keinen Sitzplatz mehr bekam.

Baltimore, den 14. Juli 1943

Gestern abend habe ich nach mehreren Fehlstarts das Vorwort zu einem neuen Buch geschrieben. Es soll aus einer Reihe kurzer Abschnitte – manchmal auch nur aus Einzelsätzen – bestehen, die ich aus meinen seit Jahren angesammelten Notizen formulieren möchte. Zusätzliches Material könnten meine Zeitschriften- und Zeitungsartikel liefern, insbesondere meine kürzeren Beiträge für den „Smart Set“ und den „American Mercury“ sowie meine Artikel für die „Baltimore Evening Sun“, aber der Großteil des Materials wird neu sein. Leitmotiv sollen Gültigkeit und Wert des gesunden Menschenverstandes sein. Den Titel überlege ich mir noch. Es könnte etwas Vages sein, zum Beispiel „This and That“, oder eine allgemeine Anspielung auf den gesunden Menschenverstand. Leider steht das Buch von Anfang an unter einem schlechten Stern, und ich bin mir nicht sicher, ob ich es je abschließen werde. Ich war mit dem Vorwort gerade fertig, als ich merkte, daß das Datum des Tages der 13. war.[207]

Baltimore, den 28. Juli 1943

Nachdem ich meine gesammelte Korrespondenz letzte Woche geordnet hatte, wollte ich die Arbeit an meinem Buch wiederaufnehmen, aber das Wetter war so drückend, daß ich mich nicht dazu aufraffen konnte. Deshalb beschloß ich, etwas mehr Zeit auf die Organisation meiner Aufzeichnungen zu verwenden. Zuerst widmete ich mich zwei Tage den Mencken-Familienunterlagen, dann erledigte ich verschiedene kleinere Sachen, schließlich beschäftigte ich mich mit Tysons Notizen über die Sprache. F. H. Tyson war Anwalt für die Standard Vacuum Oil Company in Hongkong. Als gewissenhafter Leser von „The American Language" hat er mir Anmerkungen über den Gebrauch des Englischen im Fernen Osten geschickt, während ich an der vierten Auflage saß. Ich erwähne ihn in einer Fußnote auf S. 277. Er starb vor ungefähr zwei Jahren in Hongkong, gerade rechtzeitig vor dem Überfall der Japaner, seine Frau ist mit seinen Papieren nach Amerika zurückgekehrt. Vor einiger Zeit erkundigte sie sich bei mir, ob ich Tysons Notizen haben wolle, und ich bejahte natürlich. Diese Notizen erwiesen sich als sehr umfangreich: die kleinen Umschläge, in denen sie verwahrt sind, füllten einen ganzen Karton, 45 Zentimeter lang und fast genauso breit wie hoch. Ein paar flüchtige Blicke zeigten mir, daß die Papiere allerlei Material enthielten, das mir nützlich sein könnte. Aber vieles davon würde ich nicht gebrauchen können, weshalb die Notizen sorgfältig gesichtet werden mußten. Damit bin ich gerade fertig geworden.

Die Sache hat mich dreieinhalb Tage gekostet, es waren mindestens zweieinhalbtausend Umschläge, manche enthielten ein Dutzend Zeitungsausschnitte und zusätzliche Notizen. Das meiste war für meine Zwecke dann doch nicht verwertbar, aber immerhin habe ich etwa 1 000 Ausschnitte gefunden, die ich in meinen geplanten Ergänzungsband zu „The American Language" aufnehmen kann. Die Sichtung des Materials war ermüdend, trotzdem sehr interessant, denn Tyson war ein intelligenter Mann mit einem scharfen

Blick für amüsante und erheiternde Dinge. Während ich seine Notizen durchging, konnte ich den Gedanken an das seltsame Ende all seiner Mühen nicht unterdrücken. Er muß in Hongkong Hunderte von Stunden darauf verwendet haben, Texte zu lesen und auszuschneiden. Anscheinend durchforstete er regelmäßig nicht nur die Zeitungen an der chinesischen Küste, sondern auch die Australiens, Südafrikas und der malaiischen Staaten sowie die „London Times", den „Telegraph", die „Morning Post", den „Express", den „Mirror", die „Sunday Times", den „Observer" und die „News of the World", von einer großen Auswahl an Zeitschriften gar nicht zu reden. Und hier, 16 000 Kilometer entfernt, saß nun ein Fremder, der ein Urteil über seine Arbeit fällte. Was mich interessierte, legte ich in meine eigenen Akten; was mich nicht interessierte, wanderte in den Papierkorb und dann in die Müllverbrennung auf dem Hinterhof. Ich werde mich in meinem Ergänzungsband für sein Material bedanken, das ich verwende, aber der Rest ist nun von der Erdoberfläche verschwunden.[208] Auf lange Sicht wird meinen eigenen riesigen Sammlungen das gleiche widerfahren. Selbst wenn ich einen Großteil für den Ergänzungsband heranziehe, wird vieles übrigbleiben, was nach meinem Tod jemandem in die Hände fallen dürfte, dessen Interessen sich nicht mit meinen decken. So werden meine Papiere, genau wie die von Tyson, in der Müllverbrennung enden.

Baltimore, den 11. August 1943

Heute nachmittag aus New York zurückgekommen. Am Montag (9. August) begleitete ich Blanche Knopf zum Lunch ins No. 21, und gestern abend fuhr ich zusammen mit Alfred hinaus nach Purchase. Die Hitze in New York war tagsüber höllisch, aber am späten Nachmittag fiel die Temperatur, und als ich mich in Purchase umgezogen hatte, fühlte ich mich sehr erfrischt. Wir nahmen das übliche schwere Dinner zu uns und verbrachten den Abend mit Plaudern und Grammophonhören. Außerdem versuchten wir uns an Schuberts „Rosamunde" als Klavierduett. Knopf erwies sich als schlechter Blattleser, aber nach einigen Anstrengungen wurde er einigermaßen mit dem Secondo fertig. Wenn ich das nächste Mal nach Purchase fahre, nehme ich ein paar leichtere Duette mit. Allmählich glaube ich, daß ihm sein einsames Leben in Purchase gefällt. Er interessiert sich sehr für die Instandhaltung des Anwesens und ist zufrieden, wenn er abends Manuskripte lesen, Grammophon hören und mit seinem Hund herumtollen kann. Er sagte, er habe vor kurzem ein sehr gutes Angebot für das Haus ausgeschlagen. Es wird auf 45 000 Dollar geschätzt, hat aber doppelt soviel gekostet. Vor ein oder zwei Jahren wollte Knopf es unbedingt loswerden, aber jetzt freut er sich, daß er es behalten hat und dort seinen Lebensabend verbringen kann.

Buchverlage florieren zur Zeit. Die Firma verdient Geld und sammelt Gewinne an. Leider reicht der Überschuß nicht aus, um die ungezahlten Vorzugsdividenden abzudecken. Dafür sind die gegenwärtigen Steuersätze zu hoch.

Knopf und ich unterhielten uns eine Zeitlang über meine eigenen Pläne. Er meint, ich solle mit dem geplanten Ergänzungsband zu „The American Language" sofort anfangen. Es könnte mein letztes Projekt sein, und ich sollte das angehäufte Material möglichst nicht in einem chaotischen Zustand hinterlassen. Wir sprachen auch von verschiedenen anderen Projekten. Eines betrifft eine Art Anthologie meiner Schriften: teils aus vergriffenen Büchern, aber hauptsächlich aus Zeitungen und Zeitschriften.[209] Knopf bat mich, ein Inhaltsverzeichnis vorzubereiten. Ein anderer Plan, über den wir diskutierten, betraf eine Anthologie meiner Lieblingsprosa und -dichtung. Er schlug „The Mencken Reader“ als Titel[210] vor. Ähnliche Bücher gibt es von Alexander Woollcott, W. Somerset Maugham und anderen, und alle haben sich gut verkauft. Die Amerikaner schätzen vorverdauten Lesestoff. Auch für dieses Projekt forderte Knopf mich auf, ein Inhaltsverzeichnis zusammenzustellen. Ein drittes Vorhaben bezog sich auf eine Neuauflage der drei „Days“-Bücher in einem einzigen Band, vielleicht mit ein paar zusätzlichen Kapiteln.[211] Dieses Projekt verschoben wir bis auf weiteres. Ich fragte Knopf, ob er bereit sei, „A New Dictionary of Quotations“ an die World Publishing Company aus Cleveland zu verkaufen. Diese reißt sich darum und ist für ihre hohen Verkaufszahlen bekannt. Er lehnte ab. Allerdings hofft er, daß er Harry Scherman vom Book-of-the-Month Club dazu bewegen kann, das Zitatenwörterbuch in sein Programm aufzunehmen. Das würde einen Absatz von rund 100 000 Exemplaren bedeuten. Es gibt jedoch mehrere Nachteile. Einer besteht darin, daß Scherman Autoren nur fünf Cent Tantieme pro Exemplar seiner Ausgaben zahlt. Außerdem will er die Kosten eines Neusatzes nicht tragen, den das Buch dringend braucht, da es zahlreiche Druckfehler enthält und ich viel neues Material gesammelt habe.

Baltimore, den 25. August 1943

Heute fuhr ich nach Washington, um mit Oberst Livingston Watrous, dem stellvertretenden Direktor der Special

Service Division, zu sprechen. Diese Heeresabteilung ist für sämtliche Propagandaaktionen zuständig; sie veröffentlicht Nachrichtenblätter, Zeitungen, Broschüren und Bücher für die Soldaten. Mich interessieren besonders die Broschüren über die Länder, in denen amerikanische Soldaten stationiert sind, denn die meisten Texte enthalten auch Abschnitte über die jeweiligen Landessprachen. In den Heften für Australien, Neuseeland, Nordirland und Großbritannien findet man eine Übersicht über die zwischen dem Amerikanischen und dem Englischen abweichenden Wörter. Watrous empfing mich sehr höflich, zeigte mir die Dokumente, die seine Männer vorbereiten, und stellte mich einigen seiner Untergebenen vor. Er verfügt über große Räumlichkeiten und Hunderte von Offizieren und Zivilisten. Auf seinem Schreibtisch lag ein Exemplar von „Heliogabalus". Er sagte, er lese das Stück immer wieder, und bat mich, es zu signieren, was ich tat.

Sein Büro liegt in dem berühmten Pentagon Building in Arlington, in dem ich zum ersten Mal war. Wenn das Taxi in Sichtweite des Gebäudes ist, muß es sich noch mehrere Kilometer durch das Straßenlabyrinth winden, das sich um das Gebäude herumzieht. Die Fahrbahn führt mehrmals zurück in die entgegengesetzte Richtung. Alle Besucher müssen sich an der Rezeption melden, wo ein sehr höfliches Mädchen ihr Anliegen prüft. In meinem Fall telefonierte sie mit Watrous und teilte mir dann mit, daß eine Begleiterin herunterkommen und mich zu seinem Büro bringen werde. Es könne bis zu fünfzehn Minuten dauern, bis die Dame am Empfang sei. Nach etwa zehn Minuten tauchte ein junges farbiges Mädchen auf, und ich folgte ihm durch kilometerlange Korridore. An der Rezeption hatte ich ein Abzeichen bekommen und mußte es vorweisen, als ich das eigentliche Gebäude betrat. Auf dem Rückweg mußte ich es wieder vorzeigen, zusammen mit einem Mitnahmeschein von Watrous für die Broschüren, die seine Sekretärin für mich eingewickelt hatte.

Das Pentagon Building ist so gewaltig, daß es schon fast komisch wirkt. Außerdem ist es über die Maßen häßlich. Wie ich hörte, hat es über 100 Millionen Dollar gekostet und bietet Platz für fast 100 000 Angestellte. Das umliegende Gelände, von den gewundenen Straßen zerstückelt, ist noch häßlicher als das Gebäude.

Baltimore, den 26. August 1943

Ich mühe mich seit drei Wochen ab, die Materialien für meinen geplanten Ergänzungsband zu „The American Language" zu ordnen. Sie bestehen aus Briefen, Broschüren, Zeitungs- und Zeitschriftenausschnitten sowie meinen eigenen Notizen und dürften mindestens 30 000 Einzelbelege umfassen. Sie füllen 27 Tragekästen; jetzt kann die Arbeit losgehen. Ich habe alles nach den Kapiteln von „The American Language" arrangiert und einzelne Kapitel noch in Abschnitte unterteilt. Der Ergänzungsband wird seitengenau auf meine vierte Auflage abgestimmt sein, aber ich werde genug Erklärungen geben, um ihn auch für Leser verständlich zu machen, die den ursprünglichen Band nicht besitzen. Wahrscheinlich werde ich einige neue Anhänge hinzufügen. Einer wird Dinge betreffen, die in früheren Auflagen stehen, in der vierten jedoch gestrichen wurden: zum Beispiel meine Übersetzung der Unabhängigkeitserklärung aus dem Amerikanischen ins Amerikanische. Ein weiterer wird „unartikulierten" Sprachen gewidmet sein, zum Beispiel der

Zeichensprache der Indianer, der Taubstummensprache, Rinderbrandmalen, Gesten und so weiter. Selbst im günstigsten Fall werde ich ein Jahr brauchen, um diese Arbeit abzuschließen.[212] In der Zeit wird die Bearbeitung meiner „Zeitschriftenjahre“, die inzwischen 1918 erreicht hat, liegenbleiben. Und ab und zu würde ich natürlich auch gerne ein paar Sätze für mein geplantes Glossenbüchlein formulieren, aber das wird wohl kaum möglich sein.

Baltimore, den 30. August 1943

Gestern (Sonntag) nahm ich die Ergänzung von „The American Language“ ernsthaft in Angriff. Zwischen 11 und 23 Uhr brachte ich etwa 2 000 Wörter zu Papier. Dies Buch wird eine üble Plackerei, denn zahllose Notizen müssen umständlich geprüft werden. Die Plackerei entspricht aber meiner gegenwärtigen Stimmung: ich leide unter schwerem Heuschnupfen und damit unter der üblichen Depression.

Baltimore, den 15. September 1943

Der schlimme Heuschnupfen dieses Jahres hat den Ergänzungsband zu „The American Language“ ziemlich beeinträchtigt; trotzdem habe ich bisher ungefähr 23 000 Wörter zu Papier gebracht. Ich habe sehr viel Zeit darauf verwendet, das Material zu sichten und zu ordnen. Es ist so umfangreich, daß es sorgfältig eingeteilt und untergliedert werden muß, damit ich nicht die Übersicht verliere. Inzwischen ist es so geordnet, daß ich mit dem Schreiben gut vorankommen müßte, sobald ich wieder in einem normalen Zustand bin.

Baltimore, den 23. September 1943

Heute morgen hörte ich während der Arbeit am Schreibtisch unten im Flur ein Scheppern; als ich nach unten ging, war ein Geschäftsbote gerade dabei, Emma Ball, unserem farbigen Dienstmädchen, wieder auf die Beine zu helfen. Sie war auf dem polierten Hartholzboden ausgerutscht und mit dem Kopf an die Treppe geprallt. Ich half ihm, und nach kurzer Zeit hatte sich Emma wieder erholt, obwohl sie von dem Schlag noch immer ein bißchen benommen war. Immer wieder habe ich sie davor gewarnt, die Fußböden zu stark zu bohnern. Ich selber bin dort einige Male gestürzt, eines Abends schlug ich sogar mit dem Hinterkopf auf. Aber es ist unmöglich, einer Farbigen so etwas wie Besonnenheit oder Urteilsvermögen beizubringen. Sie sind im Grunde alle wie Kinder, und selbst aus den schlimmsten Erfahrungen lernen sie nichts. Emma hatte sich anscheinend nur leichte Prellungen zugezogen, aber dieser Zwischenfall erschreckte mich doch, denn wäre sie schwer verletzt worden, hätte sich im Haus das Chaos ausgebreitet. Hester Denby, die Köchin, ist zu alt, um die ganze Arbeit allein zu machen, und es wäre sehr schwer, wieder ein so gutes Dienstmädchen wie Emma zu bekommen. Sie fing in der Cathedral Street im Sommer 1935 an, als ich das freche und unfähige Mädchen entlassen mußte, das Sara mir hinterlassen hatte. Sara hatte sie während ihrer letzten Krankheit eingestellt – wohl auch deshalb schlug sie über die Stränge. Auch Hester hatte ziemliche Einwände gegen sie, weshalb ich sie schließlich entließ. Ich fand Emma in einer Stellenvermittlung in der Mulberry Street bei Paca, seither arbeitet sie für uns. Sie ist ungewöhnlich tüchtig, hält das Haus sauber wie einen Operationssaal und ist auch eine vorzügliche Kellnerin. Ich zahle ihr

17 Dollar pro Woche und eine jährliche Prämie von 200 Dollar. Donnerstag und Sonntag nachmittags und abends sowie Samstag morgens hat sie frei. Außerdem bekommt sie jeden Sommer bezahlten Urlaub, in diesem Jahr drei statt der üblichen zwei Wochen. Vor einem Jahr ging ihr Gepäck verloren, als sie mit dem Bus in ihren Heimatort in Virginia fahren wollte. Das Gepäck enthielt ihre ganze Garderobe; sie legte eine Bescheinigung vor, aus der hervorging, daß sie etwa 130 Dollar für die Sachen bezahlt hatte. Die Greyhound Bus Company verzögerte die Entschädigung ein Jahr lang, verschanzte sich hinter irgendeiner Vorschrift der Interstate Commerce Commission und weigerte sich, Emma mehr als 25 Dollar zu erstatten. Ich gab ihr 100 Dollar und ließ ihr die 25 Dollar, als sie dann doch noch kamen. Heute erfuhr ich von Hester, daß Emma kürzlich 5,50 Dollar ausgegeben hat, um eine verlorengegangene Austerngabel, die anscheinend versehentlich im Abfalleimer gelandet war, zu ersetzen. Das soll sie künftig nicht mehr tun. Alle Schäden im Haushalt, erklärte ich Emma und Hester, gehen auf meine Kosten – sie müssen mir nur Bescheid sagen.

Der Unfall am heutigen Morgen ließ mich über meine Abhängigkeit von den beiden farbigen Frauen nachdenken. Wenn sie morgen kündigten, wären August und ich in einer wirklich verzweifelten Lage. Wahrscheinlich könnten wir den Haushalt nicht allein führen, und Bedienstete von ihrer Treue und ihren Fähigkeiten gibt es heute nicht mehr. Gewiß, teuer sind sie. Hester bekommt 22 Dollar pro Woche, dazu die gleichen Vergünstigungen und Sondervergütungen wie Emma. Aber wofür soll ich sparen? Bis jetzt kann ich sie mir leisten. Wenn die beiden gingen, wäre das Haus bald in einem schlimmen Zustand, und mit unserer Beköstigung würde es schwierig, denn das letzte anständige Restaurant in unserer Gegend, Knoop's in der Baltimore Street, nahe der Stricker Street, hat vor kurzem wegen Krankheit des Besitzers dichtgemacht. Ich esse jetzt mindestens fünfmal pro Woche mittags zu Hause und abends ohnehin immer. Donnerstag abends, wenn die Angestellten frei haben, bereiten August und ich uns gewöhnlich eine Mahlzeit aus Dosen zu. Sonntag abends stellt Hester uns einen Teller mit köstlichen Sandwiches hin, und ich trinke ein paar Flaschen Ale oder Bier dazu.

Noch abhängiger bin ich von meiner Sekretärin Rosalind Lohrfinck. Sie kennt meine Angelegenheiten in- und auswendig und erspart mir viel Arbeit. Ohne ihre Hilfe wäre ich völlig außerstande, etwas so Kompliziertes und Mühsames wie den Ergänzungsband zu „The American Language“, mit dem ich mich jetzt beschäftige, zu bewältigen. Sie ist eine überaus flinke Stenotypistin und kennt alle meine Briefpartner. Bei der Abschrift von Typoskripten grenzt ihre Genauigkeit ans Wunderbare: manchmal macht sie in einer ganzen Woche keinen einzigen Fehler. Wenn sie mir kündigte, wäre ich hilflos, und wenn die beiden farbigen Frauen mich dann auch noch verließen, wäre mir, als hätte ich einen Arm verloren.

Baltimore, den 10. Oktober 1943

Auf der Fahrt nach Purchase, New York, am 2. Oktober verpaßte ich zum zweitenmal in meinem Leben einen Zug. Ich verließ Baltimore mit einem Zug aus Pennsylvania, der um 16.45 Uhr in New York ankommen sollte, und wollte um 17.19 Uhr von der Grand Central Station nach White Plains weiterfahren. Da es ein Samstagnachmittag war mit wenig

Straßenverkehr, hatte ich genug Zeit, um von einem Bahnhof zum anderen zu Fuß zu gehen. Aber der Zug aus Pennsylvania hatte Verspätung, und als ich in ein Taxi stieg, waren es nur noch zwölf Minuten bis zur Abfahrt des Zuges in der Grand Central Station. Der Fahrer, ein Farbiger, kam zwar gut voran, aber an der Madison Avenue mußte er an einer Ampel halten, so daß ich drei Minuten zu spät auf den Bahnsteig kam. Zum Glück fuhr schon nach fünfzehn Minuten wieder ein Zug, und obwohl es ein Bummelzug war, kam ich rechtzeitig zum Dinner in Alfreds Haus in Purchase an. Zum erstenmal hatte ich einen Zug in meiner Schulzeit verpaßt, als ich im Frühjahr und Herbst täglich mit der Northern Central Bahn zurück nach Mount Washington fuhr. Ich bin sonst immer mindestens eine Viertelstunde vor Abfahrt des Zuges am Bahnhof, manchmal sogar eine halbe Stunde vorher. Ich habe mich oft damit gebrüstet, daß ich nie einen Zug verpasse, aber am 2. Oktober wurde ich von den Kriegsauswirkungen auf die amerikanischen Eisenbahnen ereilt. Die Züge aus Pennsylvania sind normalerweise fast immer pünktlich. Aber jetzt ist die Strecke beschädigt, es gibt Verspätungen und Unfälle; vor ein paar Wochen entgleiste bei der Congressional Limited in Philadelphia ein Zug, wobei mehr als fünfzig Menschen ums Leben kamen. Ich habe gerade diese Verbindung in den vergangenen dreißig Jahren regelmäßig benutzt.

Baltimore, den 31. Dezember 1943

Ich beende das Jahr in einer etwas besseren Verfassung, als ich es begann. Die alten Beschwerden in der Herzgegend, die schon 1938 auftraten, machen mir nun seltener zu schaffen, und nachts leide ich kaum noch an Atemnot. Hin und wieder gibt es Tage, an denen ich Blutfülle im Kopf und andere Symptome von erhöhtem Blutdruck registriere, aber sie sind nicht allzu häufig. Trotz ungewöhnlich starken Heuschnupfens habe ich in der zweiten Jahreshälfte bemerkenswert viel erledigen können. Es liegen mittlerweile mehr als 500 Seiten des Ergänzungsbandes zu „The American Language" in Reinschrift vor, der Text dürfte sich auf ungefähr 150 000 Wörter belaufen. Aller Wahrscheinlichkeit nach werde ich die für das Buch gesetzte Grenze bei weitem überschreiten; in dem Fall werde ich sofort mit einem zweiten Ergänzungsband beginnen. Das vorliegende Material reicht für ein halbes Dutzend solcher Bände. Die Arbeit ist oft ermüdend, aber sie gefällt mir, und an Tagen, an denen ich mich einigermaßen wohl fühle, bringe ich allerlei zustande. Die scheußliche Unpäßlichkeit, die mir vor einem Jahr so zusetzte, ist nun weniger störend; ich vermute, daß ich sie durch kaltes Duschen am Morgen überwunden habe. Es kann sein, daß dieses Duschen meinem Herzen schadet, aber auf jeden Fall fühle ich mich danach besser. Nachts schlafe ich meistens sehr gut. August und ich beschließen den Tag gewöhnlich gemeinsam mit ein paar Drinks am Kamin. Ich gehe abends nur selten aus. August trinkt eine Flasche Ale oder, seltener, einen Roggenwhisky-Highball. Mäßig alkoholisiert schlafe ich besser; ich habe noch nie negative Wirkungen festgestellt. Aber wenn ich mehr trinke, fühle ich mich am folgenden Tag etwas schwindlig und habe auch gewöhnlich eine leichte Gastritis.

Wenn Paul Patterson in der Stadt ist, besuche ich ihn meistens am Nachmittag in der „Sun"-Redaktion und bleibe dort ungefähr eine Stunde, um mit ihm, Harry C. Black, William F. Schmick oder anderen Redaktionsmitgliedern, die gerade da sind, zu plaudern. Ich höre mir gern den Redaktionsklatsch an und habe nichts dagegen, Ratschläge zu erteilen, wenn ich darum gebeten werde, aber ich tue es selten aus freien Stücken, und im großen und ganzen interessieren mich die Probleme der „Sunpapers" nicht besonders. Ihr redaktioneller Kurs ist nun so weit von allem entfernt, was mir noch vernünftig vorkommt, daß ich im Grunde nichts mehr mit der Zeitung zu tun haben will. Patterson weiß Bescheid, aber er möchte unbedingt, daß ich meinen Posten behalte, und ich sehe auch keinen Grund, warum ich 9 000 Dollar im Jahr aufgeben soll, nur um ein geringes Maß an Langeweile zu vermeiden. Ich bin noch immer „Direktor" und versäume selten eine Vorstandssitzung; Patterson konsultiert mich regelmäßig zu Fragen der Associated Press. Die Beziehungen zur AP sind denkbar schlecht, und er ist einer der Hauptverantwortlichen dafür, aber es gibt noch Möglichkeiten, ihn zur Vernunft zu rufen – solche Bemühungen sind für mich ganz unterhaltsam.

Ohne August wäre ich wirklich verloren. Wir lesen fast die gleichen Bücher, haben die gleichen Interessen und in den meisten wichtigen Fragen den gleichen Standpunkt. Es macht mir großen Spaß, abends mit ihm zusammenzusitzen. Er hat einen bissigen Humor, und seine Kommentare zu den Schwindlern, die heute die Weltpolitik bestimmen, sind oft glänzend. Manchmal fehlt mir die journalistische Arbeit für die „Sun", aber nicht sehr häufig. Diese Episode meines Lebens liegt nun endgültig hinter mir, ich möchte sie nicht wiedererwecken. Patterson geht stets von der Voraussetzung aus, daß ich bei der Berichterstattung über die beiden Nationalkonvente im Sommer mitwirken werde, aber dazu habe ich nicht die geringste Neigung. Ich könnte unmöglich über sie schreiben, ohne meine wirkliche Meinung zu sagen – für Heucheleien bin ich zu alt und zu sehr in meinen Gewohnheiten gefestigt. Die „Sunpapers", die John Owens verdorben hat, brauchen meine Hilfe nicht, und ich selbst brauche sie schon lange nicht mehr. Sie sind im Begriff, rapide auf das Niveau drittklassiger Provinzblätter abzusinken. Niemand zitiert sie. Niemand schert sich um ihre Ideen. Niemand beachtet sie. Es gab eine Zeit, in der alle ehrgeizigen jungen Zeitungsleute des Landes eine Anstellung bei ihnen anstrebten, aber das ist vorbei. Mich belustigt es, daß man sich ihrer – das heißt der Patterson-Epoche – in Zukunft überwiegend und vielleicht sogar hauptsächlich deshalb erinnern wird, weil ich in der Zeit für die Zeitung geschrieben habe. Der einzige außer mir, der auch eine gewisse nationale Beachtung gefunden hat, ist Gerald W. Johnson – er hat sich zurückgezogen, zur allseitigen Erleichterung, denn seit zehn Jahren geht es mit ihm bergab.

Ich stelle fest, daß meine Einträge in diesem Tagebuch für 1943 mehr als 65 000 Wörter umfassen (was einem stattlichen Buch entspricht).

1944

Baltimore, den 11. Februar 1944

Als ich die Pratt Library heute nachmittag in einem Schneesturm verließ, traf ich Vincent dePaul Fitzpatrick, den Chefredakteur der „Catholic Review".[213] Er drängte mich an den Eisenzaun der Kathedrale auf der anderen Straßenseite und erzählte mir von seinen Sorgen. Vor ein paar Jahren beschäftigte er anscheinend einen Jesuitenpater als Leitartikler. Dieser habe ihm viele interessante Beiträge geliefert, die jedoch unglücklicherweise eine fortschreitende Tendenz zur Heterodoxie aufwiesen. Schließlich wurde es Fitzpatrick zu bunt, er fragte einen der älteren Priester der Diözese um Rat. Der alte Priester weigerte sich zunächst, ihm zuzuhören, da ein Laie kein Recht habe, Zweifel an der theologischen Einstellung eines Geistlichen zu äußern. Aber als Fitzpatrick insistierte und ihm einen der noch ungedruckten Leitartikel vorlas, wurde es dem Priester ebenfalls mulmig, und man stellte den Jesuiten zur Rede. Doch statt Zerknirschung und Reue zeigte er nur Verachtung, riß sich den Priesterkragen ab und gab seinen Auftrag zur Rettung der Seelen zurück. Fitzpatrick wußte, daß er jetzt als Kellner in einer Kneipe in der Charles Street zwischen der Read und der Eager Street arbeitet. Ich hatte nie von dieser Episode gehört. Die anderen Jesuiten in Baltimore müssen sie mit dem Mantel des Schweigens bedeckt haben.

In der letzten Woche rief Monsignor Nelligan, der Sekretär von Erzbischof Curley, die „Sun"-Redaktion an, um heftig gegen eine ganzseitige Annonce zu protestieren, in der für die Fünf-Cent-Bücher von E. Haldeman-Julius[214] geworben wurde. Angesichts unserer Schwierigkeiten mit dem Erzbischof im Jahre 1934 war niemand in der Redaktion geneigt, Curley Aufmerksamkeit zu schenken, aber Patterson bat Schmick, mich anzurufen, und ich riet ihm, die Haldeman-Julius-Annonce nicht mehr zu drucken. Der Einwand des Erzbischofs richtet sich gegen die Tatsache, daß die Fünf-Cent-Bücher ein Heft des ehemaligen Priesters Joseph McCabe enthalten, in dem die Päpste und die Kirche heftig angegriffen werden. Mein eigener Einwand gegen Haldeman-Julius besteht darin, daß er ein höchst fragwürdiger Jude ist. Vor zwölf oder fünfzehn Jahren hatten Samuel Knopf und ich beschlossen, seine Werbung im „American Mercury“ zu streichen. Seine Fünf-Cent-Bücher sind überwiegend Schund, er verkauft sie mit Hilfe aller möglichen aggressiven Manipulationen. Eine seiner Methoden besteht darin, alte Bücher mit neuen, provozierenden Titeln zu versehen. So hat er es mit den Geschichten von Maupassant gemacht. Er nimmt immer nur eine für ein ganzes Fünf-Cent-Buch und gibt ihr auf dem Umschlag einen Titel, von dem sich Maupassant nichts hätte träumen lassen. Einige seiner Titel, obwohl sie für sich genommen nicht obszön sind, versprechen eindeutige Obszönitäten im Inhalt. Seine Bücher sind miserabel gedruckt und keine fünf Cent wert. Sie finden aber reißenden Absatz bei Schuljungen. Haldeman-Julius' richtiger Name ist Emanuel Julius. Er ging vor vielen Jahren nach Kansas, heiratete ein Mädchen namens Haldeman, eine Nichte von Jane Addams, und kombinierte ihren Nachnamen mit seinem eigenen. Sie hatte etwas Geld, und damit erwarb er die Mehrheitsanteile an dem alten „Appeal to Reason“, einer der frühen kommunistischen Zeitungen. Als sie pleite gegangen war, benutzte er ihre Druckerei für die Produktion billiger Bücher – die Fünf-Cent-Reihe ist eines der Resultate. Er hat mindestens ein Dutzend Zeitschriften gegründet, aber keine von ihnen hat sich durchgesetzt. Auch ist es ihm nie gelungen, höherpreisige Bücher zu verkaufen.

Fitzpatrick berichtete mir, daß der Anruf in der „Sun“-Redaktion wahrscheinlich nicht vom Erzbischof veranlaßt worden sei. Vermutlich habe Nelligan aus eigenem Antrieb gehandelt. Nelligan ist ein Sohn des verstorbenen John Nelligan, der viele Jahre zu den Direktoren der A. S. Abell Company gehörte. Der alte Mann war ein frommer, doch kein unterwürfiger Katholik. Zur Zeit unserer Schlacht mit dem Erzbischof riet er John Owens und mir, der Kirche Paroli zu bieten. Er gab keine spezifischen Empfehlungen zu unserer Taktik, aber er sagte unverblümt, daß wir seiner Meinung nach berechtigt seien, unseren Standpunkt mit unseren eigenen Worten zu vertreten. Ohne Nelligans Unterstützung hätte Paul Patterson, wie ich glaube, wahrscheinlich vor dem Erzbischof gekuscht. Er war äußerst besorgt.

Von Fitzpatrick erfuhr ich, daß der Erzbischof die Leitartikel der „Catholic Review" nur selten liest. Und wenn sie von seiner eigenen Linie abweichen und man ihn darauf aufmerksam macht, regt er sich nur selten auf. Offenbar ist er überzeugt, daß die Leitartikelseite einer katholischen Zeitschrift – wie die einer Tageszeitung – getrost ignoriert werden kann. Er selber sorgt lieber auf der ersten Seite für Zündstoff.

Fitzpatrick versicherte mir, es habe ihm großen Kummer bereitet, zur Zeit unserer Schlacht mit dem Erzbischof so viele Schmähungen über die „Sun" schreiben zu müssen. Ich neige zu der Annahme, daß dies nur eine nachträgliche Entschuldigung ist. Damals war er verärgert über die „Sun", weil gewisse Aufträge, die er sich als Mitglied des „Sun"-Reporterteams gewünscht hatte, an andere gegangen waren. Er wird auch nicht jünger und hat sich auf einem Posten eingerichtet, der seiner Begabung genau entspricht. Für eine Tageszeitung ist er nicht gut genug, aber die „Catholic Review" leitet er nicht ungeschickt.

Baltimore, den 18. Februar 1944

Das alljährliche Dinner der „Sun"-Zusteller-Vereinigung gestern abend war so langweilig wie immer. Es fand im Lord Baltimore Hotel statt, eine große Zahl von Gästen war erschienen – dies war das bisher größte Dinner des Vereins. Fast alle „Sunpaper"-Funktionäre – von Patterson, Black und Schmick abwärts – waren da, jeder hatte fünf Dollar Eintritt bezahlt, denn die Zusteller halten sich an die angenehme Gewohnheit, ihren Gästen zwei Wochen im voraus die Rechnung für den Eintritt zuzustellen. Ich saß an einem Tisch mit Patterson, dem Karikaturisten Yardley[215] und mehreren älteren, pensionierten Boten, darunter ein Greis namens Utermohle von 86 Jahren. Er hatte in seiner weit zurückliegenden Jugend in einer Zigarrenfabrik gearbeitet – es gab eine Menge Gesprächsstoff. Als eine der vielen zyklischen Krisen den Zigarrenhandel erschütterte, wurde er Briefträger. Das war in den frühen 1880er Jahren. Der Anfangslohn eines Briefträgers habe damals elf Dollar pro Woche betragen, erzählte er, und der Höchstlohn, auf den er nach langen Dienstjahren hoffen konnte, sei 1000 Dollar pro Jahr gewesen. Utermohle war als Staatsdiener angeblich vor Entlassung geschützt, aber als ein neuer Postminister sein Amt antrat, teilte man ihm einen einspännigen Pferdekarren zu, mit dem er die Post einsammeln sollte. Er kündigte einen Tag später und wurde Bote für die „Sun".

Der alte Knabe trank etwa acht oder zehn Gläser des zum Essen servierten Bieres – eines entsetzlichen Gebräus unbekannter Herkunft –, und ich mußte seinem Beispiel folgen. Patterson, der schon besäuselt ins Hotel gekommen war, bestellte eine Flasche Scotch, aber die Kellnerinnen erklärten ihm, es sei kein Whisky vorrätig. Daraufhin rief er den Bankettleiter zu sich; dieser holte sofort eine Flasche und steckte sie Patterson unter demonstrativen Zeichen der Geheimhaltung zu – es handele sich um seinen Privatbestand. Was die Flasche kostete, weiß ich nicht, aber ich mußte lachen, als ich das Etikett sah, denn der „Scotch" war auf den Jungferninseln gebrannt worden. Ich probierte einen Schluck – er schmeckte wie schlechter Rum, mit dem man anatomische Präparate konserviert hatte. Patterson goß sich einen damit gemixten Highball hinter die Binde, aber Yardley weigerte sich, das Zeug zu trinken und bot sich statt dessen an, in der Stadt eine Flasche echten Whisky zu besorgen. Patterson protestierte, doch Yardley verschwand und kehrte innerhalb von zehn Minuten mit einem Dreiviertelliter Vat 69 zurück. Ich hielt mich weiter an das Bier, aber Patterson, Yardley und ein paar andere am Tisch leerten die Flasche noch vor dem Ende des Abends.

Die Darbietungen waren das übliche krude Gemisch aus Vorführungen, wie man sie sonst auf Logenversammlungen erlebt. Als letzte erschien eine spanische Tänzerin. Während sie auf die Bühne hüpfte, wurden die Lichter gedämpft, und ein kleiner Kegel richtete sich auf ihren Rücken, der bis zur Hüfte nackt war. Sie tanzte einen sehr sinnlichen Tanz und ging dann zu äußerst unanständigen Verrenkungen über. Danach packte sie ein paar Männer, die in der ersten Stuhlreihe dicht am Tanzboden saßen, richtete sie auf, drückte sie eng an sich und begann eine realistische Nachahmung der Kopulation. Einige ihrer Opfer blieben ungerührt, andere schienen in größte Verlegenheit zu geraten. Der alte Utermohle drängelte sich erwartungsvoll nach vorne, aber der Tänzerin war offenbar geraten worden, ihn in Ruhe zu lassen. Der Höhepunkt war ein langer, schlüpfriger Ringkampf mit James W. Sennett, dem Vorsitzenden des Zustellerverbandes. Schließlich ließ die Tänzerin ihr Kleid fallen, entfernte ein Paar falscher Brüste und verkündete mit tiefer Baßstimme, daß sie in Wirklichkeit ein Mann sei. Das war ein amüsanter Auftritt, der mich ganz in die Irre geführt hatte. Sennett wußte natürlich Bescheid, aber die meisten anderen ahnten nichts. Der Tänzer bat die Gäste, den Sachverhalt geheimzuhalten, da er bis zum Ende des Winters noch viele andere Dinnergäste in Baltimore hinters Licht führen wolle.

Ich ging relativ früh nach Hause und lag noch vor Mitternacht im Bett. Der Abend war lang und etwas ermüdend gewesen.

Baltimore, den 17. März 1944

Paul Patterson kam gestern abend vorbei, damit wir unser seit langem aufgeschobenes Gespräch über den Nationalkonvent führen konnten. Nachdem feststand, daß beide Konvente in diesem Jahr in Chicago stattfinden würden, hatte er sofort im Hotel Blackstone Zimmer für die Journalisten der „Sunpapers“ reservieren lassen. Das war im Januar, und damals sagte er mir, er verlasse sich darauf, daß ich, genauso wie früher, an der Berichterstattung mitarbeiten würde. Ich ließ ihn schon damals wissen, daß ich keine Lust hätte, und schlug vor, daß wir uns an irgendeinem Abend zusammensetzen sollten, um die Angelegenheit zu besprechen. Seitdem hat er diese Unterredung hinausgezögert. Vor ungefähr drei Wochen erinnerte ich ihn daran, daß die Zeit knapp werde und wir die Sache regeln müßten. Er machte wieder Ausflüchte, aber gestern nachmittag rief er mich an und schlug ein Treffen für den gleichen Abend vor. Ich war einverstanden, und er kam zu mir.

Ich erklärte ihm ohne Umschweife, daß ich auf keinen Fall für die „Sun" über die Konvente berichten könne. Er hatte diese Reaktion natürlich geahnt, gab sich aber überrascht und erkundigte sich nach meinen Gründen. Ich antwortete, der Hauptgrund sei, daß sich die „Sunpapers" durch die Art und Weise, wie sie den Krieg unterstützten, so weit von meinen Vorstellungen eines korrekten Journalismus entfernt hätten, daß ich einfach nicht für sie arbeiten könne. Ich schriebe seit Anfang 1941 nicht mehr für sie und sei entschlossen, meinen Namen aus der Zeitung herauszuhalten, solange sie nicht zu einem anständigen und vernünftigen Kurs zurückkehre. Da ich keine Anzeichen für einen solchen Wandel entdecken könne und dies auch für unmöglich hielte, solange er (Patterson) Chef der Zeitung sei und John Owens ihr leitender Herausgeber, hätte ich beschlossen, daß ich für den Rest meines Lebens nichts mehr mit ihr zu tun haben wolle. Patterson nannte diese Haltung starr und unflexibel. Er könne mir persönlich garantieren, daß jeder meiner Artikel gedruckt werden würde, egal wie weit er vom politischen Standpunkt der Zeitung abweiche. Meine Art der Berichterstattung von der Pressetribüne aus habe ohnehin nichts mit der Erörterung politischer Themen zu tun – es stünde mir frei, die Teilnehmer an den beiden Konventen genau so zu schildern, wie ich sie einschätze, ohne Rücksicht auf Wert oder Unwert ihrer Ideen. Ich erwiderte, das wäre lediglich eine Scheinfreiheit. Mir würde bewußt bleiben, daß ich für eine Zeitung schriebe, der ich keine Sympathie entgegenbringen könne. Dieser Umstand würde mich stets behindern und mich – in Augenblicken extremer Belastung – zwingen, darüber nachzudenken, was ich anständigerweise schreiben dürfe und was nicht. Außerdem habe die Erfahrung mich gelehrt, daß Owens und einige andere zwischen mir und Patterson getroffene Abkommen nicht in jedem Fall einhalten würden. Ich erinnerte ihn an die Ereignisse von 1920, als ich für die „Sun" über meinen ersten Nationalkonvent berichtete. Damals hatte ich aus Chicago Zweifel daran angemeldet, daß Woodrow Wilsons Wort noch einen Pfifferling wert sei; nach meiner Rückkehr nach Baltimore über San Francisco fand ich heraus, daß J. Haslup Adams angedroht hatte, als Chefredakteur zurückzutreten, wenn ich nicht entlassen würde, und dabei war er von Owens und Frank Kent unterstützt worden. Patterson sagte, nichts dergleichen zeichne sich für 1944 ab, aber ich sagte ihm, es bleibe eine Möglichkeit, und ich beabsichtige nicht, mich einem solchen Angriff durch mir unterlegene Personen oder auch nur ihrer widerwilligen Toleranz auszusetzen. Diese Episode von 1920 sei der Auslöser für die Bemühungen gewesen, die „Sunpapers" umzustrukturieren und zu sanieren, woran ich maßgebend mitgewirkt hätte. Aber nun seien sie zu ihrem damaligen Zustand zurückgekehrt, und ich sei zu alt und zu enttäuscht von ihrem Verfall, um noch einmal solche Anstrengungen auf mich zu nehmen.

Patterson schlug mir vor, trotzdem zu den Konventen zu fahren – wenn nicht als aktiver, dann wenigstens als eine Art emeritierter Korrespondent oder auch nur als Gast. Er werde mich sonst sehr vermissen. Ich antwortete, ich würde das Spektakel natürlich auch vermissen, denn es sei das erste Mal seit 1920, daß ich es nicht erleben würde (übrigens hatte ich schon 1904 für den „Baltimore Morning Herald“ über meine beiden ersten Konvente berichtet), aber ich sei wirklich entschlossen, zu Hause zu bleiben. Bei solchen Gelegenheiten komme es unweigerlich zu Krisen, und ein alter Reporter sei psychisch unfähig, müßig dabeizustehen, wenn man Hilfe benötige. Wahrscheinlich würde ich innerhalb von 24 Stunden an der Arbeit sein, und wenn nicht, würde diese Tatsache allen anderen Korrespondenten auffallen und zahlreiche peinliche Fragen sowie eine Menge Klatsch hervorrufen. Etliche Korrespondenten würden meine Untätigkeit in ihren Berichten erwähnen, und falls sie nicht andeuteten, daß die „Sunpaper“-Organisation Probleme habe, dann würden sie mit Sicherheit Anspielungen darauf machen, daß das Alter mich wohl außer Gefecht gesetzt habe. In beiden Fällen werde man sich unangenehmen Vermutungen hingeben – kurz, es sei viel leichter und sinnvoller für mich, gar nicht erst zu den Konventen zu fahren. Meine Abwesenheit werde die Korrespondenten nicht halb so interessieren wie meine passive Anwesenheit. Im ersten Fall würden sie annehmen, daß ich ein anderes, interessanteres Projekt auf der Pfanne habe, und sich damit zufriedengeben.

Die ganze Diskussion wurde überaus freimütig geführt. Ich sagte Patterson, daß mich der Verfall der „Sunpapers“ in den vergangenen zehn Jahren sehr gräme und daß ich ihn dafür verantwortlich mache. Es sei seine Aufgabe gewesen, einen kompetenten Herausgeber zu finden, und daran sei er aus Unfähigkeit oder Nachlässigkeit gescheitert. Er erwiderte, ihm sei klar, daß er von seinen Anlagen her untauglich für den Posten sei. Redaktionelle Fragen hätten ihn stets gelangweilt, denn er sei in erster Linie ein Nachrichtenmann. Deshalb sei er geneigt, die Redaktionsseiten demjenigen zu überlassen, der sie – wie schlecht auch immer – gestalten könne, ohne ihn, Patterson, zu stören. Er selbst mische sich nur im Notfall ein, also sehr selten. Dann erkundigte er sich, warum ich nicht mehr Vorschläge gemacht hätte. Ich sagte, ich hätte darauf verzichtet, weil es mir sinnlos vorgekommen sei – nur ein allgemeiner Hinauswurf hätte das Problem lösen können, und nach der Schlacht mit dem Erzbischof sei ich 1934 überzeugt gewesen, daß es zu einem solchen Hinauswurf nicht kommen würde. In jener Schlacht habe John Owens die Oberhand über Patterson gewonnen, und die Geschichte der Zeitungen sei seitdem weitgehend die Geschichte von Pattersons Angst vor Owens. Patterson machte gar nicht erst den Versuch, dies zu bestreiten. Er habe Owens' Verrat 1934 angesichts des damaligen Feindes im Interesse der Zeitung ertragen müssen. Hätte man ihm (Owens) den Laufpaß gegeben, so hätte er die Version verbreitet, er sei zurückgetreten, weil sich die „Sun" geweigert habe, dem Erzbischof Widerstand zu leisten – und eine solche Entwicklung hätte ruinös sein können. Ich entgegnete, daß die nackten Tatsachen ausgereicht hätten, eine solche Fabel zu widerlegen. In dem lange hinausgeschobenen Statement der „Sun", das ich vorbereitet und Patterson überarbeitet hatte, war jedenfalls keine Rede von einer Unterwerfung gegenüber dem Erzbischof. Im Gegenteil, darin hätten wir seine Forderungen samt und sonders zurückgewiesen, was die Priester der Erzdiözese damals begriffen hätten und was auch heute nicht anders gesehen werde, wie mir Vincent dePaul Fitzpatrick, der Chefredakteur der „Catholic Review", noch vor ein paar Wochen versichert habe.

Wir kamen dann auf den Krieg zu sprechen, und ich sagte ihm geradeheraus, daß ich den Kurs der „Sun" nicht nur für dumm und absurd, sondern auch für einigermaßen unglücklich hielte. Sie sei auf unterwürfige und peinliche Art – gegen alle Vernunft und alle offenkundigen Tatsachen – zu den Engländern übergelaufen. Schlimmer noch, sie habe sich kriecherisch auf die unverschämtesten Diktate der Roosevelt-Zensur eingelassen und sie sogar noch überboten. Das brachte Patterson einigermaßen aus dem Gleichgewicht, denn er sieht sich selbst gern als Nachrichtenredakteur. Er beteuerte, daß die „Sun" beim Umgang mit den Kriegsnachrichten gute Arbeit geleistet habe. Insbesondere sei er stolz auf die Beiträge ihrer Korrespondenten. Ich erwiderte, diese seien in Wirklichkeit keine Nachrichtenkorrespondenten, sondern Feuilletonisten, und er selbst verhalte sich in seinem Umgang mit ihnen wie ein Feuilletonredakteur. Sie schickten ihm eine Menge geschwätziges, fröhliches und „herzerwärmendes" Material. Aber es gebe keinerlei Anzeichen dafür, daß irgendeiner von ihnen je versucht habe, den Krieg realistisch zu behandeln. Jeder Leser, der sich auf die „Sun" verlasse, müsse glauben, daß der Italienfeldzug ein glänzender Erfolg gewesen sei und daß die „Admiral Nimitz" bereits die Hälfte der japanischen Schiffstonnage versenkt habe. Mark Watson hatte sich in seinen Militärberichten alle Mühe gegeben, die Wahrheit zu schreiben, aber seit Patterson ihn nach England geschickt hat, bleibt er der Parteilinie mehr oder weniger treu, obwohl er gelegentlich behutsame Vorstöße auf das Gebiet der unbedingten Ehrlichkeit wagt. Watson ist, wie jeder weiß, ein ängstlicher Bursche, und er wäre der letzte Mensch auf Erden, der sich gegen die Politik der Zeitung sträubte. Aber was sei dann, fragte Patterson, mit dem Material der Associated Press? Hätte ich selbst nicht einen ihrer jungen Korrespondenten gelobt? Gewiß, aber das war zu Beginn des Krieges. Heute sind die AP-Berichte fast so infantil wie die der „Sun"-Korrespondenten. Kent Cooper, der Generaldirektor, ist im Grunde auch ein Feuilletonist, der sich als Nachrichtenredakteur gibt. Er zwingt die AP, auf Kosten ihrer alten hartnäckigen Genauigkeit „heitere" Berichte zu liefern. Die Hälfte der Texte, die sie versendet, ist so albern, daß kein vernünftiger Mensch ihnen glaubt. Hier hatte ich eine empfindliche Stelle getroffen, denn Patterson ist als AP-Direktor einer von Coopers entschiedenen Anhängern, und er weiß sehr gut, daß Cooper meiner Meinung nach seinen Auftrag verpfuscht hat. Zum Beispiel habe ich Patterson oft erklärt, daß Cooper für das Verfahren des Justizministeriums gegen die AP verantwortlich sei. Außerdem glaube ich, wie Patterson sehr wohl weiß, daß die Arbeit der Agentur durch eine gründliche Neuorganisation und die Berufung eines neuen Generaldirektors erheblich verbessert werden kann.

Das Gespräch wandte sich dann wieder John Owens zu, und ich erwähnte dessen unglaubliche Ignoranz in außenpolitischen Dingen. Er weiß nur das, was er im „Manchester Guardian" gelesen hat; sein größter Held in Washington ist der unmögliche Cordell Hull, einer der schamlosesten Politiker, die es je gab. Patterson verteidigte Owens, indem er behauptete, er selbst sei für die Haltung der Zeitung während des Krieges verantwortlich – und er habe die Unterstützung Englands bereits zu einem Zeitpunkt angeraten, als Owens noch Zweifel hegte. Das erscheint mir plausibel, aber es ist jedenfalls nichts, worauf der Chef einer angeblich intellektuell anspruchsvollen Zeitung stolz sein könnte. Ich hielt Patterson vor, daß die Engländer in ihm nach meiner Meinung eine leichte Beute hätten und ihn schlicht über den Tisch gezogen haben. Er setzte zu einer langen, weitschweifigen Verteidigung an, versuchte aber gar nicht erst, die Tatsachen zu leugnen. Während seiner Ausführungen wurde mir klar: a) daß er glaubt, die Engländer hätten in Nordafrika 300 000 Deutsche gefangengenommen; und b) daß er bei seinen Aufenthalten in London von einer Engländerin beherbergt wird, die eine der Frauenhilfsorganisationen leitet. Vielleicht ist es in der Tat bezeichnend, daß er den Namen der Organisation nicht kannte. Zudem brüstete er sich damit, daß sie eine Gräfin ist. Am Ende sagte er, er würde gerne im April für weitere drei oder vier Monate mit Watson nach London zurückgehen, fürchte aber, daß die Nationalkonvente dies unmöglich machen. Ich erwiderte, ich sähe keine Notwendigkeit für ihn, zu den Nationalkonventen zu fahren. Es werde ohnehin zuwenig Papier geben, so daß man auf die übliche „Sunpaper"-Art (oder wenigstens so ähnlich) über die Ereignisse nicht werde berichten können. Warum überlasse er diese Aufgabe nicht einfach Dewey Fleming und Paul Ward, denen die Heimatredaktion die erforderliche Hilfestellung geben könne? Wenn Roosevelt nicht wider Erwarten beschließt zurückzutreten, würden die Artikel ohnehin nicht gerade aufregend werden. Die AP-Berichte reichten bei der derzeitigen Haltung der „Sun" völlig aus.

Dann wandten wir uns anderen Themen zu, und ich machte die überraschende Entdeckung, daß Patterson erschreckend unwissend ist, was die Verfassung der Vereinigten Staaten betrifft, und sie wahrscheinlich seit Jahren nicht aufgeschlagen hat, wenn er überhaupt je einen Blick in sie geworfen hat. Er fragte mich ganz unschuldig, warum die Bill of Rights als separates Dokument gelte, und er schien verblüfft zu sein, als ich ihm erklärte, daß sie in den Zusatzartikeln niedergelegt ist. Er bat mich, ihm kurz zu erklären, wie es dazu gekommen sei, was ich tat. Außerdem skizzierte ich ihm die Geschichte der Verfassung – er schien etwas ihm völlig Neues zu erfahren. Am Ende bat er mich, ihm ein knappes Werk über die Verfassung zu empfehlen, das ihm deren Inhalt komprimiert vermitteln könne. Ich antwortete, daß es viele derartige Bücher gebe, daß es aber weniger zeitaufwendig und weitaus sinnvoller sei, die Verfassung selbst zu lesen. Das sei innerhalb von fünfzehn Minuten zu bewerkstelligen, was ihn von neuem überraschte. Würde ich ihn nicht so gut kennen, hätte ich geglaubt, er wolle mich auf den Arm nehmen. Aber aus seinen Worten ging eindeutig hervor, daß seine Ignoranz nicht vorgetäuscht war. Er liest nie etwas anderes als Zeitungen, und selbst dabei beschränkt er sich streng auf die „Sunpapers". Die einzigen Zeitschriften, die er zusätzlich liest, sind „Time", „Life" sowie „Editor and Publisher". Er liest die Unterlagen für seine tägliche Arbeit ausgesprochen ungern. Immer wieder schiebt er einen Stapel Papiere von der AP über seinen Schreibtisch und bittet mich, die Texte zu lesen und ihm meine Meinung dazu zu sagen. Jedesmal, wenn ich das tue, schließt er sich meiner Meinung an und macht sie zu seiner eigenen. Seine düsteren Abende zu Hause, bei denen er die Aufsicht über seine lärmende Familie führt, werden von Rundfunkgeplärre untermalt. Er hört sich sämtliche Programme an, sogar die schlimmsten unter den sogenannten humoristischen. Ich habe sein Haus nie betreten, ohne ihn zu bitten, er möge das Radio abschalten. Soviel ich weiß, hat er kein einziges Mal versucht, ein Programm mit anständiger Musik einzustellen.

Ich sagte, mein Gehalt sollte meines Erachtens wieder nach unten revidiert werden wie bereits Anfang 1941. Da ich im Grunde ein politischer Kommentator sei, könne mich niemand von der Überzeugung abbringen, daß ich den „Sunpapers" nie wieder in dieser Funktion dienen werde – es sei denn in dem unwahrscheinlichen Fall, daß ich ihn, Patterson, überlebe. Sie hätten sich so weit von meiner Idealvorstellung einer intelligenten Zeitung entfernt, daß ich nichts mehr mit ihnen zu tun haben wolle. Sie seien jetzt genau wieder in den Niederungen, aus denen wir sie 1920 herauszuziehen versucht hatten; mehr noch, sie seien zu jener öden Orthodoxie zurückgekehrt, welche die letzten Tage unter den Abells gekennzeichnet hatte. Wenn sie sich unabhängig gäben, sei das nur eine Vorspiegelung falscher Tatsachen, gemildert durch eine kindische Form der Selbsttäuschung. Sie würden zwar Opposition gegen eine vierte Amtszeit von Roosevelt betreiben, ihn jedoch unterdessen bei der Kriegstreiberei unterstützen, die eine Wiederwahl so gut wie unvermeidlich mache. Vor einiger Zeit bot Patterson mir eine Wette um ein Dinner für sechs Personen an, daß die „Sunpapers" Roosevelt 1944 *nicht* unterstützen würden. Ich ging nur zu gern auf die Wette ein und sagte ihm, daß ich zu verlieren hoffte. Patterson erwähnte diese Absprache, und ich bekräftigte meine Hoffnung. Dann fuhr er fort, er wolle unbedingt dafür sorgen, daß sich die Zeitung für jeden Kandidaten der Republikaner einsetzt, sogar für Bricker. Ich mußte lachen. „Es wird so aussehen, als ob wir ihn unterstützen, aber John

Owens wird Cordell Hull zehnmal so oft loben wie Bricker, und Ham Owens wird sich für den New Deal wie immer auf seine verstohlene Art einsetzen."

Wir kamen auf die Leitartikler zu sprechen, und ich sagte, nach meiner Meinung gebe es keinen einzigen erstklassigen oder auch nur zweitklassigen Mann in der jetzigen Redaktion. Von allen, die seit 1920 auf ihrem Posten sind, hat nur Gerald W. Johnson in der Öffentlichkeit auf sich aufmerksam gemacht, aber seit zehn Jahren geht es bergab mit ihm, und in den letzten fünf Jahren war er kaum mehr als ein bockiges Kind. Die anderen sind allesamt Nieten. In den Jahren nach 1920 waren einige begabte Leute zur Zeitung gestoßen, zum Beispiel James M. Cain und Paul Palmer, aber keiner blieb lange. Nach 1930 empfahl ich niemanden mehr, denn die besten Männer waren ohnehin mißtrauisch gegenüber der „Sun", und ich hätte ungern einem guten Journalisten geraten, unter den beiden Owens' zu arbeiten. Von Zeit zu Zeit drängte Patterson mich, ihm fähige Männer zu besorgen. Einmal versprach er mir sogar, wenn ich einen wirklich erstklassigen Mann entdeckte, ihn den beiden Owens' vor die Nase zu setzen. Ein anderes Mal bot er mir selbst den Posten an, und einmal schlug er vor, mich zum Vizepräsidenten mit Zuständigkeit für sämtliche redaktionellen Fragen zu ernennen. Aber mittlerweile ahnte ich, daß die Situation im Grunde hoffnungslos war und daß ich einem wirklich guten Mann einen Bärendienst erweisen würde, wenn ich ihn unter solchen Umständen an die „Sun" vermittelte. Mit dieser Meinung hielt ich gestern abend keineswegs hinter dem Berg. Patterson hörte sich meine Vorstellungen ruhig an. Es ist unübersehbar, daß er keinerlei Interesse an redaktionellen Angelegenheiten hat. Seine drittklassigen Mitarbeiter entsprechen durchaus seinen Ansprüchen. Sie haben keine Ideen, und die meisten können nicht schreiben, aber sie sind wenigstens bereit nachzubeten, was die beiden Owens' ihnen vorsagen.

Um 23 Uhr kam Bender, einer der „Sun"-Chauffeure, um Patterson nach Hause zu fahren. Wir hatten drei steife Scotch-Highballs getrunken, zwei hatte sich Patterson schon zu Hause, vor dem Dinner, genehmigt. Jetzt war er in jovialer Stimmung und bot Bender einen Drink an. Der nahm eine Zigarre, lehnte den Drink aber ab, weil er während der Arbeit nie Alkohol anrühre. Er setzte sich eine halbe Stunde an den Kamin, hörte dem belanglosen Schlußgeplänkel unseres Gesprächs zu und fuhr dann seinen Chef nach Hause. Der Abend hat mich melancholisch gestimmt. Deprimierend, zu erleben, welchen Tiefpunkt die „Sunpapers" erreicht haben, und noch deprimierender, Pattersons behäbige Selbstgefälligkeit mit ansehen zu müssen. Er hatte in Baltimore eine glänzende Chance, doch er hat sie vertan. Er hätte eine Zeitung machen können, wie es im ganzen Land keine gab, aber er hat nur ein profitables, aber unsäglich langweiliges und dümmliches Parteiorgan zustande gebracht. Am Ende werden die Engländer ihn auslachen – vielleicht tun sie es schon jetzt. Sie haben eine Begabung dafür, ehrgeizige, aber ungebildete Männer anzulocken, aber vielleicht sollte man sie auch dafür bewundern, daß sie ihren Opfern nie den geringsten Respekt bezeigen.

Heute nachmittag sagte Patterson in der Redaktion, er könne nicht glauben, daß ich mich wirklich von den Nationalkonventen fernhalten würde. „Diese Frage ist noch offen", sagte er. „Es gibt keine Frage, die sich mit größerer Sicherheit verneinen läßt", antwortete ich. Dann kam ich wieder auf mein Gehalt zurück, über das wir gestern abend zu keiner Einigung gekommen waren. Er behauptete, es sei keineswegs zu hoch – ich hätte es durch meinen Einsatz in Gewerkschaftsangelegenheiten und ähnlichen Bereichen mehr als verdient. Alle anderen wichtigen Amtsträger in der Redaktion, in den oberen wie in den unteren Etagen, bezögen ein höheres Gehalt. Wir kamen zu keinem Ergebnis und beschlossen, später noch einmal auf die Sache einzugehen. Mir wäre wohler gewesen, wenn es wenigstens zu einer symbolischen Gehaltsverringerung gekommen wäre. Ich möchte die Freiheit haben, jede Mitarbeit in redaktionellen Angelegenheiten abzulehnen. Es sei wenig sinnvoll für mich, erklärte ich Patterson, fünfmal die Woche in die Redaktion zu kommen, denn da wir oft nichts Konkretes zu besprechen hätten, müßten wir unsere Zeit mit überflüssigem Palaver vergeuden. Ich schlug vor, mich jederzeit bereitzuhalten, aber nur ein- bis zweimal pro Woche zum Lunch zu erscheinen. Damit war er einverstanden.

Baltimore, den 19. April 1944

Harry Black rief mich heute morgen sehr geheimnisvoll an und sagte, er müsse am Nachmittag in der „Sun"-Redaktion mit mir sprechen. Ich schlug 14.30 Uhr vor, er war einverstanden. Wir trafen uns im Büro von Paul Patterson, der sich in Sachen Associated Press in New York aufhält. Black kam sofort zur Sache. Anscheinend hat er Bedenken gegenüber dem jungen Maclean Patterson[216], der seit etwa einem Jahr Chefredakteur der Morgenausgabe ist. Offenbar hat er schon mit Neil Swanson gesprochen. Maclean sei ein hervorragender Mann für Routineangelegenheiten, und man könne sich darauf verlassen, daß er die Zeitung aus Schwierigkeiten heraushalten werde; außerdem komme er sehr gut mit den übrigen Mitarbeitern aus. Aber er habe keine Ideen und beschleunige den Niedergang der Zeitung. Ich begann Lunte zu riechen. Vor einiger Zeit erfuhr ich von Paul, daß Black sich angewöhnt habe, Maclean abends anzurufen und ihn mit allen möglichen Vorschlägen zu behelligen. Mindestens die Hälfte dieser Vorschläge ist überaus vage, denn Black ist meistens ziemlich benebelt, wenn er sein Dinner beendet hat. Früher war ich dann sein Opfer, aber ich konnte ihn allmählich abschütteln, und seitdem setzt er anderen zu. Der arme Mac ist im Moment seine Zielscheibe. Black hatte einen Plan entworfen, Mac aus dem Büro des Chefredakteurs zu entfernen und ihn mit irgendwelchen journalistischen Spezialaufgaben zu betrauen. Etwas Ähnliches hatte im Fall von Frank A. Kent senior gut funktioniert, und es könnte jetzt wieder funktionieren. Aber mir kam der Plan unsinnig vor, woran ich keinen Zweifel ließ. Mac ist als Journalist getestet worden – mit verheerendem Ergebnis. Seine Talente, sofern er überhaupt welche hat, liegen auf administrativem Gebiet, er würde als Kolumnist oder Washingtoner Korrespondent nie so gute Arbeit leisten wie als Chefredakteur. Außerdem ist dies keine Zeit für Experimente, und die Tatsache, daß Mac wenig Ideen hat, ist vielleicht sogar von Vorteil. Ich ging ausführlich auf diese Argumente ein, und da Black zu wanken schien, nutzte ich die Chance, ihm meine Meinung unter die Nase zu reiben. Die „Sunpapers“ seien in einem Zustand der Lähmung. Die intellektuelle Unabhängigkeit und der Mut zu Neuerungen, die sie vor fünfzehn Jahren auszeichneten, seien dahin. Sie bewegten sich nun in ausgefahrenen Gleisen, und ich zum Beispiel sei zu alt und desillusioniert, um neue Initiativen entwickeln zu können. „Vergessen Sie nicht, daß die Männer, die versucht haben, etwas aus der Zeitung zu machen, heute alle über sechzig sind“, sagte ich. „Und vergessen Sie auch nicht, daß wirkliche Umgestaltung und Sanierung in Kriegszeiten sowieso unmöglich sind. Was mich angeht, so gebe ich mich damit zufrieden, die ‚Sunpapers‘ unverändert weitermachen zu lassen. Es ist weiß Gott kein glanzvoller Kurs, der anspruchsvollen Lesern etwas zu bieten hätte, aber wenigstens ist es ein sicherer Weg. Sie und ich können nichts Besseres tun, als unseren Nachfolgern den Besitzstand zu wahren. Die Aufgabe, die Zeitungen aus ihrer jetzigen Talsohle zu führen, muß von jüngeren Männern angepackt werden. Swanson ist noch jung genug, daran mitzuwirken – das heißt, wenn der Krieg in absehbarer Zeit zu Ende ist –, und es könnte ihm gelingen, jüngere Kollegen zur Mitarbeit zu gewinnen. Im Moment ist er der einzige erstklassige Mann in der Redaktion, aber einer genügt.“

Es war unverkennbar, daß meine Worte Black einschüchterten, doch er protestierte nicht. Schließlich, sagte er resigniert, sei Swanson für Mac verantwortlich und habe versprochen, sich um die Situation zu kümmern, falls sie sich als hoffnungslos erweise, und wir sollten ihm dabei nicht hineinreden. Ich stimmte zu, aber Black fuhr mit seinem Klagelied fort: die „Evening Sun“ habe in letzter Zeit eine Reihe guter Männer ausgebildet, doch in der Morgenausgabe gebe es keinen einzigen. Das stimmt aber nicht, und wenn es stimmte, wäre es sicher nicht Mac anzulasten, denn Swanson ist bei beiden Zeitungen für alle Einstellungen und Entlassungen zuständig, so daß er auch die Verantwortung trüge, wenn die Morgenzeitung wirklich keine fähigen jungen Männer hätte. Sogar unter den günstigsten

Umständen sind Swansons Möglichkeiten stark eingeschränkt. Die besten jungen Männer werden zum Kriegsdienst eingezogen, und wenn er einen älteren mit gewissen Verdiensten gefunden hat, ist es meist Zufall, fast ein Wunder. Wie auch immer, im Moment ist nichts zu machen. Es wäre sinnlos, eine allgemeine Reorganisation der Nachrichtenabteilung einzuleiten, solange die Redaktionsseiten auf ihrem gegenwärtigen niedrigen Niveau bleiben. Auf Besserung ist kaum zu hoffen, solange John W. Owens' Einfluß bestehen bleibt. Was Hamilton Owens betrifft, so ist er die reinste Wetterfahne. Er war zu den Glanzzeiten der „Evening Sun" ein kluger und kompetenter Herausgeber, aber jetzt, mit John im Rücken, ist er ein miserabler.

Als wir uns verabschiedeten, schlug Black vor, das Gespräch zu einem künftigen Zeitpunkt fortzusetzen. Ich erklärte mich einverstanden, aber natürlich drängt mich nichts dazu. Wie mir scheint, hat Mac in Anbetracht seiner Schwierigkeiten relativ gute Arbeit geleistet. Es ist nicht leicht für den Sohn des Chefs, seinen Weg zu machen, ohne Eifersucht und Neid zu erregen. Ich erinnerte Black daran, daß er und ich früher in der gleichen unglücklichen Position gewesen seien und deshalb Verständnis für Mac haben sollten. Zugegeben, er ist alles andere als brillant, aber für die Art Zeitung, zu der die „Sun" geworden ist, reichen seine Qualitäten allemal aus. Wenn er wirklich Ideen hätte und versuchte, sie in die Praxis umzusetzen, würde er überall, Swanson ausgenommen, auf beträchtlichen Widerstand stoßen. Was Swanson angeht, so glaube ich, daß er zu klug ist, um etwas Umwälzendes einzuleiten, bevor John Owens entmachtet ist und Anzeichen einer Wiedergeburt von Intelligenz zu erkennen sind. Auch er dürfte, obwohl er es nicht ausdrücklich sagt, geduldig auf den Anbruch einer besseren Zeit warten. Ich bin überzeugt, daß dies erst der Fall sein wird, wenn sowohl John Owens als auch Paul Patterson abgetreten sind.

Baltimore, den 21. April 1944

Hester Denby, unsere farbige Köchin und Haushälterin, hatte am letzten Sonntag, dem 16. April, einen Unfall. Nun liegt ihr linker Arm in Gips, und sie ist arbeitsunfähig. Ich hatte den ganzen Vormittag damit zugebracht, den Weinkeller aufzuräumen, und war in die Küche gegangen, um mir einen Besen zu holen. Als Hester in die Besenkammer gehen wollte, um ihn mir zu geben, rutschte sie auf dem glatten Fußboden aus und fiel unglücklich auf ihren Arm. Ich half ihr auf die Beine und behandelte ihr Handgelenk mit Eis, aber sie hatte große Schmerzen; deshalb riet ich ihr, sich röntgen zu lassen. Mein Angebot, sie zum Johns Hopkins Hospital zu bringen, schlug sie aber aus – sie habe einen Arzt, dem sie vertraue und zu dem sie gehen wolle. Am nächsten Tag wurde die Röntgenaufnahme gemacht, und man stellte fest, daß ihr Daumen verrenkt und ein kleiner Knochen im Handgelenk gebrochen war. Die Untersuchung fand im University of Maryland Hospital statt, wo ihr die Ärzte gleich einen Gipsverband anlegten. Hester kommt jetzt zwar jeden Morgen, besorgt die Einkäufe und behält das Haus im Auge, aber sie kann mit dem Gipsarm nicht für uns kochen. Sie sagt, sie habe keine Schmerzen mehr. Wie lange sie außer Gefecht sein wird, weiß ich nicht. Ich habe schon ihre Röntgenrechnungen bezahlt und werde auch ihre Arztrechnung begleichen. Der Unfall ist wohl durch eigene Fahrlässigkeit verursacht: sie wollte rasch in die Speisekammer und stolperte dabei über ihre eigenen Beine. Emma kocht in ihrer Abwesenheit, und zwar sehr gut.

Baltimore, den 22. April 1944

Heute war ich zum Lunch im Belvedere mit Dr. Ola E. Winslow, der Anglistik-Professorin am Goucher College, Saras alter, treuer Freundin. Wir wollten uns um 12.30 Uhr im Foyer treffen, aber zu dem Zeitpunkt saß ich noch an meinem Schreibtisch – ich hatte die Verabredung völlig vergessen. Als Emma, das Dienstmädchen, um 12.30 Uhr hereinkam und mich fragte, ob ich zu Hause Mittag essen wolle, bejahte ich, aber dann fiel mir plötzlich der Termin ein, und ich rief schnell im Belvedere an. Nach fünf Minuten hatte ich Miss Winslow am Apparat; höflich wie sie ist, wollte sie auf mich warten. Um 12.55 Uhr war ich im Belvedere. Sie erklärte mir, daß sie Goucher für ein Jahr verlassen werde. Wellesley hat ihr für die Vertretung des anglistischen Institutsdirektors, der Forschungsurlaub hat, mehr als ihr Goucher-Gehalt angeboten; sie wird die neue Arbeit im August aufnehmen. Sie soll „Shakespeare für Fortgeschrittene“ und amerikanische Literatur unterrichten. Ihre Arbeit wird sich auf drei Tage in der Woche konzentrieren, sie hat jedes Wochenende, inklusive Montag, frei. So kann sie sich oft auf ihrer Farm in Maine aufhalten, die ihr ganzer Stolz ist. Über Weihnachten hat sie fünf Wochen Ferien, die sie in Baltimore verbringen will. Sie wird ihre Wohnung hier behalten. In Wellesley bekommt sie ein Zimmer in einem Wohnheim für unverheiratete Angehörige des Lehrkörpers.

Sie hofft offenbar, daß Wellesley sie nach Ablauf des Jahres zum Bleiben auffordern wird, aber sie hat ihre Zweifel, denn sie nähert sich dem Emeritierungsalter. Goucher gegenüber hat sie keinen Pensionsanspruch. Sie hätte sich dem Pensionsfonds anschließen und im Laufe der Jahre 2,5 Prozent ihres Gehalts einzahlen können, wozu das College ebenfalls 2,5 Prozent beigesteuert hätte, aber darauf verzichtete sie. Goucher sei unter David A. Robertson in den letzten Stadien der Auflösung. Die Studentenzahl hat sich auf 600 Mädchen verringert, und die Einnahmen sind stark zurückgegangen. Wenn ein Mitglied des Lehrkörpers kündigt oder stirbt, was häufig geschieht, ersetzt man es nicht mehr, sondern schließt nur die Reihen. Infolgedessen sind alle Dozenten überarbeitet. Von ihrem umfangreichen Lehrdeputat abgesehen, müssen sie in zahllosen Ausschüssen mitarbeiten, denn Robertson, ein unglaublicher Esel, ist nicht fähig, das College zu leiten, und wälzt alle Entscheidungen auf den Lehrkörper ab. Miss Winslow sagte, manchmal müsse sie an drei langwierigen und unerquicklichen Sitzungen pro Tag teilnehmen.

Ich finde es schade, daß sie Baltimore verläßt, denn unsere Verabredungen zum Lunch – vielleicht vier- oder fünfmal im Jahr – haben mir immer Spaß gemacht. Sie ist eine intelligente Frau, die schreiben kann. Leider hat sie in Goucher, jedenfalls in den letzten Jahren, kaum die Möglichkeit gehabt, an ihren Büchern zu arbeiten. In Wellesley wird sie viel Freizeit haben, und die Harvard-Bibliothek ist nur eine Stunde entfernt. Sie sagte, auch die Bibliothek von Wellesley sei sehr gut, man habe ihr überdies angeboten, jedes gewünschte Buch für sie anzuschaffen. Das College hat 2 000 Studentinnen.

Robertson, dessen erste Frau, ein richtiger Dragoner, vor zwei Jahren bei einem Autounfall umkam, ist nun mit einer vermögenden Witwe verheiratet. Miss Winslow nimmt an, daß er mit fünfundsechzig in den Ruhestand treten und seinen neuen Reichtum genießen wird. Er ist wahrscheinlich der schlechteste College-Präsident, den es je gegeben hat. Seitdem er mit der Leitung von Goucher betraut wurde, ist es mit dem College stetig bergab gegangen.

Baltimore, den 27. April 1944

Am Sonntag, dem 23. April, fuhr ich zu den AP-Orgien nach New York und traf mich am Abend mit Blanche Knopf bei Voisin's zum Dinner. Nach dem Essen, auf das wir mindestens eine halbe Stunde warten mußten, fuhren wir noch auf einen Schwatz in ihre Wohnung in der 24 West 55th Street. Das Haus ist ein neues Gebäude im ultramodernistischen Stil, ihre Wohnung ist in hellen und dunklen Grautönen gehalten, hier und da mit einem Hauch metallischer Kupferfarbe unterlegt. Die Wirkung ist entsetzlich; sie sagt, es sei fast unmöglich, die Zimmer sauberzuhalten. Das Apartment, obwohl kleiner als ihr letztes in der 54th Street, kostet 2 500 Dollar im Jahr. Der einzige Vorteil ist ein Dachgarten etwa von der Größe eines Eßtisches. Es muß äußerst unbequem sein, dort zu leben. Die Wohnung ist fast so gräßlich wie Paul Palmers pseudokünstlerisches Apartment im Hampshire House in der 59th Street, das ebenfalls überwiegend hell ist – mit abscheulichen modernistischen Drucken an den Wänden und Möbeln, die sich eher für ein Boudoir eignen. Die Unterhaltung in der 55th Street war frustrierend; enttäuscht verabschiedete ich mich bald. Ich sagte ihr, das kleine Gebetbuch für Soldaten[217], das der Verlag gerade herausgebracht hat, sei meiner Meinung nach eine Schande für das Programm und den Namen Knopf. Es enthält tatsächlich Gebete von General Eisenhower und General Patton –

letzterer ist der Held, der vor kurzem in die Zeitungen geriet, weil er einen verwundeten Soldaten geohrfeigt hatte. Ich sagte, ein solcher Schund mache die Arbeit von Jahren zunichte und gebe den Verlag der Lächerlichkeit preis. Fast genauso schlimm seien die albernen Bücher von Kriegskorrespondenten und anderen Betrügern. Blanche versuchte sie mit dem Argument zu verteidigen, daß sie sich gut verkauften. Ja, erwiderte ich, die Firma verkaufe sich damit dem Teufel. Sie sagte, man werde in Zukunft weniger solcher Titel veröffentlichen; sie gebe sich alle Mühe, bessere Manuskripte aufzutreiben. Das bezweifle ich aber. Alfred und sie haben ihr altes Geschick und ihr Gespür auf diesem Gebiet verloren. Sie bewundern sogar noch die miserabelsten Bücher, die sie drucken.

Die Idee für das Gebetbuch stammt, laut Blanche, von Bernard Smith, dem Verkaufsleiter. Welchen Namen er trug, bevor er ihn änderte, weiß ich nicht. Auch er ist Jude und obendrein ein Trottel.

Baltimore, den 29. April 1944

Frank Knox, der Marineminister, der am letzten Montag in New York krank wurde und deshalb nicht am jährlichen Bankett der Associated Press teilnehmen konnte, starb gestern in Washington. Meine Beziehungen zu ihm, wenn man sie überhaupt so nennen kann, beschreibe ich ausführlich in „Thirty-five Years of Newspaper Work, 1906–1941". Ich traf ihn hin und wieder, er war immer sehr verbindlich. Die „Sun" hat heute morgen einen sehr lobenden Leitartikel über ihn gebracht; die Wahrheit über Knox steht in Oswald Garrison Villards gerade veröffentlichtem „Disappearing Daily". Dieses Buch ist eine Neubearbeitung von Villards

„Newspaper and Newspaper Men", das zuerst 1923 erschienen war. Das letztere enthielt ein sehr schmeichelhaftes Kapitel über die „Baltimore Sunpapers", das sich hauptsächlich auf von mir geliefertes Material stützte. Als die Neubearbeitung vorbereitet wurde, besuchte Villard mich in Baltimore, um den Text mit mir zu besprechen. Nach einer langen Auseinandersetzung überredete ich ihn, das vorgesehene Kapitel über die „Sunpapers" ganz zu streichen. Die Geschichte ihres Verfalls hätte einen Skandal in der Redaktion ausgelöst, und ich wäre dafür verantwortlich gemacht worden. Villard erklärte sich wohl vor allem deshalb einverstanden, das Kapitel zu streichen, weil er mit Leib und Seele Liberaler ist und ungern zugibt, daß eine gute Sache vor die Hunde gegangen sein könnte.

Baltimore, den 10. Mai 1944

Auf der Versammlung der Associated Press in New York kam ich letzte Woche mit einem General ins Gespräch, an dessen Namen ich mich nicht mehr erinnere. Er gehörte den Luftstreitkräften an und schien aus einer armen weißen Familie in den Südstaaten zu stammen: ein hochgewachsener, schlanker, irgendwie bösartig aussehender Mann mit hellen blauen Augen, die zu dicht beieinanderstanden. Als ich erwähnte, daß ich noch nie eine Reise mit einem Luftschiff gemacht hätte, wäre er fast in Ohnmacht gefallen. Er konnte sich einfach nicht vorstellen, daß jemand so weit hinter dem Vormarsch der christlichen Aufklärung zurückgeblieben sei. Daraufhin ergänzte ich, daß ich kein Auto besäße, niemals Radio hörte, höchstens einmal im Jahr ins Kino ginge, Klimaanlagen ablehnte und mich gerade an Pferd und Wagen gewöhnte. Inzwischen war er einem Zusammenbruch nahe. Hätte ich ihm noch erzählt, daß ich keine Kriegsanleihen kaufe und nichts für das Rote Kreuz oder den Wohlfahrtsfonds spende, hätte er wahrscheinlich ärztliche Hilfe gebraucht.

Baltimore, den 10. Juni 1944

Hätte ich das Tempo beibehalten, mit dem ich den Ergänzungsband zu „The American Language" im letzten Oktober begonnen hatte, wäre ich jetzt am Ende angelangt. Aber ich bin noch sehr weit davon entfernt und bezweifle, daß ich, wenn überhaupt, bis Weihnachten fertig werde. Schuld daran ist allein mein fortschreitender körperlicher Verfall. Geistig bin ich in ausgezeichneter Verfassung, das Buch interessiert mich, und ich möchte es auch vollenden. Aber die Tage, an denen ich arbeitsunfähig bin, mehren sich; in letzter Zeit hat es ganze Wochen gegeben, in denen ich kaum arbeiten konnte. Seit gestern abend fühle ich mich elend. Einen Großteil der Nacht wurde ich von einem leichten, aber hartnäckigen Schmerz wach gehalten, der bestimmt mit meinen Herzbeschwerden zusammenhängt, und den ganzen Tag lang war mein Kopf bleiern; auch wird mir hin und wieder schwindelig, was ebenso sicher ein Symptom meines steigenden Blutdrucks ist. Als ich mich gestern morgen rasierte und kaltes Wasser an meine rechte Hand kam, wurde sie empfindungslos, und das gleiche wiederholte sich heute morgen. Ich habe keine richtigen Kopfschmerzen und bin nicht benommen, aber häufig habe ich ein Gefühl des Blutandrangs und des Druckes im Kopf, mit einem leichten Prickeln um die Ohren und in den Kiefern. Unter solchen Umständen ist es schwierig, zu arbeiten. Ich beginne einen Buchabschnitt mit ungehindert fließenden Ideen und einer

Menge Notizen, aber nach kurzer Zeit muß ich die Arbeit unterbrechen, denn es ist fast unmöglich, jedenfalls für mich, bei körperlicher Beschwernis zu schreiben. Das habe ich früher zwar häufig genug getan, aber immer nur unter starkem äußerem Druck. Den gibt es nun nicht mehr, und so höre ich auf.

Meine Beziehungen zu den „Sunpapers" verschlechtern sich weiterhin. Patterson brauchte Monate, um sich überzeugen zu lassen, daß ich wirklich den Nationalkonventen fernbleiben werde, aber nun scheint er es endlich begriffen zu haben. Ich vermeide im Rahmen des Möglichen jedes Gespräch über redaktionelle Fragen, aber manchmal kann ich solchen Themen nicht ausweichen. In letzter Zeit konzentriert sich Patterson ganz auf den Plan, einen Rundfunksender zu kaufen. Der Gedanke ist mir verhaßt, aber ich glaube allmählich, daß er notwendig und unvermeidlich ist. Seit sechs bis acht Jahren verlagert sich die nationale Werbung von den Zeitungen stetig zum Rundfunk hin; nach dem Krieg wird man vielleicht sogar von einer unaufhaltsamen Bewegung sprechen können. Neun von zehn Personen beziehen inzwischen, wie ich glaube, ihre Informationen aus dem Rundfunk; sie schätzen ihn so ein wie früher die Zeitungen. Die Verkaufszahlen der Zeitungen sind weiterhin gut, aber das ist, jedenfalls in Baltimore, vor allem auf den Bevölkerungszuwachs während des Krieges zurückzuführen. Die Werbung geht nicht zurück, doch ein erheblicher Teil ist nichts anderes als der Versuch der Großindustrie, ihre Kriegsgewinne zu vertuschen und sich der Besteuerung zu entziehen. Wenn der wirkliche Wettbewerb wieder beginnt, dürfte die Werbung fast ganz an den Rundfunk übergehen.

All das bekümmert mich nicht sonderlich, obwohl ich den Zeitungen mein ganzes Leben gewidmet habe. Ich bin überzeugt, daß sie in diesem Krieg auf kriecherische und erbärmliche Art versagt haben. Neun Zehntel, vielleicht sogar noch mehr, drucken das offizielle Geschwätz, ohne auch nur den Versuch einer kritischen Analyse zu machen. Wie unsinnig eine offizielle Meldung auch sein mag – die Zeitungen stellen sie nie in Frage. Diejenigen, die wie die „Sunpapers" über eigene Korrespondenten verfügen, sind genauso schlecht wie jene, die von den Nachrichtenagenturen abhängig sind. Es ist ein unwürdiges Schauspiel, aber ich glaube nicht, daß irgend etwas dagegen unternommen werden kann. Roosevelt hat die Presse genauso energisch auf seine Seite gebracht wie den Obersten Gerichtshof. Sie hat ihre Unabhängigkeit verloren und ist zu einem gefügigen offiziellen Organ geworden. Wenn es je Widerstand gibt, dürfte er eher vom Rundfunk als von den Zeitungen ausgehen.

Baltimore, den 23. Juli 1944

Mrs. Lohrfinck, meine Sekretärin, liegt im Union Memorial Hospital; mich quälen Rückenschmerzen, ich fühle mich elend – seit meiner Rückkehr aus North Carolina habe ich nicht mehr an dem „American Language"-Ergänzungsband gearbeitet. Als Mrs. Lohrfinck am Dienstag morgen zum Diktat erschien, war sie noch bei guter Gesundheit, und wir bewältigten den Riesenstapel von Briefen, der sich in meiner Abwesenheit angesammelt hatte. Sie kam am Mittwoch wieder, ohne jedes Anzeichen einer Erkrankung. Aber als sie nach Hause ging, um mein Diktat zu schreiben, fühlte sie sich plötzlich schwach, und kurz nach Mittag rief sie mich an und sagte, sie habe 39 Grad Fieber. Ihr Arzt, der am Nachmittag gerufen wurde, tippte zunächst auf eine Grippe, aber am folgenden Tag entdeckte er Symptome einer Nierenbeckenentzündung und schickte sie ins Krankenhaus. Ich habe Mrs. Lohrfinck gestern besucht und sie sehr geschwächt vorgefunden. Morgens ist ihre Temperatur normal, aber nachmittags steigt sie drastisch, manchmal bis auf 40 Grad. Aller Wahrscheinlichkeit nach wird Mrs. Lohrfinck wochenlang krank sein. Während ich meine Post selbst erledige, wird mir klar, wie lästig diese Arbeit ist und welche große Hilfe Mrs. Lohrfinck für mich ist. Briefe von wildfremden Leuten kommen aus der ganzen Welt, sogar von Soldaten in so fernen Gegenden wie Burma, Attu, Neuguinea und Persien. Ich habe immer Wert darauf gelegt, jeden Brief, wenn er nicht gerade von einem offensichtlich wahnsinnigen Absender kommt, höflich zu beantworten, aber das ist ohne Hilfe kaum möglich. Diese Briefe sind eben die Strafe für das Verfassen von Büchern. Es gibt Tage, an denen ich 30 oder 35 Briefe bekomme, meistens von Leuten, die ich nicht kenne. Viele bitten um Auskünfte, deren Einholung mich wertvolle Zeit kostet. Die bloße Lektüre meiner Post kann bis zu zwei Stunden dauern, denn viele dieser freiwilligen Korrespondenten schreiben ausführlich und mit der Hand.

Am letzten Dienstag nachmittag, als ich mit einem großen Wäschesack in den Händen die Treppe aus dem zweiten Stock herunterkam, rutschte ich aus und stürzte. Das war seit 1936 mein dritter Sturz an der gleichen Stelle. Ich habe Abschürfungen am linken Arm, aber am meisten weh tut mir das Kreuz. Beim Dinner für Jim Fenhagen am Dienstag abend fühlte ich mich sehr unwohl, aber ich hielt bis zum Ende durch. Am nächsten Morgen war mein Kreuz so steif und tat so weh, daß ich mir kaum die Schuhe schnüren konnte. Heute morgen schaute ich bei Dr. Charles W. Wainwright vorbei, der mich gründlich untersuchte. Er konnte keine Verletzung der Knochen oder der Nieren feststellen, aber er fand eine große schwarze Prellung links vom Rückgrat, genau über den Rippen. Falls der Schmerz zu schlimm würde, solle ich ihn mit Wärme behandeln. Ich habe nichts unternommen, da der Schmerz nachzulassen scheint, aber ich bin noch immer lahm, und jede Bewegung läßt mich zusammenzucken.

Außerdem leide ich an verschiedenen anderen Unpäßlichkeiten, von denen einige mich nahezu außer Gefecht setzen. Wenn ich morgens aufstehe, fühle ich mich schwach und elend, meistens muß ich noch vor dem Mittag die Arbeit unterbrechen und mich hinlegen. Mir kommt es so vor, als ob ich an einer akuten Herzerweiterung litte. Meine linke Seite fühlt sich an, als wäre sie ausgestopft und taub; ich muß mich ausruhen, bis die Beschwerden nachlassen, was in der Regel etwa eine Stunde dauert. Gestern hatte ich drei solcher Attacken und mußte die Arbeit an diesem Tagebuch dreimal unterbrechen. Ernsthaftes Schreiben ist unter solchen Umständen unmöglich, und was mein Buch angeht, so habe ich seit drei oder vier Wochen keinen Strich mehr daran getan. Ich muß es diese Woche unbedingt wieder in Angriff nehmen, sonst werde ich nie damit fertig. Mein Appetit ist gut, ich schlafe normalerweise auch nicht schlecht – nur gelegentlich wache ich mit einem Schwächegefühl auf –, aber ich bin die meiste Zeit depressiv; es gibt Tage, an denen mir sogar die Routinearbeit schwerfällt.

Baltimore, den 27. Juli 1944

Trotz John Owens' Revolte ist Patterson entschlossen, Dewey durch die „Sunpapers" unterstützen zu lassen. Heute zeigte er mir in der Redaktion einen Abzug des ersten einschlägigen Leitartikels, geschrieben von Hamilton Owens. Es ist ein langes, weitschweifiges Elaborat, das fast drei Spalten auf der Leitartikelseite der „Sun" einnehmen wird; seinen Zweck scheint es zu erfüllen. Schließlich hat das Ganze einen mehr oder weniger theoretischen Charakter. Dewey mag auf den Redaktionsseiten hochgejubelt werden – trotzdem behält Roosevelt die Titelseite für sich allein, und man kann sich darauf verlassen, daß er sie mit Kriegsnachrichten füllen und die Booboisie [von Mencken geprägtes abschätziges Wort für „Bourgeoisie"] glauben machen wird, er sei ein großer moralischer Held und praktisch unentbehrlich. Die „Sunpapers" werden einen großen Teil dieses Unsinns selber zusammenbrauen und bezahlen müssen, denn ihre Frontkorrespondenten liefern nichts Gescheites. Schließlich sind sie überzeugt davon, daß Roosevelt von einer höheren Inspiration erfüllt war, als er sich in den Krieg drängte, und deshalb müssen auch ihre Einwände auf anderen Gebieten hohl und nichtssagend klingen. Ich beneide Owens nicht um die Aufgabe, die Wahlkampfleitartikel zu schreiben. Aber er eignet sich sehr gut dafür, denn seine eigenen Prinzipien sind überaus dehnbar, und er versteht sich glänzend auf den Einerseits-andererseits-Stil. Das Hauptargument gegen Roosevelt lautet, er habe das Land in einen Krieg hineinmanövriert und werde es auch noch in den Bankrott treiben (aber das wird wohl unerwähnt bleiben).

Hamilton erklärte mir, er persönlich werde sämtliche Artikel schreiben, hin und wieder mit Unterstützung von

Ives.[218] Wagner, der die „Morning Sun“ herausgibt, behauptet, seinen Glauben an den New Deal verloren zu haben, aber er ist keineswegs ein Dewey-Anhänger. Aiken, der Herausgeber der „Evening Sun“, neigt noch immer Roosevelt zu. Er kommt aus Tennessee und wird seine Herkunft nie verleugnen. Ich riet Hamilton, beide auf andere Themen anzusetzen. Es wäre zwecklos, sie gegen Roosevelt aufzubieten, denn sie würden doch nur dünne und fadenscheinige Artikel produzieren. Auch würde es die Moral der Redaktion stärken, wenn beide nicht gegen ihre sogenannten Überzeugungen schreiben müßten. Ohnehin dürfte ihre Hilfe überflüssig sein, denn Hamilton und Ives würden selber alle erforderlichen Texte schreiben. Die Unterstützung Deweys durch die „Sunpapers“ wird bestenfalls formeller Art sein, und nach den ersten Wochen wird Hamilton das Thema so gut es geht vermeiden. Ich habe den Eindruck, daß Dewey sogar noch mehr schwankt als Landon und Willkie. Er ist nicht ganz so rücksichtslos wie Willkie, aber mit Sicherheit weniger ehrlich als Landon. Schon jetzt stimmt er in das allgemeine Kriegsgeschrei ein.

Baltimore, den 2. August 1944

Mrs. Lohrfinck ist immer noch sehr krank – sie liegt im Union Memorial Hospital –, aber es scheint eine Wende zum Besseren zu geben; als ich sie heute nachmittag besuchte, war sie schon viel zuversichtlicher. Typhus, Nierenbeckenentzündung und alles mögliche andere sind nun ausgeschlossen worden – es steht fest, daß sie an einer Viruspneumonie leidet. Man hat ihr zwar versichert, sie habe nur eine Bronchitis, aber ich bin sicher, daß sie die Wahrheit ahnt. Trotz der teuflischen Hitze der letzten zehn Tage – sie wurde am 21. Juli ins Krankenhaus eingeliefert – scheint sie sich einigermaßen wohl zu fühlen. Sie kann sich aber noch nicht aufrichten: jedesmal, wenn sie es versucht, bekommt sie einen heftigen Hustenanfall. Die Langeweile fängt an, ihr zuzusetzen. Sie würde gerne lesen, kann es aber noch nicht. Viruspneumonien verlaufen selten tödlich, aber sie sind resistent gegen die neuen Medikamente, weshalb die Genesung in der Regel lange dauert und der Patient viel Zeit im Bett verbringen muß. Ich vermute, daß sie erst gegen Ende August ihre Arbeit wiederaufnehmen kann. Unterdessen mühe ich mich mit meiner Post ab, ich kann sie kaum bewältigen. Gestern brauchte ich von neun Uhr bis Mittag, um die eingegangenen Briefe zu lesen und zu beantworten. Das ist eine anstrengende Arbeit; nach drei Stunden bin ich völlig ausgelaugt.

Seit fünf oder sechs Wochen habe ich den Ergänzungsband zu „The American Language" nicht mehr angerührt. Das liegt zum Teil an meinem elenden körperlichen Zustand, aber auch daran, daß mein Interesse nachläßt. Es ist eben doch eine öde und mühsame Plackerei. Manchmal brauche ich einen ganzen Tag für zwei Seiten Typoskript. Auf einer einzigen Seite muß ich vielleicht zwanzigmal unterbrechen, um Verweise nachzuschlagen. Aber ich hoffe, daß ich mit der Niederschrift weitermachen kann, sobald das Wetter erträglicher wird. Es ist – mit hohen Temperaturen und noch höherer Luftfeuchtigkeit – seit zwei Wochen einfach teuflisch. Der Heuschnupfen ist am 25. August fällig, aber er setzt mich selten vor der zweiten Septemberwoche außer Gefecht, und selbst dann schaffe ich in der Regel noch ein ansehnliches Tagespensum. Ich hatte gehofft, den Ergänzungsband bis zum 1. Oktober, ein Jahr nach Arbeitsbeginn, abschließen zu können, aber daraus wird nun offensichtlich nichts. Wenn ich nicht wieder krank werde, könnte ich die Sache vielleicht bis Jahresende hinter mich bringen. Während der Hitze bin ich fast nur schläfrig. Es gab eine Zeit, in der mir die Arbeit in der Sommerhitze von Baltimore wirklich Spaß machte, aber diese Zeit gehört nun wohl der Vergangenheit an.

Gestern abend gab Paul Patterson im Maryland Club ein kleines Essen für zwei Kanadier und einen Engländer, die danach noch von Baltimore aus nach Großbritannien in See stachen. Die Kanadier, Coleman und McPherson, sind Regierungsbeamte; der Engländer, an dessen Namen ich mich nicht mehr erinnere, ist im britischen Finanzministerium. Sie erwiesen sich als sehr sympathische Leute, das Dinner war recht angenehm. Wir begannen mit Würzwhisky und tranken Rheinwein zum Essen. Später gab es Bier. Die anderen Teilnehmer waren John E. Semmes und Hamilton Owens. McPherson versicherte, er sei ein alter Kunde von mir, und auch Coleman schien einige meiner Bücher zu kennen.

Baltimore, den 12. August 1944

Mrs. Lohrfinck ist wirklich sehr krank. Offenbar ist der Virusinfektion eine Sekundärinfektion gefolgt, und jetzt hat eine Endokarditis eingesetzt. Sie hat große Mengen von Sulfonamiden bekommen, aber die Behandlung mußte eingestellt werden, denn die Medikamente riefen eine permanente Übelkeit hervor. Dann gab man ihr Penicillin, aber das blieb anscheinend ohne Wirkung. Sie hat immer noch Fieber, kann nichts essen und ist sehr erschöpft. Sie ist in relativ guter Stimmung, aber fühlt sich schwach.

Baltimore, den 16. August 1944

Es scheint so, daß Mrs. Lohrfinck Endokarditis hat; ihre Aussichten sind nicht gut. Einiges deutet darauf hin, daß sich Emboli von den infizierten Herzklappen gelöst und im Gehirn festgesetzt haben. Ihr Verstand ist klar, aber ihre Sprechfähigkeit ist beeinträchtigt. Sie hat Mühe, Worte zu finden, und ist schwer zu verstehen. Der hinzugezogene Dr. Walter A. Baetjer hat alle Medikamente abgesetzt, will aber noch einen neuen Versuch mit Penicillin machen, diesmal mit einer Dauertropfinfusion.

Baltimore, den 18. August 1944

Dr. Baetjer sagte mir heute im Krankenhaus, er sei sich nun sicher, daß Mrs. Lohrfinck an Endokarditis leidet. Seiner Meinung nach handelt es sich bei dem Erreger um *Streptokokkus viridans*, doch bisher sei es unmöglich gewesen, diesen im Blut zu ermitteln. Die Aussichten seien nicht gut, doch man habe ermutigende Berichte über die Wirksamkeit von Penicillin, er hoffe weiter. Die Patientin nimmt die Behandlung sehr gefaßt auf sich. Das Medikament wird, zusammen mit Glukose, Tropfen um Tropfen, Tag und Nacht, in eine Vene eingeführt. Sie muß stundenlang in derselben Position liegenbleiben, aber sie beklagt sich nicht. Es ist zu früh, nach Zeichen für eine spürbare Besserung Ausschau zu halten, aber wenigstens geht es ihr nicht schlechter. Das Fieber läßt nach, und sie nimmt nun feste Nahrung zu sich. Trotz ihrer langen Bettlägerigkeit ist sie in ausgezeichneter Stimmung.

Unterdessen erledige ich meine gesamte Post allein. Zum Glück ist es Sommer, da ist der Postberg nicht so hoch. Mrs. Lohrfincks Schwester, Mrs. Clare Crump, hat mir ihre

Hilfe angeboten; sie ist auch bereit, die Typoskriptseiten, die sich für den Ergänzungsband zu „The American Language" angesammelt haben, ins reine zu schreiben. Sie wird die dritte der Redding-Schwestern sein, die für mich arbeitet.[219] Obwohl sie verheiratet ist, eine zwölfjährige Tochter hat und einen Haushalt führen muß, glaubt sie, daß sie Zeit für mich aufbringen kann. Selbst bei dieser grausamen Hitze geht es mit dem Buch gut voran. Heute hat mich der Heuschnupfen eingeholt, eine Woche vor dem üblichen Zeitpunkt.

Baltimore, den 29. August 1944

Mrs. Lohrfinck scheint es viel besser zu gehen, es sieht so aus, als ob sie sich wieder aufrappeln wird. Nach fast zweiwöchiger Dauerinfusion wurde das Penicillin gestern abend abgesetzt, und sie bekam eine Vollbluttransfusion. Ihre Temperatur ist seit einer Woche fast normal und kaum über 37 Grad gestiegen. Sie ist bester Stimmung und ißt wieder mit Appetit. Die Ärzte hoffen, daß die Herzklappeninfektion zum Stillstand gekommen ist und keine weiteren Emboli auftreten. Aber sie bestehen darauf, daß Mrs. Lohrfinck noch mindestens eine Woche im Bett bleibt.

Mrs. Crump hat ein paar Briefe für mich getippt, und zwar sehr gut. Außerdem hat sie mehr als siebzig Seiten Typoskript ins reine geschrieben, jetzt hat sie noch siebzig oder achtzig Seiten. Natürlich ist sie nicht so vertraut mit meiner Arbeit wie ihre Schwester, aber sie läßt die gleiche ruhige Tüchtigkeit erkennen. Jetzt, da Mrs. Lohrfinck seit sechs Wochen krank ist, wird mir erst richtig klar, wie sehr ich mich seit vierzehn Jahren auf sie verlassen habe. Sie ist eine nahezu perfekte Stenographin und erledigt alle meine sonstigen Arbeiten rasch und zuverlässig. Ich wage nicht, mir auszumalen, was passiert, wenn ich das Verzeichnis der Wörter und Redewendungen für den Ergänzungsband zu „The American Language" zusammenstellen muß und sie immer noch krank ist.

Baltimore, den 6. September 1944

Seit heute besitze ich Aktien von achtundfünfzig verschiedenen Unternehmen. Alle machen sich bezahlt.

Baltimore, den 26. September 1944

Heute abend um 20.30 Uhr bin ich mit dem ersten Ergänzungsband zu „The American Language" fertig geworden. Anfang August 1943 hatte ich damit angefangen, aber ich konnte mich erst Ende des Monats ganz auf diese Arbeit konzentrieren. Das war während einer schweren Heuschnupfenattacke, jetzt habe ich gerade eine noch schlimmere hinter mir. Außerdem hatte ich ab und zu andere Beschwerden; im Frühsommer konnte ich sechs oder sieben Wochen lang überhaupt nicht arbeiten. Fast unmittelbar danach kam Mrs. Lohrfincks bedrohliche, noch andauernde Krankheit, von der sie sich jetzt zu erholen scheint. Mir scheint, ich habe Beachtliches geleistet. Der erste Band umfaßt mehr als 350 000 Wörter, mindestens 100 000 weitere für Band II stehen schon auf dem Papier; das Buch wird, wenn alles glattgeht, gegen Ende 1945 fertig sein.[220] Knopf möchte den ersten Band so bald wie möglich herausbringen. Die abschließende Überarbeitung steht mir noch bevor, aber sie dürfte höchstens ein paar Wochen dauern. Wahrscheinlich werde ich die Hälfte des Manuskripts sofort nach der Fertigstellung abliefern, damit die Drucker beginnen können. Die ersten 33 Seiten sind schon gesetzt, das Verzeichnis der Wörter und Redewendungen und das allgemeine Register sind auch fertig. Es wird aber sehr mühsam sein, beides zu paginieren, wenn die Fahnen kommen, denn es ist keineswegs sicher, daß Mrs. Lohrfinck mir nennenswerte Hilfe leisten kann. Die beiden Ergänzungsbände werden das gleiche Format haben wie „The American Language", aber wegen des Papiermangels wird Knopf sie auf dünnerem Papier drucken und die Ränder schmaler gestalten müssen. Ich hoffe, daß es nach Kriegsende möglich sein wird, sie genauso wie den ersten Band neu aufzulegen.

Baltimore, den 11. Oktober 1944

Gestern abend bin ich mit dem Typoskript von Band I der Ergänzungen zu „The American Language" fertig geworden; nun braucht Mrs. Crump nur noch ein rundes Dutzend Seiten abzutippen und zu paginieren. Das Register und das Verzeichnis der Wörter und Redewendungen müssen natürlich noch durchgesehen werden, und da Mrs. Lohrfinck weiterhin arbeitsunfähig ist, werde ich wohl alles allein machen müssen. Der Heuschnupfen ist weg, aber einige seiner Begleiterscheinungen machen sich noch bemerkbar. Ab und zu habe ich einen trockenen Husten, auf der Unterlippe ist eine wunde Stelle, die nicht heilen will, und ich schlafe ziemlich unruhig. Die Temperatur auf dem Dach vor meinem Badezimmer betrug sieben Grad, als ich heute morgen aufstand. Herabgefallene Blätter bedecken den Garten hinter dem Haus und die Straße vor dem Fenster meines Arbeitszimmers. Die Abenddämmerung beginnt schon kurz nach 18 Uhr, und ein trauriges, unangenehmes Gefühl liegt in der Luft. Das Jahr geht seinem Ende entgegen, und ich blicke ohne viel Hoffnung auf 1945. Mein Alter macht sich zusehends bemerkbar, und ein Buch von 700 Seiten zustande zu bringen fällt mir nicht mehr so leicht wie früher. Ich will mich das nächste halbe Jahr verschiedenen Texten widmen; darunter sind ein paar Artikel für den „New Yorker" und andere Zeitschriften, vielleicht auch ein kleines Buch, in dem ich meine Ansichten über das menschliche Leben auf dieser Erdkugel ausbreiten möchte. Höchstwahrscheinlich werde ich es, sollte ich wirklich damit fertig werden, erst nach dem Krieg – und nach dem Wirrwarr, der dem Krieg folgen wird – drucken lassen. Außerdem hoffe ich, meine sonstigen Papiere ordnen zu können. Es wird allmählich Zeit, den Laden dichtzumachen.

Baltimore, den 15. Oktober 1944

Heute ist Friedrich Wilhelm Nietzsches hundertster Geburtstag. Wenn man ihn irgendwo in Amerika zur Kenntnis nimmt, dann deshalb, weil man Nietzsche für einen bösen Menschen und den Erfinder sämtlicher Hitlerschen Teufeleien hält. Ich habe wenig Hoffnung für dieses große christliche Land. Zu meinen Lebzeiten ist es stetig mit ihm bergab gegangen, seit kurzem erhöht sich das Tempo rasant.

Baltimore, den 30. Oktober 1944

Mrs. Lohrfinck ist heute morgen wieder zur Arbeit erschienen – ihr erster Versuch seit Juli. Sie sah jämmerlich schmal und bleich aus, und ich riet ihr, am besten noch ein paar Wochen zu warten, aber sie meinte, daß sie das Nichtstun satt habe und wieder Beschäftigung brauche. Zum erstenmal seit ihren Anfängen bei mir, die nun länger als vierzehn Jahre zurückliegen, mußte sie mich um eine Pause bitten.

Normalerweise nimmt sie mein Diktat so schnell auf, wie ich spreche – und das ist sehr schnell –, und sie macht selten auch nur Flüchtigkeitsfehler. Aber die Briefe, die sie heute abend zurückbrachte, waren gespickt mit Fehlern, und in mehreren Fällen hatte sie mich völlig mißverstanden, so daß ich den Text selber neu abtippen mußte. Ihre Sprachstörungen wirken noch nach; sie sind viel weniger ausgeprägt, aber noch immer erkennbar, außerdem macht sie sich große Sorgen um ihre Augen. In ihrem rechten Auge hat sich das Blickfeld verengt, anscheinend durch Emboli; der Ophthalmologe, den sie gestern aufsuchte, erklärte ihr, die Verengung könne permanent sein. Das wird sie vergessen, wenn sie sich daran gewöhnt hat, aber im Moment ist sie sehr beunruhigt. Ihr eigentliches Sehvermögen ist nicht beeinträchtigt. Heute abend rief ich sie an, um ihr gut zuzureden. Ich versicherte ihr, ihre Briefe seien perfekt, aber sie wußte, daß das nicht stimmt. Intelligente Menschen leiden, wenn sie krank sind, mehr als dumme.

Baltimore, den 2. November 1944

Erstaunlich, wie wenig mich der Krieg tangiert. Natürlich werde ich, wie alle anderen, von den horrenden Steuern gewaltig geschröpft, und hin und wieder sind Lebensmittel, die ich besonders mag, nicht zu beschaffen (oder nur dann, wenn man eine große Zahl von Rationierungspunkten dafür opfert). Aber im allgemeinen bin ich von den Versuchen, die Menschheit zu retten und die Vereinigten Staaten zu ruinieren, kaum betroffen. Bis jetzt ist niemand, den ich kenne, im Krieg gefallen oder auch nur verwundet worden, und es fällt mir schwer, irgendwelches Interesse an der täglichen Großsprecherei der Zeitungen aufzubringen. Kein Wunder, daß diejenigen, die dieses Geschwätz ernst nehmen, davon überzeugt sind, daß der Krieg in ein paar Monaten oder sogar schon in ein paar Wochen zu Ende sein wird. Gelegentlich beklagen sich gerade von der Front zurückgekehrte Briefschreiber im „Editor and Publisher" über den prahlerischen Unsinn, der vom Armee- und Marinehauptquartier verbreitet wird, aber die Zeitungen drucken ihn weiterhin bedenkenlos ab. Die „Sunpapers" spielen bei dieser patriotischen Aufgabe die führende Rolle. Ihre Berichte von den Fronten schildern kaum je die konkreten Vorgänge, sondern man bejubelt einfach nur die Heimmannschaft. Ich habe es längst aufgegeben, dagegen zu protestieren. Paul Patterson glaubt nicht nur, daß sich die Leser der „Sunpapers" eine solche Berichterstattung wünschen, sondern er nimmt sie auch selbst für bare Münze. Ich glaube nicht, daß eine sachliche Haltung überhaupt noch möglich ist. Berichtete man objektiv und wahrheitsgemäß über den Krieg, so wäre dies für die Öffentlichkeit eine schockierende Erfahrung und würde mehr Ablehnung als Billigung auslösen. Das amerikanische Volk ist Demagogen ausgeliefert; eine Revolution wäre nötig, es zu befreien und zu desillusionieren. Ich sehe weder in der unmittelbaren Zukunft noch in der nächsten Generation Anzeichen für einen solchen Umschwung. Wenn die Soldaten nach Hause kommen, wird es als vaterlandslos gelten, Zweifel anzumelden, sogar eine Gefahr für Leib und Leben bedeuten.

Baltimore, den 13. November 1944

Am 10. November war ich an der Johns Hopkins University (Homewood Campus), um vor dem Stuart and Tudor Club zu sprechen. Der Club ist von Dr. William Osler gegründet worden; er hat ihm testamentarisch seine Bibliothek und eine Menge Geld hinterlassen. Die Mitglieder sollen sich für die englische Literatur des Goldenen Zeitalters interessieren, aber es gehören ihm auch allerlei gewöhnliche Anglomanen an. Ich war schon oft eingeladen worden, dort eine Rede zu halten, hatte es jedoch immer wieder verschoben. Aber nun wollte ich mir die Sache doch einmal ansehen.

Der Club trifft sich in einem ziemlich großen Raum, offenbar seinem ständigen Domizil, in der Gilman Hall. Bücherregale säumen die Wände, in der Mitte stehen Tische und Stühle. Ungefähr sechzig Männer, darunter einige studierende Soldaten in Uniform, waren anwesend. Ich kannte nur wenige: John C. French, den pensionierten Bibliotheksdirektor der Johns Hopkins University; Dr. J. H. Mason Knox junior[221] (einen Esel); J. Louis Kuethe[222] und noch ein paar andere. Kemp Malone[223] erschien mit Verspätung, da er geglaubt hatte, die Veranstaltung finge um 21 Uhr an. Ich stellte die Herrschaften vor die Wahl zwischen einer Lesung aus dem Abschnitt über amerikanische Flüche im Ergänzungsband I zu „The American Language" und einer spontanen Auslassung über den Journalismus. Sie entschieden sich für den Journalismus, und ich versuchte, ihnen den radikalen Wandel zu erklären, der sich bei amerikanischen Zeitungen im Gefolge technologischer Fortschritte, besonders der Erfindung der Linotype, vollzogen hat.

Ich redete etwa eine halbe Stunde und bat dann um Fragen. Nur wenige waren halbwegs gescheit, aber alle waren sie weitaus törichter als diejenigen, die mir jedes Jahr von den Mitgliedern des Tagespolitischen Clubs am City College gestellt werden. Offensichtlich waren die meisten Fragesteller radikal eingestellt; in der trüben Beleuchtung hatte ich den Eindruck, daß viele von ihnen Juden waren. Einer wollte wissen: „Was halten Sie von ‚PM‘?“[224] Meine Antwort: „Das Blatt läßt sich nicht nach den Kriterien des amerikanischen Journalismus bewerten. Es handelt sich hier um eine jiddische Zeitung, die in englischer Sprache erscheint.“ Man stach ein Fäßchen schlechtes Bier an, und ich blieb in kleinem Kreis noch eine Weile sitzen. Einer aus der Runde war Bryllion Fagin[225], den ich vorher noch nie getroffen hatte. Im Raum war es sehr heiß und ungemütlich. Kuethe und ein anderer Mann (dessen Namen ich vergessen habe) brachten mich gegen Mitternacht mit dem Auto nach Hause.

Dieser Stuart and Tudor Club soll der geisteswissenschaftlichen Elite der Johns Hopkins University ein Forum bieten; der arme Osler hoffte, sein Vermächtnis werde den Verein zu einem Zentrum der Aufklärung machen. Aber für mich sind diese Leute lediglich drittrangige Pädagogen. Kein einziger der Anwesenden, abgesehen von Kemp Malone, wußte wirklich etwas, was über das normale Maß hinausging; unter den jüngeren Mitgliedern gab es niemanden, der durch scharfen Verstand auffiel. Die Johns Hopkins University scheint unter Isaiah Bowman[226] dem Tiefpunkt immer näher zu kommen. Die philologischen Institute sind beängstigend schwach besetzt, das gleiche gilt für die historischen und ökonomischen Fächer. Die Hauptenergien der Universität richten sich darauf, Soldaten in verschiedenen technischen, für den Krieg benötigten Fertigkeiten auszubilden. Der alte Enthusiasmus für die Bildung um ihrer selbst willen ist dahin. Im gesamten Lehrkörper gibt es keine sechs Männer von wirklichem Rang.

Auf dem Treffen wurde mir mitgeteilt, ich sei zum Ehrenmitglied des Clubs gewählt worden; seitdem habe ich nichts weiteres darüber gehört. Ich hoffe sehr, daß es sich hier um einen Irrtum handelt.

Baltimore, den 16. November 1944
Heute war ich zum Lunch mit Joseph L. Wheeler[227] verabredet, dem Direktor der Enoch Pratt Free Library, der demnächst in den Ruhestand tritt. Wheeler hat ein schwaches Herz und mußte seinen Dienst im Frühjahr und Sommer für vier Monate unterbrechen. Er hat in der Bibliothek ausgezeichnete Arbeit geleistet, und ich habe ihn immer für einen mehr oder weniger zufriedenen Mann gehalten; doch er erzählte mir jetzt eine lange, jammervolle Geschichte, die in erster Linie mit der unglaublichen Borniertheit seines Vorstands zu tun hatte. Darin sind zwar zwei oder drei intelligente Männer, der Rest besteht aber aus prominenten Baltimoranern der beschränktesten Sorte ... Wheeler befürchtet, daß es nach seiner Pensionierung mit der Bibliothek bergab geht; ich glaube, daß seine dunklen Vorahnungen berechtigt sind.

Er möchte unbedingt ein Bibliotheksinstitut in Baltimore gründen, das besser ist als die Ausbildungsstätte, die er bereits in der Bibliothek aufgebaut hat. Er sagt, daß die Bibliotheken von Maryland nun jährlich ungefähr vierzig Absolventen solcher Institute einstellen; die meisten kommen aus anderen Staaten und bleiben nicht lange. Er glaubt, ein lokales Institut könne genug einheimische Männer und Frauen ausbilden, um den Bedarf zu decken. Als ich das letzte Mal von diesem Vorhaben hörte, erwog er noch, ob er die Johns Hopkins University bitten solle, die Leitung des Instituts zu übernehmen. Heute erklärte ich ihm, dies sei meiner Meinung nach kein guter Plan, denn die Universität befinde sich in einem Zustand des galoppierenden Verfalls und werde sich kaum so schnell davon erholen. Ich gab zu bedenken, daß es viel vernünftiger wäre, Curly Byrd[228], den resoluten Präsidenten der University of Maryland, zu bitten, die geplante Schule in seine Institution einzubeziehen. Wheelers Augen leuchteten auf, und er erwiderte, er sei genau der gleichen Ansicht. Aber er fürchte, daß eines seiner Vorstandsmitglieder auf der Eingliederung des Instituts in die Johns Hopkins University bestehen werde, da es auch in deren Vorstand sitze. Ich riet ihm abzuwarten, bis er offiziell im Ruhestand sei, und sich dann an Byrd zu wenden. Außerdem erbot ich mich, ihn zu begleiten. Der Plan kommt schließlich von ihm, nicht von den Vorstandsmitgliedern.

Wheeler fragte mich, ob er bei seiner Verabschiedung ein öffentliches Statement abgeben solle, in dem er die künftigen Bedürfnisse der Bibliothek sowie einen vernünftigen Umgang mit dem derzeitigen Vorstand darlegt. Ich riet ihm zu, vermute aber, daß ihm der Mut fehlen wird, wenn es soweit ist. Es ist ein Jammer, mitzuerleben, wie ein tüchtiger und gewissenhafter Mann seine Karriere unter solchen Umständen beschließt. Heute wurde er von einem weiteren Unglück ereilt: er hat gerade erfahren, daß einer seiner drei Söhne in Italien vermißt wird. Ich versuchte, ihn damit zu trösten, daß die Vermißten meist wieder auftauchen, wenn auch nur als Kriegsgefangene, aber er ist zu intelligent, um sich von solchen Versicherungen täuschen zu lassen.

Ich beschrieb ihm ausführlich die Bücher und Manuskripte, die ich der Bibliothek nach meinem Tod hinterlassen möchte, und fragte ihn, ob ich mich darauf verlassen könne, daß seine Nachfolger bestimmte Texte nach meinen Weisungen fünfzehn Jahre lang unter Verschluß halten. Er bejahte das, aber ich bin nicht restlos überzeugt. Wenn sich sein Nachfolger als Trottel erweist, werde ich wahrscheinlich die ganze Sammlung der New York Public Library übergeben, und zwar ohne lange zu fackeln.

Baltimore, den 18. November 1944

Joe Hergesheimer war vor vierzehn Tagen hier. Er erzählte mir, die wildeste Nazi-Figur in Washington sei eine alte Frau namens Lee, die Witwe eines Enkels des gleichnamigen Generals. Sie besitzt ein elegantes Haus und eine Menge Geld und hat nun ein Alter erreicht, in dem sie sich unverblümt äußern kann. Joe sagte, auf Dinnerpartys behaupte sie regelmäßig, Hitler sei der größte derzeit auf der Welt lebende Mensch.

25. Dezember 1944

Der letzte Teil der Korrekturfahnen des ersten Ergänzungsbandes zu „The American Language" kam gestern von der Plimpton Press. Das Buch wird wohl einen Umfang von 683 Seiten haben, womit es 14 Seiten kürzer wäre als die vierte Auflage von „The American Language". Das gilt für den Haupttext. Die Einleitung ist länger als die der vierten Auflage, und auch das Register und das Verzeichnis der Wörter und Redewendungen werden länger sein. Also komme ich meiner Planung ziemlich nahe.

August und ich verbrachten den Heiligabend gemütlich zu Hause, ohne Besucher und ohne Anrufe. Ich schlief aber schlecht und fühle mich seit dem Morgen elend. Zwar hatte ich gehofft, den ganzen Tag am Register arbeiten zu können, aber ich mußte mich heute vormittag hinlegen, weil ich von Herzschmerzen und allgemeiner Unpäßlichkeit geplagt wurde. Wir fuhren zu Gertie zum Lunch und kamen gegen 15.30 Uhr zurück. Ich schlief eine Stunde und setzte dann die Arbeit am Register fort. Ich hoffe, damit (und auch mit dem Verzeichnis der Wörter und Redewendungen) bis zum Wochenende fertig zu sein, aber das letzte ist hauptsächlich Mrs. Lohrfincks Aufgabe; als ich sie am 23. Dezember sah, wirkte sie ziemlich schwächlich.

Ein trübseliges Weihnachtsfest. Die Temperatur beträgt etwa zwei Grad, den ganzen Tag über hat es mit Unterbrechungen geregnet. Vor vier oder fünf Tagen war Schnee gefallen, aber nicht viel; der Regen hat ihn fortgespült. Auf der langen Fahrt zu Gerties Haus in der Gwynn Oak Avenue sah ich nur zwei Weihnachtsbäume in den Fenstern. In diesem Jahr gab es keinen Weihnachtsschmuck in den Geschäften, die Auswirkungen des Krieges machen sich auf allen Gebieten bemerkbar. Die Weihnachtsnachrichten von der Front müssen deprimierend für alle die sein, die Angehörige in Eisenhowers Armee haben.[229] Die Presseleute der Armee versuchen verzweifelt, den deutschen Durchbruch in eine deutsche Niederlage zu verwandeln, aber ich vermute, daß inzwischen die meisten Amerikaner, so dumm sie auch sein mögen, dem offiziellen Optimismus nicht mehr auf den Leim gehen.

1945

Baltimore, den 29. Januar 1945

Meine Herzsymptome sind noch immer da und werden eher schlimmer. Gestern nacht hatte ich den bisher schwersten Anfall. Ich erwachte aus einem unruhigen, albernen Traum mit einem Gefühl, als erstickte ich; eine halbe Stunde lang konnte ich nicht wieder einschlafen. Meine Pulsfrequenz lag bei 72, und mein Herz schlug laut, aber ich hatte ein Gefühl größten Unbehagens, als stehe ein Zusammenbruch unmittelbar bevor. Ich registriere mit Interesse, wie wenig Todesangst man in solchen Momenten empfindet. Sie sollte dasein, ist es aber nicht. Ich liege im Bett und überlege, ob ich August rufen soll, damit er mir hilft und mich ins Krankenhaus bringen läßt, aber ich entscheide mich immer dagegen und schlafe allmählich wieder ein. Meine letzten Gedanken gelten meinen Projekten, die allesamt auf gutem Wege sind: der Ergänzungsband I zu „The American Language" ist abgeschlossen; die Anweisungen an meinen Testamentsvollstrecker sind auf den letzten Stand gebracht; ich arbeite an keinem Projekt, das nicht rasch zu Ende gebracht werden könnte. Ich bedaure, daß ich einige meiner langgehegten Vorhaben wohl nicht mehr werde verwirklichen können, zum Beispiel das Büchlein mit dem Titel „Advice to Young Men", den zweiten Ergänzungsband zu „The American Language" und ein Buch, in dem ich meine Gedanken über den Krieg und über das Leben im allgemeinen darlegen wollte und das erst nach meinem Tod veröffentlicht werden sollte. Aber ich trauere nicht um diese Dinge, verbringe meine Tage ziemlich gelassen und bin zufrieden, obwohl es mich stört, daß ich nicht arbeiten kann; zum erstenmal in meinem Leben empfinde ich Langeweile. Vielleicht wird später eine Besserung eintreten, so daß ich an meinen Schreibtisch zurückkehren kann, aber es ist unwahrscheinlich. Wenn ich auf mein erfülltes Leben zurückblicke, bedaure ich nur, daß ich nicht noch intensiver gearbeitet habe. Doch das ist absurd, denn in Wirklichkeit habe ich mich nach Kräften bemüht. Zwar kann ich wenig vorweisen, aber angesichts meiner schlechten Startbedingungen und der spärlichen Gelegenheiten, die sich mir boten, habe ich doch das eine oder andere geleistet. Leid tut mir nur, daß ich wahrscheinlich nicht lange genug leben werde, um die Reaktion auf den gegenwärtigen Krieg für meine Arbeit ausnutzen zu können – falls es überhaupt eine Reaktion gibt. Manchmal habe ich meine Zweifel daran. Das amerikanische Volk scheint sich für immer auf Scharlatane festgelegt zu haben.

Baltimore, den 25. Februar 1945

Ich fühle mich seit Wochen so erbärmlich, daß ich kaum arbeiten kann; trotzdem ist es mir gelungen, eine kurze Posse für den „New Yorker“ und ein Kapitel für Spillers „Literary History of the United States“[230] zu schreiben; mit beidem hatte ich schon im letzten Herbst begonnen. Mein rechtes Auge zeigt sklerotische Veränderungen, und an die von Alan Woods verschriebene neue Brille kann ich mich noch immer nicht gewöhnen. Auch habe ich eine Infektion in der Spalte zwischen der linken Seite der Zungenwurzel und dem Schlund; zwei Behandlungen durch Polvogt haben nichts dagegen ausrichten können. Aber das sind nur geringfügige Probleme. Mein Verstand funktioniert nicht mehr besonders gut. Wenn ich mich an die Schreibmaschine setze, werde ich rasch nervös und konfus. Deshalb fällt es mir sehr schwer, kontinuierlich zu schreiben. Ich versuche, die zahllosen Notizen zu allen möglichen Themen, die sich in meinen Akten angesammelt haben, zu überarbeiten und zu ergänzen und einige meiner alten Artikel für den „Smart Set“

und den „American Mercury" umzuschreiben, doch ich komme damit kaum voran. Wenn ich dieses Material in eine präsentable, druckreife Form bringen könnte, würden sich vielleicht, trotz Kriegszensur, ein oder zwei Bücher daraus machen lassen, aber bis jetzt will es mir nicht gelingen. Es ist durchaus möglich, daß meine schriftstellerischen Tage vorbei sind, aber ich glaube, ich bin noch immer in der Lage, den zweiten Ergänzungsband zu „The American Language" fertigzustellen. Ich hatte auch früher solche depressiven Phasen, habe sie aber immer überstanden; diesmal scheine ich straffer gefesselt zu sein denn je zuvor.

Baltimore, den 28. Februar 1945

Ein weiterer *dies non*. Heute morgen versuchte ich zu arbeiten, mußte aber nach einer halben Stunde aufhören. Wahrscheinlich war eine Herzerweiterung eingetreten. Ich fühlte mich unwohl und benommen, legte mich bis zum Lunch hin und las. Danach machte ich mich in die Innenstadt auf. Es war schwierig, voranzukommen, da der Bürgersteig von einem Graupelschauer rutschig war. Nachdem ich in der „Sun"-Redaktion vorbeigeschaut und verschiedene Dinge erledigt hatte – zum Beispiel besuchte ich Dr. Leslie Gay, den Heuschnupfenspezialisten, der mir eine Spritze gab –, ging ich nach Hause und streckte mich wieder aus. Solche trübseligen, unnützen Tage sind in letzter Zeit häufig. Anscheinend kann ich mich nicht mehr auf stetige Arbeit konzentrieren. Ich versuche es zwar, aber meist vergeblich. Paul Patterson möchte, daß ich ihn im April nach San Francisco begleite. Dort soll irgendeine internationale Konferenz stattfinden, an der alle Politiker auf alliierter Seite teilnehmen.[231] Patterson meint, er und ich sollten als „Beobachter" dabeisein. Aber ich will auf keinen Fall eine so alberne Rolle spielen, weder dort noch anderswo. Wenn ich mir eine solche Versammlung ansehe, will ich auch darüber berichten, aber heute habe ich natürlich keine Möglichkeit mehr, mich öffentlich über öffentliche Angelegenheiten zu äußern. Mein Standpunkt ist das genaue Gegenteil von dem der „Sunpapers", und sogar mein Wortschatz wird nicht mehr akzeptiert. Ich könnte keine fünf Zeilen schreiben, ohne die Grenzen des Erlaubten zu überschreiten.

Patterson plant den Ausflug nach San Francisco nur deshalb, weil sein Posten ihn unerträglich langweilt. Er greift nach jedem Vorwand, der Redaktion zu entkommen. Wenn er sich ein Visum beschaffen könnte, würde er schon morgen nach London abreisen. Leider scheint es in Washington Bedenken gegen Auslandsreisen von Zeitungsverlegern zu geben. Ich habe allerlei Mutmaßungen über den Grund gehört, aber keine klingt überzeugend. Die plausibelste Version ist, daß Roosevelt einen Visumantrag von Joseph M. Patterson und vielleicht sogar von Oberst Robert R. McCormick[232] fürchtet. Um sich solche Leute vom Leibe zu halten, heißt es, habe er die ganze Clique mit einem Reiseverbot belegen müssen. Patterson glaubt an diese Theorie. Ich bleibe skeptisch.

Baltimore, den 5. März 1945

Gestern (Sonntag) morgen erwachte ich in kümmerlicher Verfassung. In meinem Kopf schien sich das Blut gestaut zu haben (obwohl ich weder Kopfschmerzen noch irgendeine Benommenheit spürte), und meine linke Gesichtsseite war starr. Ich versuchte während des Tages mehrmals zu arbeiten, es ging aber nicht. Die Unpäßlichkeit war nicht nur körperlicher Art; hinzu kam eine gewisse geistige Verwirrung. Diese dauerte auch heute morgen noch an, als ich beim Diktat für Mrs. Lohrfinck doch tatsächlich nicht auf den Namen Julian Boyd kommen konnte. Ich verbrachte eine ruhelose Nacht mit abwegigen Träumen, die alle mit irgendwelchen unnützen Bemühungen zu tun hatten. Kurz, mein Gesundheitszustand verschlechtert sich weiter, in meinem Körper scheint sich ein Wettrennen zwischen den Arterien und dem Herzen abzuspielen. Ich kann fast nichts mehr behalten. Wenn ich eine Idee habe, muß ich sie mir sofort notieren, damit sie nicht für immer verlorengeht. Heute morgen hatte ich einen guten Einfall für den Artikel im „New Yorker" – heute abend kann ich mich nicht mehr an ihn erinnern.

Zum Glück kann ich gute Miene zum bösen Spiel machen; niemand scheint zu merken, daß ich krank bin. Ich stehe meine täglichen Begegnungen mit Paul Patterson mühelos durch und treffe mich auch mit verschiedenen anderen Leuten. Heute war ich zum Lunch mit Joseph L. Wheeler verabredet, dem Direktor der Enoch Pratt Free Library, der in den Ruhestand geht. Er brachte ein langes Memorandum über die hinsichtlich meiner Bücher zwischen uns getroffene Vereinbarung mit; darauf will er auch seinen Nachfolger verpflichten. Er plant, Baltimore am 2. April zu verlassen und sich auf eine kleine Farm bei Rutland, Vermont, zurückzuziehen. Man habe mit seiner Billigung jemanden für seinen Posten ausgewählt, aber er wollte mir den Namen nicht nennen, weil der Kandidat noch nicht zugesagt habe.[233] Wheeler meinte, der Mann sei äußerst kompetent, dazu sehr jung, so daß er wohl eine lange Karriere vor sich habe. Drei der Greise im Aufsichtsrat ziehen sich demnächst in den Ruhestand zurück; Wheeler hofft, daß man sie durch bessere Leute ersetzen wird. Aber da der Aufsichtsrat ein sich selbst erneuerndes Gremium ist, dürfte das nicht leicht sein.

Baltimore, den 28. März 1945

Folgende Zeitschriften habe ich abonniert: „Editor and Publisher“, „Guild Reporter“, „London Times Literary Supplement“, „American Speech“, „Language“, „Publications of the American Language Association“, „New Yorker“, „American Notes and Queries“, „Consumer's Research“, „Your Investments“, „The Nation“, „American German Review“, „International Journal of American Linguistics“, „Negro Digest“, „Newspaperman“, „Studies in Linguistics“, „Pennsylvaanisch Deitsch Eileschpiggel“, das monatliche Ergänzungsheft zu „Who's Who in America“ und noch drei oder vier andere. Die folgenden Blätter bekomme ich umsonst: „Congressional Record“, „William Feather Magazine“, „Taxpayer“ (Melbourne, Australien), „Quarterly“ der Library of Congress, „Saturday Review of Books“, „New Leader“, „Federal Union World“, „Mexico News“, „Columbus“, „Journal of the American Medical Association“, „Virginia Quarterly“, „Prairie Schooner“, „Adobe y Mesquite“ (Tucson, Arizona), „American Mercury“, „Esquire“, „Gardens, Houses and People“ (Baltimore), „Household Magazine“, „Column Digest“, „Thinker's Digest“, „Etude“, „Retort“, „Freethinker“, „Bulletin of the New York Public Library“, „Virginian“ (veröffentlicht von den Insassen der Haftanstalt Virginia, Richmond), „Bulletin of Teachers' Alliance“ (New York) und noch eine Reihe anderer. Darüber hinaus werden mir regelmäßig Einzelnummern weiterer Zeitschriften zugeschickt, darunter etwa ein halbes Dutzend Armee- und Marinejournale, die von den Soldaten und Matrosen herausgegeben werden. Zeitschriften und Zeitungen mit speziell markierten Passagen kommen fast täglich ins Haus, und ich erhalte auch eine Menge Ausschnitte, manche in fremden Sprachen.

Ich staune immer wieder über die Massen an Gedrucktem, die über meinen Schreibtisch gehen. Zwar sehe ich fast alles durch, aber in erster Linie nur, um meine Materialsammlung über die amerikanische Sprache zu ergänzen. Das übrige wandert ungelesen in den Papierkorb. Dieser Korb ist sehr groß, er muß alle zwei oder drei Tage geleert werden. In ihn wandern auch die meisten der zahllosen Propagandaschriften, Pamphlete und Rundfunktexte, die mir regelmäßig zugeschickt werden. Der Rest landet in einem Karton, den ich, sobald er voll ist, an die New York Public Library weiterleite. Im Laufe der letzten fünf oder sechs Jahre dürfte ich der Bibliothek mindestens 25 000 derartiger Pamphlete geschickt haben. Darunter sind Prophezeiungen der Ankunft eines neuen Messias, Spendenaufrufe von Wohltätigkeitsgangstern, Jahresberichte von Konzernen, in Papier eingeschlagene Bände von Laiendichtern. Die Papierverschwendung in Amerika ist unglaublich. Würde man diese sinnlosen Druckerzeugnisse verbieten, hätte man Geld für wichtigere Dinge, und man brauchte Zeitungs- und Buchverlagen nicht das Papier zu rationieren. Aber es sind gerade die sinnlosen Druckerzeugnisse, gegen die *nichts* unternommen wird.

Baltimore, den 1. April (Ostersonntag) 1945

Heute morgen verbrachte ich anderthalb Stunden damit, den ehemaligen Ponystall im Hinterhof zu säubern und aufzuräumen – eine alljährliche Plackerei. Ich verbrannte vieles und füllte eine Mülltonne mit dem Rest. Der Hof leuchtet von Blumen und frischen Blättern, obwohl der Hartriegel noch nicht blüht und der Efeu noch keine neuen Triebe hat. Am nächsten Sonntag vormittag werde ich die letzten Herbstblätter zusammenharken und verbrennen und die abgestorbenen Triebe an den Weinreben entfernen. Dieser Frühjahrsputz ist immer eine mühsame Angelegenheit, aber er macht mir Spaß, denn er bringt mich in die Sonne und verschafft mir etwas Bewegung. Heute morgen war es angenehm warm, das heißt, ich geriet noch nicht ins Schwitzen. Um 12.30 Uhr gingen August und ich zum Lunch zu Gertie. Sie will in ungefähr zwei Wochen aufs Land ziehen. Vor ein paar Tagen war sie schon einmal dort und stellte fest, daß die Farmer ziemlich besorgt waren. Der vorzeitige Frühling hat alles zu rasch blühen lassen, und sie fürchten nun, daß ein Frost alles zunichte machen könnte. Außerdem sind sie beunruhigt über die Einberufung so vieler junger Landarbeiter. Manche haben keine Hilfskräfte mehr, so daß sie die üblichen Feldfrüchte nicht mehr anbauen können. Als ich Gertie vor vier oder fünf Jahren besuchte, zeigte sie mir einen kräftigen Bauernjungen, der die Straße entlanglief. Er mache einem Mädchen in Westminster den Hof, sagte Gertie, und an drei Abenden der Woche gehe er, nach der harten Tagesarbeit auf den Feldern, die acht Kilometer von seinem Elternhaus bei Uniontown nach Westminster zu Fuß, danach dann auch noch die acht Kilometer nach Hause. Er hat das Mädchen geheiratet, sie haben ein Baby, das jetzt drei Jahre alt ist. Vor ein paar Tagen kam die Nachricht, daß er im Krieg gefallen ist. Das ist der Preis, den die einfachen Leute für

Roosevelts Gier, als große Gestalt in die Geschichte einzugehen, zahlen müssen.

Baltimore, den 1. April 1945

Ich bekam heute einen merkwürdigen Brief, datiert auf den 26. März, von Charles Honce von der Associated Press, in dem er mir vorschlägt, ein paar Artikel über die internationale Konferenz in San Francisco für die AP zu schreiben. „Die laufende Berichterstattung wird von einem großen Reporterstab übernommen", sagt er, „so daß Sie Ihre eigenen Beiträge zu jedem beliebigen Zeitpunkt in beliebiger Zahl und über Ihnen genehme Themen schreiben könnten." Ich mußte natürlich ablehnen, da ich mich ja schon geweigert hatte, für die „Sun" über die Konferenz zu berichten. Es wäre mir ganz unmöglich, darüber zu schreiben, ohne meine Einstellung zu dieser Konferenz und zum Krieg überhaupt deutlich zu machen; keine amerikanische Zeitung würde es wagen, einen solchen Text zu drucken. Es war richtig, daß ich schon im Januar 1941 aufgehört habe, für die „Sun" zu schreiben, denn schon damals war abzusehen, daß Roosevelt sich früher oder später in den Krieg einmischen würde, und ich wußte aus der Erfahrung des letzten Krieges, daß man mich sofort mundtot machen würde. Seitdem sind mir etliche Artikel eingefallen, aber keiner hätte gedruckt werden können. In diesen Tagen wäre sogar mein Vokabular unerwünscht. Ich könnte Roosevelt oder Churchill oder jeden anderen Spitzbuben nicht einmal bei Namen nennen, ohne eine wüste offizielle Attacke zu riskieren, die eindeutig unter die Gürtellinie gehen würden.

Über die allgemeine Vorstellung, daß in den Vereinigten Staaten Redefreiheit herrscht, kann ich nur lachen. In Wirklichkeit ist diese Redefreiheit, im Frieden genauso wie im Krieg, ganz erheblich eingeschränkt. Alle Ideen, mit denen mein Name verknüpft ist, konnten nur zwischen 1925 und 1940 vorgebracht werden, und selbst in dieser Zeit gab es mehrere Versuche, mich zum Schweigen zu bringen, zum Beispiel die „Hatrack"-Episode. Zweimal in meinem Leben bin ich gezwungen worden, den Mund zu halten: zuerst 1916 und dann 1941. Sogar in der erwähnten Periode wurde ich mehrmals mit allen möglichen Arten von Zensur bedroht, was zum Beispiel meine Arbeit stark behinderte, als ich den „American Mercury" herausgab. Die Amerikaner, davon bin ich überzeugt, verabscheuen im Grunde die Redefreiheit. Schon beim geringsten Anlaß sind sie bereit, sie zu beschränken. Im Rückblick staune ich manchmal darüber, daß es mir dennoch gelungen ist, einige meiner Ideen in die Öffentlichkeit zu bringen. In diesem Land hat der Krieg alle Regeln der Fairneß außer Kraft gesetzt, selbst die, die unter wilden Tieren gelten. Sogar die Gegner der vorherrschenden Meinung versuchen, der Strafe für abweichendes Verhalten zu entgehen, indem sie die offizielle Lehre bejubeln. Zumindest dieser beschämenden Rolle habe ich mich entziehen können. Während dieses Krieges habe ich – genau wie auch im letzten – keine einzige Zeile geschrieben, zu der ich heute nicht mehr stehen würde. Mein erzwungenes Schweigen ist nicht von Fügsamkeit begleitet.

Es ist sehr unwahrscheinlich, daß noch zu meinen Lebzeiten auch nur die Grundlagen der Redefreiheit wiederhergestellt werden, wie dies 1925 geschehen war. Solange Roosevelt im Amt ist, wird Kriegszustand herrschen, denn wenn er Frieden schlösse, würde er all seine Kriegsvollmachten verlieren und rasch untergehen. Folglich werde ich nie wieder ein höheres Maß an Freiheit erleben. Das ist nicht gerade eine Aussicht, die mich mit patriotischer Raserei erfüllt. Die Regierungen, unter denen ich lebe, sind meine ganze Karriere hindurch mein Feind gewesen. Wenn sie nicht versuchten, mich zum Schweigen zu bringen, legten sie es darauf an, mich zu berauben. Soweit ich mich erinnere, hatte ich nie einen Kontakt zu ihnen, der nicht eine Beleidigung meiner Würde und ein Angriff auf meine Sicherheit gewesen wäre.

Baltimore, den 13. April 1945

Der „Sun"-Leitartikel über Roosevelt heute morgen beginnt: „Franklin D. Roosevelt war ein großer Mann."[234] Über und unter dem Text ziehen sich breite schwarze Balken hin. Die Argumentation ist, kurz gefaßt, daß all seine Gemeinheiten und Dummheiten ausgelöscht waren, als „er ein schwerfälliges und isolationistisches Volk dazu brachte, einen notwendigen Krieg von nie gekannten Dimensionen zu unterstützen." Mit anderen Worten: sein größter Betrug war sein größter Ruhm und zugleich eine hinreichende Ausrede für alle seine anderen Betrügereien. Es ist erstaunlich, in welchem Maße sich die „Sun" mit diesem Unsinn identifiziert. Als die Engländer Patterson und John Owens auf ihre Seite zogen, leisteten sie gründliche Arbeit. Ich kenne keine Zeitung in den Vereinigten Staaten, nicht einmal die „New York Herald Tribune", die ein rührseligeres Loblied auf die Engländer singt.

Roosevelts beispielloses Glück hielt bis zum Ende an. Er starb eines leichten Todes, gerade rechtzeitig, um sich nicht für seine eigenen Fehler verantworten zu müssen. Das bleibt nun Truman überlassen, einem drittrangigen Politiker aus dem Mittelwesten, der mit Harding vergleichbar ist. Er ist prinzipiell gegen die New-Deal-Künstler, und er wird wahrscheinlich einen ernsthaften Versuch unternehmen, ihnen die Macht zu entziehen, aber ich bezweifle, daß es ihm gelingen wird. Sie haben sich massiv verschanzt, und es ist anzunehmen, daß sie bis zum bitteren Ende kämpfen, denn sie wissen: sobald ihnen die Macht genommen ist, werden sie von der Bildfläche verschwinden. Der Fall „La Eleanor" ist nicht ohne humoristische Aspekte. Gestern noch war sie die einflußreichste Frau, die es je in der amerikanischen Geschichte gegeben hat, morgen wird sie in den Hintergrund rücken, und nächstes Jahr um diese Zeit ist sie wahrscheinlich schon nicht mehr zu sehen. Ich frage mich, wie viele Zeitungen ihr „My Day" noch drucken werden.[235] Vermutlich nicht sehr viele.

Ich halte es für sehr wahrscheinlich, daß Roosevelt einen hohen Rang in der volkstümlichen amerikanischen Überlieferung einnehmen wird – vielleicht steht er sogar bald schon neben Washington und Lincoln. Es liegt im Interesse seiner Erben und Nachfolger, ihn in den Himmel zu heben, und es wird ihnen auch gelingen, seine Kritiker mundtot zu machen. Sicher, wenn der Krieg weitergeht, ist es möglich, daß es zu einer Reaktion gegen ihn kommt; wenn der Krieg dann endlich vorbei ist, mag sich sogar eine noch heftigere Reaktion einstellen, aber alle Anzeichen deuten in die entgegengesetzte Richtung. Er hatte alle Eigenschaften, die Dummköpfe an ihren Helden zu schätzen wissen. Deshalb wird aus ihm ein Halbgott werden, und sehr bald könnten wir in Washington den Bau eines grandiosen Denkmals erleben, vergleichbar mit denen für Washington,

Jefferson und Lincoln. Darin wird man Eleanor vermutlich eine Nische einräumen, aber wohl keine sehr auffällige. Ich glaube, daß die Mehrheit der Amerikaner ihr mißtraut und sie ablehnt, denn all ihre Ruhmestaten waren nur ein von Franklin ausgehender Abglanz. Es mag stimmen, daß nicht er, sondern sie den New Deal erfand – jedenfalls heimste Franklin das Verdienst für sich ein, wofür er mit neun Zehnteln des allgemeinen Glaubens und einhelliger Bewunderung belohnt wurde. Mir scheint, daß man Eleanor in erster Linie für die Liederlichkeit ihrer Kinder verantwortlich gemacht hat. Der Durchschnittsamerikaner ist der Meinung, sie hätte zu Hause bleiben und ihren Nachwuchs beaufsichtigen sollen. Ihr Mann stand auf den Zinnen und rettete die Menschheit, und es war ihre Pflicht, sich um das häusliche Wohl zu kümmern. Eleanors jetziger Zustand hat durchaus etwas Rührendes. Sie ist erschreckend häßlich, hat ihr Amt verloren und wird alt.

Die Hearst-Zeitung in Baltimore, die „News-Post", nahm die Nachricht mit typischem Zynismus auf. Hearst ist einer der brutalsten Gegner Roosevelts; seine Zeitungen behandeln den New Deal verächtlich und verbreiten sogar Zweifel am Sinn des Krieges. Die ganze erste Seite der „News-Post" füllt heute nachmittag ein großes Porträt von Roosevelt aus, flankiert von zwei bunten Fahnen, mit der Überschrift: „Die Nation trauert". In einem Leitartikel heißt es unter anderem: „Die Arbeit und der Name Franklin Delano Roosevelts werden weiterleben, nicht nur heute oder morgen, sondern in den Annalen der Geschichte." Das ist, wie auch ich bemerkt habe, wahrscheinlich unbestreitbar, aber Hearst dürfte sich kaum darüber freuen. Als Kenner der Massenpsyche hat er wohl keine großen Erwartungen. Die

„Sun" ist nicht annähernd so rational: sie bescheinigt Roosevelt seine Größe in allem Ernst.

Baltimore, den 15. April 1945

Alle Bars und großen Restaurants von Baltimore blieben gestern abend zum Zeichen des Respekts für Roosevelt geschlossen, dessen Leiche um Mitternacht durch die Stadt transportiert wurde. Es war eine alberne Aktion, aber sie gab vielen Federfuchsern die Möglichkeit, die ihnen geistig Überlegenen zu verärgern, und deshalb wurde sie wohl angeordnet. So mußte der Saturday Night Club zum erstenmal seit vierzig Jahren auf seinen üblichen Bierumtrunk nach dem Musizieren verzichten. Die ganze Prohibitionszeit hindurch traf sich der Club im Haus eines seiner Mitglieder, doch gestern abend war niemand zu einer solchen Geste bereit, so daß das übliche Programm aufgegeben werden mußte. August und ich gingen nach Hause, tranken ein paar Highballs und gingen dann zu Bett.

Hätte Roosevelt überlebt, wäre er wahrscheinlich, trotz der unvermeidlichen Reaktion gegen den Krieg, unschlagbar gewesen. Er war ein so geschickter Demagoge, daß es ihm nicht schwergefallen wäre, die öffentliche Unzufriedenheit auf ein anderes Thema zu lenken. Nur ein noch gewiefterer Demagoge hätte ihn schlagen können, aber seine Gegner waren außerstande, einen solchen Wunderknaben aufzutreiben. Die besten Kandidaten, die sie vorzuweisen hatten, waren ängstliche Kompromißler wie Willkie und Dewey, die sich Roosevelt gegenüber ohnmächtig zeigten wie Schafe gegenüber dem Herkules. Als ein stürmischer Angriff nötig war, wichen sie zurück und machten sich die Hosen voll. Dadurch war es am Ende kaum noch möglich, sie von vorsichtigen New Dealers (mit anderen Worten: von kastrierten Roosevelts) zu unterscheiden. Er war ihnen stets meilenweit voraus, indem er neue Opfer fand, die er plündern, und neue Anhänger, die er belohnen konnte, indem er den gesunden Menschenverstand verhöhnte und seine Existenz schlicht leugnete; indem er mit seiner Antilogik demonstrierte, daß zwei plus zwei fünf ist; indem er immer größere Anteile am Unerreichbaren versprach. Seine Karriere wird die Historiker (falls es je wieder irgendwelche guten in Amerika geben sollte), intensiv beschäftigen, aber sie wird von noch größerem Interesse für Psychologen sein. Er war der erste amerikanische Präsident, der bis zu den Abgründen ordinärer Dummheit vordrang. Zu keinem Zeitpunkt hat er den Fehler gemacht, die Intelligenz des amerikanischen Pöbels zu überschätzen. Er war sein unvergleichlicher Lehrmeister.

Baltimore, den 25. April 1945

Nach zwei Wochen relativen Wohlbefindens wurde ich heute morgen um 1.30 Uhr von den bisher schlimmsten Herzschmerzen geweckt. Ich spürte den gewohnten Druck unter dem Brustbein, und eine Zeitlang ließ mein Herz, obwohl der Puls kräftig war, jeden vierten Schlag aus. Ich lag still, es ging rasch vorbei. Während ich abwartete, was nun passieren würde, registrierte ich den seltsamen psychischen Effekt, den ich hier schon einmal erwähnt habe: ich empfand keinerlei Todesfurcht. Mich beschäftigte nur die Überlegung, ob ich wohl lange wach sein oder bald einschlafen würde. Wie sich zeigte, blieb ich ungefähr zwanzig Minuten lang wach. Als ich heute morgen aufstand, fühlte ich mich sehr elend – so elend wie noch nie zuvor. Aber nachdem ich mich rasiert und gebadet hatte, ging es mir besser. Ein Gefühl des Unwohlseins ist jedoch noch immer da.

Ich vermute jetzt, daß mir der Scotch Whisky nicht bekommt. Gestern abend gegen 20 Uhr rief mein Neffe David Morrison an und sagte, daß er mit einem Kollegen namens Carl Graham aus Lancaster, Pennsylvania, in der Stadt sei. Ich lud sie zu mir nach Hause ein, sie erschienen gegen 20.30 Uhr. David bat um Scotch, ich trank zwei Highballs mit ihm. August hielt sich an Ale, Graham an Sherry. Ich habe schon früher festgestellt, daß meine Herzbeschwerden oft nach Scotch einsetzen. Wenn ich Roggenwhisky, Bourbon oder Bier trinke, merke ich nichts. Woher dieser Unterschied kommt (wenn es denn ein Unterschied ist und nicht bloß Einbildung), verstehe ich nicht. Die Alkoholmenge, die ich zu mir nehme, ist in allen Fällen etwa die gleiche.

Baltimore, den 26. Mai 1945

Seit sechs Wochen beschäftige ich mich damit, eine gewisse Ordnung in die schier unüberschaubaren Notizen zu bringen, die sich im Laufe der Jahre angesammelt haben. Von Zeit zu Zeit entnehme ich aus ihnen Material für Bücher oder Artikel, aber es werden trotzdem immer mehr. Meist sind es Bleistiftnotizen mit Ideenbruchstücken, die für jeden anderen unverständlich sind; einige verstehe ich inzwischen selbst nicht mehr. Deshalb versuche ich, sie auszusortieren und eine Art Zusammenhang herzustellen, damit ich sie in Zukunft vielleicht doch noch nutzen kann. Den Rest werde ich der Nachwelt zur Erbauung (oder zur Belustigung) hinterlassen. Wenn ich mit dieser Aufgabe je fertig werden sollte, will ich auch noch mein altes „Smart Set"- und „American Mercury"-Material durchgehen, von dem ich einen großen Teil nie für Bücher verwendet habe, und zu retten versuchen, was sich lohnt. Mich dann noch den Zeitungsnotizen zu widmen, die ich in zwei Monaten nicht einmal bloß durchlesen könnte, wäre der reine Wahnsinn. Welchen Gesamtumfang meine gedruckten Schriften haben, weiß ich nicht, aber es müssen mindestens 10 Millionen Wörter sein. Große Teile behandeln ephemere, vergessene Themen und sind heute unbrauchbar, aber ich bin doch auch immer wieder überrascht von der Fülle der Ideen, die mir auch heute noch mehr oder weniger zutreffend und wichtig erscheinen. Ich habe in meinem Leben eine Menge solcher Ideen artikuliert – möglicherweise mehr als jeder andere amerikanische Schriftsteller meiner Zeit. Aber nur wenige sind von meinen einfältigen Landsleuten übernommen (oder auch nur ernsthaft in Erwägung gezogen) worden.

Baltimore, den 30. Mai 1945

Morgen ist Saras zehnter Todestag. Er scheint sehr lange herzusein, aber für mich lebt sie weiter, und es gibt keine wache Stunde, in der ich nicht an sie denke. Meine Ehe, die so spät geschlossen wurde, war sehr glücklich – trotz der von Saras häufigen Krankheiten herrührenden Sorgen und der nicht zu leugnenden Tatsache, daß sie keine allzu guten Überlebenschancen hatte. Sie war überaus rücksichtsvoll und hatte viel Humor – eine Eigenschaft, die bei Frauen ebenso selten wie reizvoll ist. Wir verbrachten fast fünf Jahre miteinander, und in all der Zeit hatten wir keine einzige ernsthafte Auseinandersetzung. Unsere Differenzen waren stets oberflächlicher Art und hinterließen nie die geringste Bitterkeit. Ich glaube, daß sie genauso zufrieden wie ich war, obwohl ich mir manchmal überlege, wie wir wohl nach zehn oder fünfzehn Jahren Ehe miteinander ausgekommen wären. Darauf gibt es natürlich keine Antwort, aber die Erfahrung anderer läßt vermuten, daß Ehen sich unweigerlich abnutzen; wenn nicht ganz, dann doch zumindest an den Rändern. Ich bilde mir ein, daß wir diesen Verschleiß ohne bleibenden Schaden überstanden hätten. Die Ehe besteht zu neun Zehnteln aus Gesprächen, und bis zu ihrer letzten Krankheit konnten wir mühelos einander erheitern. Wir waren uns schon früh einig, daß gelegentliche Trennungen vorteilhaft für uns sein würden, und das hat sich als richtig erwiesen. Meine Alltagsroutine bot mir viele Gelegenheiten zu solchen Trennungen, wir hätten sie manchmal sogar ausdehnen können. Vielleicht wären wir uns wegen des Zweiten Weltkriegs in die Haare geraten, aber das bezweifle ich. Eine andere mögliche Quelle ernstzunehmender Konflikte war ihr Wunsch nach Kindern oder doch wenigstens nach *einem* Kind. Ich war strikt dagegen. Ihre schlechte Gesundheit ließ eine Mutterschaft ohnehin nicht zu; wenn sie sich erholt hätte, wären die Dinge vielleicht anders verlaufen.

Heute morgen besuchte ich ihr Grab auf dem Loudon Park Cemetery – es war seit Weihnachten meine erste Fahrt dorthin. Ich legte ein paar weiße Nelken an der Stelle nieder, wo ihre Asche begraben ist. Sie waren von einem italienischen Straßenverkäufer in der Frederick Avenue, gegenüber dem Friedhofstor. Die Blumen waren sehr hübsch und schienen mir irgendwie angemessener zu sein als etwas Formelles. Ich gehe nur deshalb so selten zum Friedhof, weil ich mich dort des Gefühls der Banalität nicht erwehren kann. Ich brauche keinen solchen Anstoß, um mich an sie zu erinnern. Nie werde ich sie vergessen. Meine Tage mit ihr waren eine wunderbare Episode in meinem Leben, vielleicht die einzige, die es verdient, romantisch genannt zu werden. Es erscheint mir müßig und sogar ein bißchen albern, mich dem Unvermeidlichen zu widersetzen, aber ich denke immer voller Zärtlichkeit und Sehnsucht an sie. Ich kann gut verstehen, weshalb sich naivere Menschen an die Hoffnung auf ein Wiedersehen nach dem Tod klammern. Aber ich teile diese Hoffnung nicht. Ich nahm am 28. Mai 1935 im Johns Hopkins Hospital für immer von ihr Abschied. Sie war bewußtlos und lag im Sterben. Danach sah ich sie nie wieder, denn ich verzichtete darauf, ihren Leichnam zu betrachten. Das war ein allzu entsetzlicher Gedanke für mich. Wenn ich an sie denke, sehe ich sie in den Tagen ihrer relativ guten Gesundheit vor mir, als sie fröhlich und amüsant und unendlich zauberhaft war.

Ich fand die Mencken-Parzelle auf dem Friedhof in gutem Zustand vor, obwohl die Verwaltung am Eingang ein Schild angebracht hatte, daß sie infolge des Krieges nicht in der Lage sei, dem Gelände die gewohnte Pflege angedeihen zu lassen. Zwischen dem Efeu wuchs etwas Unkraut. Ich rupfte es heraus und warf es auf einen Abfallhaufen in der Nähe. Der Regen der vergangenen Tage hat in der Vertiefung des Familienwappens auf dem flachen Grabstein eine Pfütze hinterlassen, und Schmutz aus der Luft – wie verpestet Baltimore heute ist! – hat das Wasser in Schlamm verwandelt. Aber das ist unvermeidlich, und vielleicht sollte es auch nicht anders sein. Der Schlamm wird trocknen und dunkle Schatten in den Furchen hinterlassen. Die in den Stein gemeißelten Namen sind schon blasser geworden, aber die weiße Oberfläche ist noch sauber und hell. Ich hatte den Stein 1926 nach der Beisetzung meiner Mutter aufstellen lassen. Der Grabstein meines Vaters trug das G und den

Zirkel der Freimaurer – es war ein gräßliches Gebilde. Ich ließ ihn entfernen und zerschlagen. Der jetzige Stein ist aus Marmor mit einer schlichten Einfassung und dem Wappen am oberen Ende. Darunter stehen die Namen und Lebensdaten der Verstorbenen. Es ist noch genug Platz für uns da. Mein eigener Name wird bald dort stehen.

Baltimore, den 1. Juni 1945

Gestern lud ich den Romancier James T. Farrell[236] mit seinem Bruder Dr. John A. Farrell, einem Psychiater im St. Elizabeth's Hospital, Washington, zum Lunch in den Maryland Club ein. Farrell ist einundvierzig, sein Bruder scheint erheblich jünger zu sein. Er hat einige ausgezeichnete Romane geschrieben, die alle von den armen Iren handeln, unter denen er in Chicago aufwuchs, aber er ist kein guter Gesprächspartner, und ich sehe ihn selten. Er war früher Kommunist, scheint aber dem Glauben abgeschworen zu haben, denn die Roten greifen ihn nun heftig an. Er sagte, er habe den ersten Band einer Tetralogie sowie eine Sammlung Kurzgeschichten abgeschlossen. Farrell ist ein fleißiger Arbeiter, besonders wenn es um das Umschreiben seiner Texte geht. Er steht in Verbindung mit Dreiser, und dieser hat ihm vor kurzem einen Teil des Manuskripts von „The Bulwark" [dt. „Das Bollwerk"] geschickt, an dem er mit Unterbrechungen seit fast dreißig Jahren arbeitet. Ich habe Dreiser in letzter Zeit zweimal geschrieben, jedoch keine Antwort erhalten. Anscheinend bin ich bei ihm wieder in Ungnade gefallen – vielleicht, weil ich nicht begeistert darüber war, daß er seine sämtlichen Papiere, einschließlich meiner Briefe an ihn, in der University of Pennsylvania Library hinterlegt hat. Sie hätten der New York Public

Library übergeben werden sollen – Dreiser regelt seine Angelegenheiten immer sehr schlecht. Wovon er in letzter Zeit lebt, weiß ich nicht. Die Juden von Hollywood dürften ihm kaum allzuviel Geld gezahlt haben.

Der Mediziner Farrell erwies sich als Anhänger der Theorie, daß Geisteskrankheiten geistige Ursachen hätten. Er erzählte von Seeleuten und Marineinfanteristen in seiner Obhut, die von den Greueln des Dienstes in der Südsee in den Wahnsinn getrieben worden seien. Einer von ihnen sei derart nervös heimgekehrt, daß er jedesmal, wenn er ein Flugzeug hörte, auf einen Tisch sprang und zu weinen begann. Aber das beweist nur, jedenfalls nach meiner Meinung, daß der arme Kerl schon vor der Einberufung verrückt war. Die bei der Musterung anwesenden Psychiater hätten ihn, wären sie nur halbwegs kompetent gewesen, ausmustern müssen. Tausende von Männern, die genau die gleichen Erfahrungen gemacht haben, behalten ihren gesunden Verstand. Aber es ist schwer, einen Psychiater zu finden, der intelligent genug ist, um diese grundlegende Tatsache zu begreifen. Meiner Meinung nach sind die meisten Leute, die sich der Psychiatrie zuwenden, junge Mediziner, die vor allem an rasch zu erledigenden, leichten Aufgaben interessiert sind und die im Grunde wissen, daß sie für etwas Besseres nicht in Frage kommen. Einem Irrenarzt ist ein guter Lebensunterhalt sicher, egal wie wenig er weiß oder noch lernen will. Ich fragte Farrell, welche Behandlung für Patienten wie die erwähnten normalerweise vorgesehen sei. Seine Antwort klang vage. Anscheinend werden sie sich selber überlassen. Wenn sie wieder gesund werden, hat die Psychiatrie einen neuen Triumph gefeiert, wenn nicht, ist es Gottes Wille.

Baltimore, den 2. Juni 1945

Schon seit einigen Jahren bekomme ich Briefe von einer Frau namens Mae Osborne. Ihr gegenwärtiger Absender ist: Landpostzustellung Nr. 2, Bel Air, Maryland. Sie schrieb mir vor mehreren Jahren, daß sie einen Roman verfaßt habe, und bat mich, ihr bei der Suche nach einem Verlag zu helfen. Ich bestellte sie eines Tages in die „Sun"-Redaktion und blätterte auf ihren Wunsch hin ihr Manuskript durch. Kurz darauf lud ich sie zum Lunch bei Marconi ein und nannte ihr die Namen und Adressen einiger in Frage kommender Verlage. Bei beiden Gelegenheiten waren noch andere Personen zugegen. Seitdem habe ich sie nicht mehr gesehen und ihre vielen Briefe immer nur knapp beantwortet. Sie liegen in einer Akte mit der Aufschrift „Privatkorrespondenz von H. L. M." auf einem Schrankregal in meinem Arbeitszimmer in der Hollins Street. Vor einiger Zeit begann sie, mir mit amourösen Avancen zuzusetzen, aber ich weigerte mich, sie noch einmal zu treffen, und habe ihr etliche Male mitgeteilt, daß ich an solchen Dingen nicht interessiert bin. Gestern, am 1. Juni, rief sie mich zu Hause an und bestand auf einem Treffen mit mir. Sie war in einem hysterischen Zustand und erklärte, es ginge um „Leben und Tod". Trotzdem lehnte ich ab. Daraufhin geriet sie außer sich und ließ Anzeichen des Wahnsinns erkennen. Ich zweifle schon lange an ihrer geistigen Gesundheit; ihre Briefe habe ich nur aufbewahrt, weil ich fürchtete, sie könne sich zu einem Ärgernis entwickeln. Das scheint nun einzutreten – ich will hier deshalb ausdrücklich festhalten, wie meine Beziehung zu ihr beschaffen ist. Ich habe ihr gegenüber nie, weder direkt noch indirekt, irgendwelche Äußerungen gemacht, die ihre jetzige, offenbar sexuelle

Formen annehmende Verirrung rechtfertigen könnten. Ihr Roman hatte einige bescheidene Vorzüge, aber er hätte gründlich überarbeitet werden müssen. Seit ich ihr dazu riet, habe ich nichts mehr von ihr gelesen, außer ein paar kurzen Skizzen, die viel zu oberflächlich sind und für eine Publikation nicht in Frage kommen. Irre Typen dieser Art stellen eine der größten Plagen im Leben eines Schriftstellers dar. Zu Saras Zeiten zettelte eine von ihnen in der Cathedral Street einen solchen Skandal an, daß ich die Polizei bitten mußte, sie fortzuschaffen. Nach einer Untersuchung stellte sich heraus, daß sie paranoid war und selbst vor einem Mord nicht zurückgeschreckt wäre.

Baltimore, den 3. Juni 1945

Im Augenblick habe ich mehr als 48 000 Dollar auf der Bank oder in bar. Vielleicht werde ich das Geld noch brauchen. Meine Gesundheit verschlechtert sich stetig, ich könnte jederzeit von einer Hirnblutung niedergestreckt werden. Falls ich, was Gott verhüte, die zähe Überlebensfähigkeit, die für die Familie meiner Mutter typisch ist, geerbt haben sollte, könnte mir eine lange und kostspielige Zeit der Behinderung bevorstehen. Außerdem muß ich an August denken: seine chronische Bronchitis könnte ihn früher oder später ans Bett fesseln, und zwar über Jahre hinweg. Meine Schwester Gertrude scheint gesundheitlich in ausgezeichneter Verfassung zu sein, aber sie wird im November 59 Jahre alt, und auch ihre letzte Krankheit könnte sich hinziehen und teuer werden. Die einzige Schuldigkeit, die ich auf dieser Welt anerkenne, ist meine Pflicht gegenüber meinen unmittelbaren Familienangehörigen. Eine Familie müßte im Idealfall ganz und gar unabhängig sein. Und wir sollten die Welt erst verlassen, nachdem wir alle Verbindlichkeiten ihr gegenüber erfüllt haben.

Baltimore, den 11. Juli 1945

Heute habe ich einen Zahn verloren – meinen dritten. Wie die beiden vorigen kam er aus der rechten unteren Reihe. Die drei haben eine beträchtliche Lücke hinterlassen; es bleibt abzuwarten, wie ich ohne sie auskomme. Wenn nicht, wird mein Zahnarzt, Thomas Jackson Bland, versuchen, eine Brücke einzusetzen. Aber wenn ich es irgend vermeiden kann, werde ich es nicht dazu kommen lassen.

Der bewußte Zahn hatte eine Füllung, die fast einer Krone gleichkam. Irgendwann im letzten Herbst begann ich darin vage Schmerzen zu empfinden. Ende März, als Bland im Urlaub war, tat der Zahn ernsthaft weh, und Blands Stellvertreter, Dr. William L. Meyer, machte eine Röntgenaufnahme. Er stellte fest, daß die Wurzel gesund war, daß es jedoch Probleme im Mark und im Nerv gab. Als Bland zurückkam, untersuchte er ihn ebenfalls und riet mir, auf eine Behandlung zu verzichten. Es könne problemlos so weitergehen, sagte er; falls nicht, werde er sich dann darum kümmern. Als ich letzte Woche in North Carolina war, machte der Zahn mir etwas zu schaffen; nach der Rückkehr hatte ich richtige Schmerzen. Bland entfernte die Krone heute morgen und überlegte, ob er den Nerv abtöten solle. Aber dann hätte ich einen leblosen Zahn gehabt, und er riet mir davon ab. Es sei besser, ihn sofort zu ziehen. So ging ich zu meinem alten Freund Dr. B. Lucien Brun in der Park Avenue, der mir den Zahn zog.

Er hatte kräftige Wurzeln, und Brun mußte mit aller Kraft an ihm ziehen, aber ich spürte keinen Schmerz. Schon eine Stunde später fühlte ich mich fit genug, um mich in der „Sun"-Redaktion mit Patterson, Swanson und Wolff zum Lunch zu treffen. Brun konnte sich noch erinnern, daß der erste Zahn, den ich vor mehr als 25 Jahren verloren hatte, das Opfer einer Fehldiagnose des verstorbenen Lewellys F. Barker war. Damals wurden Zähne ohne lange zu fackeln gezogen, und Barker, der immer mit der zahnärztlichen Mode ging, ordnete an, meinen ziehen zu lassen, denn er machte ihn für die Zungenschmerzen verantwortlich, die mich damals plagten. Aber als Brun ihn extrahiert hatte, erwiesen sich die Wurzeln als völlig gesund. Brun ist auf Extraktionen spezialisiert und hat eine hervorragende Technik entwickelt. Wenn das Zahnfleisch betäubt ist, nähert er sich dem Patienten, wobei er die Zange hinter dem Rücken hält, und fällt dann plötzlich über den todgeweihten Zahn her. Er ist ein amüsanter Bursche, und ich empfand meine Begegnungen mit ihm immer als sehr unterhaltsam – mit Ausnahme der auf dem Behandlungsstuhl.

Ich kann mich über meine Zähne eigentlich nicht beklagen. Die vorderen sind gesund, und obwohl sämtliche Backenzähne Plomben haben, funktionieren sie gut und geben keinerlei Anlaß zu Beschwerden. Das ist gewiß nicht schlecht für einen Mann, der sich den Fünfundsechzig nähert. Ich hoffe nur, daß meine übrigen Zähne halten, bis ich endlich ins Gras beiße. Meine Mutter, die mit siebenundsechzig starb, hatte noch alle Zähne, bis auf zwei oder drei. Sie ging alle drei Monate zu ihrem Zahnarzt, dem verstorbenen Julius Smith – ich gehe genauso regelmäßig zu Bland. Wenn sich irgend etwas zeigt, was gerichtet werden muß, macht er sich sofort ans Werk.

Baltimore, den 12. Juli 1945

Meine einzige sportliche Ertüchtigung besteht in Spaziergängen; ich laufe am Tag etwa drei Kilometer zu Fuß. Selbst wenn ich keine Einkäufe zu erledigen habe und in der Stadt bleibe, gehe ich nach unserem Nachmittagsgespräch in der „Sun"-Redaktion meistens mit Harry C. Black die Charles Street nach Lexington hinauf und biege dann nach Westen in Richtung Lexington Market ab. Manchmal steige ich an der Ecke Fayette und Paca Street in eine Straßenbahn nach Hause, aber meistens laufe ich weiter die Baltimore Street entlang, manchmal sogar über die Fremont Street hinaus. Das dürfte ein Spaziergang von mindestens anderthalb Kilometern sein. An anderen Tagen gehe ich in nördlicher Richtung bis zum Richmond Market und kehre dann zur Fayette oder Baltimore Street zurück. Aber das ist noch nicht meine ganze Betätigung; oft arbeite ich intensiv im Hinterhof, und sogar an schlechten Tagen laufe ich die Treppen im Haus mehr als ein dutzendmal hinauf und hinunter. In meinem Arbeitszimmer gibt es eine Menge zu erledigen, was manchmal erhebliche körperliche Aktivitäten mit sich bringt – zum Beispiel muß ich meine schweren Ordner mit Aufzeichnungen vom oberen Regal des Bücherschranks an der Westwand herunterholen. Als ich am ersten Ergänzungsband zu „The American Language" arbeitete, mußte ich die schweren Bände des „New English Dictionary" so oft konsultieren, daß mir die Arme erlahmten. Ich glaube, daß ein Mann in meinem Alter, besonders in meinem physischen Zustand, sich mit derartigen Tätigkeiten ausreichend Bewegung verschafft. Wenn ich mir mehr zumute, etwa auf langen Spaziergängen oder bei schwerer Arbeit im Hof oder im Keller, ermatte ich rasch und muß mich ausruhen.

Ich beschäftige mich nie mit Wettspielen und bin froh, keines erlernt zu haben, denn damit verschwendet man viel Zeit. Das Klavierspiel im Saturday Night Club, fast zwei Stunden hintereinander, ist schließlich auch eine strapaziöse Form der Leibesübung.

Baltimore, den 15. Juli 1945

Meine unveröffentlichen Aufzeichnungen nehmen gewaltige Ausmaße an. Ich habe drei große Ordner angelegt mit insgesamt 1643 Seiten meiner „Thirty-five Years of Newspaper Work, July 30, 1906 to the end of 1941"; dazu kommen noch zwei größere Kartons mit „Sun"-Dokumenten. Bei der Niederschrift meiner Abenteuer als Zeitschriftenjournalist und als Buchautor habe ich das Ende des Jahres 1918 erreicht. Schließlich habe ich noch vier Briefmappen mit verschiedensten Notizen in doppelter Ausfertigung, vier Kartons mit einem 1930 begonnenen Tagebuch und einen Karton mit „Autobiographical Notes, 1941–". All diese Papiere sollen nach meinem Tod an die Enoch Pratt Free Library und andere Bibliotheken gehen – immer unter dem Vorbehalt, daß sie erst einige Jahre später geöffnet werden. Eine detaillierte Beschreibung des „Hatrack"-Falles, die ich vor mehreren Jahren gegeben habe, wird dazukommen. Ich frage mich oft, wie viele dieser Papiere wohl wenigstens eine gewisse Zeit überleben. Sie werden verblassen, genau wie ich in der allgemeinen Erinnerung in den Hintergrund treten werde, und einige von ihnen sind mit Sicherheit bald ganz und gar vergessen. Außerdem besteht das Risiko, daß manche oder alle in einem künftigen Krieg oder in einer Revolution vernichtet werden. Die Vereinigten Staaten haben zwei Weltkriege überstanden, ohne zu Hause einen Kratzer abzubekommen, aber das wird beim nächstenmal wohl anders aussehen. Falls Radikale je einen Überfall auf amerikanische Bibliotheken unternehmen, dürften meine Papiere zu denen gehören, die man als erste zerstört. Ich habe versucht, dieser Möglichkeit vorzubeugen, indem ich Zweitschriften an verschiedene Bibliotheken schickte, aber das mag sich als Fehlkalkulation erweisen. In allen diesen Aufzeichnungen versuche ich, die ungeschminkte Wahrheit zu sagen, ohne Rücksicht auf Empfindsamkeiten. Wann immer möglich, belege ich meine Ausführungen durch Dokumente. Deshalb enthalten meine Papiere nützliche Materialien für eine Geschichte der amerikanischen Literatur und des amerikanischen Journalismus meiner Zeit – falls jemand eine solche Geschichte schreiben oder die Wahrheit erfahren möchte. Für mich ist dies nicht von Belang. Ich habe mein Bestes getan, die Wahrheit, so wie ich sie beobachtet und erlebt habe, aufzuschreiben, und damit ist meine Aufgabe erfüllt.

Baltimore, den 26. Juli 1945

Die ersten Exemplare des ersten Ergänzungsbandes zu „The American Language“ kamen heute hier an. Das Buch wiegt zwei Pfund, 7,5 Unzen, also genau ein Pfund weniger als die vierte Auflage von 1936. Trotzdem sehen die beiden Bände so aus, als wären sie gleich groß. Knopf tat gut daran, auf das Papier für den Ergänzungsband zu warten. Es ist glatt und hochwertig, und der Druck ist, wie üblich, perfekt.

In der letzten Woche ging ich einen Satz der ungebundenen Bogen durch und stieß dabei auf vierzig oder fünfzig Fehler. Seitdem hat Knopf selber noch einige gefunden, ebenso Weinstock[237], einer seiner Leute. Die erste Auflage des Ergänzungsbandes wird von Platten gedruckt, aber die Typen stehen noch, weshalb es möglich sein wird, beim ersten Nachdruck Korrekturen einzubringen. Für die erste Auflage wurden 7 500 Exemplare gedruckt. Knopf teilte mir mit, daß er plane, sofort eine zweite Auflage von 5 000 Exemplaren anzuschließen. Das bedeutet, daß meine Tantiemen im nächsten Jahr sehr hoch sein und die Diebe in Washington noch mehr von meinem sauer verdienten Geld einbehalten werden.

Baltimore, den 6. August 1945[238]
Ich fürchte, daß der Plan, meine Erinnerungen an meine Zeitschriftentage voranzutreiben und mich erst dann dem zweiten Ergänzungsband zu „The American Language" zu widmen, dem Beispiel meiner Pläne zu „Advice to Young Men" und „Homo Sapiens" folgt. Seit zwei oder drei Wochen schlafe ich schlecht – was neu für mich ist – und fühle mich den ganzen Tag lang elend. Vage Beschwerden in der Herzgegend hindern mich am Einschlafen, jede Nacht werde ich von wirren Träumen um irgendwelche Kämpfe geweckt. Danach liege ich eine halbe Stunde oder länger wach. Morgens spüre ich so etwas wie eine wunde Stelle links über dem Brustbein. Der Schmerz ist oberflächlich, aber manchmal verbirgt sich darunter ein unangenehmes Gefühl. Ich sollte dazu wohl Dr. Wainwright konsultieren, aber der würde mich wahrscheinlich ins Bett schicken oder mir zumindest jede Form von Arbeit verbieten, weshalb ich zögere, zu ihm zu gehen. Seit dem Gehirn-„Vorgang" vom Sommer 1939 hat sich mein Zustand stetig verschlechtert, wenn auch mit einigen besseren Phasen zwischendurch. Es gab aber auch Zeiträume von vier oder fünf Wochen, in

denen ich überhaupt nichts schreiben und den Tag nur mit Mühe überstehen konnte. Ich ruhe mich so oft wie möglich aus und lege mich wenigstens einmal tagsüber hin, trotzdem fühle ich mich dauernd müde. Dies ist eine unangenehme Art abzukratzen, aber offenbar läßt sich nichts daran ändern. Nichts kann zur Senkung meines Blutdrucks getan werden, und es gibt keine Heilung für die Herzkrankheit. Wenn sich die Schlaflosigkeit fortsetzt, werde ich wohl bald umfallen. Ich kann mir nichts Schlimmeres vorstellen. Solange ich noch in der Lage bin, mich recht und schlecht von einer Stelle zur anderen zu bewegen, kann ich diese Beschwerden aushalten, aber wenn ich mich ins Bett legen müßte, würde ich wohl kurz darauf zusammenbrechen.

Baltimore, den 8. August 1945

Meine Nichte Virginia und ihr Mann waren mit ihrem Baby den ganzen Tag hier, wir aßen zusammen zum Lunch und zum Dinner. Der Junge ist nun zwei Jahre und fünf Monate alt: ein sehr aufgeweckter, munterer kleiner Bursche. Er spricht schon ziemlich deutlich und kann alle seine Wünsche ausdrücken. Virginia hat ihn zur Höflichkeit erzogen und ermahnt ihn jedesmal, wenn er versäumt, „Bitte" oder „Danke" zu sagen. Da ich höfliche Kinder mag, kam ich sehr gut mit ihm aus. Ich hatte ein paar Spielsachen für ihn besorgt, darunter eine Schubkarre, aber die meisten taugten nicht viel, denn die Spielzeughersteller benutzen den Krieg dazu, schäbige Materialien und Schundarbeit loszuwerden. Der Junge heißt David Mencken Morrison. Wie jedes gesunde Kind zog er von ihm selbst erfundenes Spielzeug den Sachen vor, die ich für ihn gekauft hatte. Er vergnügte sich ausgiebig mit zwei Pappkartons und entwickelte viel Phantasie dabei. Ich nahm ihn auch, wie früher seine Mutter, mit zu einem Ramschladen in der Nähe, aber es gab nichts, was er haben wollte. Hester, die Köchin, hatte, Rationierung hin oder her, zwei riesige Mahlzeiten zubereitet, darunter einige besondere Gerichte für den Jungen, aber beim Lunch aß er fast nichts. Beim Dinner machte er das Versäumnis dann wett und aß eine gewaltige Portion.

Es war anstrengend, mehr als acht Stunden mit einem solchen Besuch zu verbringen, aber ich hielt durch. Am Nachmittag verschaffte ich mir eine kurze Pause, indem ich Virginia zum Loudon Park Cemetery führte, wo sie das Grab ihrer Mutter besuchte. Der Grabstein war halb mit Efeu zugewachsen, daneben wuchs Unkraut, aber in fünf Minuten hatte ich wieder Ordnung hergestellt. Die Friedhofsgesellschaft hat nicht mehr genug Personal, um sich um solche Dinge zu kümmern, darauf wird auf einem Schild am Eingang hingewiesen. Virginia und ich versuchten, ein paar Blumen zu kaufen, aber wir konnten in der Umgebung des Friedhofes nur ein einziges Blumengeschäft finden, dessen Besitzer nicht zu sehen war, obwohl das Treibhaus weit offenstand. Virginias Mann, David M. Morrison, ist einberufen worden und muß sich am 16. August im Ausbildungslager melden. Er ist Maschinenbautechniker und war bisher vom Wehrdienst freigestellt worden, weil er Kriegsmaterial produziert. Aber nun wollen die Narren ihn doch zum Dienst heranziehen. Die Wahrscheinlichkeit ist allerdings gering, daß er je an die Front kommt, denn der Krieg geht offensichtlich seinem Ende entgegen.

Virginia ist einer intelligenten Konversation nicht fähig, was es nicht leicht macht, sie zu unterhalten. Wenn sie uns früher als kleines Mädchen besuchte, machte sie mir immer viel Freude, denn sie war aufgeweckt und gesprächig, aber nach der Pubertät wurde sie schweigsam; heute kann sie nur noch Platitüden von sich geben. Ich glaube, sie liest überhaupt nichts. Ihr Mann ist etwas (aber nicht sehr viel) umgänglicher. Leider sind sie typisch für die Republik in diesen späteren Jahren. Beide haben ein College absolviert, ziehen einen Jungen für den nächsten Krieg heran und haben viele Freunde, aber sie interessieren sich offenbar nur für Kartenspielen, Einkaufen und Klatsch. Virginia erfüllt ihre Haushaltspflichten und plaudert mit anderen jungen Ehefrauen; David geht an freien Tagen auf die Jagd. Er brachte August und mir ein paar Wildbretkoteletts mit, die er seit seinem letzten Jagdausflug kühl gelagert hatte. Sie waren hart gefroren. Ich schenkte ihm eine Flasche Scotch und Virginia eine Flasche Wein. Es war offenkundig, daß sie beide wenig Interesse an August und mir hatten, und wir konnten allen Bemühungen zum Trotz wenig Anteilnahme an ihren Ideen und ihrem Tun aufbringen.

Kaum waren sie mit ihrem Auto nach Hause in Richtung Lancaster, Pennsylvania, aufgebrochen, als ich einen Anruf aus Washington von Adolph Torovskys[239] Schwiegertochter Vivienne bekam. Sie sagte mir, daß der alte Knabe in Annapolis gerade tot umgefallen sei – das war ein ziemlicher Schock: Adolph und ich waren seit mindestens vierzig Jahren befreundet. Er hatte viele Jahre im Saturday Night Club gespielt und die zeitraubende und unbequeme Fahrt von und nach Annapolis Samstag abends bei jedem Wetter auf sich genommen. Er war Tscheche, ein charmanter Mann, ich habe in meinem Leben keinen charmanteren kennengelernt. Wir werden ihn schmerzlich vermissen.

Baltimore, den 15. August 1945

Als das Ende des Krieges gestern abend bekanntgegeben wurde, saß ich in meinem Arbeitszimmer an den Aufzeichnungen meiner Zeitschriftentage. So erfuhr ich die Neuigkeit erst, als Fabriksirenen aufheulten und die Kirchenglocken läuteten. Sogar die Nonnen des Guten Hirten von nebenan ließen ihre Glocke ertönen, wenn auch nur kurz. Es war 19.05 Uhr. Der Lärm hielt, mit Unterbrechungen, zwei Stunden lang an. Idioten rasten in ihren Automobilen an unserem Haus vorbei und drückten auf die Hupe. Um 20.50 Uhr ging ich an die Ecke Baltimore und Gilmor Street, um Briefe einzuwerfen. Ein paar Dutzend hiesige Hinterwäldler, Spießer und anderer Pöbel hatten sich dort in kleinen Gruppen versammelt, machten aber kaum Lärm. Um 21.10 Uhr endete die Feier in West Baltimore abrupt, danach war nur noch sporadisch Autohupen zu hören. Um Mitternacht hörte ich zwei Schüsse; sie schienen aus der Baracke im Block 1500 der Baltimore Street zu kommen.

Die „Sun" berichtet heute morgen, daß die Menge in der Baltimore Street, von Utah bis zum Fallsway, 200 000 Menschen umfaßt habe. Statt 200 000 lese man 50 000 – solche Schätzungen sind meist arg übertrieben, besonders wenn sie von der Polizei kommen. In meinen Reportertagen erwähnte ich häufig Menschenansammlungen und bat die Polizisten dann, die Menge zu schätzen. Zum mindesten verdoppelten sie die Zahl, in der Regel verdrei- oder vervierfachten sie sie. Bei Zahlen über 1 000 verliert ein Polizist die Übersicht.

Das amerikanische Volk wird nun für seine Torheit zu zahlen beginnen. Die Rechnungen werden fünfzig Jahre lang präsentiert werden.

19. August 1945

Unser Hauspersonal hat Urlaub, doch August und ich kommen gut zurecht. Gestern bereitete ich eine Mahlzeit aus Linsen und Würsten zu, wie sich zeigte, reichte sie für zwei Tage. Der Kühlschrank ist voll mit Obst, Karotten, Rüben und hartgekochten Eiern; mit Hilfe von Roggenbrot kann ich daraus leicht einen Lunch machen. Zum Dinner holen wir uns Konserven aus dem Weinkeller und ergänzen sie mit Brot, Obst, Keksen und Milch. Vorgestern bestand unser Dinner aus einer prächtigen Muschelsuppe aus der Dose, die wir mit der gleichen Menge Sahne aufwärmten; sie war hervorragend.

Ohne das Personal ist das Leben im Haus viel ruhiger als sonst. Wir essen unsere Mahlzeiten in der Küche, der Abwasch dauert nur ein paar Minuten. Gewiß, die Küche ist inzwischen nicht mehr ganz sauber, genauso wie die beiden Badezimmer, aber ich werde eine Stunde darauf verwenden, alle drei zu putzen, bevor unser Dienstpersonal zurückkommt. Die Frauen sind sehr nützlich und versorgen mich glänzend, aber mir wird deutlich, in welchem Maße ich ihr Sklave bin. Sie entscheiden, wann und was ich esse. Jetzt bin ich mein eigener Herr, das ist sehr angenehm. August nimmt seinen Lunch gewöhnlich in der Stadt zu sich, ich tue das jeden zweiten Tag auch, aber zum Dinner essen wir gemeinsam, die Zubereitung macht uns Spaß. Wir essen in Hemdsärmeln und machen danach eine Runde im Hof. Es ist, als lebten wir in einem Zelt, nur ohne die schwere Arbeit.

Baltimore, den 12. September 1945

Heute ist mein 65. Geburtstag; wie üblich bin ich das Opfer eines starken Heuschnupfens. Im letzten Winter ließ ich mich zum erstenmal von Dr. Leslie N. Gay impfen, aber ohne jeden Erfolg, ich fühle mich sehr angegriffen. Gleichwohl gelingt es mir, am Schreibtisch zu arbeiten; die Aufzeichnungen über meine Zeitschriftentage haben, seit ich sie im Frühsommer wiederaufgenommen habe, Fortschritte gemacht. Die Reinschrift umfaßt jetzt 856 Seiten, die 28 Indices[240], die bislang fertig und kopiert sind, weitere 552 Seiten. Ich habe das Jahr 1921 erreicht und werde mich demnächst drei langen und wichtigen Indices widmen: über Sinclair Lewis, James Branch Cabell und Ernest Boyd. Ich will bis zum Jahresende weiter an diesen Aufzeichnungen arbeiten. Dann werde ich sie satt haben und Ablenkung brauchen. Was ich dann mache, weiß ich noch nicht – es könnte der zweite Ergänzungsband zu „The American Language“ oder ein Band mit Notizen oder ein neues „Prejudices“-Buch sein. Ich habe 1942 mit den Zeitschriftenaufzeichnungen begonnen, sie aber nach einem Jahr beiseite gelegt, um den ersten Ergänzungsband zu „The American Language“ fertigzustellen.

Mit vierzig habe ich nicht geglaubt, daß ich fünfundsechzig werden würde; ich nahm als selbstverständlich an, daß ich vorher sterbe. Mein Vater starb mit 44, mein Großvater Mencken mit 63 Jahren. Vielleicht habe ich so lange überdauert, weil meine Gesundheit seit langem zerrüttet ist: die ständigen Schmerzen und Beschwerden haben mich gezwungen, meinem Kadaver einige Aufmerksamkeit zu widmen. Gewiß, ich habe immer zu hart gearbeitet und zuwenig Bewegung gehabt; außerdem habe ich zuviel gegessen und vielleicht auch zuviel getrunken, aber insgesamt bin ich doch vorsichtig gewesen. Falls ich lange genug lebe, werde ich der Zeitschriftenchronik einen Anhang mit meiner Krankengeschichte hinzufügen. Soweit ich weiß, hat niemand je ein solches Verzeichnis über sich selbst zu Papier gebracht, obwohl die Bücher von Literaten voll von Krankheitsbeschreibungen sind. Zu diesem Zweck habe ich mir Unterlagen aus den verschiedenen Krankenhäusern beschafft, in denen ich Patient gewesen bin. Ich war in meinen späten Teenagerjahren und meinen frühen Zwanzigern dauernd krank; erst mit dreißig fühlte ich mich hinreichend gesund, kraftvoll und munter. Im Moment ist mein Blutdruck höher als 160, und ich habe einen Herzschaden. Wie diese Notizen zeigen, haben meine Krankheiten mich in den letzten fünf Jahren häufig außer Gefecht gesetzt, aber trotzdem ist es mir gelungen, eine Menge Arbeit zu erledigen. Seit meinem 60. Geburtstag habe ich fünf Bücher veröffentlicht: „Happy Days", „Newspaper Days", „Heathen Days", „A New Dictionary of Quotations" und den ersten Ergänzungsband zu „The American Language" – zwei davon haben einen beträchtlichen Umfang. Alle sind von der Kritik positiv aufgenommen worden und haben sich gut verkauft. Kein anderes Lustrum meines Lebens ist so produktiv gewesen.

Wenn ich auf meine Jahre zurückblicke, frage ich mich oft, ob ich meine Möglichkeiten wirklich ausgeschöpft habe. Wahrscheinlich wohl doch. Ich hatte einen schlechten Anfang und habe mehrmals zwischen zwei Karrieren geschwankt. Selbst heute noch, obwohl ich das Interesse an Tageszeitungen verloren habe, widme ich den „Baltimore Sunpapers" einen Teil meiner Zeit. Mir scheint, daß sie sich in einem traurigen Verfallszustand befinden; es besteht kaum noch Hoffnung, daß sie je wieder saniert werden können. Trotzdem gebe ich nicht auf und warte, wenigstens im

Unterbewußtsein, auf ein Wunder. Als ich Ende 1933 von der Herausgeberschaft des „American Mercury" zurücktrat, nahm ich für immer Abschied von Zeitschriften – ich habe seitdem nichts mehr mit ihnen zu tun gehabt. Was ich in Zukunft noch tun kann, bleibt abzuwarten. Zwei Buchprojekte, die mich jahrelang beschäftigt haben – „Advice to Young [Men]" und „Homo Sapiens" – habe ich aufgeben müssen, aber andere existieren noch, vielleicht kann ich das eine oder andere verwirklichen. Zunächst einmal bringe ich meine Aufzeichnungen in Ordnung; selbst wenn ich morgen sterbe, werden sie in einer passablen Verfassung sein. Vermutlich gibt es in der Geschichte keinen einzigen Schriftsteller, der sorgfältigere Beschreibungen seiner eigenen Person und seiner Zeit hinterlassen hat. Ich gebe mir alle Mühe, die Wahrheit zu Papier zu bringen. Dies dürfte subjektiv unmöglich sein, aber wenigstens habe ich den Versuch gemacht.

Baltimore, den 24. September 1945

George S. Schuyler[241], der Negerjournalist, war gestern abend hier. August und ich haben uns zwei Stunden mit ihm unterhalten. Schuyler leitet das neunköpfige New Yorker Büro des „Pittsburgh Courier", Ecke Seventh Avenue und 125th Street. Er schreibt Leitartikel für den „Courier", dazu seine wöchentliche Kolumne, und er redigiert auch Nachrichten, ohne allerdings selbst Beiträge zu verfassen. Wie er sagte, hat der „Courier" nun sechs oder acht Regionalausgaben und setzt 280 000 Exemplare pro Woche ab. Die Bruttoeinnahmen der Zeitung betrugen im letzten Jahr fast 2 Millionen Dollar. Das bedeutet einen Nettogewinn von mehr als 100 000, vielleicht sogar 150 000 Dollar im Jahr. Die Haupteigentümerin ist Mrs. Robert S. Vann, die Witwe des Pittsburgher Anwalts, der den „Courier“ auf Erfolgskurs steuerte. Laut Schuyler ist sie von so heller Hautfarbe, daß sie als Weiße gelten könnte. Ein weiterer Aktionär ist Lewis, der frühere Geschäftsführer, jetzt der Vorsitzende der Verlagsgesellschaft. Dieser Lewis scheint etwas ängstlich zu sein; beim Kriegseintritt der Vereinigten Staaten entfernte er Schuylers Kolumne von ihrem alten Platz auf der Innenseite und brachte sie an weniger auffälliger Stelle unter. Hin und wieder streicht er eine Kolumne, die ihn irritiert, kürzlich eine, in der es hieß, Roosevelt habe die Japaner auf betrügerische Weise in den Krieg hineingezogen. Schuyler ist Zyniker und protestiert nicht. Er hat einen guten Job und findet sich mit der Zensur ab.

Seine Einschätzung des Zweiten Weltkriegs und der wahrscheinlichen Folgen deckt sich weitgehend mit meiner eigenen, unsere Plauderei war sehr harmonisch. Er hat eine weiße Frau, ist aber selber sehr dunkel mit eindeutig negroiden Zügen. Ich verfolge seine Tätigkeit seit fast zwanzig Jahren und habe schon mehrere Versuche unternommen, weiße Zeitungen und Zeitschriften auf ihn aufmerksam zu machen, doch ohne Erfolg. Er ist fraglos der kompetenteste Negerjournalist, den es je gab. Im Gegensatz zu allen anderen drängt es ihn nicht nach einem öffentlichen Amt, und er läßt keine Anzeichen der üblichen Heuchelei erkennen. Wenn man ihn mit irgendeinem der Esel vergleicht, die sich jetzt lautstark in der „Sun“ zu Wort melden, spürt man seine Überlegenheit. Er ist nicht nur intelligenter, sondern auch ehrlicher.

Baltimore, den 3. November 1945

August macht mich auf etwas aufmerksam, was ich bisher übersehen habe: auf die Tatsache, daß es unter farbigen Mädchen kaum Bobbysoxers gibt, während die weißen inzwischen zur auffälligsten Fauna des Landes gehören; ihnen wird von den öffentlichen Moralpredigern viel gequälte Anteilnahme gewidmet. Sie sind etwa elf bis fünfzehn Jahre alt; die Bezeichnung „Bobbysoxer“ leitet sich von der Tatsache her, daß sie mit nackten Beinen herumlaufen und kurze Socken tragen, die sie über ihre flachen Schuhe rollen. Ihre Kleidung ist gewöhnlich nachlässig, sie sehen ungepflegt und ungewaschen aus. Wenn sie sich zusammenrotten, werden sie laut und versuchen, Aufmerksamkeit auf sich zu lenken. In Baltimore, vielleicht auch anderenorts, werfen besorgte Beobachter ihnen vor, daß sie Jungen Zugang zu ihrem Körper gewähren. Außerdem wird behauptet, daß sich etliche von ihnen während des Krieges, entweder als patriotische Dienstleistung oder gegen Bezahlung, dem Geschlechtsverkehr mit Soldaten gewidmet hätten, die deshalb aus nahe gelegenen Kasernen in die Stadt strömten. Das letzte habe ich immer bezweifelt, denn es ist nicht leicht für einen Erwachsenen, einen geeigneten Platz zu finden, um sich mit ihnen zu vergnügen. Daß einige, vielleicht sogar viele von ihnen liederlich sind, mag stimmen, aber das galt auch für ihre Großmütter in meiner Jugendzeit. Ich wurde mit vierzehn von einem gleichaltrigen Mädchen verführt; sie hatte die Hülle der Jungfräulichkeit längst abgeworfen, bevor ich mich mit ihr einließ. Dieses Mädchen entsagte kurz darauf der Hurerei, wurde rechtschaffen, ging eine gute Ehe ein und ist, nach letzten Berichten, eine wackere Großmutter. Erfahrungen dieser Art, in früher Jugend gemacht, richten wahrscheinlich keinen großen Schaden an – im Gegenteil, Havelock Ellis[242] argumentierte einmal, daß sie eher nützlich sein dürften. Die Bobbysoxers von Baltimore sind im großen und ganzen alles andere als appetitlich. Sie haben dicke Beine, streben nach jungenhafter Beleibtheit und sind sowohl der Erscheinung als auch ihren Manieren nach ganz unweiblich. Nur selten begegnet man unter ihnen einem wirklich charmanten Mädchen. Warum es unter Farbigen so wenig Bobbysoxer gibt, weiß ich nicht; August meint, es könne daran liegen, daß die farbigen Lehrerinnen strenge Aufseherinnen sind und ihre Schülerinnen von rowdyhaftem Benehmen abhalten. Ein farbiges Mädchen, das in der Schule in ähnlicher Kleidung auftauchte wie weiße Bobbysoxer, würde wahrscheinlich nach Hause geschickt werden.

Baltimore, den 11. November 1945

Heute morgen habe ich die Prunkwinden außen am Pferdestall heruntergezogen. Sie sind seit Wochen vertrocknet, obwohl sie bis vor zehn Tagen noch ein paar Blüten hatten. Die weißen Prunkwinden am Türzaun des Hofes blühen noch immer. Ich habe etwa die Hälfte des unteren Blumenbeetes umgegraben und Kalk und Kuhdünger verstreut. Fast alle Blätter sind von den Bäumen abgefallen; sieht man von den weißen Prunkwinden ab, hat der Hof sein trauriges, bedrückendes winterliches Aussehen angenommen.

Baltimore, den 18. November 1945

Heute morgen habe ich die letzten Prunkwinden heruntergerissen. Sie blühten in diesem Jahr spät, aber prachtvoll und üppig – wir haben nie ein schöneres Schauspiel erlebt. Jetzt hat der Hof seinen Winterschlaf angetreten.

Aber der scharlachrote Salbei an der Küchentür blüht immer noch.

Von der Wäscheleine im Hof nebenan, hinter Nummer 1522, flattern Windeln. Es sind die ersten, die man in diesem Haus (oder den beiden benachbarten) seit fünfzig Jahren gesehen hat. Das Baby ist bei Captain und Mrs. John Harris angekommen, einer geborenen Margaret Stricker. Es wurde auf den Namen Margaret Constance getauft, und ich habe ihm bereits die übliche silberne Rassel geschickt – mein Standardgeschenk für Neugeborene seit mehr als dreißig Jahren. Einer der ersten, die sie bekamen, war Maclean Patterson, der nun schon selber zwei Kinder hat. Diesmal konnte ich die Rassel nicht gravieren lassen. Es gibt in Baltimore keinen einzigen Silbergraveur mehr. Nicht einmal Kirk[243] hat einen.

Baltimore, den 21. November 1945

Heute war ich mit einem Marineoffizier namens Price zum Lunch im Maryland Club verabredet, aber er rief am Morgen aus Washington an und sagte ab. Deshalb schlug ich Paul Patterson vor, daß wir zusammen Mittag essen. Das traf sich günstig, denn als wir beide aus dem Club in sein Büro zurückkamen, war niemand dort, und wie durch ein Wunder schwieg auch das Telefon eine halbe Stunde lang. Ich nutzte die Gelegenheit, an eines unserer früheren Gespräche anzuknüpfen und auf eine Klärung der zwischen uns noch offenen Fragen zu drängen. Er zögerte, aber ich insistierte, und bald waren wir in ein lebhaftes Gespräch vertieft. Ich erklärte ihm zunächst, daß ich entschlossen sei, weder jetzt noch in Zukunft wieder für die „Sunpapers“ zu schreiben, außer in dem höchst unwahrscheinlichen Fall, daß die derzeitigen Leitartikelseiten ihren Kurs radikal ändern. Außerdem behielte ich mir das Recht vor, für beliebige andere Publikationsorgane, darunter auch jede andere Zeitung, zu schreiben. Und schließlich sei ich es leid, an jedem Wochentag mit Ausnahme des Samstags in die Redaktion zu kommen, denn die meisten Angelegenheiten, die dort besprochen werden, interessieren mich nicht, und ich kann nichts zu ihrer Erörterung beisteuern. Ich sei aber gerne bereit, eine beratende Funktion zu übernehmen und einzuspringen, wenn man mich braucht und ich nützlich sein kann, doch müsse ich darauf bestehen, daß mein Gehalt herabgesetzt wird.

Wir besprachen alles ausführlich, ich blieb bei meinem Ultimatum. Am Ende stimmte Patterson in allen erwähnten Punkten zu. Mein Gehalt soll ab 1. Januar von 9 000 auf 5 000 Dollar im Jahr verringert werden, was mir noch immer ein anständiges Salär zu sein scheint. „Ich bin einverstanden", sagte Patterson, „wenn Sie eine Zulage akzeptieren für den Fall ungewöhnlicher Arbeitslast." „Damit bin ich auch einverstanden", sagte ich, „ich verspreche sogar, Ihnen eine Rechnung zu schicken, falls Sie es je vergessen sollten." Ich machte ihm klar, daß ich mich sowenig wie möglich an gegenwärtigen oder künftigen Rundfunkaktivitäten beteiligen wolle, denn ich sei davon überzeugt, daß der Vorstoß der „Sun" Richtung Rundfunk ihren endgültigen Kollaps als seriöse Zeitung bedeuten würde. Außerdem sei ich nicht interessiert an der Tiefdruck-Sonntagsbeilage, die Swanson, Schmick und er gerade ausheckten (er beschrieb sie mir im Laufe des Gesprächs, vielleicht aus Versehen, als eine Variante zu „Look"), denn ich sei der Meinung, daß wir in Wirklichkeit eine Beilage für relativ intelligente Leser brauchten.

Er gab zu, daß die moraltriefenden und großenteils unverständlichen Leitartikel, die John W. Owens nun für die Morgenzeitung schreibe, überaus albern seien, aber er sehe keine Möglichkeit, sich ihrer zu entledigen. Ich schlug vor, Owens, notfalls bei vollem Gehalt, in den Ruhestand zu schicken, aber es war klar, daß Patterson diesen Schritt fürchtete. Dann kamen wir noch einmal auf Owens' Verrat während der Auseinandersetzung mit dem Erzbischof zurück; Patterson versuchte sich damit zu rechtfertigen, daß Johns Rücktritt den Erzbischof in seiner Haltung bestärkt und der „Sun" möglicherweise schweren Schaden zugefügt hätte. Ich hielt dagegen, genau das wäre ein weiterer Grund dafür gewesen, John nach dem Ende der Auseinandersetzungen zu entlassen. Doch dies war eine alte Geschichte, wir kamen zu keinen neuen Erkenntnissen. Es liegt seit langem auf der Hand, daß Patterson vor Owens Angst hat – was wiederum Owens weiß und sich zunutze macht. Wie jeder verbohrt moralische Mensch hat er nicht eine Spur von Ehrgefühl.

Patterson sagte, er wünsche sich, daß ich genauso lange im Geschäft bliebe wie er selbst: „Ich habe sonst keinen, mit dem ich reden kann, und es wäre schade, wenn eine so alte Beziehung einfach aufhörte." Ich teile seine Ansicht, aber ich muß Pflichten loswerden, die mich bedrückt machen und meine sonstige Arbeit behindern. Jahr um Jahr habe ich abgewartet und gegen alle Vernunft gehofft, daß Patterson sich zusammenreißt und das Chaos auf den beiden Redaktionsseiten beseitigt, aber nun ist es offenkundig, daß er diesen Versuch nie machen wird. Er meinte: „Ich habe sehr viel weniger Energie als früher." Für mich gilt das gleiche, und ich möchte meine wenigen verbleibenden

Jahre wirklich produktiver Arbeit widmen und mich von Sorgen um die „Sunpapers“ frei machen. Ich kann ihnen auf mehreren Gebieten – zum Beispiel auf dem der Gewerkschaftsbeziehungen – nützliche Dienste leisten, aber ich habe keine Hoffnung mehr, daß sie je zu einem vernünftigen und anständigen Redaktionskurs zurückkehren. Sie sind keine Zeitungen von Format mehr – ich machte Patterson noch einmal auf die verschiedenen Indizien aufmerksam. Darauf hatte er keine Antwort, denn die Tatsachen sind unleugbar. Es ist ein Jammer, daß die „Sunpapers“ ein so niedriges Niveau erreicht haben, aber nun ist es zu spät, etwas daran zu ändern. Niemand in der Redaktion – höchstens Swanson – hat irgendwelche erwägenswerte Ideen. Harry Black ist indiskutabel, seit er dem Alkohol zuspricht, und Patterson selbst wird von seinen Kindern so gequält und verwirrt, daß es Tage gibt, an denen er sich auf die „Sun“-Geschäfte nicht mehr konzentrieren kann.

Baltimore, den 25. November 1945

Der Hund der Fortenbaughs scheint endlich von der Bildfläche zu verschwinden, nachdem er lange Zeit das Hauptärgernis der Umgebung gewesen ist. Heute morgen kamen Captain Harris und Leon Asner zu uns, und nachdem wir die Sache besprochen hatten, gingen wir zu Charlie Fortenbaugh. Ich erklärte ihm, unterstützt von Harris, Asner und August, daß wir alle unsere Toleranzgrenze erreicht hätten und daß der Lärm endlich aufhören müsse. Charlie ist ein Einfaltspinsel, er leistete nur ganz schwachen Widerstand. Er gab sogar zu, daß der Hund für ihn ebenfalls ein Ärgernis darstelle. Zwar behauptete er, daß er ihn heute (an einem Sonntag) nicht loswerden könne, aber wir beharrten darauf, daß wir ihm genug Zeit gegeben hätten. Im Namen der anderen warnte ich ihn und sagte, wir würden zur Polizei gehen, wenn er noch länger zögere, obendrein würde ich eine Zivilklage gegen ihn anstrengen. Die ganze unerfreuliche Sache war innerhalb von zwanzig Minuten erledigt; danach sprachen wir über andere, die Umgebung betreffende Fragen, insbesondere den Plan, die Fassaden all unserer Häuser sandzustrahlen, und den Versuch, auf dem Union Square wieder Ordnung zu schaffen. Harris und Asner, die um elf Uhr dazugekommen waren, blieben fast bis ein Uhr, und wir gingen dann in freundschaftlicher Stimmung auseinander.

Baltimore, den 3. Dezember 1945

Heute habe ich die Arbeit am zweiten Ergänzungsband zu „The American Language" begonnen, bin jedoch kaum vorangekommen. Es handelt sich um das Kapitel über die amerikanische Aussprache – das schwierigste des Buches, denn ich interessiere mich wenig für Phonologie und weiß nicht viel darüber. Leider habe ich eine Unmenge Notizen gesammelt – es wird mühsam sein, sie zusammenzustellen. Sobald ich mit den ersten drei Abschnitten des Kapitels fertig bin, wird mir der Rest des Buches relativ leicht von der Hand gehen, obwohl auch er einige Plackerei mit sich bringt. Mir ist nach allem anderen als Arbeit zumute, aber ich muß mit dem Projekt vorankommen, wenn es bis Ende 1946 abgeschlossen sein soll.

Baltimore, den 14. Dezember 1945

Die Hinterwäldler, Provinzler, Hillbillys und anderen Anthropoiden, die auf der Suche nach Kriegsarbeit in die Stadt geströmt sind, kehren nun allmählich wieder heim, in Südwest-Baltimore hat ihre Zahl merklich abgenommen. Vor zwei Jahren wimmelte es in der Umgebung der Hollins Street noch von ihnen, August und ich sahen immer wieder unglaubliche Exemplare auf der Straße. Aber jetzt ziehen sie sich zurück, und manchmal vergeht ein ganzer Tag, ohne daß ich einen zu Gesicht bekomme. Es war nie schwierig, sie zu erkennen. So viele schäbige, unterernährte Männer, dreckige, verschlampte Frauen und Kinder hatte es vorher in Baltimore nicht gegeben. Sie traten in großen Mengen in den Geschäftsvierteln in Erscheinung; manchmal blieben die Einheimischen stehen, um besonders groteske Exemplare zu besichtigen. Die Frauen waren in der Regel dicker als die Männer, unförmig und hatten ihr schmutziges Haar zu einer Art Wasserfall zurückgestrichen, der auf Schulterhöhe gerade abgeschnitten war. Die Männer trugen, außer bei Frost, keine Jacken; selbst wenn es kalt war, hatten sie keine Mäntel, statt dessen hüllten sie sich in Pullover und Mackinaw-Decken. Die Kinder sahen hungrig aus. Diese armen Geschöpfe brachten ihre Eßgewohnheiten mit, in Baltimore ernährten sie sich – wie im Appalachen-Hochland und in den Textilstädten von Carolina – hauptsächlich von Schweinskoteletts und Maismehl. Sie sorgten dafür, daß in den Baltimorer Krankenhäusern keine Langeweile aufkam, besonders nicht in den Geburtshilfestationen. Ich kann mich nicht erinnern, eine jüngere Frau gesehen zu haben, die nicht ein oder zwei Kinder hinter sich herschleppte oder auf den Armen trug. Auch der Polizei machten sie allerhand Arbeit. Manche Frauen sperrten ihre Kinder tagelang ein, um auf Sauftour zu gehen, die Männer waren oft in Schlägereien verwickelt. Ich kann nur hoffen, daß Baltimore sie nicht vergißt, denn sie lieferten den drastischen, handgreiflichen Beweis für den wahren Charakter der „unverfälschten Angelsachsen“, die im Süden so bejubelt werden. Es war unverkennbar, daß die europäischen Einwanderer in Baltimore, auch die aus den Mittelmeer- und Balkangebieten, ihnen – und auch den Negern – weit überlegen waren. Leider zeigen die Schwarzen der Unterschicht, die einen Teil der Kriegszuwanderer ausmachten, keine Neigung heimzukehren. Sie finden das Leben in Baltimore viel angenehmer als in ihrer einheimischen Wildnis, und wenn die schweren Zeiten wiederkommen, werden sie wohl alle stempeln gehen. Das Stadtgefängnis ist schon voll mit ihnen, vier oder fünf sitzen in der Todeszelle. Einer davon vergewaltigte eine sittsame weiße Frau auf überaus barbarische Art, schlug sie bewußtlos, brach ihr das Nasenbein und ließ sie blutüberströmt liegen. Obendrein steckte er sie noch mit Syphilis an. Er wartet nun auf die Hinrichtung durch den Strang.

Baltimore, den 15. Dezember 1945

Ich trete allmählich in die Welt des Alters ein, was mir doch merkwürdig vorkommt. Mein Gedächtnis läßt nach, und manchmal verschwende ich viel Zeit mit dem Versuch, mich an einen Namen oder ein Wort zu erinnern, das mir auf der Zunge liegen sollte. Vor ein paar Tagen brauchte ich mehr als eine halbe Stunde, um auf das Wort „Kapaun“ zu kommen, das ich für eine Notiz über die Kochkunst von Maryland verwenden wollte. In letzter Zeit vergesse ich sogar die Namen von Menschen, die ich seit Jahren kenne. Ein anderes unerfreuliches Symptom der fortschreitenden Senilität ist die Zunahme von allerlei Wehwehchen. Wenn ich früher morgens aufstand, fühlte ich mich hellwach, munter und voller Energie, aber jetzt tut mir alles weh, und ich fühle mich verbraucht. Anscheinend leide ich nicht an Arthritis, aber meine Gelenke sind nicht so geschmeidig wie früher; erst wenn ich mich rasiert und geduscht habe, fühle ich mich elastisch und lebendig. Auch der Druck in meinen Gefäßen geht zurück, und ich ermüde nach einer Arbeitsspanne, die mir vor zehn Jahren lächerlich gering vorgekommen wäre. Wenn ich am späten Nachmittag aus der „Sun"-Redaktion nach Hause komme, bin ich so erschöpft, daß ich mich sofort hinlege und meistens gleich einschlafe. Früher habe ich jeden Abend bis 22 Uhr gearbeitet, doch jetzt bin ich um 21 und manchmal schon um 20 Uhr müde. Wenn ich nur etwas zuviel esse oder trinke, fühle ich mich wie nach einem starken Rausch. Alles das ist sehr unangenehm, aber nicht unerträglich, und ich lerne, mich damit abzufinden. Ich erreiche nur die Hälfte meiner früheren Arbeitsleistung, aber bisher habe ich noch keinen Qualitätsabfall bemerkt. Zugegeben, ich habe nicht mehr so viele gute Ideen wie in meinen besten Jahren, aber die noch kommen, sind durchaus brauchbar. Hätte ich genug Energie, alles niederzuschreiben, was mir einfällt, könnte ich jeden Tag ein druckfertiges Manuskript von 2 000 oder 3 000 Wörtern produzieren.

Baltimore, den 20. Dezember 1945

Heute nachmittag bin ich nach zwei Tagen in New York zurückgekommen. Ich war am Dienstag morgen, dem 18. Dezember, hingefahren, um am Nachmittag an der Knopf-Vorstandssitzung teilzunehmen. Abends traf ich mich zum Dinner bei Lüchow's mit George Nathan und George C. Cutler aus Boston, dem früheren Präsidenten der Safe Deposit and Trust Company in Baltimore und Mitglied des „Sun"-Vorstands. Cutler ist ein sympathischer Mann, und ich freute mich über unsere Begegnung. Wir bestellten Gänsebraten und dinierten unter dem gewaltigen Weihnachtsbaum, den Lüchow immer besorgt. Nach dem Dinner gingen wir drei zu einem Nachttrunk in den Stork Club, dort trafen wir William A. Hearst junior. Wie immer war er sehr aufgeschlossen. Er kam wieder auf den Vorschlag zurück, daß ich ein paar Artikel für die Hearst-Zeitungen schreiben solle. Ich erklärte ihm, daß die Hearst-Abgesandten stets unter falschen Voraussetzungen an mich heranträten. Sie redeten von Geld, während ich an der Frage interessiert sei, ob ich wirklich das schreiben dürfe, was mir vorschwebt.

Die Knopf-Vorstandssitzung am Nachmittag dauerte lange. Sam Knox fehlte wie gewöhnlich; er hatte sich krank gemeldet. Er hat seit September 1944 an keiner Sitzung mehr teilgenommen. Alfred hatte einen Mitarbeiter der Wirtschaftsprüferfirma, die für die Bücher zuständig ist, zu der Sitzung gebeten. Seine Firma betreut zahlreiche Verlage, und Alfred wollte, daß er den Vorstandsmitgliedern über die dort vorherrschenden Besoldungspraktiken Bericht erstattet. Er informierte darüber, daß die meisten Verleger ihrer unteren Führungsebene mehr zahlen als Knopf, woraufhin wir eine Reihe von beträchtlichen Gehaltserhöhungen beschlossen. Lesser war dafür, den Angestellten stattliche Weihnachtsgratifikationen zu zahlen, aber er wurde überstimmt. Die meisten gehören dem Congress of Industrial Organizations (CIO) an, und die Gewerkschaftstrottel stellen häufig Forderungen, von denen viele überzogen und etliche geradezu albern sind. Ich bin dafür, solchen Feinden des Hauses so viel zu geben, wie sie durchsetzen können, aber keinen Cent mehr. Aber was ist mit den Angestellten, die nicht der Gewerkschaft angehören? Sie sind die besten

Arbeiter in der Redaktion und kommen und gehen nicht wie die Gewerkschaftler. Ich sprach mich dafür aus, ihnen höhere Gratifikationen zu geben, einfach weil sie mehr wert sind. Lesser wandte ein, das würde den Gewerkschaftsführern einen Grund zu Beschwerden geben. Dann schlug ich vor, ein oder zwei besonders fleißigen und tüchtigen Gewerkschaftsmitgliedern ebenfalls höhere Gratifikationen zuzugestehen. Dieser Plan wurde angenommen. Er wird die Gewerkschaftsführer nicht völlig zum Schweigen bringen, aber er dürfte ihre Argumentation zumindest schwächen. Die meisten von ihnen sind jüdische Kommunisten. Die Mehrheit der Angestellten ist nicht gewerkschaftlich organisiert. Der Gewerkschaft ist es nie gelungen, sie zu rekrutieren, und sie hat bis jetzt keine Pflichtmitgliedschaft verlangt. Wenn der Stellenabbau fortschreitet, wird es leichter sein, mit ihr umzugehen.

Die Vorstandssitzung verlief problemlos. Lessers Grundgehalt wurde von 13 500 auf 17 500 Dollar im Jahr erhöht. Außerdem bekommt er eine Gratifikation von 4 000 Dollar oder mehr. Er ist das Geld wert, denn er bildet das Rückgrat der Redaktion. Das Gehalt von Bernard Smith, dem Verkaufsleiter, wurde auf 12 500 Dollar und das von Jacobs, dem Hersteller, auf 10 000 Dollar angehoben. Beide werden dazu noch beträchtliche Gratifikationen erhalten. Nachdem diese Angelegenheiten erledigt waren, gab Alfred zu bedenken, daß die Vorstandsmitglieder der Gesellschaft, die nur 20 Dollar pro Sitzung beziehen, übersehen worden seien. Er schlug eine Summe zwischen 100 und 250 Dollar vor. Ich protestierte dagegen, und Ralph Colin, der einzige andere Vorstandsangehörige, der nicht auf der Firmengehaltsliste steht, schloß sich mir an. Wir waren uns einig, daß es besser für uns sei, den Status der Uneigennützigkeit zu bewahren, besonders in Anbetracht der Tatsache, daß es bald zu weiteren Auseinandersetzungen mit Sam Knox und den Josephys kommen wird. Die Gesellschaft hat 1945 2 Millionen Dollar umgesetzt und genug verdient, um einen Teil der aufgelaufenen Rückstände für die Vorzugsaktien abzuzahlen. Wir werden dies auf einer Sondersitzung im Januar erörtern. Nach Abschaffung der Steuer auf Übergewinne werden wir 1946 vielleicht eine weitere derartige Zahlung leisten können. Das ist keine gute Nachricht für mich, denn ich werde im Januar einen beträchtlichen Tantiemenscheck bekommen, und diese Zuschläge werden mich in eine hohe Einkommen steuerklasse befördern, so daß der Staat den Großteil meines Geldes einstreichen wird.

Am Mittwoch traf ich mich mit Anita Loos[244] zum Lunch. Es tobte gerade ein Schneesturm, deshalb aßen wir im Hotel Plaza, wo sie sich ein Zimmer genommen hat. Sie fährt heute nach Kalifornien zurück. Anita ist eine zynische und amüsante Frau, es macht noch immer Spaß, mit ihr zu plaudern. Ihr Mann, Nathan, sie und ich – wir haben früher so manchen amüsanten Abend verbracht. Mr. Loos ist nun leider unheilbar wahnsinnig. Um 17 Uhr traf ich mich mit Abel Green[245], dem Herausgeber von „Variety“, in No. 21 auf ein paar Drinks. Am Abend war ich nicht verabredet, deshalb aß ich allein in einem Fischrestaurant in der 47th Street. Das Wetter war noch immer stürmisch, ich legte mich gegen 22 Uhr ins Bett. Heute morgen ging ich in Knopfs Büro, um den Disput zwischen Alfred einerseits sowie Joe Hergesheimer und dessen Anwalt John Hemphill andererseits zu schlichten. Wie ich fast erwartet hatte, scheint Joes Darstellung der Ereignisse völlig unzutreffend zu sein. Es stimmt nicht, daß Alfred, wie Joe mir gesagt hat, keines seiner Bücher mehr auflegt und die Platten eingeschmolzen hat. Die Platten sind bis auf eine noch intakt, viele seiner Bücher werden weiterhin gedruckt und sind vorrätig. Zum Beispiel sind von „The Bright Shawl“ [dt. „Der bunte Shawl“] 800 Exemplare auf Lager, aber die Verkaufszahlen sind auf 40 oder 50 pro Jahr gefallen. Von „Quiet Cities“ sind noch 139 Exemplare vorhanden, in fünf Monaten sind neun verkauft worden. Andere noch vorrätige Bücher sind „Balisant“, 256 Exemplare; „Java Head“, 1 300; „San Cristóbal de la Habana“, 600; „From an Old House“, 72; „The Foolscap Rose“, 10. Zu den vergriffenen Titeln gehören „Berlin“, „Cytherea“, „The Limestone Tree“, „The Party Dress“ [dt. „Das Pariser Abendkleid“], „Tampico“, „Swords and Roses“ und „Tropical Winter“. Nach keinem davon besteht Nachfrage. Grosset und Dunlap werden demnächst eine neue, preiswerte Ausgabe von „The Three Black Pennys“ herausbringen. Alfred sagte mir, daß sich Joes Tantiemen durchschnittlich auf 1 500 Dollar pro Jahr belaufen. Sie stammen hauptsächlich von „Java Head“. Es ist nie ratsam, Joes eigener Darstellung seiner Angelegenheiten zu vertrauen. Er verleitete mich zu dem Glauben, daß Knopf den Versuch mache, ihn hinauszudrängen, aber darauf deutet nichts hin. Die giftige Korrespondenz zwischen Hemphill und Knopf, enthalten in meiner Knopf-Akte für November und Dezember 1945, war ganz überflüssig.

Baltimore, den 29. Dezember 1945

Als ich heute morgen an den Frühstückstisch trat, reichte August mir ein Telegramm, das in der Nacht gekommen war. Es lautete:

Teddy wurde heute um drei Uhr plötzlich sehr krank, sammelte eine Weile neue Kräfte, aber um 18.50 Uhr starb er. Er hat Dich geliebt.

Helen Dreiser

Mir fiel sofort ein, daß ich Dreiser vor zwei Tagen als Antwort auf einen scherzhaften Weihnachtsgruß von ihm einen etwas unflätigen Brief geschickt hatte. Ich erzählte August davon, und er sagte: „Das wird keine tröstliche Lektüre für die Witwe sein." Er sortierte die Post, die gerade eingetroffen war. „Hier ist dein Brief", sagte er und warf ihn mir zu. Ich hatte vergessen, ihn zu frankieren, und er war wegen des fehlenden Portos an den Absender zurückgegangen.

In den letzten Jahren habe ich Dreiser selten gesehen, aber wir wechselten hin und wieder Briefe und gingen unverändert freundschaftlich miteinander um. Er war in meinen schriftstellerischen Anfängen eine überaus einflußreiche Figur für mich. Ich lernte ihn 1907 kennen, danach hatten wir über Jahre hin eine sehr vertraute Beziehung. Wahrscheinlich war es meine engagierte Verteidigung seiner Werke gegen die Comstocks und andere Narren, durch die ich mich als Kritiker etablierte. Aber trotz unserer vertraulichen Beziehung und meiner Verwicklung in viele seiner Angelegenheiten waren wir nie wirklich enge Freunde, denn ich bin von Natur aus skeptisch veranlagt, während er zu den leichtgläubigen Menschen gehörte. Als er mir vor kurzem schrieb, er sei in die Kommunistische Partei eingetreten, konnte ich nur traurig lächeln; ich war von diesem Schritt nicht überrascht, denn ich hatte zu oft erlebt, daß er sich irgendwelchen Gaunerbanden auslieferte. Heute nachmittag wurde ich von der „New York Times" telegrafisch um ein „kritisches Porträt“ von Dreiser (tausend Wörter) gebeten. Ich lehnte höflich ab.

1946

Baltimore, den 1. Januar 1946

An diesem Neujahrstag, wie schon so oft in früheren Jahren, geben die Narzissen im Hinterhof erste Lebenszeichen. Ihre dünnen, dunkelgrünen Schößlinge waren schon vor Wochen zu erkennen, anscheinend haben sie Schnee und Hagel aus den Weihnachtstagen gut überstanden. Sie werden im Januar kaum wachsen, aber Anfang Februar müßten sie zu blühen anfangen. Bis dahin werden wohl auch die Bäume und Büsche neue Lebenszeichen geben. Der Winter in Baltimore ist nicht lang, doch bei meist bedecktem Himmel kommt er uns länger vor. Die Stadt bekommt im Laufe des Jahres fünfzig Prozent des möglichen Sonnenscheins ab, das meiste natürlich im Sommer. Januar und Februar sind normalerweise trübe Monate, manchmal mit schweren Schnee- und Hagelstürmen. Der Februar, besagt eine Redensart, ist zwar der kürzeste Monat des Jahres, in Maryland scheint er aber der längste zu sein. An seinem Ende haben die Leute die dunklen Tage satt und sehnen sich danach, daß die Märzwinde die Wolken fortblasen. Aber auch der März kann stürmisch sein; einige der schlimmsten Blizzards, an die ich mich erinnern kann, kamen in den ersten Märztagen. Doch selbst schwere Schneefälle haben gegen die immer kräftiger werdende Sonne keine Chance.

Baltimore, den 4. Januar 1946

Der Scheck, den ich heute morgen von Knopfs Büro für Tantiemen über das Halbjahr bis zum 1. November 1945 bekam, ist über 14 547,68 Dollar ausgestellt – der bei weitem fetteste Scheck, den ich je für meine Bücher bekommen habe. 10 650,89 Dollar sind für den ersten Ergänzungsband zu „The American Language", der Ende August herauskam. Bis zum 1. November sind 14 829 Exemplare verkauft worden. Besonders freut mich, daß das neue Buch die Verkaufszahlen für die vierte Auflage von „The American Language", die 1936 erschienen war, hochgetrieben hat. Von dieser waren seit einigen Jahren nur etwa 800 Exemplare pro Halbjahr verkauft worden, aber während der sechs Monate bis zum 30. April 1945, in denen der erste Ergänzungsband schon angekündigt war, wurden 1 185 Exemplare abgesetzt, was mir 861,08 Dollar einbrachte; zwischen dem 30. April und dem 1. November, als der Ergänzungsband das Interesse auffrischte, verkaufte man 3 260 Exemplare, wovon mein Anteil sich auf 2 424,47 Dollar belief. Meine Tantiemen, sowohl für „The American Language" als auch für den ersten Ergänzungsband, werden zwischen dem 1. November 1945 und dem 30. April 1946 wahrscheinlich ebenfalls hoch sein. Viele Leute kauften, wie ich den bei mir eingehenden Autogrammwünschen entnahm, beide zusammen als Weihnachtsgeschenk. Leider wird der Großteil der 14 547,68 Dollar, die heute eintrafen, von der Steuer verschlungen werden, denn durch diese erhebliche Steigerung meines normalen Einkommens komme ich in eine höhere Steuerklasse. Deshalb werde ich im Grunde sehr wenig für meine harte Arbeit verdienen. Aber der Gedanke ist angenehm, daß eines meiner Bücher nach meinem 65. Geburtstag so erfolgreich war – erfolgreicher als alle meine früheren.

Baltimore, den 17. Januar 1946

Heute nachmittag war ich bei Dr. Wainwright; er teilte mir die Ergebnisse der Untersuchung mit, die er vor drei oder vier Wochen durchgeführt hatte. Mein Blutdruck sei keineswegs beunruhigend. Er zeige eine allgemeine Aufwärtstendenz, sei heute aber nicht viel höher als vor vier oder fünf Jahren. Der diastolische Wert, der mehrere Male über 100 stieg, liegt nun wieder darunter. Wainwright sagte, ich hätte Eiweiß im Urin, aber auch das sei kein Grund zur Besorgnis. Leber, Lunge, Magen und Prostata scheinen normal zu sein, obwohl der Magen seltsame Aktivitäten aufweist. Wainwright meint, daß die Beschwerden unter dem Brustbein, die mich oft zwingen, die Arbeit am späten Morgen einzustellen, und die meinen Schlaf nachts stören, schon durch einen Keks und ein halbes Glas Milch gelindert werden könnten. Ich werde das ausprobieren. Er sagte, daß die Alpträume, die mich nachts oft hochschrecken lassen und nach denen ich meistens eine halbe Stunde an Schlaflosigkeit und Unwohlsein leide, vielleicht mit harmlosen Barbituraten bekämpft werden könnten; er gab mir ein Rezept für Seconal. Wenn ich es nicht brauche, werde ich es auch nicht einnehmen. Ich vergaß, ihm zu sagen, daß mein rechtes Auge, in dem sich sklerotische Veränderungen abspielen, in letzter Zeit schwächer geworden ist. Im ganzen fühlte ich mich nach der Unterredung mit ihm wesentlich besser, obwohl er mir klarmachte, daß er gegen die Malaise, die mich fast ständig plagt, nichts tun kann. Schließlich riet er mir nicht, meinen bescheidenen Alkoholgenuß weiter zu reduzieren, und

Tabak erwähnte er überhaupt nicht. Eine längere Ruhepause würde mir wahrscheinlich guttun, aber er stimmte mir darin zu, daß Müßiggang für einen so aktiven Mann wie mich unerträglich ist. Lebte Sara noch, würde ich vielleicht mit ihr in Urlaub fahren, aber ich kann mir einfach nicht vorstellen, allein zu verreisen. Schon nach der ersten Woche würde ich fieberhaft nach einer Beschäftigung suchen.

Baltimore, den 9. Januar 1946

In Baltimore gibt es im Moment kein einziges anständiges Bierlokal. Das letzte war Schellhase's in der Howard Street, es ist jetzt ein Restaurant; als der Kriegsrummel begann, machte man dort schon um 21 Uhr dicht. Samstag abends öffnet es sein Hinterzimmer für den Saturday Night Club, aber man erwartet von uns, daß wir vor Mitternacht verschwinden – meistens gehen wir schon um halb zwölf. Die schwarze Küchengehilfin und die weißen Kellnerinnen weigern sich, abends zu arbeiten; Schellhase macht mit seiner Gaststätte so viel Geld, daß er es nicht nötig hat, zwei Schichten zu beschäftigen. Sein Lokal war sowohl vor der Prohibition als auch kurz nach ihrer Aufhebung ein sehr angenehmer Ort, ich ging oft abends um 22 Uhr hin und blieb bis Mitternacht. Er hatte das beste Bier von Baltimore, ob importiert oder einheimisch, und sehr gutes Essen zu mäßigen Preisen. Aber heute schenkt er nur noch Anheuser-Busch-Bier aus. Budweiser vertrage ich nicht, es ist so hopfenreich, daß ich davon Sodbrennen bekomme; Michelob kostet jetzt 25 Cent pro Seidel. Ob er jemals wieder deutsches Bier anbietet, bleibt abzuwarten; wahrscheinlich nicht, denn die meisten deutschen und böhmischen Brauereien scheinen im Krieg zerstört worden zu sein, und die

Trottel in Washington werden das Bier der noch existierenden Brauereien bestimmt mit abschreckend hohen Steuern belegen. Die Steuer auf inländisches Bier ist derzeit niedrig, aber nur wenige der angebotenen Sorten sind genießbar. Die beste, die ich kenne, ist National Premium; es wird in Baltimore gebraut, aber nur in Flaschen geliefert. Piel's Beer, das kurz nach der Aufhebung der Prohibition hervorragend war, ist inzwischen indiskutabel, obwohl die Brauerei noch vor kurzem das prächtige Kapuziner herstellte. Aber es war ausschließlich Freunden des Hauses vorbehalten und wurde nicht öffentlich verkauft. Ich bekam immerhin drei Kästen.

Es gibt nichts Behaglicheres und Angenehmeres als eine gute Bierschenke, aber ich vermute, daß es damit für immer vorbei ist. In New York kenne ich nur noch ein paar Lokale dieser Art. Bei Lüchow's ist das Essen sehr gut, aber das beste Bier, das es dort gibt, stammt von Prior aus Allentown, Pennsylvania, und damit ist nicht viel Staat zu machen. Außerdem hat man nun ab 23 Uhr sowie den ganzen Montag geschlossen. Baltimore hat jetzt nicht einmal ein zweitklassiges Bierlokal. Man hat nur noch die Wahl zwischen protzigen Nachtclubs und schmuddeligen Kneipen. In keinem dieser Etablissements gibt es anständiges Faßbier. Auch die Hotels führen es nicht mehr, ebensowenig wie der Maryland Club. *Sic transit* ... Die Annehmlichkeiten des Daseins haben zu meinen Lebzeiten ständig abgenommen.

Baltimore, den 13. [Januar] 1946[246]

Vor 47 Jahren ist mein Vater gestorben. Das ist sehr lange her; er ist nun fast drei Jahre länger tot, als er gelebt hat. Ich war achtzehn, als sein Ende früh und unvermittelt kam; auch deshalb erinnere ich mich sehr deutlich an ihn. Er erkrankte am Neujahrsabend 1899, während er zu Hause mit meiner Mutter friedlich zusammensaß; nach knapp zwei Wochen war er tot. Zum Verhängnis wurde ihm eine akute Nephritis. Sie muß von einer Infektion ausgelöst worden sein, von was für einer, weiß man nicht. Das erste Symptom war eine krankhafte Zuckung; als das Ende kam, erlitt er eine weitere Konvulsion, die durch eine hypostatische Lungenentzündung noch verstärkt wurde.

Lebte er noch, würde er wohl zu jenen Konservativen gehören, die heute von allen bieder denkenden Amerikanern gehaßt werden. Er arbeitete fleißig in seiner Fabrik, sorgte für seine Familie und sparte für die Zukunft. Als er, noch immer jung, starb, hatte er genug angesammelt, um Frau und Kindern ein gesichertes Leben zu ermöglichen. Ich war damals achtzehn und im Begriff, mich selbst zu versorgen, aber Charlie war erst sechzehn, Gertie erst dreizehn und August erst zehn Jahre alt. Das Erbe ermöglichte es meiner Mutter, uns alle ohne Not großzuziehen; ihr Leben war komfortabel und materiell gesichert, bis sie 1925 starb. Der Rest des väterlichen Vermögens stellt noch immer die Hälfte von Gerties Einkommen dar, selbst für die anderen bleibt noch etwas übrig. Der alte Familiensitz in der 1524 Hollins Street, den mein Vater 1883 kaufte, ist weiterhin in gutem Zustand, August und ich leben hier. Männer wie er werden heutzutage nicht sehr geschätzt, doch ich bleibe bei meiner Überzeugung, daß sie gute Bürger und ebenso gute Ehemänner und Väter waren.

Baltimore, den 16. April 1946

John Dos Passos[247] rief mich vor ein paar Tagen an und sagte, daß er in Baltimore sei und mich treffen wolle. Seine

Frau wird im Johns Hopkins Hospital behandelt; er ist mitgekommen, um sich um sie zu kümmern. Er wohnt bei Dr. W. Horsley Gantt[248], dem Schwiegersohn des Chirurgen Dr. Edward H. Richardson junior. Dieser Gantt hat irgendeinen unbedeutenden Posten im Johns Hopkins Hospital und widmet sich vorwiegend Tierexperimenten. Nach dem letzten Krieg ging er nach Rußland, um bei dem Physiologen Pawlow zu studieren – seitdem wiederholt er dessen Experimente. Er ist ein furchtbarer Langweiler, ich versuche immer, ihm aus dem Weg zu gehen. Deshalb schlug ich Dos Passos vor, mich heute mit ihm im Maryland Club zum Lunch zu treffen. Wir hatten eine angenehme Begegnung, aber besonders stimulierend war sie nicht gerade. Dos Passos ist ein sehr sympathischer Mensch, aber er hat selten etwas Belangvolles zu sagen. Die Folge ist, daß der Gesprächspartner die ganze Last der Konversation tragen muß. Ich habe nie erlebt, daß sich Dos Passos auf eine Auseinandersetzung eingelassen oder auch nur eine originelle Idee vorgebracht hätte. Insgesamt war mein kurzes Gespräch mit ihm freundschaftlich, aber etwas anstrengend; ich verabschiedete mich, sobald es ging.

Woran er im Moment arbeitet, sagte er nicht, und ich fragte ihn nicht danach. Sein erstes Buch, „Three Soldiers", war ein wichtiges Ereignis, einfach weil es sich um das erste Buch eines amerikanischen Weltkriegsveteranen handelte, in dem der Autor versuchte, die Wahrheit über den Krieg zu sagen. Seine späteren Bücher kommen mir allesamt fade vor, ich kann mich nicht erinnern, mehr als eines oder zwei wirklich bis zu Ende gelesen zu haben.

Baltimore, den 29. April 1946

Ich arbeite ein bißchen am zweiten Ergänzungsband, aber nur mit großen Schwierigkeiten. Meine Kopfgrippe wird durch das anhaltend kalte, feuchte und windige Wetter nicht besser, morgen werde ich Dr. Polvogt aufsuchen. Seit einigen Wochen leide ich auch an unangenehmen Herzsymptomen, vor allem an dumpfen Schmerzen und einem Druckgefühl unterhalb des Brustbeins. Als Joe Hergesheimer am 23. April hier war, fühlte ich mich so benommen, daß ich kaum sitzen konnte; nach dem Lunch ging ich nach Hause und legte mich hin. Abgesehen von einer einzigen Nacht habe ich gut geschlafen und brauche kein Seconal einzunehmen. Aber morgens fühle ich mich immer schlapp und habe sogar Mühe, mich zu rasieren. Nach dem Duschen geht es mir meistens besser, aber schon um elf Uhr bin ich nicht mehr in der Lage weiterzuarbeiten. Meine beste Zeit beginnt am Abend, nach dem Dinner. Meistens kann ich dann zwei Stunden hintereinander an meinem Buch arbeiten. Den Wettlauf zwischen meinen schwächer werdenden Herzkranzarterien und der allgemeinen Arteriosklerose werden die Arterien wahrscheinlich gewinnen. Deshalb brauche ich wohl nur mit einem kurzen Kampf zu rechnen, wenn meine Zeit kommt, was ein Trost ist, wiewohl ein trauriger. In den letzten vierzehn Tagen sind zwei alte Freunde, Walter E. Dandy und Louis Hamman – beide Ärzte im Johns Hopkins Hospital –, plötzlich an Herzinfarkt gestorben. Vielleicht sollte ich Benjamin M. Baker aufsuchen, der nun wieder praktiziert, aber im Grunde gibt es nichts, was er für mich tun könnte. Wenn es mir gelingt, den zweiten Ergänzungsband abzuschließen, kann ich mich glücklich preisen. Mein Plan, die Aufzeichnungen meiner

Abenteuer als Autor und Herausgeber von 1922 (wo ich jetzt angelangt bin) bis in die Gegenwart fortzusetzen, wird wohl nur ein Plan bleiben. Das ist schade, denn meine Unterlagen für die späteren Jahre enthalten viel interessantes Material, und wenn ich sterbe, bevor ich einen großen Teil davon bearbeitet habe, wird das Ganze unverständlich bleiben. Ich kannte zwischen 1914 und 1930 so viele amerikanische und englische Autoren, daß meine Darstellungen für künftige Literarhistoriker interessant und nützlich sein müßten.

Baltimore, den 5. Mai 1946

Nach zwei Wochen Regen und kalter, stürmischer Winde begann der heutige Tag (ein Sonntag) düster, aber um zehn Uhr kam die Sonne heraus, und am Nachmittag stieg das Thermometer auf 21 Grad. August und ich verbrachten den Vormittag im Hinterhof. Wir säten Prunkwindensamen, bereiteten den Boden für die Petunien vor, die diese Woche vom Blumenhändler Cook eintreffen sollten, schütteten die Farnbeete mit Torfmoos auf, beschnitten die Weinreben und erledigten eine Menge anderer Arbeiten. Mir wurde so warm dabei, daß ich die Jacke ablegte, aber nach ein paar Minuten kam ein eisiger Westwind auf, und ich mußte sie wieder anziehen. Der Hof hat noch nie so schön ausgesehen. Die Bäume, die Reben an den Zäunen und der Efeu am Boden haben schon alle die hellen Grüntöne des Frühlings, und die Buntlippen, die ich gepflanzt habe (auf dem Lexington Market gekauft), blühen. Aber bald wird dieser erste Hauch wieder verbleichen, die Grüntöne werden dunkler, wenn sich der Hof für den Kampf mit der Sommerhitze von Baltimore rüstet.

Baltimore, den 17. Juni 1946

Gilbert Chinard, Romanistikprofessor in Princeton, und seine Frau waren gestern in Baltimore; ich führte sie am Abend zum Dinner in Maria's Restaurant an der Ecke Albemarle und Fawn Street. Das Restaurant liegt mitten im italienischen Viertel und ist nur einen Block vom Hafen entfernt. Maria ist eine vollbusige Italienerin, sie kocht im klassischen italienischen Stil und lockt dadurch Gäste aus allen Stadtteilen an. Das schwere Essen bekommt man nur mit Hilfe von Rotwein hinunter. Chinard, der aus Bordeaux stammt, und seine Frau, die aus Rabelais' Heimat kommt, waren offensichtlich sehr zufrieden; jedenfalls aßen sie herzhaft und waren voll des Lobes für Maria. Chinard erzählte mir, daß das Institute for Advanced Study, das sich nun in Princeton befindet, zuerst der Johns Hopkins University angeboten worden sei. Auf Drängen von Daniel Willard, dem damaligen Vorsitzenden des Kuratoriums, wurde der Vorschlag abgelehnt – erstens, weil Willard unabhängige Institute innerhalb der Universität ablehne, und zweitens, weil die Stifter Juden seien. Chinard sagte, daß Vollmitglieder des Instituts ein Jahresgehalt von 15 000 bis 20 000 Dollar erhielten und auf Lebenszeit berufen würden, während junge Mitarbeiter, deren Posten befristet seien, weniger bekämen, manche nur 1 800 Dollar. Die Chinards wohnen in Princeton gegenüber von Albert Einstein; Mrs. Chinard meinte, der alte Mann sei arglos und freundlich. Als seine Frau starb, holte er eine alte unverheiratete Schwester aus Deutschland zu sich, die ihm nun den Haushalt führt. Sie spricht gut Französisch, aber kein Englisch, die Dozentenfrauen hatten Mühe, Kontakt zu ihr herzustellen. Eines Tages schauten mehrere von ihnen bei der Schwester vorbei, da sie meinten, diese fühle sich vernachlässigt und einsam. Die Frauen machten den Vorschlag, hin und wieder mit ihrem Bruder und ihr Schach zu spielen, doch sie sagte brüsk: „Verschwinden Sie! Mein Bruder würde solchen Unfug nie zulassen!“

Baltimore, den 20. Juni 1946

Heute nachmittag bin ich von zwei Tagen New York zurückgekommen. Dort traf ich am Donnerstag, dem 18. Juni, gerade rechtzeitig zur Jahresversammlung der Knopf-Aktionäre ein. Sam Knox fehlte wie immer, er erschien auch nicht zur anschließenden Vorstandssitzung. Es gab sehr wenig zu erledigen. Alfred Knopf, der heute nach England abreist, sagte, er wolle im Herbst nach Los Angeles reisen, um mit seiner Schwester Sophia Josephy und ihrem Mann zu reden. Den beiden gehört ein Paket von siebenprozentigen Vorzugsaktien; er will sie überreden, auf die aufgelaufenen Dividenden zu verzichten und der Umwandlung entweder in vierprozentige Aktien oder Stammaktien zuzustimmen. Ich nehme an, daß ihm diese Unternehmung schwerfallen wird, aber ich hatte keinen besseren Vorschlag. Es gibt nun eine unausgezahlte Anhäufung von etwa 154 000 Dollar auf die siebenprozentigen Vorzugsaktien (oder 55 Dollar pro Papier). Die Gesellschaft erzielt in letzter Zeit gute Gewinne, aber ich halte es für unwahrscheinlich, daß sich der gegenwärtige Boom fortsetzt. Der Umsatz für das am 30. Juni endende Steuerjahr belief sich auf 2 047 000 Dollar – der größte in der Geschichte der Firma. Der Nettogewinn betrug 102 000 Dollar, verglichen mit 87 000 Dollar im Vorjahr. Aber der größte Teil davon wurde in die Sanierung der angeschlagenen Konzernfinanzen gesteckt, der unverteilte

Reingewinn beläuft sich im Moment nur auf 7 000 Dollar. Daraus muß eine vierteljährliche Dividende von 1,75 Dollar für die Vorzugsaktien aufgebracht werden. Das gilt für das laufende Jahr, so daß sich das angesammelte Defizit nicht verringern wird. Das unsinnige Finanzgebaren des alten Samuel Knopf belastet die Gesellschaft noch immer, obwohl er vor fast zwölf Jahren gestorben ist. Ich besitze 150 Vorzugs- und 50 Stammaktien. Lesser schätzt, daß der Buchwert der Vorzugsaktien 154 und jener der Stammaktien etwa 120 Dollar beträgt, womit mein Kapital fast 30 000 Dollar ausmacht. Aber das ist ein rein theoretischer Wert. Auf dem offenen Markt würden die Papiere wahrscheinlich keine 10 000 Dollar einbringen, und jeder weiß, daß ich sie niemals auf dem offenen Markt anbieten würde.

Am Dienstag abend holte ich Marcella du Pont ab, die im Ambassador wohnt, und begleitete sie zu Lüchow's, wo Edgar Lee Masters und seine Frau schon auf uns warteten; sie waren gerade aus Charlotte, North Carolina, gekommen. Masters bot einen traurigen Anblick. Er kann sich nur noch fortbewegen, wenn er von anderen gestützt wird, und selbst dann bloß langsam und schleppend; er sagte mir, daß er weiterhin nicht arbeiten kann. Ellen Masters war bester Stimmung, sie sprach Wein und Bier lebhaft zu; er selber aß und trank wenig und sprach kaum ein Wort. Ich glaube, er weiß, daß ihm kein langer Aufenthalt auf dieser Welt beschieden ist; ich neige dazu, ihm zuzustimmen. Die beiden Frauen verspeisten umfangreiche Mahlzeiten. Um 22 Uhr deutete Masters an, daß er nach Hause wolle, kurz darauf verabschiedeten wir uns. Ich brachte Marcella zu ihrem Hotel, kehrte ins Algonquin zurück und lag um 23 Uhr im Bett. Ich schlief durch bis zehn Uhr.

Gestern verabredete ich mich zum Lunch im Stork Club mit Roger Butterfield, einem jungen Mann aus der „Life"-Redaktion. Er hatte von Daniel Longwell, dem Chefredakteur, den Auftrag, ein Interview mit mir vorzubereiten. Die schriftlichen Fragen, die er mir geschickt hatte, waren nicht sehr hilfreich. Ich werde mir wohl die Fragen wie auch die Antworten selber ausdenken müssen. Nach dem Lunch gingen wir in Butterfields Apartment und unterhielten uns dort eine Zeitlang. Er machte auf mich den Eindruck eines zweitrangigen Reporters; ich nehme an, daß man das Interview nie drucken wird.[249]

George Nathan und ich trafen uns zum Dinner im Colony und gingen dann ins No. 21, wo man in einer Ecke ein Fernsehgerät und Stühle für rund dreißig Personen aufgestellt hatte. Wir bekamen Plätze in der ersten Reihe. Der Fernsehapparat sollte den Boxkampf zwischen Louis und Conn im Baseballstadion zeigen, aber die kleinen Bilder waren so verschwommen und flackerten so sehr, daß uns die Augen weh taten. Trotzdem verfolgten wir den Kampf, die letzte Runde war ziemlich deutlich zu sehen. Es ist amüsant, sich vorzustellen, daß manche Narren fast 2 Millionen Dollar bezahlt haben, um einem so kläglichen Schauspiel beizuwohnen. Conn tänzelte von Beginn an um Louis herum und landete selten einen wirklichen Schlag. Im Grunde handelte es sich eher um eine Tanzvorführung als um einen Boxkampf, ich glaube fast, daß die Sache abgekartet war. Zum richtigen Zeitpunkt marschierte Louis einfach vorwärts und schlug Conn in zehn Sekunden k. o. Das Ganze hatte mit einem Wettkampf nichts zu tun.

Nach dieser Burleske schlenderten Nathan und ich zum Algonquin, um uns einen Abschiedstrunk zu gönnen. Er sagte, der Dramatiker Eugene O'Neill habe mich für den Nobelpreis vorgeschlagen und sei sicher, daß ich ihn bekommen würde. Dies schien mir der reine Wahnsinn zu sein, doch Nathan beteuerte, daß O'Neill es ernst meine. Die Schweden wollen den Preis an einen Amerikaner verleihen und können sich nicht auf einen Kandidaten einigen. Es wird wohl zahlreiche Nominierungen geben, sobald sich die Nachricht herumspricht – ich nehme an, daß man Louis Bromfield oder einen ähnlichen Gauner auszeichnen wird. Willa Cather verdient den Preis wahrscheinlich noch am ehesten, aber sie hat schon so lange nichts mehr von sich hören lassen, daß die Schweden sie möglicherweise vergessen haben. O'Neill selber bekam den Nobelpreis 1936, Sinclair Lewis 1930 und Pearl S. Buck 1938. Dreiser, der ihn eher verdient hätte als jeder einzelne von ihnen oder als alle zusammen, ist bisher leer ausgegagngen. Wenn die Schweden je ihre Fühler nach mir ausstrecken sollten, würde ich sofort nein sagen.[250] Aber dazu wird es gar nicht kommen, denn O'Neill ist ein Tagträumer. Wahrscheinlich erinnert er sich jetzt daran, daß ich ihn im Grunde entdeckt habe. Seit Jahren habe ich ihn aber nicht mehr gesehen und nichts von ihm gehört. Er sagte Nathan, daß das Preisgeld – zur seiner Zeit waren es 42 000 Dollar – jetzt 60 000 Dollar beträgt.

Baltimore, den 22. Juni 1946

Wenn ich mich hinlege, schlägt mein Herz so laut, daß ich kaum einschlafen kann. Zuerst klopft es zehn oder zwölf Schläge lang, dann setzt es einen Schlag aus, und danach kommt es zu einer Art Hämmern, das meinen ganzen Körper erschüttert. Dabei habe ich weder Schmerzen noch

Atemnot. Was das bedeutet, weiß ich nicht, aber es dürfte kein gutes Zeichen sein. Ich kann noch einigermaßen arbeiten, aber ich ermüde rasch und muß mich auf kurze Phasen beschränken. Heute habe ich Notizen für ein Interview gemacht, das Roger Butterfield in „Life“ drucken will. Es ist nicht einfach, denn das beste Material kann in einer solchen Zeitschrift nicht veröffentlicht werden. Ich bringe einiges zu Papier und zerreiße es wieder – das heißt, ich verschwende Zeit. Sobald ich dieses Ärgernis hinter mir habe, will ich die Arbeit am zweiten Ergänzungsband fortsetzen, aber mir kommen Zweifel, ob ich ihn je beende.

Baltimore, den 10. Juli 1946

Heute morgen sah ich die ersten Prunkwindenblüten in einem der Blumenkästen im Seitenhof: sie sind himmelblau. In ein oder zwei Wochen werden sie sich zu Dutzenden öffnen, die scharlachroten werden rasch folgen. Die erste Petunie kam am 1. Juni, vorgestern zählte August schon mehr als zweihundert. Dies ist das beste Jahr für den Hof, an das ich mich erinnern kann. Die Feuchtigkeit des Frühlings hat allen Pflanzen eine gute Grundlage gegeben. Vor ein paar Tagen waren Anzeichen von Trockenheit zu beobachten, weshalb August und ich den Schlauch anstellten. Nachdem er den Hof gerade gut gewässert hatte, ging ein kurzer, kräftiger Schauer nieder. Wir werden langsam abergläubisch: sobald wir den Schlauch anstellen, beginnt es zu regnen.

Baltimore, den 17. August 1946

Vor sechzehn Jahren wurden Sara und ich getraut. Seit ihrem Tod hat es keinen Tag und wahrscheinlich nur wenige wache Stunden gegeben, an denen ich nicht an sie gedacht habe.

Es wäre übertrieben, zu behaupten, daß ich noch immer um sie trauere. Ich hoffe, ich bin Philosoph genug, um mich in das Unabänderliche zu schicken. Aber ich denke an sie. Sie hat eine unauslöschliche Spur in meinem Leben hinterlassen, sie ist unvergessen.

Baltimore, den 24. August 1946

Heute bin ich aus dem Johns Hopkins Hospital nach Hause zurückgekommen; ich habe dort zehn Tage verbracht, um meine alte Kopfgrippe mit Penicillin behandeln zu lassen. Abgesehen von der lokalen Reizung fühlte ich mich völlig gesund, aber da die Injektionen alle drei Stunden – Tag und Nacht – gegeben werden mußten, blieb ich im Krankenhaus. Diese Infektion plagt mich, mit Unterbrechungen, seit Jahren; ich glaube, sie wurde schlimmer, als Dr. Curtis F. Burnham mir eine Röntgenbehandlung für einen Gewebeauswuchs an der Zungenwurzel verpaßte. Das Gewebe wurde beseitigt, aber die Behandlung trocknete meine ganze Kehle aus; besonders gegen Ende des Winters habe ich davon Beschwerden. In diesem Winter begannen die Schmerzen schon im Februar und dauerten das Frühjahr hindurch bis zum Sommer an, obwohl sie früher stets beim ersten wirklich heißen Sonnenschein nachließen. Polvogt, der Hals-Nasen-Ohren-Mensch, behandelt sie seit Februar mit verschiedenen lokalen Applikationen, die mir aber nur vorübergehende Erleichterung verschafften. Vor einiger Zeit meinte Ben Baker, vielleicht sei es ratsam, es mit einer starken Penicillinkur zu versuchen. Nachdem er Anfang August in Urlaub gegangen war, begannen die Drüsen an meiner linken Halsseite zu schmerzen, und sein Partner Wainwright beschloß, mir sofort Penicillin zu verabreichen.

Ich ging am 14. August ins Krankenhaus. Es war eine öde Zeit, aber ich konnte mich wenigstens in den Pausen zwischen den Injektionen frei bewegen, so daß ich mich mehr oder weniger behaglich fühlte. Die Spritzen wurden mir um 3, 6, 9, 12, 15, 18, 21 und 24 Uhr verabreicht. Am 17. August verließ ich das Krankenhaus nach der 15-Uhr-Injektion und verbrachte den Rest des Nachmittags und des Abends im Saturday Night Club. Am nächsten Tag kam ich zum Lunch nach Hause zurück, und am Tag darauf nahm ich schon wieder an der monatlichen Sitzung des „Sun"-Vorstands teil.

Zwischendurch habe ich immerhin geschafft, eine Akte des Congressional Record bis zurück zum April durchzusehen. Im Krankenhaus hatte ich keine Besucher außer August, es gelang mir auch, Blumen abzuwehren. Eines Abends besuchte ich einen von Arnold Richs[251] Pathologiekollegen und genoß die Schadenfreude der Anwesenden über eine Fehldiagnose im Harriet Lane Hospital. Die Injektionen taten nicht weh und hinterließen auch keine Schmerzen. Wenn die Krankenschwester um drei Uhr hereinkam, um mir eine Spritze zu geben, war ich manchmal schon wieder eingeschlafen, bevor sie das Zimmer verlassen hatte.

Baltimore, den 29. August 1946

Heute morgen kamen, von Knopfs Büro verschickt, die ersten Exemplare der „Christmas Story". Wenn sich dieses Büchlein gut verkauft, wird das technische Personal von Knopf wahrscheinlich das Hauptverdienst für sich beanspruchen. In Wirklichkeit hatte ich große Mühe, sie zum Druck zu überreden; nachdem ich es geschafft hatte, verschandelten sie mir noch das Projekt. Die Bilder, die sie benutzen wollten, hätten das Buch ruiniert, und sogar noch, als wir den glänzenden Illustrator Bill Crawford entdeckt hatten, mußte ich große Mühe aufwenden, Jacobs zur Verwendung leuchtender Farben zu überreden. Die ersten Abzüge waren so düster, daß sie eher an eine Beerdigung erinnerten. Ich bin mit Jacobs' Buchdesign alles andere als zufrieden, aber damit werde ich mich abfinden müssen. Jedenfalls sind Crawfords Bilder hervorragend.

Baltimore, 19. September 1946

Heute nachmittag kam ich nach Baltimore zurück, nach zwei Tagen in New York. Ich fuhr am 17. September zu einer Knopf-Vorstandssitzung. Auf der Tagesordnung stand der Vorschlag, ein Haus bei Hartsdale, New York, zu kaufen und die Redaktion dorthin zu verlegen. Das Haus war der frühere Landsitz von Paul Warburg[252]. In letzter Zeit dient es als Wohngebäude. Der Preis: 80 000 Dollar. Ich habe große Bedenken gegen den Umzug, aber da Alfred Knopf so erpicht darauf ist, stimmte ich dafür. Schließlich sollte man sich in einem Unternehmen, das auf Gedeih und Verderb mit einer einzigen Person verbunden ist, wenn möglich an deren Wünschen orientieren. Er braucht mehr Platz in New York, doch die Mieten sind so hoch, daß seine Betriebskosten, wenn er die geeigneten Räume fände, um jährlich 25 000 Dollar steigen würden. Wahrscheinlich wird es ihn 20 000 Dollar kosten, in das neue Gebäude umzuziehen und es für sein Unternehmen umzugestalten, doch langfristig werden seine Ausgaben geringer sein als in New York. Er sagt, all seine leitenden Angestellten seien bereit, ihm aufs Land zu folgen. Viele seiner Büromitarbeiter werden natürlich kündigen, aber das dürfte kein Nachteil sein. Ihm ist klar, daß zu viele Juden in seiner Redaktion tätig sind. Sobald er sich im Kreis Westchester niedergelassen hat, wird er auch geeignetere Mitarbeiter finden. Das Warburg-Gebäude, ein Haus mit 25 oder 30 Räumen, ist nicht direkt in Hartsdale, sondern etwa drei Kilometer entfernt auf dem Land. Es steht auf einem Grundstück von fünf Morgen. Von Knopfs Haus in Purchase ist es leicht zu erreichen. Blanche lehnt den Umzug natürlich heftig ab, was ich ihr nicht verdenken kann, denn wenn sie ihr Büro behalten will, müßte sie jeden Tag nach Westchester fahren.[253]

Samuel Knox ist aus dem Firmenvorstand ausgeschieden. Er ist sehr krank und wird wahrscheinlich nicht mehr lange leben. Alfred reist im Oktober nach Kalifornien, wo er versuchen will, seine Schwester Sophia und ihren Mann zur Annahme eines Reorganisationsplans zu bewegen, der das aufgelaufene Defizit für die Vorzugsaktien tilgen und diese in Stammaktien umwandeln soll. Ich bezweifle, daß die beiden damit einverstanden sind. Wenn doch, dann hat er drei Viertel der Aktionäre auf seiner Seite, was nach New Yorker Gesetz ausreicht, um den Plan durchzudrücken. Nach diesem Gesetz hat Knox, der keinesfalls zustimmen wird, zwei Möglichkeiten: er kann seine Einwände hintanstellen und auf den allgemeinen Kurs umschwenken; er kann aber auch verlangen, daß die Gesellschaft seine Aktien zu einem Preis kauft, der von Sachverständigen festgelegt wird. Diese Sachverständigen werden gerichtlich bestellt, und man kann annehmen, daß sie ihn vernünftig behandeln.

Baltimore, den 30. Oktober 1946
Heute habe ich meine alte Bibel ausrangiert, die ich mir 1904 gekauft hatte. Als ich die beiden „Treatise"-Bücher schrieb, habe ich sie sehr strapaziert; sie ist jetzt zerfleddert, der Einband und viele Blätter sind lose, viele Seiten sind eingerissen. Sie hat mir mehr als vierzig Jahre lang gedient, und ich lege sie mit einigem Bedauern beiseite. Sie hat damals, glaube ich, fünfzig Cent gekostet. Heute habe ich im Methodisten-Buchladen in der Charles Street eine neue Bibel mit gleichem Druckbild und Einband erstanden. Für 1,50 Dollar. Selbst Gott, so scheint mir, wuchert.

Baltimore, den 3. November 1946
August und ich verbrachten den Morgen damit, den Hof aufzuräumen. Es gab nicht viel zu tun. Die meisten Blätter sind abgefallen und beseitigt. Die Prunkwinden am Stall blühen noch. Einige Blüten haben noch ihre volle Größe, aber die meisten sind auf die von Petunien geschrumpft. Trotzdem sind sie immer noch sehr schön; die Farben werden immer leuchtender. Die Petunien haben den Kampf schon lange aufgegeben, obwohl ihre Blätter noch grün sind. Die Buntlippen sind verblichen, sie sind jetzt hoch und ausladend. Die prächtigen unteren Blätter sind abgefallen, die übriggebliebenen sind klein und matt. Diese Buntlippen waren den ganzen Sommer hindurch und sogar noch im Oktober prachtvoll – ja, dies war eine der schönsten Jahreszeiten, die wir je im Hof gehabt haben. Die Petunien waren, solange sie lebten, wirklich üppig, und die Prunkwinden glänzten. Ich hatte auch scharlachroten Salbei gepflanzt, er schien gut zu wachsen, aber bis jetzt hat er nur eine einzige Blüte getrieben, eine hellorangerote, direkt vor der Küchentür.

Baltimore, den 4. November 1946
Heute habe ich Mrs. Lohrfinck fast 6 000 Wörter des zweiten Ergänzungsbandes zum Tippen gegeben. Sie gehören ans Ende des Verb-Abschnittes von Kapitel IX. Das Buch kommt nur langsam voran, aber seit kurzem mache ich doch gute Fortschritte, und ich hoffe wieder, daß ich es bis zum nächsten Frühjahr abschließen kann. Zunächst hatte ich vor, darin Überarbeitungen und Erweiterungen der Kapitel VII bis XI der „American Language" und auch des ersten Anhangs aufzunehmen, aber allmählich befürchte ich, daß der Text, wenn ich das Ende von Kapitel XI erreicht habe, so umfangreich sein wird, daß ich den Anhang ganz streichen muß. Ich wollte ursprünglich in Abschnitten eines zweiten Anhangs Themen wie Zeichensprache, Kindersprache und ähnliche Dinge behandeln, aber darauf werde ich nun wahrscheinlich ganz verzichten müssen.

Baltimore, den 10. November 1946
Das Wetter ist seit einer Woche warm, deshalb ist der Hof noch immer grün, obwohl die meisten Blätter abgefallen sind. Die Narzissen unterm Birnbaum sprießen. Das tun sie meistens um diese Jahreszeit. Sie scheinen immun gegen den Frost zu sein, um Neujahr blühen sie am schönsten. August und ich haben zwei Hände voll Prunkwindensamen gesammelt, weitere Samen reifen noch. In der vergangenen Woche sahen wir viele Blüten an den Reben, an einem Tag ungefähr zwanzig. Sie waren klein, aber hübsch, und hatten Farben, die man im Sommer nicht sieht. Gestern abend spielten wir im Saturday Night Club das Brahms-Sextett in B-Dur, Opus 18, Schuberts Unvollendete und den ersten Satz von Beethovens 3. Sinfonie – sonst

nichts, nicht einmal einen Walzer. Was für ein Abend! Anwesend: Hemberger[254], Cheslock, Moffett, Newcomer, Waite (der neue Cellist), Strube[255], Dorman und ich, mit August als einzigem Zuhörer. Arnold Rich, der an einer Viruspneumonie leidet, ist noch bettlägerig. Moffett, der schon über siebzig ist, sah erschöpft aus. Er hatte am Morgen eine Orchesterprobe, am Nachmittag ein Konzert und am Abend unseren Club. Heute morgen hat er wieder eine Orchesterprobe, heute abend ein Konzert des Baltimore Symphony Orchestra.

Baltimore, den 13. November 1946

Heute morgen schickte Gertie eine Notiz: sie leidet seit drei Tagen an Schwindelgefühl und Übelkeit. Sie wohnt noch auf dem Land, ich rief sie sofort an. Es dauerte eine halbe Stunde, bis ich sie erreicht hatte. Sie erzählte mir dann, daß es ihr inzwischen viel besser gehe. Ihr Problem ist, daß sie auf ihrer kleinen Farm zu hart arbeitet. Sie versucht, Dinge zu bewältigen, die zwei oder drei Personen überfordern würden, deshalb ist sie in einem Zustand chronischer Erschöpfung. Vor allem vergißt sie, daß sie am 17. November sechzig wird.

August und ich wollen sie so bald wie möglich zurück nach Baltimore holen. Sie ist in ihrem Apartment viel besser versorgt; ich werde Ben Baker bitten, sie zu untersuchen. Wahrscheinlich ist ihr Blutdruck zu hoch, deshalb schafft sie die schwere körperliche Arbeit nicht mehr. Sie steht frühmorgens auf und hat den ganzen Tag lang zu tun. Nachmittags macht sie ein Schläfchen und geht früh ins Bett, aber sie verbraucht einfach zuviel Energie. Außerdem sorgt sie sich um ihre alte Hündin Anastasia. Die ist jetzt zwölf Jahre alt und hat Asthma, Tumoren und andere Beschwerden. Ich hoffe, daß Gertie sie zum Tierarzt bringt und einschläfern läßt.

Baltimore, den 19. November 1946

Mit neun Zehnteln der Leute, die mich anrufen, will ich nicht sprechen, und drei Viertel von denen, mit denen ich zum Lunch gehen muß, will ich gar nicht treffen.

Baltimore, den 15. Dezember 1946

Gestern nachmittag fuhr ich mit Paul Patterson zum Dinner des Gridiron Club nach Washington. Wie immer war es sehr ermüdend. Die meisten Sketche dauerten zu lange, nur sehr wenige konnte man unterhaltsam nennen. Paul und ich strebten unauffällig in die Räume, wo ab 18 Uhr Getränke angeboten wurden; nach dem Dinner kehrten wir dorthin zurück. Von 18 bis 3.15 Uhr hatte ich ständig einen Drink in der Hand oder vor mir stehen, aber irgendwie schaffte ich es, nüchtern zu bleiben. Als ich heute morgen um 11.15 Uhr im Hotel Statler aufstand, fühlte ich mich ziemlich munter. Das Statler ist wahrscheinlich das schlechteste Hotel der Welt, gleichzeitig aber eines der protzigsten. Es ist voller Krimskrams, der mit der Aufschrift „Zu Ihrem Schutz" gekennzeichnet ist – Beutel für Trinkgläser, Papiermanschetten über den Toilettenschüsseln etc. –, aber die Annehmlichkeiten sind eher spärlich. Ich hatte ein kleines Zimmer mit einer Bettcouch; das Mädchen hatte vergessen, sie herzurichten. Da ich sie um 3.30 Uhr nicht extra rufen wollte, machte ich mein Bett selbst – mit bescheidenem Erfolg. Aber die Getränke, die ich intus hatte, ließen mich prächtig schlafen.

Als ich den Sitzplan des Bankettsaals sah, geriet ich fast in Panik, denn mein Platz war an dem erhöhten Gästetisch, zwei Stühle von Truman auf der einen Seite und drei vom Herzog von Windsor auf der anderen entfernt. Zuerst dachte ich, man wolle einen Schabernack mit mir treiben, aber als ich protestierte, wurde mir beteuert, daß die Sitzordnung durchaus ernst gemeint sei. Pete Brandt, der Vorsitzende des Clubs, erklärte die Situation folgendermaßen: „Wir haben immer Richter des Obersten Gerichtshofs, Senatoren, Gouverneure, Botschafter und so weiter an der erhöhten Tafel. Diesmal dachten wir, wir sollten jemanden von unseren eigenen Leuten dorthin setzen, und wir haben Sie ausgewählt." Zu meiner Linken saß der britische Botschafter, zu meiner Rechten der philippinische Botschafter Joaquin Miguel Elizalde. Neben dem Briten saß noch irgendein anderer Botschafter, und dann kam Truman. Neben dem Filipino saß Charlie Ross, Trumans Privatsekretär, neben Charlie der Herzog, mit Alf Landon zur Rechten. Ich kam recht gut mit dem britischen Botschafter aus, verbrachte aber den größten Teil des Abends damit, mich mit dem Filipino zu unterhalten, der sein Land früher als Delegierter im Kongreß vertreten hatte und, wie sich herausstellte, ein alter Leser von mir war. Der britische Botschafter bat mich, ihm die Sketche zu erklären, aber ich riet ihm, sie einfach über sich ergehen zu lassen, da es kaum lohne, sie verstehen zu wollen. Einige waren selbst für mich fast undurchschaubar. Aber die Musik war sehr gut, und in einer der Pausen spielte W. F. H. Santelmann, der Dirigent des Marineorchesters, ein Arrangement des Missouriwalzers, anscheinend sein eigenes – hervorragend, überaus originell.

Gegen 22 Uhr war das Programm zu Ende, alle strömten zu den Toiletten. Als ich ankam, standen schon vor jedem Pißbecken Würdenträger Schlange, der Herzog von Windsor ganz am Ende einer Reihe. Patterson, der mich begleitete, war ganz entzückt von diesem Anblick; er sprach von einem Beweis für den demokratischen Geist des Herzogs. Aber was hätte er sonst tun können? Die Genossen vor ihm hatten volle Blasen und konnten ihm nicht Platz machen. Ich hatte keine Lust, mich in dieser Umgebung anzustellen und machte mich auf die Suche nach einem anderen Pissoir. An der Tür traf ich Felix Frankfurter, der vorschlug, die Kabinen gegenüber den Becken zu benutzen. Dafür mußte man zwar fünf Cent bezahlen, aber es war gut angelegtes Geld. Als ich meine Kabine verließ, hielt ich die Tür auf, so daß ein anderer Gast seine fünf Cent sparen konnte. Frankfurter war wie immer sehr aufmerksam. Während des Dinners entfernte er sich kurz von seinem Platz, legte einen Arm um den Hals des britischen Botschafters und den anderen um meinen und empfahl uns, Freundschaft zu schließen. Als er verschwunden war, teilte mir der Botschafter mit, Frankfurter sei der erste gewesen, den er vor Jahren bei seinem ersten Besuch in den Vereinigten Staaten kennengelernt habe. Außerdem vertraute er mir an, man habe ihn vor meiner antibritischen Haltung gewarnt. Ich erwiderte, das sei eine grobe, hauptsächlich von Japanern verbreitete Verleumdung. Wir verstanden uns prächtig, und ich lud ihn ein, irgendwann nach Baltimore zu kommen und mich zum Lunch in den Maryland Club zu begleiten.

Die Gridiron-Versammlungen als solche sind ungeheuer langweilig, aber ich nehme gern an ihnen teil, um alte Freunde zu treffen. Beim Saufen vorher und hinterher traf ich diesmal Dutzende von ihnen: von Jack Knight[256] bis zu Gene Buck[257] und von Vandenberg bis zu Dutch Schultz[258]. Alle waren mehr oder weniger angesäuselt und deshalb sehr gut gelaunt. Mein Nachbar Elizalde sagte, sein Bruder sei von den Japanern geköpft worden; ihn schien das aber nicht allzusehr getroffen zu haben.

Die Rede wurde von Bricker aus Ohio gehalten, Tom Deweys Mitkandidat bei der Präsidentschaftswahl von 1940. Er begann gut, ging dann aber bald zu Platitüden über. Trumans Entgegnung war noch schlechter.

1947

Baltimore, den 31. März 1947

Ich bin so abergläubisch, daß ich zögere, es zu Papier zu bringen – aber es ist nicht zu leugnen, daß meine Gesundheit seit einem Jahr besser ist als in den vier oder fünf vorangegangenen Jahren. Das Alter hinterläßt natürlich seine Spuren an mir, meine frühere Energie hat stark nachgelassen. Nach drei Stunden am Schreibtisch muß ich eine Ruhepause einlegen, nur selten halte ich mehr als zwei dreistündige Arbeitsphasen pro Tag durch. Mehr noch, an manchen Tagen überfordern mich schon zwei Stunden; ab und an reicht schon eine Stunde, und manchmal kann ich überhaupt nicht arbeiten. Aber das kommt selten vor. In der Regel bringe ich an den sieben Tagen der Woche ein beachtliches Arbeitspensum hinter mich. Die Gastritis, die mich früher plagte, ist völlig verschwunden, manchmal brauche ich einen ganzen Monat hindurch nur eine einzige

Dosis Natriumbicarbonat. Die alte Kopfgrippe macht mir leider weiterhin zu schaffen, wenn auch mit Unterbrechungen. Im letzten Sommer wurde es so schlimm, daß ich mich im Johns Hopkins Hospital einer zehntägigen Penicillinkur unterzog. Die Wirkung machte sich nicht sofort bemerkbar, aber im Herbst fühlte ich mich besser als sonst. Vor etwa einem Monat setzte die Infektion wieder ein, und ich bin noch immer etwas heiser von dem Tropfeinlauf in den Kehlkopf, doch sonst habe ich keine Beschwerden. Ab und zu, aber nicht sehr oft, habe ich Schwächeanfälle. Nach einer Stunde auf der Couch im Arbeitszimmer bin ich wieder bei Kräften. Den Druck in der Herzgegend habe ich nur selten. Ben Baker glaubt, daß er nichts mit dem Herzen zu tun hat, sondern vom geschwollenen Magen kommt. Er hat mir krampflösende Tabletten verschrieben, die den Druck etwas zu lindern scheinen.

Seit meiner Kindheit habe ich erst drei Zähne verloren; einiges deutet darauf hin, daß bald ein vierter an der Reihe ist. Morgen gehe ich zu Bland, meinem Zahnarzt, damit er mir eine Füllung in einen Schneidezahn macht, der sich über die Jahre abgenutzt hat; bei mehreren anderen zeigt sich der gleiche Verschleiß. Die übrigen Zähne halten sich wacker, obwohl sie schon alle, außer den vorderen, Füllungen haben; sie tun so gut wie nie weh.

Baltimore, den 13. Mai 1947

Gestern abend habe ich den Text des zweiten Ergänzungsbandes zu „The American Language“ abgeschlossen. Das Vorwort bleibt, ebenso ein Abschnitt über den Negerdialekt, den ich übernommen habe. Das Ganze muß jetzt überarbeitet werden, ich muß die Fahnenabzüge lesen und noch drei lange Register anlegen.

Baltimore, den 27. Juli 1947

Seit ich die Überarbeitung meines zweiten Ergänzungsbandes zu „The American Language" vor fast einem Monat beendet habe, liege ich brach. Nach dieser Arbeit war ich erschöpft und habe mich bis jetzt noch nicht richtig erholt. Es gibt zahlreiche Symptome arterieller Störungen: Flimmern vor den Augen, Druckgefühl im Kopf, dumpfen Schmerz im Hinterkopf, Taubheit in den Lippen usw. Das Wetter war bis heute kühl und frisch, ich schlafe gut und esse viel. Aber der Drang zum Schreiben hat mich verlassen; ich beschäftige mich damit, Briefe zu sortieren, zwei Artikel für „American Speech" zusammenzustellen (einer war schon geschrieben und brauchte nur noch durchgesehen zu werden) und ähnliche Sachen zu erledigen. Am Sonntag verbrachten August und ich den größten Teil des Tages damit, die Küche zu putzen – die Klempner und Maler haben sie neu hergerichtet. Hester und Emma sind am 1. Juli in Urlaub gegangen – Hester für drei Wochen, Emma für den ganzen Monat –, so daß August und ich das Haus für uns allein haben. Zum Lunch gehe ich fast immer aus, aber unser Dinner und Frühstück bereiten wir meist selbst zu. Ob ich noch arbeiten kann, bevor der Heuschnupfen kommt, bleibt abzuwarten. Heute ist es heiß und stickig, aber wenn die Temperatur und die Luftfeuchtigkeit in der kommenden Woche sinken, kann ich mich vielleicht wieder an die Schreibmaschine setzen. Mir schweben Projekte vor, die einen gesunden Mann für vier oder fünf Jahre beschäftigen könnten. Oft frage ich mich, ob ich noch genug Zeit habe; wenn meine Beschwerden akut sind, bezweifle ich es. Mein Arzt, Benjamin M. Baker, ist in Urlaub, aber ich hoffe, daß ich ihn gleich nach seiner Rückkehr am 1. August aufsuchen kann. Unterdessen werde ich von Richard F. Cleveland und John T. Kenny[259] mit Beschlag belegt, denn ich will die Treuhänderschaft für den Nachlaß meiner Mutter niederlegen und der Safe Deposit & Trust Company übertragen. Ich hoffe, daß dies ohne Verzögerung zustande kommt. Meine größte Furcht ist, daß ich ein Pflegefall werde, wodurch die Verwaltung des Nachlasses in ernste Schwierigkeiten geriete.

Baltimore, den 30. Juli 1947

Heute morgen wachte ich in einem Zustand von Verwirrung auf. Ich konnte keine einzige Zeile auf der Schreibmaschine schreiben, ohne mich zu vertippen, eine Zeitlang konnte ich auch nicht mit der Hand schreiben, nicht einmal meine Unterschrift. Beim Sprechen mußte ich nach Wörtern suchen. Allmählich wurde es besser, aber das Tippen fällt mir noch immer schwer.[260] Ein warmer, schwüler Tag.

Baltimore, den 13. August 1947

Am 6. August war ich bei Dr. Baker. Er sagte, wahrscheinlich habe mich ein kleiner Embolus erwischt. Er muß sich irgendwo in der Nähe des Sprechzentrums gebildet haben, meine Sprache war etwa eine Woche lang beeinträchtigt, sie ist noch immer nicht ganz normal. Ich muß jeden Satz vorsichtig formulieren und oft nach Wörtern suchen. Mehrere Tage lang konnte ich überhaupt nicht mit der Hand schreiben. Die Buchstaben gerieten mir durcheinander, und ich konnte nur mit Mühe meinen Namen zusammenbringen. Auf der Schreibmaschine zu schreiben war genauso schwierig; es ist etwas besser geworden, aber ich muß sehr langsam tippen. Baker stellte fest, daß mein Herz in relativ guter Verfassung ist. Er fand keine Erweiterung oder andere beunruhigende Zeichen, etwa neurologische Symptome. Mein Blutdruck lag bei 160 – nicht höher als vor einem Jahr.

Ich habe zwei sehr unangenehme Wochen hinter mir. Das Wetter ist heiß und schwül, ich spüre die ersten Anzeichen von Heuschnupfen. Da ich nicht schreiben kann, verbringe ich die Zeit damit, Material für den „Mencken Omnibus“ [d. h. „Mencken für jedermann“, eine Art Mencken-Anthologie], den Knopf herausbringen will, auszuwählen und zu überarbeiten. Das ist eine ermüdende Beschäftigung. Ich lese die Sachen nicht noch einmal, aber versuche, sie zu sichten. Wieviel ich insgesamt geschrieben habe, weiß ich nicht, aber es sind Millionen von Wörtern. Aus diesem Riesenberg soll ich etwa 350 000 Wörter auswählen!

Baltimore, den 23. August 1947

Langsam kann ich wieder normal schreiben, aber es geht wirklich langsam. Ich kann jetzt meinen Namen mehr oder weniger in seiner alten Form zu Papier bringen, und ich mache weniger Fehler, wenn ich mit der Hand schreibe. Aber auf der Maschine tippe ich weiterhin mühsam und im Schneckentempo und vertippe mich oft. Ich bin noch immer nicht in der Lage, mich mit den Artikeln zu befassen, die ich dem „New Yorker“ versprochen habe, doch ich glaube, daß es Mitte September gehen wird. Dies war eine schlimme Erfahrung: für einen so aktiven Mann wie mich ist es deprimierend, arbeitsunfähig zu sein.

Immerhin bereite ich den Text für den „Mencken Omnibus“ vor, den Knopf plant. Ich habe eine Menge Material aus den vier ersten „Prejudices"-Büchern und einiges aus meinen frühen Rezensionen für den „Smart Set" genommen. Das meiste mußte stark überarbeitet werden; es wimmelte von Bezügen auf zeitgenössische Ereignisse, die heute kaum noch jemand kennt. Nachdem ich sie entfernt hatte, war das meiste druckfertig. Ich werde es zunächst sammeln und dann eine Auswahl treffen. Wahrscheinlich wird viel übrigbleiben. Wenn sich die Anthologie gut verkauft, läßt sich daraus leicht ein zweiter Band zusammenstellen. Aber ich höre, daß das Verlagswesen in keinem guten Zustand ist, weshalb sowohl der „Omnibus" als auch der zweite Ergänzungsband zu „The American Language" Mißerfolge werden könnten.

Die Fahnen des zweiten Ergänzungsbandes werden bereits abgezogen, ich habe gerade Nummer 51 gelesen. Sobald die Nummer 100 erreicht ist, beginnt die Plimpton Press mit dem Umbruch, und ich nehme die beiden langen Register in Angriff.

Baltimore, den 13. Oktober 1947

Ich fühle mich in letzter Zeit so elend, daß mir die Arbeit sehr schwerfällt. Nach dem Heuschnupfen kam ein Juckreiz – ich mußte mich ständig kratzen –, danach eine Übelkeit, die mich fast außer Gefecht setzte. Es war eine Art Grippe, mit anhaltenden Schmerzen in den Beinen. Vielleicht hatte ich tatsächlich eine Infektion. Wenn ja, scheint sie jetzt abzuklingen, obwohl ich mich noch immer schwach und matt fühle.

Ich sortiere meine Akten und sonstigen Aufzeichnungen, lese die Fahnen des zweiten Ergänzungsbandes zu „The American Language" und sammle Material für die geplante Anthologie meiner frühen, inzwischen vergriffenen Schriften. Das letzte ist ganz unterhaltsam, wenn auch im Grunde lästig. Mrs. Lohrfinck hat schon 300 000 oder 400 000 Wörter getippt, wahrscheinlich werden es eine Million, bevor ich die endgültige Auswahl treffe. Ich möchte das Buch „A Mencken Chrestomathy" nennen, doch Knopf sträubt sich gegen „Chrestomathy". Ich finde den Titel gut, allein schon wegen seiner Absonderlichkeit, und hoffe, daß Knopf nachgibt. Die meisten Texte stammen aus den sechs „Prejudices"-Bänden, aus „Notes on Democracy", „In Defense of Women", „A Book of Burlesques" etc., aber ich habe auch etliches aus Zeitschriften- und Zeitungsarchiven ausgegraben, was nie zuvor in Buchform veröffentlicht worden ist. Einiges davon, was ich seit Jahren nicht mehr gelesen habe, kommt mir durchaus passabel vor.

In New York streiken gerade die privaten Beförderungsunternehmen, so daß die Paketpost überlastet ist. Pakete mit Druckfahnen, die am 25. und 26. September sowie am 7. Oktober an mich abgeschickt wurden, sind noch nicht angekommen. Zwei davon enthalten den Umbruch – die beiden Register verzögern sich deshalb. Die Seiten 70–149 des Umbruchs habe ich bekommen und durchgearbeitet. Das Namenregister mache ich selber; bei den Wörtern und Redewendungen markiere ich einfach die zusätzlichen Fahnen und lasse die Registerkarten von Mrs. Lohrfinck schreiben. Ein mühsames Geschäft, wir werden wohl bis Weihnachten daran sitzen. Wann das Buch fertig sein wird, weiß ich nicht. Es ist umfangreicher, als ich dachte; Knopf wird wahrscheinlich zehn Dollar dafür verlangen müssen. Die Buchpreise haben sich seit 1940 nahezu verdoppelt.

Baltimore, den 23. Oktober 1947

Am Dienstag, dem 21. September, fuhr ich nach Stone Harbor, um Joe Hergesheimer und Dorothy zu besuchen. Ich traf mich in Wilmington mit Marcella du Pont; gemeinsam machten wir uns in ihrem Auto auf die Reise. Es war ein wunderschöner Tag, ich fand die Fahrt sehr vergnüglich. Sowohl Joe als auch Dorothy schienen in guter Stimmung und bei relativ guter Gesundheit zu sein. Joe erzählte mir, daß er 30 000 Wörter von seiner Autobiographie geschrieben habe – gezeigt hat er mir das Manuskript nicht. Bei diesem Tempo wird er etwa zehn Jahre brauchen, wenn er die vorgesehenen 100 000 Wörter schreiben will. Ich entnahm seinen Bemerkungen, daß das Buch eher beiläufig autobiographisch ist. In erster Linie handelt es sich wohl um eine Darlegung seiner philosophischen Ideen. Da er nichts von Philosophie versteht, vermute ich, daß es ein sehr langweiliges Buch wird. Er sagte, es ermüde ihn, mit der Hand zu schreiben; er erwäge, eine Schreibmaschine zu benutzen.

Am Mittwoch gesellte sich Carl McCardell von der Redaktion des „Philadelphia Bulletin" zum Lunch zu mir. Er ist ein überaus sympathischer Bursche – es war ein Vergnügen, mit ihm zu plaudern. Er war vor kurzem im Auftrag des „Bulletin" in Europa und hat dort auch Max Beerbohm[261] in Rapallo besucht. Ezra Pound hatte mir erzählt, daß Beerbohm über einer Werkstatt hause; der Lärm mache seine Wohnung fast unerträglich. McCardell meinte, das treffe nicht zu. In Wirklichkeit wohne Beerbohm in einer freundlichen Villa im Grünen, so weit von der Hauptstraße entfernt, daß man keine Automobile höre. Ob Pounds Aussage eine absichtliche Lüge oder nur ein Beweis seiner Unzurechnungsfähigkeit war, muß offenbleiben.

McCardell erschien allein zum Lunch, erst danach tauchte seine Frau auf. Ich weiß nicht, weshalb er sie nicht mitgebracht hatte – sie ist sehr hübsch und liebenswürdig. Die Episode erinnerte mich an den Dezember 1925, als Dreiser an einem bitterkalten Tag zu mir in die Hollins Street kam und ich erst nach einer Stunde feststellte, daß Helen, seine spätere Frau, in einem weiter oben in der Straße geparkten Ford saß. Ich eilte damals hinaus und bestand darauf, sie an den Kamin zu holen. Womit sich Mrs. McCardell beschäftigte, während ihr Mann mit mir zu Mittag aß, konnte ich nicht herausbekommen.

Baltimore, den 30. Oktober 1947

Heute nachmittag fuhr ich zu Paul Patterson nach Guilford, um mir die erste Fernsehsendung der „Sun“ anzuschauen. Man zeigte zwei Pferderennen in Pimlico; es schien mir ein klägliches Schauspiel zu sein. Die Bilder tanzten wild über den kleinen Schirm, es gab häufig Unterbrechungen, der Ton war bis zum Ende von ohrenbetäubenden atmosphärischen Störungen durchsetzt, und sowohl die Aufnahmen als auch der Kommentar waren schlecht präsentiert. Ich würde keine zehn Cent für eine Stunde solcher Unterhaltung ausgeben, selbst wenn man mir ein Massaker zeigte. Patterson übernahm wie immer das Kommando. Jedesmal, wenn sich die Bilder mehr oder weniger störungsfrei bewegten, drehte er an den Knöpfen, so daß sie wieder hüpften oder verblaßten. Alle paar Minuten rief er das Studio im O'Sullivan Building an, um Auskünfte einzuholen oder Befehle zu erteilen. Nach der Sendung nahm er wieder Verbindung mit dem Studio auf, um überschwengliches Lob zu verteilen. Er glaubte offenbar, alles sei glänzend gelaufen.

Sponsor war die Warenhauskette Hecht. Sie ließ neue Kleidermodelle von Mannequins vorführen, stellte drei oder vier Ansager zur Verfügung und war mindestens ein Viertel der Zeit auf Sendung. Weil eine der beiden Kameras ausfiel, konnten wir die Rennen nur aus der Ferne bewundern; sie blieben zudem für uns nebulös, da die Nummern der Pferde nicht zu erkennen waren. Der „Sun"-Reporter, ein junger Mann aus der Sportredaktion, war seiner Aufgabe nicht gewachsen: es gab mehrfach peinliches Schweigen. Immerhin konnte man den Lautsprecher an der Rennbahn im Hintergrund hören. Der Mann dort am Mikrophon schien sich auf sein Geschäft zu verstehen. Jedenfalls kommentierte er pausenlos.

Was dieses edle Experiment kostet, kann ich schwer schätzen. Für alle Sender – AM, FM und Fernsehen – werden wir mindestens eine Million Dollar aufbringen müssen, bevor die Sache funktioniert und Erträge abwirft. Schmick scheint zu befürchten, daß sich das Fernsehen nie selbst finanzieren wird, meint aber, es sei eine hervorragende Werbung für die Zeitungen. Ich glaube, daß nur sehr törichte Menschen es sich anschauen, jedenfalls in seiner jetzigen Form. Es ist nicht annähernd so hoch entwickelt wie die Filmtechnik in den Tagen von „The Great Train Robbery" [dt. „Der erste große Eisenbahnraub"].

Baltimore, den 8. Dezember 1947

Die Fahnenkorrekturen und die beiden großen Register für den zweiten Ergänzungsband zu „The American Language" haben mich in letzter Zeit so belastet, daß ich weder Zeit noch Kraft für dieses Tagebuch hatte. Heute morgen wachte ich mit einem Schwächegefühl und seltsamen Regungen in der Herzgegend auf. Ich schaffte es gerade noch, mein morgendliches Diktat hinter mich zu bringen, aber danach war ich völlig erschöpft. Saras Schwestern Ida McCulloch und Philippa McClellan waren zu Besuch in der Stadt; es gelang mir, sie zusammen mit Idas Sohn Wick Stevenson zum Lunch ins Belvedere zu führen. Als ich nach Hause kam, fühlte ich mich so elend, daß ich mich hinlegen mußte. Morgen früh muß ich zur Knopf-Vorstandssitzung nach New York fahren.

1948

Baltimore, den 19. Januar 1948

Heute mittag war ich zum erstenmal seit mehr als zwei Jahren in der glücklichen Lage, nichts auf meinem Schreibtisch vorzufinden – das heißt nichts Dringendes. Mit Ausnahme von ein paar Fahnenabzügen des Verzeichnisses der Wörter und Redewendungen für den zweiten Ergänzungsband zu „The American Language“ bleibt an dem Buch nichts mehr zu tun – und diese Abzüge werde ich in etwa einer Woche durchgesehen haben. Gestern und vorgestern habe ich konzentriert an einem weiteren Artikel für den „New Yorker“ gearbeitet. Auch was das Sortieren meiner Papiere und ähnliche Aufgaben betrifft, komme ich gut voran. So fühle ich mich jetzt frei und gelöst; der psychische Zustand wirkt sich positiv auf mein physisches Wohlergehen aus. Das wird wahrscheinlich nicht sehr lange anhalten. Bald wird mich wieder die Kopfgrippe heimsuchen, die sich meistens Ende des Winters bemerkbar macht. Erste Anzeichen in Form einer Spannung der Drüsen an der linken Halsseite sind schon da. Aber selbst das wird sich ertragen lassen, denn der Winter ist nun zur Hälfte vorbei; August und ich wollen Ende Februar nach Florida reisen. Die Vorfreude auf diesen Urlaub – meinen ersten seit sechs Jahren – muntert mich mächtig auf. Ich hoffe nur, daß es keinen Rückfall gibt, bevor wir aufbrechen. Die Fahrkarten sind gekauft, das Hotel reserviert.

Baltimore, den 25. Januar 1948

Ich habe den heutigen Tag, einen Sonntag, damit verbracht, die Notizen für „Homo Sapiens", ein längst aufgegebenes Buchprojekt, zu zerreißen. Den Großteil des Materials hatte ich 1927 und 1928 gesammelt; es bestand aus eigenen Aufzeichnungen, Exzerpten aus Büchern, Zeitungsausschnitten und kurzen Aufsätzen. Einige dieser Aufsätze beschloß ich zu behalten. Die übrigen werde ich der New York Public Library überlassen. Die Exzerpte stammen noch von Sara; sie hatte sie für mich ausfindig gemacht und abgeschrieben. Es war ein trauriges Geschäft, die Reste eines Buches, in das ich große Hoffnungen gesetzt hatte, zu beerdigen. Aber ich bin zu alt, um mich einer so mühevollen Aufgabe noch zu unterziehen – zu viele andere Projekte liegen noch vor mir.

Baltimore, den 22. Februar 1948

Heute abend brechen August und ich nach Saint Petersburg, Florida, auf, wo wir zwei Wochen verbringen wollen. Es ist mein erster wirklicher Urlaub, seit ich vor dem Krieg nach Deutschland fuhr. Die Plackerei mit dem zweiten Ergänzungsband zu „The American Language" hat mich entkräftet; ich muß mich ausgiebig erholen. Ich werde mir keine Post nachsenden lassen und hoffe, ungestört faulenzen zu können. Kurz vor meinem 68. Geburtstag bin ich nicht mehr zu solchen Schindereien bereit (früher hätten sie mir Spaß gemacht). Nach unserer Rückkehr will ich ein paar Artikel für den „New Yorker" und vielleicht auch für andere Zeitschriften schreiben und die geplante Anthologie aus meinen vergriffenen Büchern zusammenstellen. Mrs. Lohrfinck hat schon 500 000 Wörter getippt. Den Rest dürfte ich in ein paar Monaten zusammengestellt haben. Ich möchte dieses Buch „A Mencken Chrestomathy" nennen, Knopf hat Bedenken gegenüber dem Titel. Ich werde mich aber nicht darauf versteifen; wenn ihm ein besserer einfällt, werde ich mich gern damit einverstanden erklären. Die Artikel für den „New Yorker" sollen irgendwann ein Buch nach Art der „Days"-Bücher ergeben.

Baltimore, den 12. März 1948

August und ich kehrten am letzten Sonntag morgen aus unserem zweiwöchigen Urlaub in Saint Petersburg, Florida, zurück. Es war ein angenehmer Aufenthalt, in jeder Hinsicht ein voller Erfolg. Wir verließen Baltimore in einem Hagelsturm, aber in Saint Petersburg war das Wetter herrlich. Seit unserer Rückkehr ist es kalt, aber wir haben uns gut auf das Temperaturgefälle eingestellt. Die höchste Temperatur in Florida lag bei 31 Grad. Heute morgen waren an meinem Schlafzimmerfenster minus 7 Grad. Das ist ein Sturz von fast 40 Grad, aber ich fühle mich trotzdem wohl.

In den ersten vier Tagen unseres Aufenthalts in Saint Petersburg waren wir ganz allein. Wir verbrachten unsere Zeit damit, in der Stadt spazierenzugehen, an der Golfküste entlang Busfahrten zu den Florida Keys zu machen und herrlich zu faulenzen. Dann entdeckte uns leider ein junger

Reporter vom „St. Petersburg Independent", und wir wurden von Anrufern geplagt. Die Telefonate und Briefe waren ein Ärgernis, aber wir hatten keine körperlichen Beschwerden und erholten uns gut.

Am Ende der ersten Woche tauchte das Baseballteam von Saint Louis zu seinem Frühjahrstraining in Saint Petersburg auf. Das Stadion, das die Spieler benutzten, war nur ein paar Blocks von unserem Hotel entfernt. Wir gingen zweimal am Tag hin und hatten großen Spaß am Zuschauen. Die Leistungen der Männer waren spektakulärer als in einem richtigen Wettkampf.

An unserem letzten Urlaubstag stellte ich fest, daß Grantland Rice[262] ebenfalls in der Stadt war; leider konnten wir uns nicht mehr verabreden.

Wir fanden ein sehr gutes Restaurant in Saint Petersburg und ein anderes in Tampa, das etwa eine dreiviertel Stunde entfernt ist. Ein drittes, etwas unter dem Niveau der beiden genannten, ist in Bradenton, auf der anderen Seite der Tampa Bay. Man braucht zweieinhalb Stunden, um dorthin zu kommen. Wir benutzten eine umgebaute Yacht, die Fahrt machte uns Spaß. Das Wetter war schön, der Wind blies gerade genug, um die Yacht sanft schaukeln zu lassen.

In Saint Petersburg habe ich überhaupt nicht gearbeitet. Außer den Lokalzeitungen und den Revolverblättern habe ich nichts gelesen. Es war eine Wohltat, einmal nicht gegen die üblichen Postberge ankämpfen zu müssen. Als wir am letzten Sonntag morgen zurückgekommen waren, holte ich die für mich eingegangenen Sendungen in der Postfiliale an der Ecke Pratt und Bentalou Street ab. Das war vormittags um zehn; ich brauchte bis abends acht, bis ich alles geöffnet, sortiert und gelesen hatte.

Baltimore, den 21. März 1948

Edgar Kemler, der an einem Buch über mich arbeitet, hat mir die Endfassung einiger Kapitel geschickt. Sie sind nicht schlecht geschrieben, aber voll von kleinen Fehlern. Ich versprach ihm, daß ich Sachkorrekturen vornehmen würde, aber auf jegliche Kritik an seinen Ansichten verzichten wolle. Er ist ein rot angehauchter junger Harvard-Absolvent, weshalb ich ihm mysteriös, wenn nicht sogar ein wenig abschreckend vorkomme. Trotzdem hat er anständige Arbeit geleistet. Leider zieht sich das Projekt schon so lange hin, daß er es allmählich satt hat. Bei der Zusammenstellung des Materials hat er wahre Heldentaten vollbracht. Ich gab ihm die Erlaubnis, meine Zeitungsausschnitte, Bücher, Manuskripte und anderen Dokumente in der Pratt Library zu konsultieren; er hat einen ganzen Sommer damit verbracht, Auszüge anzufertigen. Er hat inzwischen so viel Material, daß er den Überblick verloren hat. Ich fürchte, sein Buch wird fade; ich bin mir nicht sicher, ob er einen Verlag dafür findet.[263] Kemlers Talent für Irrtümer in Detailfragen hat mich erstaunt. Er wäre kein guter Reporter geworden.

Baltimore, den 25. März 1948

Am 23. März fuhr ich nach New York, um an einer Sitzung des Knopf-Vorstands teilzunehmen. Da Knopf mit seinem gebrochenen Bein noch immer zu Hause in Purchase bleiben muß, fuhren die Vorstandsmitglieder dorthin. Ich traf mich mit ihnen in Knopfs Büro in der Madison Avenue, und wir machten uns in zwei Automobilen auf den Weg nach Purchase. Es war ein regnerischer, finsterer Tag, die Fahrt war alles andere als angenehm. Knopfs Haus ist ebenfalls düster; als wir dort ankamen, wirkte es dunkel und unheimlich. Blanche ließ ein Holzfeuer anzünden, danach sah alles schon freundlicher aus. Die Vorstandssitzung dauerte nur eine halbe Stunde. Die anderen Mitglieder, darunter auch Blanche, fuhren anschließend nach New York zurück. Ich blieb, um mit Alfred zu Abend zu essen. Wir dinierten wie gewöhnlich in einer Ecke seines Wohnzimmers, nur zwei Kerzen erhellten den Raum. Ich saß auf einer der rückenlosen Bänke am Eßtisch. Da Alfred noch Krücken benutzen muß, ließ er für sich selbst einen Stuhl heranziehen, aber mir bot er keinen an. Das Dinner war, wie immer, hervorragend; allerdings schmeckte die erste Flasche Wein, der wir zusprachen, nach Kork.

Nach dem Dinner blieben wir sitzen und unterhielten uns noch etwa drei Stunden. Der Sohn der Knopfs, Alfred junior (Pat), der bisher im Elternhaus gewohnt hat, ist im Begriff, nach New York zu ziehen. Er hat von der Pendelei die Nase voll, was ich verstehen kann. Um sein Büro morgens zu einer annehmbaren Zeit zu erreichen, muß er um sieben Uhr in Purchase aufbrechen.

Auf der Vorstandssitzung wurde berichtet, daß die Gewinne in den ersten drei Vierteln des Steuerjahres 1947/48 bei etwa 32 000 Dollar lagen. Das ist nicht viel, wenn man bedenkt, daß der Umsatz weit über eine Million Dollar betrug. Ich glaube, daß Knopf seine Redaktion mit zu vielen Literaturfunktionären befrachtet hat. Alfred sagte, er glaube allmählich, daß ich recht habe. Sie loszuwerden ist ein ernsthaftes Problem. Eine seiner vielen Schwierigkeiten besteht darin, daß er sich mit den kommunistischen Mitgliedern der Office-Workers Guild eingelassen hat. Als sie gegründet wurde, war er einer der ersten Verleger, die sich ihr anschlossen. Damals befürwortete er den New Deal und fand seinen Beitritt zur Gewerkschaft überaus tugendhaft. Er war aber bald desillusioniert – und bisher nicht in der Lage, seinen kolossalen Fehler zu beheben.

Am Morgen nach der Vorstandssitzung in seinem Haus fuhr ich nach New York zurück. Dort ging ich mit Blanche zum Lunch. Gleich danach fuhren wir in das Büro in der Madison Avenue, wo William Cole, Knopfs Presseagent, eine Pressekonferenz einberufen hatte. Ich hatte nur wenige Teilnehmer erwartet, doch es waren mindestens achtzehn oder zwanzig gekommen. Die Sache verlief ziemlich glimpflich, aber ich nehme an, daß die Roten wie immer auf mir herumhacken werden. Die Pressekonferenz sollte natürlich für den zweiten Ergänzungsband Reklame machen. Für die erste Auflage des Buches werden 12 000 Exemplare gedruckt. Wie viele man vor der Veröffentlichung verkaufen kann, weiß ich nicht, aber gestern, nachdem die Hälfte des Landes abgedeckt war, waren es schon 5 000. Ich habe mit Knopf einen neuen Vertrag geschlossen, der die Tantiemenzahlungen auf 2 500 Dollar pro Halbjahr begrenzt. Das Einkommensteuergesetz läßt eine solche Maßnahme mittlerweile zu. Sie wird mich vor so ruinösen unerwarteten Einnahmen retten, wie sie mir nach dem ersten Ergänzungsband zuflossen.

Nathan und ich gingen gestern abend zum Dinner zu Lüchow's und besuchten danach noch No. 21. Dort sahen wir niemanden, den wir kannten, und gaben deshalb dem Stork Club die Ehre, wo wir Billy Curley, einen der Hearst-Manager, und den jungen David Hearst trafen. Sie hatten ihre Frauen dabei, und wir plauderten eine Stunde lang ziemlich angenehm mit ihnen. Noch vor Mitternacht lag ich im Algonquin im Bett.

Baltimore, den 28. April 1948

Heute erfuhr ich von Marianne Dieke, einer Medizinstudentin in Leipzig, daß die Mencken-Porträts in der Juristischen Fakultät der Universität Leipzig während des Krieges der Zerstörung entgangen seien. Auch die Ibsen-Sammlung, die ich der Universitätsbibliothek nach dem Ersten Weltkrieg geschickt hatte, ist erhalten geblieben.

Diese Marianne Dieke ist die Tochter des Künstlers[264], der irgendwann in den zwanziger Jahren Kopien der Mencken-Porträts für mich angefertigt hatte. Er ist inzwischen gestorben. Seine Tochter studiert Medizin in Leipzig. Hin und wieder höre ich sowohl von ihr als auch von ihrer Mutter.

Baltimore, den 30. April 1948

Blanche Knopf kam gestern nach Baltimore, um Dr. Alan C. Woods wegen ihrer Augen zu konsultieren. Ich führte sie abends zum Dinner aus und begleitete sie heute morgen zu Woods' Sprechzimmer in der Johns Hopkins University. Wie er feststellte, ist ihr grauer Star so weit fortgeschritten, daß sie mit dem rechten Auge praktisch nichts mehr und mit dem linken nur noch vierzig Prozent sehen kann. Zum Lesen braucht sie ein riesiges Vergrößerungsglas. Trotzdem weigert sie sich, den grauen Star operieren zu lassen; Woods sagte ihr, daß sie nach Lage der Dinge gefahrlos so weitermachen könne. Der Sehapparat der Augen scheint nicht beeinträchtigt zu sein, nur die Linsen sind getrübt. Nach Woods' Meinung wäre es ratsam, den grauen Star sofort zu beseitigen, wie er es in seinem eigenen Fall getan habe, aber es schade nichts, noch ein wenig zu warten. Sie soll sich in ungefähr einem Jahr – oder wenn sich ihre Sehkraft so sehr verschlechtert, daß sie überhaupt nicht mehr lesen kann – wieder bei ihm melden. Woods, sonst ein barscher und sogar schroffer Mann, ging sehr behutsam mit ihr um. Er beschrieb seine eigenen Erfahrungen in allen Details und ließ die Unannehmlichkeiten der Staroperation und ihre Folgeerscheinungen nicht aus. Blanche verabschiedete sich sehr erleichtert von ihm. Ihr ist der Gedanke, von einer Brille oder auch nur von Kontaktlinsen abhängig zu sein, zuwider. Ich traf mich heute mit ihr zum Lunch und begleitete sie dann zu einer allgemeinen Untersuchung in Benjamin M. Bakers Praxis. Ihre Gesundheit scheint vorzüglich zu sein; gestern abend nahm sie in Maria's Restaurant das herzhafteste Dinner zu sich, das ich sie seit Jahren habe essen sehen. Sie sagte, vom zweiten Ergänzungsband seien bisher 8 451 Exemplare verkauft worden. Vom ersten Ergänzungsband, der nun drei Jahre alt ist, habe man 25 225 Exemplare abgesetzt.

Baltimore, den 1. Mai 1948

Gestern abend gab ich im Maryland Club ein Dinner für den Richter Felix Frankfurter vom Obersten Gerichtshof. Frankfurter ist ein alter Freund von mir, ich lernte ihn 1926 in Boston während der „Hatrack"-Affäre gut kennen. Ich schlug ihm vor, einen Gast mitzubringen, und er entschied sich für Lord Inverchapel, den scheidenden britischen Botschafter, dem ich bereits in Washington begegnet war. Dazu kamen noch Philip Perlman, ein alter „Sun"-Mitarbeiter, heute stellvertretender Justizminister in Washington, George T. Washington, sein wichtigster Mitarbeiter, Richter Robert France vom Oberlandesgericht in Baltimore, Edwin F. A. Morgan, Owen Hitchins von Cumberland, Hamilton Owens und mein Bruder August. Es wurde ein sehr angenehmer Abend – alle Gäste schauten tief ins Glas, aber ohne daß einer richtig betrunken war.

Washington, ein indirekter Nachfahre des großen George, erzählte eine merkwürdige Geschichte. Vor kurzem bekam er den Auftrag, das Justizministerium auf einer internationalen Konferenz in der Schweiz zu vertreten, und er bat das Außenministerium, für ihn in einem Hotel in London zu reservieren, wo er unterwegs haltmachen wollte. Keine Antwort. Als sich sein Schiff England näherte, telegrafierte er der Botschaft den gleichen Wunsch. Keine Antwort. In London wurde er am Bahnhof von zwei Botschaftsangehörigen empfangen und darüber unterrichtet, daß er ein Quartier im Dorchester House, einem vorzüglichen Hotel, habe. Er fragte, weshalb man sein Telegramm nicht beantwortet habe. Nach einigem Zögern gaben ihm die Botschaftsmitarbeiter die Erklärung: Als man seine Nachricht erhielt, wußte niemand so recht, ob er Weißer oder Farbiger war. Also ließ man in zwei Hotels reservieren: im Dorchester House für den Fall, daß er sich als Weißer herausstellte, und in einem anderen, weitaus weniger eleganten Hotel für den Fall, daß er Neger war.

Inverchapel erzählte mir, früher, als er einfach nur Archibald John Kerr Clark war, habe er Lady Elizabeth Bowes-Lyon den Hof gemacht, die 1923 den Herzog von York heiratete und heute Königin Elisabeth von England ist.[265] Sie zeigte ihm die kalte Schulter, deshalb heiratete er 1929 eine Chilenin. Die beiden wurden später geschieden, haben dann aber wieder geheiratet.

Baltimore, den 5. Mai 1948

Die Rechnung des Maryland Club für das in diesem Tagebuch beschriebene Dinner am 1. Mai beläuft sich auf 161,67 Dollar. Das sind mehr als 16 Dollar pro Nase für eine ziemlich bescheidene Mahlzeit mit einer relativ geringen Menge an Getränken. Trotzdem macht der Club Verluste in seinem Restaurant; sie können durch die Gewinne beim Barausschank kaum ausgeglichen werden. Ich werde keine weiteren derartigen Gesellschaften geben, bis die Preise wieder einigermaßen vernünftig sind.

Baltimore, den 25. Mai 1948

Gestern wurde August, der im vorderen Teil des Hauses schläft, um fünf Uhr morgens von der Polizei geweckt, die laut an die Tür klopfte. Ich hörte den Lärm nur mit halbem Ohr, nahm an, daß er früh zur Arbeit aufbrach und schlief gleich wieder ein. Um sieben Uhr wurde es wieder laut, und diesmal rief August mich. Es gab grausige Neuigkeiten. Kurz vor dem ersten Besuch der Polizei war Elsie Burley, die Tochter unserer alten Haushälterin Hester Denby, plötzlich wahnsinnig geworden und hatte ihre Mutter und ihren zehnjährigen Sohn mit einem Messer angegriffen – in ihrem Haus in der 1439 West Franklin Street, nur sechs Blocks von der Hollins Street entfernt. Von Hesters Schreien aufgeschreckt, liefen die Nachbarn herbei und riefen die Polizei. Die Beamten ließen Hester und den Jungen ins Franklin Square Hospital bringen und leiteten eine Fahndung nach Elsie ein, die verschwunden war. Auf der Flucht rief sie noch, wie die Nachbarn berichteten: „Und jetzt geht's dem Chef an den Kragen!" Deshalb war die Polizei das erste Mal gleich zu uns gekommen. Die Beamten teilten August mit, daß sie in ganz

West-Baltimore nach Elsie fahnden und warnten ihn, daß sie womöglich in der Hollins Street auftauchen könnte. Um sieben Uhr erschien sie tatsächlich, barfuß und mit zwei Flaschen in den Händen, auf unserer Vordertreppe. Als August aus dem Fenster guckte, brüllte sie herauf, daß sie in einer Notlage sei und mit mir sprechen müsse. Er rief sofort die Polizei an, die ein paar Minuten später zur Stelle war und Elsie mitnahm. Außerdem übermittelten die Beamten ihm die schreckliche Nachricht, daß die arme Hester unmittelbar nach ihrer Einlieferung im Krankenhaus gestorben sei.

August und ich beschäftigten uns gestern fast den ganzen Tag mit dieser entsetzlichen Geschichte. Elsies älterer Sohn und sein Vater, die beide beim Militär sind, waren schwer erreichbar; es war überaus schwierig, ihren Aufenthaltsort zu ermitteln. Schließlich machte ich den Sohn, Thomas, in Denver, Colorado, ausfindig; aber als ich versuchte, ihn telefonisch zu informieren, gab mir der Kasernensprecher zu verstehen, daß er nur durch das Rote Kreuz in Baltimore nach Hause beordert werden könne (wahrscheinlich, um vorgetäuschte Notfälle auszuschließen). Die Damen vom hiesigen Roten Kreuz waren sehr hilfsbereit, und der junge Mann wurde in den Zug nach Baltimore gesetzt. Aber erst heute morgen haben wir seinen Vater ausfindig machen können – er nimmt an Manövern in Tennessee teil. Der Vater und Elsie waren, wie das Rote Kreuz feststellte, schon lange geschieden, wovon ich nichts wußte. Hester hatte nicht einmal unserem Dienstmädchen Emma Ball, das seit 1935 mit ihr im Haus zusammenarbeitet, etwas davon gesagt. August und ich waren am Nachmittag bei der Anhörung des Polizeigerichts zugegen, und ich durfte auch mit Elsie sprechen. Sie hat ohne Zweifel den Verstand verloren.

Als ich sie fragte, was ihrer Mutter zugestoßen sei, starrte sie mich mit leerem Blick an. Offenbar hat sie nicht die geringste Erinnerung an den Mord. Schließlich entlockte ich ihr immerhin den Satz, daß ihr Exmann in einem Lager bei Norfolk, Virginia, stationiert sei; mit Hilfe dieser Information konnte das Rote Kreuz ihn ausfindig machen. Der Sohn sitzt jetzt in einem Zug von Denver nach Baltimore und müßte morgen hier eintreffen. Wann der Vater auftauchen wird, weiß ich nicht.

Elsie hatte anscheinend schon ein oder zwei Tage, bevor sie ihre Mutter angriff, Zeichen geistiger Verwirrung erkennen lassen. Am 23. März rief sie die Feuerwehr, die ein mysteriöses Feuer im Haus löschen sollte. Zu dem Zeitpunkt hegte niemand den Verdacht, daß es sich um Brandstiftung handeln könnte, aber das scheint sich nun zu bewahrheiten. Einer der Feuerwehrmänner wurde von einem Hund in der Wohnung angefallen; die Feuerwache verlangte, daß der Hund zehn Tage lang isoliert wird, um sicherzugehen, daß er keine Tollwut hat. Ich ging zusammen mit der Polizei in das Haus; der Hund wurde dem Tierschutzverein übergeben, wo er zehn Tage in einem Hundezwinger untergebracht wird; man wird danach der Polizei Bericht erstatten.

Ich hatte Elsie seit dreizehn Jahren nicht mehr gesehen. Kurz nach Saras Tod, als ich ein Dienstmädchen entlassen mußte, kam sie in unsere Wohnung in der Cathedral Street, um ihrer Mutter zu helfen. Damals war sie eine schlanke und hübsche Frau. Heute ist sie ungeheuer dick. Sie rannte barfuß und in schlampiger Kleidung aus dem Haus.

Die Familie ist in einer erbärmlichen Lage. Hester hinterläßt einen Bruder von dreiundsiebzig, der in Wilmington, Delaware, im Sterben liegt, und einen anderen, der völlig verkrüppelt ist. Außerdem gibt es noch zwei Schwestern: Rosie, die in Baltimore, und Isabel, die in Atlantic City wohnt. Heute morgen besuchte ich Rosie. Sie wohnt in einer kleinen Gasse und ist offenbar bettelarm. Ihr verkrüppelter Bruder lebt bei ihr. Sie hat sich des Jungen angenommen, der von seiner Mutter Elsie verletzt wurde. Er ist zehn und ein aufgeweckter, hübscher Bursche. Der Junge hat Schnittwunden über dem linken Auge und am Hinterkopf, aber die Verletzungen sind nicht schlimm.

Was diesen Kollaps bei Elsie verursacht hat, kann ich mir nicht erklären, denn es schien, daß sie sich sehr gut mit ihrer Mutter verstand, die ihr treu ergeben war.

Ich war noch nie in dem Haus in der Franklin Street gewesen. Es ist ein kleines zweistöckiges, gepflegtes, karg möbliertes Haus. Die Küche, die Hester als Wirkungsstätte diente, würde auch einem eleganteren Haus gut anstehen. Ich glaube, sie kochte dort die Marmelade, die sie an die Women's Exchange verkaufte. Sie war eine sehr fleißige Frau; ich hatte in den fünfzehn Jahren, die sie für uns arbeitete, nie etwas an ihr auszusetzen. Ihre alte, vierundneunzigjährige Mutter wohnt, zusammen mit dem todkranken Bruder, in Wilmington.

Am Wochenende vor der Tat war ich verreist. Elsie rief am Samstag morgen an und fragte meinen Bruder, ob ihre Mutter am Samstag und Sonntag nach Wilmington fahren dürfe. August erlaubte es, aber jetzt stellt sich heraus, daß die Reise nie zustande kam. Wahrscheinlich begann Elsie am Samstag die Kontrolle über sich selbst zu verlieren, und die arme alte Frau hatte Angst, sie allein zu lassen.

Baltimore, den 29. Mai 1948

Die arme Hester wurde heute morgen vom Beerdigungsinstitut Holland beigesetzt. Zwei Geistliche nahmen an dem Trauergottesdienst teil, eine junge Sopranistin sang einige wunderschöne Kirchenlieder. Zwei Prediger mußten wir über uns ergehen lassen, und doch dauerte die Zeremonie nicht länger als vierzig Minuten. August und ich nahmen an dem Gottesdienst teil, aber wir begleiteten den Sarg nicht zum Friedhof. Der kleine Enkel, den seine Mutter bei Hesters Ermordung ebenfalls angegriffen hatte, war auch anwesend. Er trug keine Verbände mehr. Seine Tante Rosie schrie ein paarmal auf, aber sonst verlief die Feier sehr dezent. Die kleine Halle des Bestattungsunternehmens war überfüllt. Ich hörte später, daß sich unter den Gästen keine neugierigen Gaffer befanden, sondern daß alle Trauernden wirklich Freunde der Familie waren. Aus den Bemerkungen der Geistlichen ging hervor, daß Hester zwei verschiedenen Kirchen angehört hatte. Das mag unglaublich klingen, ist aber unter Farbigen nichts Ungewöhnliches. Ich hatte gar nicht gewußt, daß sie fromm war.

Baltimore, den 2. Juni 1948

Emma Ball, das Dienstmädchen, arbeitet sich nun in ihren neuen Posten als Haushälterin ein, durchaus mit Erfolg. Ihre Kochkunst ist bereits hoch entwickelt, und Emma scheint entschlossen zu sein, sie noch zu vervollkommnen. Wie ich sehe, beschäftigt sie sich in der Küche intensiv mit einem Kochbuch.

Leider gehört Emma der afroamerikanischen Rasse an und läßt viele psychische Eigenheiten derselben erkennen. Als ich ihr Hesters Hausschlüssel übergab, machte sie verschiedene unglaubwürdige Vorwände dafür geltend, daß sie ihn nicht bei sich tragen könne. Gestern abend gestand sie August und mir, daß es ihr unerträglich sei, den Schlüssel zu berühren. Daraufhin gab August ihr seinen eigenen und nahm den von Hester. Emma sagte, sie habe nach Hesters Tod zwei Nächte lang nicht schlafen können und sei in der dritten Nacht nur deshalb eingeschlafen, weil sie Ammonium, wie sie es nannte, geschluckt habe.

Baltimore, den 16. Juli 1948

Gestern bin ich vom Nationalkonvent der Demokraten in Philadelphia zurückgekommen. Da die Klimaanlage in meinem Zimmer abgeschaltet war, gelang es mir, das Getümmel unbeschadet zu überstehen. Die Abschlußversammlung dauerte bis gestern drei Uhr morgens; ich ging nicht nur unversehrt, sondern sogar in guter Form aus ihr hervor. Danach war ich noch im Ritz, wo sich die Männer aus der Redaktion der „Sunpapers" trafen und miteinander plauderten. Tony Muto, der Wochenschaumann, stieß zu uns. Um sechs war ich endlich im Bett. Ich stand um 14 Uhr auf und war um 18 Uhr wieder zu Hause. Um 23.30 Uhr ging ich ins Bett und schlief bis heute morgen um neun durch. In Philadelphia hatte ich natürlich einiges an Schlaf eingebüßt, dazu waren die Mahlzeiten sehr unregelmäßig. Einmal aß ich zum Lunch um 17, zum Dinner um 22 Uhr.

Die Wohnung war bequem, obwohl das Dienstmädchen, das in Urlaub gewesen war, erst am Samstag auftauchte, nachdem wir bereits zwei Tage dort verbracht hatten. Patterson bestand darauf, Frühstück für mich zu machen, obwohl ich nichts außer einem Stück Obst, einer Scheibe Brot und einer Tasse Kaffee zu mir nahm. Nach dem ersten Tag brachte er mir immer ein Glas Orangensaft, während ich mich noch im Badezimmer rasierte. Einmal bereitete er ein paar Eier für sich selbst zu. Sie schienen genießbar zu sein, aber ich probierte sie lieber nicht.

Der Konvent war ein unglaublich widerliches Schauspiel. Als Truman erschien, um seine Nominierung anzunehmen, wirkte er trotz seiner Grobheit verängstigt. Ich saß nur sieben Meter von ihm entfernt und konnte ihn genau beobachten. Hinter seiner Aufschneiderei war deutlich zu erkennen, wie unsicher er sich fühlte. Der alte Alben Barkley[266], ein Durchschnittspolitiker der deprimierendsten Sorte, nahm die Nominierung für den Vizepräsidentenposten ohne besonderen Enthusiasmus entgegen. Als Truman und er auf der Bühne erschienen, war Truman von seiner Frau und seiner Tochter begleitet – Barkley kam nur mit einer seiner beiden Töchter. Ich fand, daß er traurig aussah. Seine Frau ist im letzten Herbst gestorben; er hat den Verlust offenbar noch nicht verwunden. Die Truman-Frauen und Barkleys Tochter sind durch die Bank unansehnlich; sie blieben auch nicht lange auf der Bühne.

Meine Arbeit auf der Pressetribüne war am letzten Abend besonders anstrengend, aber sie machte mir großen Spaß – ich habe schon immer gern über derartige Großereignisse berichtet. Die Artikel müssen sehr rasch und konzentriert geschrieben werden, aber wenn sie fertig sind, braucht man sich nicht mehr um sie zu kümmern. Im Laufe des Abends schickte ich mindestens vier Leitartikel ab, von denen zwei in die Zeitung kamen. Die beiden anderen gingen anscheinend im allgemeinen Wirrwarr verloren.

An einem Abend fuhr ich mit Patterson zu einem Dinner, das Bob McLean vom „Bulletin“ in seinem Landhaus vierzig Kilometer westlich von Philadelphia gab. Ein prächtiges Haus, eine großartige Party. Ich traf dort zahlreiche Bekannte, viele aus Philadelphia. Mike Bender, das „Sun"-Faktotum, fuhr uns hinaus und brachte mich dann zurück. Ich mußte früher als Patterson in Philadelphia sein, da im großen Saal eine Nachtversammlung stattfand. Als ich aufbrach, erschienen Dorothy Thompson, Anne O'Hare McCormick[267] und Rebecca West[268]; ich bot ihnen an, mit mir zu fahren. Alle drei sind recht voluminös, deshalb setzte ich mich vorn neben Bender, während sie sich auf den Rücksitz quetschten.

Ich habe den Eindruck, daß Paul Patterson etwas zuviel trinkt. Er fängt mittags mit einem Scotch an und hört nicht auf, bevor er ins Bett geht. An manchen Tagen dürfte er mindestens sechs Highballs verdrücken. Er hielt sich gut, doch mehr als einmal gab es Anzeichen von Verwirrung bei ihm. Ich machte ihm wegen seiner Trinkerei Vorwürfe – vergebens. Offenbar fühlt er sich besser, wenn er säuft, und scheint entschlossen, diese Gewohnheit nicht aufzugeben. Ich vermute, daß der Alkohol seine Leber ruinieren und ihn früher oder später dahinraffen wird.

Der Konvent war unvorstellbar schwachsinnig – ich habe nie einen schlimmeren erlebt. Die Südstaatler, die die Rolle der Clowns spielen sollten, erwiesen sich noch als die würdigsten Teilnehmer. Sie traten so ruhig und vernünftig auf, daß das Publikum sie öfter beklatschte als ausbuhte. Ob sie ihren Kurs so unbeirrt halten können, daß sie Truman im Süden einen nennenswerten Schaden zufügen, bleibt abzuwarten.

Baltimore, den 26. Juli 1948

Heute mittag bin ich vom Wallace-Konvent zurückgekommen. Ich fuhr am 22. Juli nach Philadelphia, war aber nicht in der Wohnung untergebracht, die Patterson und ich während der Konvente der Republikaner und Demokraten benutzten, sondern im Hauptquartier der „Sun" im Hotel Ritz-Carlton. Dort teilte ich mein Zimmer mit dem Karikaturisten Yardley und fühlte mich sehr wohl. Eines Nachts weckte er mich durch sein Schnarchen, aber ein paar Hiebe auf seinen Hintern sorgten schnell wieder für Ruhe. Am zweiten Morgen im Ritz hatte ich beim Aufstehen einen kurzen Schwindelanfall, der aber ohne Folgen blieb. Das Wetter wurde gestern kühl.

Ich beteiligte mich aktiv an Henry Wallace'[269] Pressekonferenz am Tag seiner Ankunft in Philadelphia. Normalerweise stelle ich bei solchen Veranstaltungen keine Fragen, aber diesmal verärgerte Wallace mich durch seinen Hinweis auf „Peglers[270] Handlanger". Ich forderte ihn auf, öffentlich zu erklären, daß ich einer von ihnen sei, und er räumte ein, daß davon keine Rede sein könne.

Sein Konvent war eine glorreiche Blamage. Die übelsten Schwachköpfe der Vereinigten Staaten waren zusammengekommen – und wurden von den Kommunisten geschickt und erbarmungslos bloßgestellt. Die Delegation aus Maryland sträubte sich eine Weile, wurde jedoch rasch wieder auf die Parteilinie eingeschworen. Dieselbe Delegation brachte eine Entschließung ein, in der ich als Antisemit und Feind der Neger angeprangert wurde; das kommunistische Präsidium weigerte sich jedoch, sie zu unterstützen.

Ich fühlte mich im Ritz-Carlton sehr wohl, und die Arbeit fiel mir leicht. Zu meiner Freude stellte ich fest, daß ich meine alte Fertigkeit, angesichts immer neuer Themen rasch einen Artikel nach dem anderen zu schreiben, noch nicht verloren habe. Damit nicht genug, ich arbeitete auch mit solcher Leichtigkeit, daß mein letztes Wort stets fünf Minuten nach dem Ende der Veranstaltung zu Papier gebracht war.

Gestern abend, am Sonntag, traf sich fast das ganze „Sun"-Personal in unserer Suite im Ritz zum Dinner. Bruce Earnest versprach, uns Bier zu besorgen, obwohl der Verkauf von Alkohol sonntags in Philadelphia verboten ist. Im letzten Moment mußte er jedoch feststellen, daß der einzige Mann im Hotel, der es hätte liefern können, nicht aufzufinden war, woraufhin wir ihn mächtig auf die Schippe nahmen.

Nach dem Dinner wurde ich sehr müde und legte mich gegen 22 Uhr hin. Ich schlief heute morgen bis neun Uhr durch und fuhr dann allein mit der Baltimore-und-Ohio-Eisenbahn zurück.

Baltimore, den 12. August 1948

Vorgestern fuhr ich nach New York, um mich Grantland Rice und Harold Ross zum Dinner bei Lüchow's anzuschließen. Rice hatte dieses Essen seit langem geplant und Nathan als einzigen zusätzlichen Gast geladen. Es war ein sehr angenehmes Treffen; wir verabschiedeten uns relativ früh voneinander. Um 24 Uhr schlief ich bereits fest.

Gestern begleitete ich Blanche Knopf zum Lunch ins No. 21, und am Abend dinierten Nathan und ich in einem französischen Restaurant in den West Forties. Die Speisen waren kaum genießbar, und der Wein, den man uns servierte, erwies sich als so gräßlich, daß wir ihn zurückschickten. Dieses Restaurant ist eine von Nathans Entdeckungen. Mir kommt es miserabel vor. Nach dem Dinner gingen wir noch in den Stork Club, wo wir Bill Curley von der Hearst-Organisation, Walter Winchell und Abel Green, den Herausgeber von „Variety", trafen. Sie waren alle von ihren Ehefrauen begleitet. Wir führten sehr heitere Gespräche; ich legte mich wieder früh ins Bett.

Blanche Knopfs Sehkraft scheint rapide abzunehmen. Als ich sie vor dem Lunch in ihrem Büro abholte, versuchte sie, einen Brief mit Hilfe eines gewaltigen Vergrößerungsglases zu lesen. Offenbar konnte sie Teile davon nicht entziffern, weshalb sie ihrer Sekretärin den Brief reichte und ihn sich vorlesen ließ.

Alfred stattete ich nur einen kurzen Besuch ab. Nathan hat von Alfreds Sohn gehört, daß er jetzt angefangen hat, Tennis zu spielen. Solche Dummheiten in seinem Alter sind fast unglaublich. Wenn er sich noch einmal das Bein bricht, wird er für den Rest seines Lebens behindert sein. Ich sprach mit ihm über meine geplante Anthologie, und wir einigten uns darauf, daß er, wenn ich das Manuskript so bald wie möglich abliefere, die Veröffentlichung für das nächste Jahr, vermutlich für den Spätsommer, einplant. Eine Publikation im Frühjahr ist nicht zu schaffen, und ohnehin meint er, daß der Herbst besser für ein solches Buch geeignet sei. Ich deutete an, daß ich ihm wahrscheinlich auch Material für ein kleines Werk, bestehend aus alten Notizen, mit dem Titel „Minority Report" übergeben würde. Er kann es entweder vor oder nach der Anthologie herausbringen.

Der Heuschnupfen setzt mir wieder zu. Meine Augen brennen, meine Kehle ist ausgetrocknet, und ich mußte einoder zweimal niesen, öfter jedoch nicht. Ben Bakers neues

Medikament werde ich erst einnehmen, wenn die Symptome eindeutig und störend sind.

Baltimore, den 14. September 1948

Heute habe ich die erste Fassung von „A Mencken Chrestomathy“ fertiggestellt; sie umfaßt 265 000 Wörter. Knopf wird sich beschweren, daß das zuviel sei, und die gegenwärtigen exzessiven Druckkosten werden ihn in seiner Haltung bestärken. Da ich auch finde, daß der Text noch Passagen enthält, die gestrichen werden könnten, werden wir uns sicher leicht einigen. Es ist noch so viel Material übriggeblieben, daß sich damit ein zweiter Band von gleichem Umfang füllen ließe. Wenn die Verkaufszahlen der „Chrestomathy“ ermutigend sind, könnte man also einen zweiten derartigen Band herausbringen. Meine Bücher erscheinen ja oft en bloc: die drei Bände von „The American Language“, die drei „Days“-Bücher und die beiden „Treatises“.

Baltimore, den 20. September 1948

Heute nachmittag fand eine „Sun“-Vorstandssitzung statt, an der Paul Patterson teilnahm. Er schien relativ klaren Verstandes zu sein, aber sein physischer Zustand war erbarmenswert. Die Versuche, seine Wassersucht zu heilen, haben sein Gewicht stark reduziert, er sah geradezu abgezehrt aus. Nach der Sitzung flog er nach New York zu einer Versammlung des Associated-Press-Ausschusses.

Unsere eigene Vorstandssitzung stand im Zeichen der zusätzlichen Unkosten, die sich für das neue Gebäude ergeben. Viele Details sind übersehen worden, und es wird eine Menge Geld kosten, die Dinge wieder zurechtzurücken. Ich bin überzeugt, daß die Gesamtkosten des neuen Gebäudes den letzten Voranschlag um Hunderttausende von Dollar übersteigen werden und daß man selbst dann noch vieles – zum Beispiel eine Klimaanlage – früher oder später, wahrscheinlich früher, nachrüsten muß.

Auch die Fernsehkosten wachsen ständig, während die Nettoeinnahmen der Gesellschaft abnehmen. Sie sind bereits um fast 25 Prozent gefallen. Die Bruttoeinnahmen bleiben achtbar, aber sie werden durch ständig steigende Kosten, besonders für die Techniker, verringert.

Baltimore, den 22. September 1948

Gestern nachmittag fuhr ich zur Sitzung des Knopf-Vorstands nach New York. Der Bericht für das am 31. Juli endende Quartal ergab einen Verlust von ein paar tausend Dollar. Auch im vorhergehenden Quartal hatten wir einen Verlust zu verzeichnen. Die Vorstandssitzung war kurz und friedlich. Blanche ist in Europa, deshalb gab es keinen Anlaß zu einem Streit.

Am Abend fuhr ich nach Purchase, um die Nacht in Alfreds Haus zu verbringen. Er hatte Eugene Meyer und Mrs. Meyer eingeladen.[271] Wir nahmen das Dinner im Dunkeln auf Alfreds lehnenlosen Bänken zu uns. Mrs. Meyer neigt zur Weltverbesserung und macht einen etwas beunruhigenden Eindruck. Sie führt eine Kampagne gegen die, wie sie meint, katholische Verschwörung zur Übernahme der staatlichen Schulen. Ich warf ein, daß das Niveau der Schulen, wenn diese Verschwörung Erfolg hätte, sicher steigen würde; aber wie alle Weltverbesserer hat sie nicht die Spur von Humor. Sie zerrte mich in ein Nebenzimmer, um mir ihre Position zu verdeutlichen. Außerdem lud sie mich zum Dinner nach Washington ein. Ich werde wohl ablehnen.

Der Abend nahm einen unerfreulichen Verlauf, aber ich schlief trotzdem gut. Als ich aufwachte, war die Temperatur draußen auf fünf Grad gefallen. Um 13 Uhr war ich wieder zu Hause.

Baltimore, den 9. Oktober 1948

Vor etwa einer Woche wachte ich eines Nachts mit schlimmer Atemnot auf. Das ist mir unerklärlich, denn ich hatte friedlich geschlafen und mich, bevor ich ins Bett ging, nicht im geringsten angestrengt. Es war etwa zwei Uhr. Nachdem ich fünf oder zehn Minuten lang vergeblich versucht hatte, wieder einzuschlafen, knipste ich das Licht an und griff zu einem Buch. Als ich etwa anderthalb Stunden gelesen hatte, konnte ich wieder normal atmen, machte das Licht aus und schlief gleich ein.

Seit zwei Wochen habe ich ein seltsames Gefühl unterhalb des Brustbeins; es ist wohl nichts Ernstes, trotzdem ärgerlich. Ich nehme einige von Dr. Bakers Magentabletten – sie sollen meinen Pylorospasmus lindern –, aber offenbar kommen diese Beschwerden gar nicht vom Magen, sondern vom Herzen. Sie sind sehr lästig, denn solange sie anhalten, kann ich nicht arbeiten. Ich habe wieder einmal versucht, die Erinnerungen an meine Zeitschriftentage fortzuführen, aber bis jetzt ohne Erfolg.

Der Gedächtnisverlust, der mit dem Alter einhergeht, macht mir mehr und mehr zu schaffen. Oft kann ich mich einfach nicht an einen ganz vertrauten Namen erinnern. Vor ein paar Tagen wollte mir zum Beispiel der von Tom Butler, einem der „Sun"-Vorstandsmitglieder, nicht einfallen, obwohl wir so gute Bekannte sind, daß wir einander mit Vornamen anreden. Vor ein paar Minuten kam ich nicht auf das

Wort „Pylorus“ und mußte es in einer Enzyklopädie unter „Magen“ nachschlagen.

Baltimore, den 17. Oktober 1948

Heute morgen habe ich mit Paul Patterson telefoniert und erfahren, daß er morgen an der „Sun“-Vorstandssitzung teilnehmen will. Er kämpft tapfer gegen seine Krankheit an und scheint guten Mutes zu sein, aber sein Zustand ist sehr beunruhigend. Er leidet an Leberzirrhose, mit geringer Aussicht auf Heilung. Er hat dazu auch einen schweren Aszites sowie eine hartnäckige Anämie und verfällt ganz offensichtlich. Vor einer Woche wurde er zu Bluttransfusionen ins Union Memorial Hospital geschickt. Die beiden ersten verliefen gut, aber die dritte löste eine Erkältung aus, und man schickte ihn nach Hause. Harry Black erzählte mir kürzlich, Dr. Charles W. Maxson, der Betriebsarzt der „Sun“, habe ihm am Tag zuvor mitgeteilt, daß mit einer Genesung Pattersons nicht zu rechnen sei. Maxson präzisierte, daß Paul wahrscheinlich nicht mehr länger als fünf Monate zu leben habe, höchstens sieben. Black nahm mir das Versprechen ab, den anderen Vorstandsmitgliedern nichts davon zu sagen, aber alle ahnen, daß der Fall hoffnungslos ist. Fenhagen und Semmes gaben mir diese Einschätzung schon vor ein paar Tagen.

Pauls Verfall mitzuerleben ist eine quälende Erfahrung. Wir arbeiten seit 36 Jahren zusammen, und obwohl wir oft ganz unterschiedliche Standpunkte vertraten, haben wir immer eine gute persönliche Beziehung gehabt. In seiner besten Zeit war er ein Mann von großer Begabung und außerordentlicher Energie. Aber in den letzten Jahren ist es mit ihm stetig bergab gegangen. Black glaubt, daß Pauls Niedergang schon vor acht Jahren angefangen hat. Ich selbst erinnere mich daran, daß ich diese Entwicklung Anfang 1941 bemerkte, als ich aufhörte, für die „Sun" zu schreiben. Seit drei oder vier Jahren ist er offensichtlich nicht mehr im Vollbesitz seiner Kräfte. Das Hauptsymptom seines Verfalls ist die zunehmende Tendenz, Entscheidungen hinauszuzögern. Fast jedes Vorstandsmitglied hat ihn zu dem einen oder anderen Zeitpunkt gedrängt, etwas im Hinblick auf die Redaktionsseiten zu unternehmen, die inzwischen entsetzlich seicht und banal sind, aber er weigert sich einfach. Ich sprach das Thema vor einem Monat an, aber er lehnte es rundweg ab, darüber zu sprechen. In seinen besseren Tagen war seine Haltung ganz anders. Er mochte sich zwar heftig gegen einen Vorschlag sträuben, aber er hörte doch immer zu.

Black macht sich Sorgen wegen der nun bevorstehenden wichtigen Entscheidungen: zum Beispiel über den Bau der neuen Anlage in der Calvert Street und die bessere Organisation des Fernsehgeschäfts. Ich bin der Meinung, daß wir es uns leisten können, beide Projekte ein halbes Jahr ruhen zu lassen; er stimmt mir zu. Das neue Gebäude muß sorgfältig und fast täglich überwacht werden, aber diese Aufgabe geht nun auf andere über. Einige von ihnen sind durchaus kompetent, aber solange Paul am Leben ist, müssen sie in seinem Schatten agieren und werden zaghaft und unschlüssig vorgehen. Manche allerdings sind meiner Meinung nach ganz unfähig, ein Geschäft von derartigen Dimensionen zu bewältigen ...

Das Fernsehprojekt ist völlig chaotisch und muß neu strukturiert werden. Es kostet die Zeitung weit mehr, als alle gedacht hatten; es gewinnbringend zu betreiben ist wohl

Zukunftsmusik. Ich protestiere seit langem dagegen, daß die Gehälter vieler leitender Angestellten noch immer von der „Sun“ gezahlt werden – zum Beispiel die von Swanson, Paul Menton (dem Sportredakteur), Schmick, Kavanaugh und Patterson selbst. Paul widmete dem Fernsehen, bevor er zum Invaliden wurde, mindestens die Hälfte seiner Zeit; Swanson (der behauptet, sich nun daraus zurückgezogen zu haben) sogar noch mehr. Aber die hohen Gehälter dieser Männer werden komplett der „Sun“, nicht einmal teilweise dem Fernsehen, in Rechnung gestellt. Ich wünsche mir seit langem eine vollständige und akkurate Bilanzierung, aber da Patterson so krank ist, widerstrebt es mir, den Vorschlag zu machen. Black stimmt mir in diesem Punkt zu, genau wie alle anderen Vorstandsmitglieder, die ich konsultiert habe.[272]

Baltimore, den 27. Oktober 1948

Gestern abend hielt ich eine Rede vor den Mitgliedern des Women's Club of Roland Park, ihren Ehemännern und anderen Opfern – ein seltenes Ereignis für mich, denn ich weigere mich seit eh und je, in Baltimore irgendwelche Reden zu halten, und habe dieses Prinzip nur ganz selten durchbrochen. Warum ich diesmal nachgab, weiß ich selbst nicht. Es dürfte daran gelegen haben, daß die Clubvorsitzende, eine Dame namens Cook, mich seit mehr als sechs Monaten erbarmungslos bedrängt hat. Der Vereinssaal war überfüllt, viele Gäste mußten stehen. Es war sehr heiß im Saal, und da ich auf der Bühne unablässig schwitzte, hatte ich keinen Zweifel daran, daß es meinen Zuhörern unten auf ihren Plätzen genauso erging, weshalb ich meine Bemerkungen nach vierzig Minuten beendete. Mein Thema lautete: „Wie

Präsidenten gemacht werden"; ich trug einiges von dem vor, was ich den Anwälten des Rule Club im Elkridge Club schon im letzten Sommer geboten hatte. Es war nicht leicht, das schwitzende Publikum zum Lachen zu bringen; nur selten kam es zu einem Kichern. Alle schienen erleichtert zu sein, als ich fertig war – vor allem ich selber. Hinterher gab es nichts zu trinken außer einer wäßrigen, alkoholfreien Obstbowle. Ausgetrocknet wie ich war, kippte ich vier oder fünf Becher davon hinunter. Die Damen machten mir ein sehr erfreuliches Geschenk: einen Kasten Behring-Zigarren von jener Coronagröße, die ich bevorzuge. Nach dem Auftritt mußte ich noch eine Weile bleiben, um Hände zu schütteln. Ich traf verschiedene alte Freunde, darunter Arthur Hawks und seine Frau Rachel. Sie war so munter wie immer, doch Arthur schien nur noch halb lebendig zu sein. Er war schon immer ein Trottel, aber seit seiner Pensionierung von der Gas Company ist er sogar noch dümmer geworden. Ich fungierte bei seiner und Rachels Trauung vor fast fünfzig Jahren als Trauzeuge. Es war das erste Mal, daß ich diese Rolle spielte.

Mrs. Marie Bauernschmidt[273] erbot sich, mich nach Hause zu fahren, aber ich wandte ein, daß es zu weit sei; wir einigten uns schließlich darauf, daß sie mich an der Ecke Charles Street und North Avenue absetzte. Von da ging ich zur Pennsylvania Station und fuhr mit einem Taxi zur Hollins Street. Ich war schon um 22.30 Uhr wieder zu Hause. August und ich tranken einen Scotch mit Soda, und noch vor Mitternacht lag ich im Bett. So schnell lasse ich mich nicht wieder auf ein derart törichtes Unternehmen ein.

Baltimore, den 5. November 1948

Gestern fuhr ich nach Philadelphia, um am Abend eine Rede vor der American Philosophical Association zu halten. Mein Thema war die Maschinerie, mit der die Präsidenten der Vereinigten Staaten gewählt werden; ich habe den versammelten Wissenschaftlern eine präzise Schilderung der Vorgänge geliefert. Später erfuhr ich, daß ich einige von ihnen schockiert habe, weil ich ihrer Meinung nach zu zynisch gewesen sei. Diese Typen gehörten zu den jüngeren Männern. Alle jungen amerikanischen Professoren haben, von wenigen Ausnahmen abgesehen, unter New-Deal-Einfluß Karriere gemacht; sie scheinen sich dieser Ideologie nicht entziehen zu können.

Der Vortrag fand im alten United States Customs House statt. Das Gebäude – es hat einen großen Festsaal – wird von der American German Society verwaltet. Die American Philosophical Society, uralt und von keinem Geringeren als Benjamin Franklin gegründet, hatte das Gebäude eigens für den Vortrag gebucht. Der Saal war beinahe voll. Das Publikum war in feierlicher Stimmung, es reagierte relativ zurückhaltend, doch ab und zu ging ein Kichern durch den Raum.

Vor der Veranstaltung gab es ein Dinner im Benjamin Franklin Hotel. Ich saß am Haupttisch, neben Dr. Edwin G. Conklin, dem Präsidenten der Vereinigung. Er ist fünfundachtzig, aber noch sehr lebhaft. An seinem Kopf leuchtet eine übel aussehende Narbe; er erzählte mir, er sei von einer Straßenbahn angefahren worden und habe dabei einen dreifachen Beckenbruch erlitten. Das war vor drei Jahren. Trotz seines Alters erholte er sich schnell und ist jetzt fit wie eh und je. Ein sympathischer alter Knabe, ich kannte ihn schon aus Princeton, wo er als Biologieprofessor emeritiert wurde. Er hat eine bemerkenswerte Karriere hinter sich und wird von seinen Fachkollegen sehr geschätzt.

An meiner anderen Seite saß Mrs. Arthur Compton, die Frau eines Nobelpreisträgers von 1927. Sie ist stämmig und erwies sich als eine gesprächige Frau, zugleich unterhaltsam und nichtssagend. Ihr Mann saß mir gegenüber, aber es ergab sich keine Gelegenheit, mit ihm zu reden. Ich behielt ihn während der Mahlzeit im Auge und war zunächst verwirrt, weil er mir sehr vertraut vorkam. Plötzlich fiel mir ein, daß er fast ein Doppelgänger eines Griechen namens Lambros war, der früher eine Drogerie an der Ecke Baltimore Street und Gilmor Street betrieb.

Conklin hatte durch Julian Boyd, den Direktor der Universitätsbiblithek in Princeton, vorschlagen lassen, daß mir die American Philosophical Society ihre Goldmedaille verleihen solle, aber ich lehnte ab. Es ist meine feste Überzeugung, daß ich alle derartigen Dinge vermeiden muß. Jeder zweite amerikanische Schriftsteller meines Alters ist ein drei- oder vierfacher Doktor der Rechte; ich bin solchen Titeln stets aus dem Weg gegangen und halte es mit anderen Ehrungen ebenso. Ich bewog Sinclair Lewis damals, den Pulitzerpreis abzulehnen, und hoffte, ihn auch zum Verzicht auf den Nobelpreis überreden zu können. Leider war seine Frau Dorothy Thompson entschieden dafür, ihn anzunehmen; gegen sie konnte ich nichts ausrichten.

Gestern traf ich rechtzeitig in Philadelphia zum Lunch mit Julian Boyd und seiner Frau ein. Wir gingen hinunter ans Wasser zu Bookbinders', ich aß ein edles Muschelgericht. Nach dem Vortrag kehrte ich zusammen mit Boyd und seiner Frau zu Bookbinders' zurück, diesmal begleitet von den Knopfs, die aus New York gekommen waren, um sich meine

Rede anzuhören, sowie von Marian Godfrey[274] und einem Mann, der der Leiter des Philadelphia Museum und damit ihr Chef zu sein schien. Marian erzählte mir, sie versuche gerade, eine Million Dollar zu sammeln, um eine vor kurzem entdeckte Ruine auf der Halbinsel Yucatán erforschen zu lassen. Es handele sich um einen besonders üppigen Fund, aber die Reise dorthin und die Aufnahme der Schätze seien sehr kostspielig. Ich versicherte ihr, daß ich für sie beten wolle.

Wir saßen bis 23 Uhr bei Bookbinders', dann kehrte ich ins Benjamin Franklin Hotel zurück und schlief fest. Am Morgen frühstückte ich mit Julian und seiner Frau und reiste kurz nach zehn Uhr Richtung Baltimore ab.

Der Vortrag war aus meiner Sicht kein großer Erfolg. Offensichtlich hatten die versammelten Gelehrten etwas Optimistischeres und Beruhigenderes erwartet. Ich sprach hinterher nur mit einigen von ihnen, denn es war fast unmöglich, sich in der vielköpfigen Menge zu bewegen. Meine Rede war grundsolide, ich bin versucht, sie noch einmal vor geneigteren Zuhörern auszuprobieren. Schuster, bleib bei deinen Leisten, sage ich mir – offensichtlich eigne ich mich nicht dafür, Ansprachen vor Gelehrten zu halten.

Baltimore, den 15. November 1948

Paul Patterson erschien heute zur Sitzung des „Sun"-Vorstands, er sah besser aus als seit Monaten. Es scheint sogar eine begründete Hoffnung zu geben, daß er genesen wird. Als er im Sommer von den Konventen zurückkehrte, war er in einem wirklich kritischen Zustand. Dr. Charles Maxson, der „Sun"-Betriebsarzt, vertraute mir gestern an, daß sich Pauls Leber bis zu seiner Blase ausgedehnt habe, daß die

Zahl seiner roten Blutkörperchen alarmierend niedrig sei und er rasch zu verfallen scheine. Aber die Diät und die Behandlung, die ihm sein Arzt, Dr. Ward Allen, angedeihen läßt, scheinen zu wirken. Diese Methode wurde am 23. Oktober 1948 ausführlich im „Journal of the Medical Association“, Seite 543 ff., beschrieben. Maxson sagt, sie funktioniere in ungefähr dreißig Prozent der Fälle. Doch ein kurierter Patient ist natürlich nicht restlos geheilt – seiner Krankheit ist nur Einhalt geboten. Um am Leben zu bleiben, muß Patterson ganz auf Alkohol verzichten. Ihm ist das bis jetzt gelungen, aber ich frage mich, ob er durchhält. Offensichtlich vermißt er seinen Scotch sehr. Trotzdem hat er die Prozedur mit großem Mut auf sich genommen, und seine augenscheinliche Genesung geht vor allem auf seine eigene Entschlußkraft zurück. Sein Geist ist klarer als zuvor, und er sieht nicht mehr ganz so schlimm aus. Maxson, der früher sehr pessimistisch im Hinblick auf Paul war, scheint wieder zu hoffen. Natürlich ist Paul ein kranker Mann, und er wird sich wahrscheinlich nie wieder alle die Lasten aufladen können, die er früher trug, aber vielleicht gelingt es ihm tatsächlich, sein Amt weiterzuführen.

Dies ist die letzte Eintragung in H. L. Menckens Tagebuch. Eine Woche später, am 23. November, trat ein, was er seit langem befürchtet hatte: er wurde von einer schweren Gehirnthrombose getroffen. In physischer Hinsicht erholte er sich relativ gut, aber der Schlaganfall schädigte bestimmte Hirnbereiche irreparabel, so daß er weder lesen noch schreiben konnte. Literarische Arbeit war nun nicht mehr möglich. Mencken lebte noch sieben Jahre, in denen er von seinem Bruder August aufopferungsvoll gepflegt wurde; er starb in der Nacht zum 29. Januar 1956, im Schlaf, in seinem Haus in der Hollins Street.

Anhang

DEUTSCHLAND 1938. EIN REISEBERICHT

(„Thirty-five Years of Newspaper Work", Baltimore/London, The Johns Hopkins University Press, 1994, S. 308–318)

Ich reiste im Juni 1938 nach Deutschland, hauptsächlich, weil ich erschöpft war und Erholung brauchte, aber auch, weil ich es noch einmal sehen wollte, bevor der nächste Krieg begann – besonders jene Teile, die ich auf meinen früheren Reisen nur ganz kurz oder überhaupt nicht gesehen hatte. Patterson war bereits nach Europa aufgebrochen, als ich in See stach, aber da er sich in England aufhielt und zusammen mit Jim Bone eine Reise nach Frankreich plante und da ich in Deutschland blieb, kam ein Treffen zwischen uns nicht zustande. Bevor er abreiste, gab er mir ein Beglaubigungsschreiben als „Sun"-Korrespondent und bat mich, einige Artikel für die „Sun" zu schicken, aber obwohl ich das Schreiben mitnahm, das nützlich sein konnte, falls ich meine Reise über Deutschland hinaus ausdehnte, weigerte ich mich, irgendwelche Artikel zu liefern, denn es war bereits offensichtlich, daß die „Sun" fest auf englischer Seite stand, und alles, was ich schreiben konnte, würde mit einiger Sicherheit ihren Grundsätzen zuwiderlaufen. Auf der „Columbus" begegnete ich der Ehefrau von Walter Paepke, einer Enkelin meines alten Freundes Henry G. Hilken, und nach unserer Ankunft in Bremen verbrachte ich ein paar angenehme Tage bei ihr und ihren deutschen Verwandten; unter ihnen war ein sympathischer Bonner Professor, dessen Namen ich vergessen habe. Dann fuhr ich nach Berlin und schlug mein Hauptquartier im Hotel Bristol auf. Von den amerikanischen Zeitungskorrespondenten hielt ich mich fern (sie waren, wie ich wußte, überwiegend Pfuscher, was sie im Ersten Weltkrieg bewiesen hatten und im Zweiten wiederum beweisen sollten) und suchte nur ein paar deutsche Freunde auf: zum Beispiel Otto J. Merkel, heute Flugzeughersteller, Dr. Georg Kartzke, Professor an der Universität Berlin, und Friedrich Schönemann, ebenfalls dort Professor und früher einer der Berliner „Sun"-Korrespondenten. Ich konnte Schönemann nicht leiden, aber er hatte viele nützliche Informationen zu bieten. Von Merkel erfuhr ich noch weit mehr. Ich kannte ihn seit dem letzten Krieg, und da er mir vertraute, erlegte er sich im Gespräch keine Zurückhaltung auf. Er hatte Zugang zu den höchsten Armeekreisen und teilte mir mit, daß der deutsche Generalstab einen weiteren Weltkrieg für unvermeidlich halte. Das deutsche Heer sei noch nicht ganz bereit, aber es mache rasche Fortschritte, und wenn der Krieg bis 1940 hinausgezögert werden könne, werde es sich dem Kampf zuversichtlich stellen. Merkel sagte, nach Meinung der besten deutschen Experten sei die Maginotlinie im Grunde ein Trugbild, und man werde die Franzosen fast so rasch überwältigen wie 1870. Das überraschte mich natürlich, aber ich hatte Vertrauen in Merkels Kenntnisse und in sein Urteilsvermögen, weshalb ich seine Ansicht akzeptierte. Wie er ausführte, erwarteten alle, daß die Russen früher oder später auf anglo-französischer Seite in den Krieg eintreten würden. Und sie könnten allein wegen der ungeheuren Größe ihrer Luftflotte im ersten Stadium erheblichen Schaden anrichten. „Aber wahrscheinlich werden sie nicht durchhalten", fuhr er fort. „Es mag einige Zeit dauern, sie zu erledigen, aber langfristig werden sie nicht nur geschlagen, sondern vernichtet werden."

Von Berlin aus machte ich – mit dem Zug oder mit dem Auto – Ausflüge nach Ostpreußen, Sachsen und nach Oldenburg. Außerdem fuhr ich nach Potsdam, um die nun verwitwete Mrs. Henry Wood zu besuchen. Sie hatte viele Geschichten über die Brutalität der Polen gegen einige ihrer Freunde zu erzählen. Diese Freunde waren Junker mit Gütern im früheren Posen, das mittlerweile zur polnischen Provinz Poznań geworden war. Man hatte ihnen gestattet, ihre Anwesen zu behalten, aber sie wurden durch übermäßige Besteuerung und strikte Paßvorschriften grausam bedrängt. Nur ein paar Tage zuvor hatte eine von Mrs. Woods Vertrauten, eine Dame aus einer aristokratischen Familie, im polnischen Konsulat in Berlin drei Stunden lang Schlange stehen müssen, während die Beamten überlegten, ob sie ihr ein Visum zum Besuch von Verwandten in Posen erteilen sollten. Sie war krank, und die Prozedur machte ihr sehr zu schaffen. Am Ende teilten die Polen ihr brüsk mit, sie könne das Visum haben, aber nur für drei Tage. Da sie geplant hatte, vier oder fünf Wochen zu bleiben, um wieder gesund zu werden, mußte sie den Besuch aufgeben. Ich selbst ging zum polnischen Konsulat, um mir ein Visum für die Durchquerung des polnischen Korridors nach Ostpreußen zu besorgen, aber es war von einer großen Menge anderer Antragsteller, hauptsächlich Juden, umringt. Man erreichte den Büroeingang durch einen Hof, und dieser war durch ein hohes Eisentor von der Straße abgetrennt. Das Tor war verschlossen, und der wachhabende Pole ließ mich nicht durch, weshalb ich nicht ins Konsulat gelangte. Am folgenden Tag erfuhr ich, daß Passagiere, die ohne Aufenthalt mit dem Zug durch den Korridor fuhren, kein Visum benötigten. Also kaufte ich mir eine Fahrkarte für einen solchen Zug, der am folgenden Sonntagmorgen von Berlin nach Königsberg fuhr.

Ich hatte einen Platz reserviert, aber ich kam nicht einmal bis auf zwei Waggons an ihn heran, denn der Zug war überfüllt. Schlimmer noch, ich fand überhaupt keinen Sitzplatz – nur noch im Speisewagen. Ich dehnte das Mittagessen so lange wie möglich aus und stellte mich dann auf eine der Plattformen, wo ich auf mein Gepäck aufpaßte. Direkt neben der Tür war eine Toilette, und ich hatte das zweifelhafte Vergnügen, die Bemühungen von Frauen zu beobachten, die sich mit keuchenden und heulenden Kindern durch die Menge drängten. Einmal ging eine Frau in die Kabine, verschloß die Tür und setzte sich anscheinend hin, um sich auszuruhen. Nach einer halben Stunde pochten andere ungeduldige Passagiere an die Tür, und beim nächsten Halt rief man den Schaffner vom Bahnsteig herbei, damit er sie herausholte. Er rüttelte am Türgriff und brüllte Befehle und Beschimpfungen, doch die Dame brauchte weitere zehn Minuten. In jenen Tagen summte Deutschland vor emsiger Geschäftigkeit, und alle Züge waren überfüllt. In den Großstädten waren nicht viele Soldaten zu sehen, da sich die meisten Kasernen in kleineren Orten befanden, aber auf den Landstraßen konnte man zahlreiche Uniformierte beobachten, und der Himmel schien voller Flugzeuge zu sein. Einen ganzen Monat hindurch schaute ich in Deutschland tagsüber buchstäblich kein einziges Mal in die Höhe, ohne wenigstens eines zu sehen, und manchmal waren es Dutzende. Mrs. Woods jüngster Sohn Ernst Friedrich erzählte mir in Potsdam, daß sich sehr viele junge Männer seiner Herkunft und Generation als Piloten ausbilden ließen. Die Todesrate unter diesen Anfängern sei hoch, aber es gebe immer genügend Freiwillige.

Jeder Deutsche, dem ich begegnete, hielt einen weiteren Krieg für unvermeidlich. Alle glaubten, daß das polnische Krebsgeschwür früher oder später herausgeschnitten werden müsse und daß die Operation Frankreich und England und wahrscheinlich auch Rußland zum Eingreifen veranlassen werde. Die Polen benahmen sich auf eine anmaßende und unerträgliche Weise. Da sie überzeugt waren, daß die Unterstützung durch England und Frankreich sie unverwundbar mache und daß ihre Armee im Kriegsfall nach ein paar Wochen in Berlin stehen würde, konzentrierten sie sich darauf, ihre deutschen Bürger auszuplündern und zu unterdrücken, und die Zeitungen berichteten täglich von neuen Ausschreitungen. Die Tschechen verhielten sich fast, doch nicht ganz so tyrannisch. Die Deutschen machten für die Taten der Tschechen deren Politiker verantwortlich, besonders die Juden unter ihnen, und ich stieß auf wenig offenkundige Feindschaft gegenüber dem tschechischen Volk. Aber die Polen wurden erbittert und uneingeschränkt gehaßt, und wenn die deutsche Armee jemals auf ihr Territorium vordringen sollte, müßten sie mit einer sehr groben Behandlung rechnen. Gleichzeitig wurde ihre eigene Armee von den Engländern als unbesiegbar hochgejubelt, und die amerikanischen Zeitungen berichteten das gleiche. Kriegsmaterial in großer Menge strömte aus England über den Ostseehafen Gdynia (Gdingen) nach Polen. Was die Tschechen betraf, so waren sie bekanntlich bis an die Zähne bewaffnet, denn sie besaßen die großen Škoda-Rüstungswerke und wurden umfassend von England und Frankreich subventioniert. Bevor ich New York verließ, hatte ich einen Propagandafilm der tschechischen Armee gesehen: sie schien über eine fast unbegrenzte Zahl von Kanonen und Flugzeugen zu verfügen. Deshalb überraschte es mich, als ich von Merkel hörte, daß die Befehlshaber der neuen deutschen Armee weder die tschechischen noch die polnischen Streitkräfte allzusehr fürchteten. Vielmehr rechneten sie damit, das Material beider zum größten Teil erbeuten und es gegen Frankreich einsetzen zu können.

Ich stieg in Marienburg aus dem Zug und machte den Ort für mehrere Tage zu meinem Hauptquartier. Er erwies sich als ein kleines und schläfriges Provinzstädtchen, dessen Handel durch die Schaffung des Polnischen Korridors mehr oder weniger ruiniert worden war. Eines Tages fuhr ich mit dem Bummelzug nach Marienwerder, knapp vierzig Kilometer im Süden, und versuchte, in der alten Kirche der Ordensritter die Gedenktafel für Eilhard Mencken zu finden. Er war dort 1657 als Erz-Presbyter gestorben und hatte durch sein Testament das noch immer existierende Mencken-Familienstipendium begründet. An der Wand waren zahlreiche Tafeln angebracht, aber ich konnte keine finden, die Eilhard erwähnte. Während ich sie in dem düsteren Licht musterte, sprach mich ein Fremder in ausgezeichnetem Englisch an, stellte sich als Küster vor und erbot sich, mir zu helfen. Nachdem ich ihm erklärt hatte, wonach ich suchte, zeigte er es mir sogleich: es war eine reichverzierte Tafel, die man rund fünf Meter über dem Fußboden an einer der Wände befestigt hatte. Sie schien gut erhalten zu sein, obwohl sie seit nahezu drei Jahrhunderten dort hing. Ich sagte dem Fremden, daß ich gern eine Fotografie davon hätte;

daraufhin gab er mir seine Karte und erwiderte, er werde ein Gerüst errichten und ein Foto machen lassen. Er versprach mir, es mit der Rechnung des Fotografen an meine Adresse in Baltimore zu schicken. Doch obwohl ich ihm nach meiner Rückkehr schrieb, meldete er sich nicht, und das Foto erreichte mich nie.

An einem anderen Tag mietete ich ein Automobil in Marienburg und machte einen Abstecher zum Schlachtfeld von Tannenberg, hundert Kilometer südlich, an der polnischen Grenze. Es war ein herrlicher Sommertag und eine wunderbare Fahrt. Mein Chauffeur war ein alter Soldat, aber er hatte nicht an der Schlacht teilgenommen, da er seine gesamte Dienstzeit an der Westfront verbracht hatte. Bei Kriegsende befand er sich mitten in Frankreich – und machte sich zu Fuß zurück nach Ostpreußen auf! Er kam bis nach Hessen, wo er einen Zug fand, der ihn den Rest der Strecke beförderte. Aber obwohl er nicht bei Tannenberg gekämpft hatte, kannte er das Schlachtfeld ganz genau, und es war sehr angenehm – und äußerst lehrreich –, es unter seiner Leitung zu besichtigen. Nach vierundzwanzig Jahren sah die prächtige Hügellandschaft wieder freundlich aus, und die Felder waren voller Männer und Frauen, welche die Heuernte einbrachten; aber unterhalb von Osterode stießen wir auf alte Artilleriestellungen, von hohem Gras überwachsen, und auf andere Spuren der Schlacht. Ich verbrachte eine Stunde unweit von Hindenburgs Feldhauptquartier an dem großen Kriegsdenkmal, das zunächst den in der Schlacht gefallenen Soldaten gewidmet war, doch nun unter Hitler in eine Art Schrein für Hindenburg, der dort beigesetzt ist, verwandelt wurde. Die Stätte ist ungewöhnlich herb, streng – und eindrucksvoll. Das Denkmal hat die Form eines hohen Kolonnadenkreises, aus den örtlichen Ziegeln erbaut und mit der nüchternen Schlichtheit einer ostpreußischen Kirche. Hindenburgs Grabstätte ist eine kleine, etwas nach unten versetzte Kammer gegenüber dem Eingang. Sie bietet kaum genug Platz für seinen Sarg. An beiden Seiten ist ein kleines Buntglasfenster in die Außenwand eingelassen. Diese Fenster zeigen nicht die üblichen Engel und Ritter in ihrer Rüstung, sondern nur Verse aus alten deutschen Soldatenliedern. Rechts beginnen sie mit „Ich hatt' einen Kameraden", links mit „Morgenrot". Eine Reihe frommer Pilger ging durch die Gedenkstätte; sie strömen aus ganz Deutschland an diesen Ort. Vor Hindenburgs Grab – der Sarkophag ist durch das einfache Eisentor zu sehen – stand ein Wachtposten. Ich beobachtete ihn vielleicht zehn Minuten lang. Er regte sich nicht, und in dem etwas trüben Licht war es fast unmöglich, das Blinzeln seiner Augen zu erkennen. Er trug Feldgrau und hatte ein Gewehr mit aufgepflanztem Bajonett an der Seite. Ein solcher Wachtposten steht Tag und Nacht dort.

Ich lud meinen Chauffeur zum Mittagessen ein, und wir nahmen eine schmackhafte Mahlzeit in einem der Restaurants zu uns, welche die deutsche Regierung auf dem Schlachtfeld unterhielt. Es war fast nichts von all dem Firlefanz zu sehen, auf den man bei Gettysburg stößt. Zwar gab es Würstchen, ebenso wie Postkarten, aber sie wurden in Kiosken und anderen Läden verkauft, die hundert bis zweihundert Meter von dem Denkmal entfernt waren und mit dessen Architektur harmonierten. So weit das Auge reichte – und es konnte sehr weit sehen, denn das Denkmal steht auf einer Kuppe in der offenen Landschaft –, war keine Spur von Abfall zu entdecken. Ich trank ein Glas Bier zum

Mittagessen, aber mein Chauffeur bestellte Apfelsaft, der in ganz Deutschland sehr beliebt zu sein schien. Es war das bevorzugte Getränk von Abstinenzlern – Hitlers eigener Verzicht auf scharfe Getränke hatte die totale Abstinenz modisch werden lassen, besonders unter jungen Leuten. Mein Chauffeur war immer noch Reservist und vertraute mir an, daß er großen Spaß an den jährlichen Wehrübungen habe. Sie verschafften ihm Gelegenheit, sich mit alten Kameraden zu treffen und sich zwei Wochen lang in rein männlicher Gesellschaft zu entspannen. Der einzige Nachteil sei, daß die verheirateten Teilnehmer nur eine Mark fünfzig pro Tag als Entschädigung für ihre Frauen erhielten. Wenn dieser Zuschuß verdoppelt würde, wäre jedermann zufrieden. Auf der Rückfahrt nach Marienburg bestand er darauf, einen Umweg von fünfzehn Kilometern zu machen, um mir die Gegend zu zeigen, wo die Manöver im Herbst 1937 abgehalten wurden, besonders den Hang, an dem sein eigenes Regiment gelegen hatte. Aber zuerst statteten wir dem Denkmal einen weiteren Besuch ab und inspizierten die Tafeln, welche die Kolonnade umsäumten; einige dienten der Erinnerung an Heeresgruppen, andere an Divisionen, Regimenter oder an einzelne Befehlshaber. Diese Tafeln waren aufeinander sowie auf die Architektur des Denkmals abgestimmt, und manche boten einen wunderschönen Anblick. Als wir nach Marienburg zurückfuhren, begegneten wir vielen Lastwagen, die Zuckerrüben zu den über Ostpreußen verstreuten Zuckerfabriken brachten. Außerdem sahen wir etliche Fahrzeuge mit Soldaten, denn in vielen Städten entlang der polnischen Grenze gab es Kasernen. Fünfzehn Kilometer von Marienburg entfernt ließen wir das Gebiet mit den offenen Feldern hinter uns und erreichten eine waldreiche Gegend, die fast nur aus Rittergütern bestand. „Gibt es Rehe in diesen Wäldern?“ fragte ich den Chauffeur. „Da stehen zwei“, erwiderte er und zeigte auf zwei Tiere, die uns tatsächlich aus weniger als hundert Meter Entfernung beäugten.

Ich kehrte mit dem Nachtzug nach Berlin zurück und reiste bequem in einem luxuriösen deutschen Schlafwagen – einer Einrichtung, die unsere eigenen Eisenbahnen 1937 gerade erst nachzuahmen begannen. Ein paar Tage später fuhr ich nach Leipzig und mietete dort einen Wagen, um den Geburtsort meines Großvaters Mencken zu besuchen: ein Dörfchen namens Laas, etwa auf halber Strecke zwischen Leipzig und Dresden. Dort hatte mein Urgroßvater 1828 eine Zuchtfarm betrieben. Als mein Auto vor der Dorfschenke hielt, alarmierte das die ganze Ortschaft, und nach ein paar Minuten hatte sich eine kleine Menge versammelt. Sie bestand ausschließlich aus den sehr alten oder sehr jungen Bewohnern, da alle arbeitsfähigen Personen auf den Feldern waren. Wie ich bald erfuhr, waren Landarbeiter äußerst knapp geworden, denn alle Jungen traten mit achtzehn Jahren in die Armee ein, und alle Mädchen strömten, verlockt von den hohen Löhnen, nach Dresden. Mithin mußten die Bauern, die noch übrigblieben, besonders schwer arbeiten, und in dieser Jahreszeit rackerten sie sich von frühmorgens bis spätabends ab. Ich fragte die versammelten Bewohner von Laas, ob man sich in dieser Gegend an die Familie Mencken erinnere, doch niemand kannte auch nur den Namen. Daraufhin schickte man ein kleines Mädchen nach der ältesten Frau des Dorfes, denn sie sei ein wandelndes Geschichtsarchiv. Aber es erwies sich als unmöglich, ihrem nachlassenden Gedächtnis irgendeine nützliche Auskunft zu entlocken. Vier- oder fünfmal erinnerte sie sich an Menschen, die nach Amerika ausgewandert waren, aber wenn ich nachhakte, stellte sich stets heraus, daß sie um 1874 aufgebrochen waren und daß sie Schmidt, Scharnagel, Zimmermann oder Kraus hießen. Ich fragte, ob es irgendwelche Ansichtskarten gebe, und das kleine Mädchen, das die Greisin geholt hatte, sagte, sie kenne eine Frau, die ein paar besitze. Ich gab ihr eine Mark und bat sie, mir ein Dutzend zu bringen. Sie kam tatsächlich mit einem Dutzend zurück, aber alle zeigten dasselbe Bild. Daraus schloß ich, daß Laas zu klein war, um die Aufmerksamkeit der Ansichtskartenproduzenten zu erregen, die damals alle größeren deutschen Orte – und ganz Europa – mit ihren Erzeugnissen überschwemmten. Der sächsische Dialekt dieser Bauern war für mich so gut wie unverständlich, aber mein Chauffeur, ein Leipziger, verstand und sprach ihn, so daß er als Dolmetscher einsprang, wenn ich in Verlegenheit geriet. Auf der Rückfahrt erzählte er mir, daß die Löhne in Leipzig hoch seien, doch daß die Lebenshaltungskosten ebenfalls anstiegen. Deshalb seien die Menschen so arm, wie es in Sachsen immer der Fall gewesen sei. Ihm selbst gehörte die Hälfte des Autos, das er chauffierte, weshalb er ein vermögender Mann war. Als wir vor dem Hotel Atlantic anhielten, fragte er mich zögernd, ob ich wisse, daß es eine jüdische Zentrale sei. Ich verneinte, setzte jedoch hinzu, daß es ein gutes Hotel zu sein scheine. Er stimmte mir zu, erklärte aber, daß deutsche Patrioten es zu boykottieren begännen.

In Leipzig kannte ich eine Reihe von Personen, darunter mehrere Buchhändler und Dr. Otto Glauning, den ehemaligen Direktor der Universitätsbibliothek, aber ich informierte sie nicht über meinen Besuch, denn ich legte Wert darauf, mich nach Möglichkeit allein durchzuschlagen. Als ich nach Berlin zurückgekehrt war und im Restaurant Wien am Kurfürstendamm zum Essen ging, erfuhr ich, daß es am Abend zuvor zu antijüdischen Ausschreitungen gekommen war, aber außer ein oder zwei zertrümmerten Fenstern konnte ich keine Spuren von Gewalt entdecken. Der Pöbel hatte sich damit zufriedengegeben, die Namen der jüdischen Geschäftsinhaber mit Kreide an deren Panzerglasfenster zu schreiben. Laut Gesetz mußte jeder Jude seinen wirklichen Namen nennen, aber diese Vorschrift war umgangen worden. Ich fand es aufschlußreich, daß der wirkliche Eigentümer von Mademoiselle Félicies Hutgeschäft Jakob Goldfarb war und daß die Parfümerie Bon Marché im Obergeschoß den Gebrüdern Margolis gehörte.

Ich dinierte fast jeden Abend im Restaurant Wien, denn die Küche dort war vortrefflich, es gab gutes Bier, und die Musik einer kleinen Gruppe ausgezeichneter Künstler war hervorragend. Jazz durfte nicht gespielt werden. Nach dem Essen nahm ich gewöhnlich ein Taxi zum Schloß am anderen Ende des Berliner Zentrums, wo das Berliner Philharmonische Orchester auf dem Hof – unter freiem Himmel – Konzerte gab. Natürlich waren die Pulte der Musiker beleuchtet, aber der übrige Hof blieb dunkel, mit Ausnahme einer Reihe Fackeln an den vier Seiten. Dadurch entstand ein sehr malerischer und romantischer Effekt. Ein guter Platz kostete eine Mark. An mehreren Abenden versuchte ich, mir Opernkarten zu beschaffen, aber die Vorstellungen waren stets ausverkauft.

Wie gesagt, traf ich mich nur mit wenigen Personen außer Merkel. Seine Position in der Flugzeugindustrie verschaffte ihm Zugang zu den höchsten Armeekreisen, und deshalb verfügte er über interessante und, was wichtiger ist, präzise Informationen. Eines Tages lud er mich zum Mittagessen in den Aeroclub ein und ließ sich eine Stunde lang freimütig befragen. Der einzige andere, mit dem ich mich mehr als einmal traf, war Kartzke. Im Unterschied zu Schönemann, der in die NSDAP eingetreten war, um seine Universitätskarriere zu fördern, blieb Kartzke ein Liberaler, so daß seine Meinung die der übriggebliebenen Opposition widerspiegelte. Hitlers Methoden und Manieren stießen ihn ab, aber wie viele andere Deutsche seiner Gesellschaftsklasse begann er bald einzusehen, daß das Hitlersche System für Deutschland von Nutzen war, weshalb er es nun bis zu einem gewissen Grade begrüßte. Der Defätismus aus der Zeit der Weimarer Verfassung schwand jetzt rasch dahin. Hitler, was immer seine Freveltaten sein mochten, hatte einen Weg gefunden, dem Land Hoffnung und Selbstachtung und, vor allem, Selbstbewußtsein zurückzugeben. Als ich Deutschland im Jahre 1922 besuchte, konnte jeder intelligente Deutsche höchstens der Hoffnung Ausdruck geben, daß England und Frankreich den Versailler Vertrag irgendwann als unerträglich grausam einschätzen und sich freiwillig geneigt zeigen würden, ihn abzumildern. Nichts dergleichen geschah, und so wurde Hoffnung allmählich von Verzweiflung verdrängt. Aber nun war die Hoffnung neu erstanden und wandelte sich rasch in Zuversicht. Hitler hatte bereits Österreich dem Reich einverleibt, und es war offenkundig, daß das Sudetenland jenseits der künstlichen tschechischen Grenze als nächstes an der Reihe sein würde. Diese Korrekturen des Versailler Vertrags wurden nicht mehr als Wohltaten angestrebt, sondern sie wurden gefordert – und sehr bald würde Hitler stark genug sein, um seine Forderungen durchzusetzen. Im September sollte er sogar stark genug sein, Chamberlain nach München zu holen, und am Jahresende würde er mehr als die Hälfte des Weges zum Aufbau einer Armee, deren Stärke alle Vorstellungen der Kaiserzeit überstieg, zurückgelegt haben. Dieser Klimawechsel wirkte sich auf alle Deutschen aus, auf Kartzke ebenso wie auf die übrigen.

Er sagte mir, die Mißhandlung von Juden habe ihn verstört, aber er sei zu dem Schluß gelangt, daß ihre eigene gigantische Dummheit dafür verantwortlich sei. Als Illustration erzählte er mir eine Geschichte. In den Tagen der Weimarer Republik hatte er die Vereinigten Staaten besucht und war, nach Bremen zurückgekehrt, in einem Eisenbahnabteil mit vier oder fünf anderen Reisenden nach Berlin gefahren. Unter ihnen befand sich die Tochter eines bekannten jüdischen Pianisten – Arthur Schnabels, wenn ich mich recht erinnere. Das Gespräch wandte sich dem Antisemitismus zu, und die Dame verstieg sich zu der Meinung, daß er in Deutschland endgültig verschwunden sei. „Wie könnte er je wieder zum Leben erweckt werden?“ fragte sie. „Denken Sie an all die Juden in Schlüsselpositionen.“ Und dann zählte sie eine lange Liste von Namen auf, beginnend mit Mitgliedern des Koalitionskabinetts und endend mit dem Polizeipräsidenten von Berlin. Tatsächlich schienen diese Leute das Land fest im Griff zu haben. Kartzke sagte, die Liste habe ihn sehr erstaunt, denn er selbst habe kein aktives Interesse an der Politik und schenke den Amtsinhabern wenig Aufmerksamkeit. Nun geriet er jedoch ins Grübeln, und je länger er nachdachte, desto stärker wurde seine Überzeugung, daß sich die Juden ihr eigenes Grab grüben. Auf lange Sicht, glaubte er, würden die Deutschen eine solche Hegemonie einer Minderheit nicht dulden, schon gar nicht einer Minderheit, die sich im Ersten Weltkrieg gleichgültig verhalten habe und nun viel zu freundlich mit den Franzosen und Engländern umgehe. Er habe daraus gefolgert, daß die Juden eines nicht allzu fernen Tages auf melodramatische Weise zu Schaden kommen würden, und deshalb sei er nicht überrascht gewesen, als Hitler begonnen habe, einen Dschihad gegen sie zu predigen. An einem Tag heftiger Unruhen hätten sie einen Putschversuch unternommen, obwohl ihre Loyalität überaus fragwürdig sei. Früher oder später, so nahm er an, werde sich der deutsche Michel gegen sie erheben und sie niederwerfen. Nun, da es geschehen war, zeigte Kartzke sich nicht verblüfft, aber er beteuerte weiterhin, er sei gegen die Mißhandlung einzelner Juden, besonders jener, die sich nicht um Macht und öffentliche Ämter bemüht hätten.

Nach meiner Leipzig-Reise machte ich noch kurze Abstecher nach Halle und Wittenberg, wo die Menckens im 18. Jahrhundert Professoren gewesen waren. Auf der Fahrt nach Wittenberg machte ich ein paar Stunden in Braunschweig halt und aß dort zum Mittag das berühmte Hühnergericht und den noch berühmteren Spargel, der gerade in voller Reife war. Ich hätte gern die noch berühmtere Leberwurst hinzugefügt, aber in meiner Magenhöhle war kein Platz mehr. Der Zug fuhr an den Vorhügeln des Harzes vorbei, die Landschaft war unbeschreiblich schön. Nirgendwo auf dieser Welt habe ich freundlichere Felder oder bezaubernde Dörfer gesehen. Danach fuhr ich nach Karlsruhe, um einen Blick auf den Schwarzwald zu werfen, begab mich zurück nach Frankfurt am Main und stieg in einen Rheindampfer nach Koblenz. Das Wetter war überall herrlich gewesen, erst in Koblenz erlebte ich einen Regenguß. Eines Tages machte ich mit dem kleinen Zug, der nach Trier fährt, einen Abstecher ins Moseltal und war erstaunt, dem Bahnhof in Bernkastel gegenüber eine Brauerei vorzufinden. Unglücklicherweise konnte ich die prächtigen Weine der Region nicht trinken, denn der Pyloruskrampf, der mich im Mai hingestreckt hatte, war noch nicht abgeklungen, und ich nahm gewissenhaft die von Dr. Baker verschriebene Belladonna. Immerhin probierte ich eine oder zwei Flaschen Mosel, aber davon bekam ich sofort Sodbrennen. Das Bier bekam mir besser, und im Rheinland widmete ich mich dem vortrefflichen Dortmunder Hellen, einem milden Gebräu, das kaum nach Hopfen schmeckte. Von Koblenz aus fuhr ich weiter nach Köln, wo ich den Zug nach Nordwestdeutschland nahm. Die Zeit wurde knapp, denn ich sollte am 20. Juli in Bremen mit der „Europa" in See stechen.

Aber zuerst mietete ich in Oldenburg ein Auto, um mir das flache Marschland anzuschauen, aus dem das Geschlecht der Menckens hervorgegangen zu sein scheint. Nun sah ich zum ersten- und letztenmal Jever, Aurich und verschiedene andere Städte, in denen längst verstorbene Menckenii gewohnt hatten, und unternahm meine zweite Besichtigung Oldenburgs, eines öden Provinzstädtchens, das dem Touristen jedoch allerlei Überraschungen bietet. Die einzige deutsche Verwandte, der ich je begegnete, Fräulein Anna Mencke, war ein paar Jahre zuvor gestorben. Ich versuchte, ihr Grab auf dem alten Gertrudenfriedhof zu finden, wo andere Menckenii, darunter ihr Bruder, beigesetzt waren, aber vergeblich. Sie war eine sehr energische alte Frau gewesen, hatte zu den großen Damen der Stadt gehört und in allen offiziellen Wohltätigkeitsorganisationen mitgewirkt. Anna war die letzte ihres Familienzweigs, die dort wohnte. Es muß überlebende Menckens oder Menckes in anderen Teilen des Landkreises Oldenburg geben, aber ich bemühte mich nicht, sie zu finden. Dem Landkreis selbst, der niedrig und flach ist, geben die vielen Seen und Wasserläufe eine malerische Erscheinung. Die Bauern konzentrieren sich auf Pferde- und Rinderzucht und scheinen vermögend zu sein, denn sie wohnen in wirklich riesigen Häusern, von denen manche bis zum Giebel fünf oder sechs Stockwerke haben. Die Dächer scheinen auf den ersten Blick aus Stroh zu sein, aber die Strohschicht dient einfach nur als Schutz gegen die Winterkälte, denn darunter befinden sich rote Ziegel. Ich hatte nun sämtliche Orte in Deutschland besucht, in denen meine Vorfahren in den alten Zeiten lebten – die Städte Marienwerder, Potsdam, Leipzig, Halle, Wittenberg und Oldenburg –, und in fast allen Denkmäler gefunden, die an sie erinnerten. Danach begab ich mich mit dem Gefühl auf die Heimreise, daß ein Kapitel abgeschlossen war – daß ich Deutschland wahrscheinlich nie wieder besuchen würde. Ich war bereits achtundfünfzig und mein Gesundheitszustand entsprechend. Überdies stand ein großer europäischer Krieg bevor, und es würde lange dauern, bis man wieder friedliche Reisen unternehmen konnte.

ANMERKUNGEN

1 Joseph Hergesheimer (1880–1954), amerikanischer Schriftsteller, Autor von „The Three Black Pennys", „Java Head" und „Linda Condon" u. a. Hergesheimers Werke waren in den zwanziger Jahren allgemein bekannt und bewundert, sind aber heute fast völlig vergessen. Mencken war sein Leben lang mit Hergesheimer und seiner Frau Dorothy befreundet; beide kommen häufig im Tagebuch vor.

2 Gifford Pinchot (1865–1946) war Hemphills Gegner bei der Gouverneurswahl von Pennsylvania. Er war schon von 1922 bis 1926 Gouverneur, doch da die Gesetze zwei aufeinanderfolgende Amtsperioden nicht zuließen, hatte er den Posten für vier Jahre niederlegen müssen. Nun kehrte er in die Gouverneursvilla zurück.

3 Im Vorwort zu „Heathen Days" bringt Mencken seine Dankbarkeit gegenüber Richard J. Beamish zum Ausdruck: „... derzeit Mitglied der Kommission für öffentliche Versorgungsbetriebe von Pennsylvania, früher Reporter wie ich, aber ein viel besserer." Beamish erscheint in einer amüsanten Episode in Kapitel 17 jenes Buches – „Inquisition" (S. 218–22) – in dem Mencken seine Erfahrungen bei der Berichterstattung über den Scopes-Prozeß von 1925 in Dayton, Tennessee, schilderte. Der Biologielehrer John Scopes hatte im Unterricht die Evolutionstheorie behandelt und damit gegen das Gesetz verstoßen.

4 Albert C. Ritchie (1876–1936), Gouverneur von Maryland von 1920 bis 1935, Kandidat für die demokratische Präsidentschaftsnominierung auf den Parteitagen von 1924 und 1932. Ritchie war einer der wenigen Politiker, die Mencken aufrichtig bewunderte, hauptsächlich wegen seiner eindeutigen Stellungnahme gegen die Prohibition.

5 Joseph F. Guffey (1870–1959), demokratischer Senator von Pennsylvania von 1934 bis 1946 und ein mächtiger Parteiboß.

6 Mrs. Child, die frühere Maude Parker, war die Frau des Diplomaten und Autors Richard Washburn Child (1881–1935), der von 1921 bis 1924 amerikanischer Botschafter in Rom war.

[7] Sinclair Lewis (1885–1951) war der erste Amerikaner, der mit dem Literaturnobelpreis ausgezeichnet wurde. 1926 hatte man ihm den Pulitzerpreis für seinen Roman „Arrowsmith" verliehen, doch er hatte ihn auf Menckens Drängen hin abgelehnt.

[8] Philip Goodman (1885–1940) und Mencken waren viele Jahre lang gute Freunde. Goodman gründete einen Verlag und brachte zwei von Menckens Büchern heraus: „Damn! A Book of Calumny" und „In Defense of Women" (beide 1918). Der Verlag ging jedoch ein, und die Bücher wurden von Knopf übernommen. Die beiden Männer schrieben einander Hunderte von Briefen – teils Albernheiten, teils nostalgische Erinnerungen an ihre Kindheit –, woraus zwei Bücher hervorgingen: ein Anekdotenband von Goodman über Philadelphia mit dem Titel „Franklin Street", Alfred A. Knopf (New York, 1942) und Menckens „Happy Days".

[9] Dorothy Thompson (1894–1961), amerikanische Journalistin und Schriftstellerin. Sie war Lewis' zweite Frau; die beiden heirateten 1928 und wurden 1942 geschieden.

[10] Nathan, George Jean (1882-1958), Theaterkritiker und Mitherausgeber des „American Mercury"; Ralph Barton (1891–1931), Karikaturist bei „Cosmopolitan", „Vanity Fair", „Harper's Bazaar" und anderen Zeitschriften. Er hatte die Schauspielerin Carlotta Monterey geheiratet, die später Eugene O'Neills dritte Frau wurde. Ein halbes Jahr später beging er tatsächlich Selbstmord; siehe den Eintrag für den 5. Dezember 1934 (S. 148 ff.).

[11] Oliver Richard Reid (1898–1961), schwarzamerikanischer Maler. Er hatte mehrere Einzelausstellungen in New York, bevor er Menckens Porträt malte. Der gegenwärtige Verbleib des Bildes – wenn es überhaupt noch existiert – ist unbekannt. Das Porträt von Nikol Schattenstein hängt heute im Mencken Room der Enoch Pratt Free Library in Baltimore.

[12] Clarence Darrow (1857–1938), amerikanischer Prozeßanwalt und Vorkämpfer der Bürgerrechtsbewegung. Er leitete 1925 die Verteidigung im Prozeß gegen Scopes.

[13] Darrow führte seine Diskussion mit Reverend Dr. Peter Ainslie und Rabbi Edward L. Israel aus Baltimore sowie einem katho-

lischen Laien namens Quin O'Brien aus Chicago.

14 Edgar Lee Masters (1868–1950), amerikanischer Dichter und Romanschriftsteller. Mencken und Masters waren viele Jahre lang gute Freunde und wechselten Hunderte von Briefen miteinander. Mencken bewunderte die „Spoon River Anthology" sehr, hielt jedoch weniger von Masters' Prosa; siehe ‚Four Makers of Tales', „Prejudices: Fifth Series", S. 56–63.

15 Dr. Hugh H. Young (1870–1945), international berühmter Urologe und Mitglied des Lehrkörpers der Johns Hopkins Medical School von 1894 bis zu seiner Emeritierung 1942.

16 Millard E. Tydings (1890–1961), US-Senator für Maryland 1927–1951; Dr. Joseph S. Ames (1864–1943), Präsident der Johns Hopkins University 1929–1935; Bernard Baruch (1870–1965), Finanzier und „Präsidentenberater" von Woodrow Wilson bis John F. Kennedy; Herbert Bayard Swope (1882–1945), Journalist und viele Jahre lang Geschäftsführer der „New York World" – Mencken fungierte 1912 bei Swopes Eheschließung als Trauzeuge; Dean Lewis (1874–1941), Professor der Chirurgie an der Johns Hopkins Medical School und Vorsitzender der American Medical Association; Frank R. Kent (1877–1958), Zeitungsmann und politischer Kommentator, Autor von „The Great Game of Politics" (1923); Omer F. Hershey (1867–1959), Anwalt in Baltimore und Mitglied verschiedener gesetzgebender und gerichtlicher Kommissionen des Staates.

17 Robert A. Millikan (1868–1953), amerikanischer Physiker, 1923 Physik-Nobelpreisträger.

18 Lizette Woodworth Reese (1856–1935), Lehrerin, Dichterin und Essayistin in Baltimore. Mencken empfand große Bewunderung für ihr Sonett „Tears"; siehe ‚The Poet and His Art', „Prejudices: Third Series", S. 159–60; „Chrestomathy", S. 454–55.

19 Dr. Joseph C. Bloodgood (1867–1935), Chirurg am Johns Hopkins Hospital und international bekannt für seine Arbeiten auf dem Gebiet der Krebsforschung.

20 Dr. William S. Halsted (1852–1922) war einer der Großen Vier am Johns Hopkins Hospital. Die anderen waren Dr. (später Sir) William Osler (1849–1919), Dr. Howard A. Kelly

(1858–1943) und Dr. William H. Welch (1850–1934). 1890 heiratete Halsted Caroline Hampton aus South Carolina, die, wie Mencken anmerkt, Oberschwester im Hopkins-Operationssaal gewesen war.

21 Max Brödel (1870–1941), bekannter anatomischer Zeichner an der Johns Hopkins School of Medicine und viele Jahre lang Mitglied des Saturday Night Club, der Gruppe von Amateurmusikern (und einigen Berufsmusikern), mit denen Mencken zwischen 1904 und 1948 wöchentlich musizierte. Mrs. Brödel, die frühere Ruth M. Huntington aus Sundusky, Ohio, überstand die hier erwähnte Operation und lebte noch bis 1959.

22 „Cosima Wagner" von Richard Graf DuMoulin Eckart. Die zweibändige englische Übersetzung von Catherine A. Phillips war kurz zuvor bei Knopf erschienen.

23 Der in Berlin von der Deutschen Lichtspielgesellschaft produzierte und von Géza von Bolváry inszenierte Film war mit Walter Janssen, Oskar Karlweis, Willy Forst und Gretl Theimer in den Hauptrollen besetzt. Menckens Urteil unterschied sich nicht nur von dem Nathans, sondern auch von dem Mordaunt Halls in der „New York Times", der von „einer entzückenden Filmoperette mit bezaubernden Melodien und einer großartigen Handlung" spricht.

24 Seit Jahren plante Mencken, ein Buch mit dem Titel „Advice to Young Men" [„Ratgeber für junge Männer"] zu schreiben; in einem Brief vom 29. Juli 1942 an Julian P. Boyd, Bibliothekar in Princeton, erwähnte er, er habe dafür „fünfundzwanzig Pfund Notizen" angesammelt. Aber andere Dinge lenkten ihn immer wieder ab, und er gab das Projekt schließlich auf.

25 Gertrude Mencken (1886–1980), Menckens jüngere Schwester; August Mencken (1889–1967), sein jüngerer Bruder. Einige Zeit nach diesem Eintrag zog Gertrude (nicht aber August) aus dem Haus in der Hollins Street in eine Wohnung in einem anderen Stadtteil. Später erwarb sie eine kleine Farm namens Choice Parcel unweit des Städtchens Frizzellburg in Zentral-Maryland und verbrachte dort die übrigen Jahre ihres langen Lebens. Sie unterhielt auch ein Apartment in Westminster, der Kreisstadt, wo sie sich in den

Wintermonaten aufhielt. In späteren Jahren besuchten Mencken und August sie häufig auf ihrer Farm. Dort verbrachte Mencken einem Bericht zufolge viel Zeit mit dem Beobachten von Vögeln.

26 Frank J. Hogan (1877–1944), Washingtoner Anwalt und Bücherliebhaber; Nicholas Longworth (1869–1931), ehemals Sprecher des Repräsentantenhauses, der zwei Monate nach diesem Eintrag starb; Hiram Bingham (1875–1956), US-Senator für Connecticut, 1925–1933; Byron Patton Harrison (1881–1941), Kongreßabgeordneter und Senator für Mississippi von 1910 bis zu seinem Tod; Charles L. McNary (1874–1944), US-Senator für Oregon von 1917 bis zu seinem Tod; John Q. Tilson (1866–1958), damals Mehrheitsführer des Repräsentantenhauses.

27 Wahrscheinlich meinte er ein Uhr morgens.

28 Howard W. Jackson (1877–1960) war viermal Bürgermeister von Baltimore: zweimal von 1923 bis 1927, und zweimal von 1931 bis 1943.

29 J. Edwin Murphy (1876–1943), Chefredakteur der „Evening Sun“ von 1920 bis 1939; Paul Patterson (1878–1952), Vorsitzender der A. S. Abell Company, die die „Sunpapers“ verlegte, von 1919 bis zu seiner Pensionierung 1951; Hamilton Owens (1888–1967), Herausgeber der „Evening Sun“ von 1922 bis 1938, Herausgeber der „Sun“ (Morgenausgabe) 1938–1943, Hauptherausgeber aller „Sunpapers“ 1943–1956; John W. Owens (1884–1968), Herausgeber der „Sun“ 1927–1938, erster Hauptherausgeber der „Sunpapers“ 1938–1943 (die beiden Owens' waren nur entfernt miteinander verwandt); Harry C. Black (1887–1956), Vorstandsvorsitzender der A. S. Abell Company von 1930 bis zu seinem Tod.

30 Samuel Knopf (1862–1932), der Vater von Alfred A. Knopf, Menckens Verleger und gutem Freund. Er war Geschäftsführer im Unternehmen seines Sohnes und in der gleichen Funktion während der Zeit, in der Mencken die Zeitschrift herausgab, für „The American Mercury“ tätig.

31 Franklin Pierce Adams (1881–1960), besser bekannt als „F. P. A.“, Zeitungskolumnist, Humorist und Rundfunkpersönlichkeit.

32 Rose Wilder Lane (1887–1968), Roman- und Kurzgeschichtenautorin sowie Lektorin.

33 Harry Hansen (1884–1977), Autor, Kritiker, Rezensent für die „Chicago Daily News" und später für die „New York World".

34 Hergesheimers Biographie des amerikanischen Armeekommandeurs Philip Sheridan, „Sheridan: A Military Narrative", erschien später in jenem Jahr. Die allgemeine Meinung war, daß sie seine eigene Reputation nicht erhöhte und für die Literatur über Sheridan von noch geringerem Nutzen war.

35 (George) Herbert Putnam (1861–1955) war Direktor der Library of Congress von 1899 bis 1939.

36 Herman Oelrichs (1891?–1948) gehörte zur New Yorker Society, er hatte Häuser an der Fifth Avenue und in Newport, Rhode Island.

37 Sara Haardt Mencken (1898–1935), die Frau von HLM, war immer kränklich und wurde sowohl vor als auch nach der Hochzeit mehrmals im Krankenhaus behandelt. Am Tag ihres Todes, dem 31. Mai 1935, äußerte Mencken gegenüber Hamilton Owens: „Als ich Sara heiratete, meinten die Ärzte, sie werde höchstens noch drei Jahre leben. In Wirklichkeit lebte sie noch fünf Jahre, so daß mein Glück zwei Jahre länger währte, als ich erwarten durfte."

38 Daniel M. Henry (1882–1953) war Anwalt in Easton an der Ostküste von Maryland – einer Region, für die Mencken selten ein gutes Wort übrig hatte. Gleichwohl waren die beiden Männer viele Jahre lang gute Freunde, und Mencken hielt Henry für „den bedeutendsten Schildkrötenexperten".

39 William Warren Woollcott (1877–1949), Mitglied des Saturday Night Club. Er hatte die Vereinshymne „I am a 100 % American – Goddamn!" verfaßt, und auf seinem Anwesen in Catonsville bei Baltimore machte der Verein seinen berühmten (wenn auch nicht ganz erfolgreichen) Versuch, die ersten acht Beethoven-Symphonien nacheinander zu spielen; siehe „Heathen Days", S. 92–95.

40 Heinrich E. Buchholz (1879–1955), Vorsitzender des Verlags Warwick & York in Baltimore und langjähriges Mitglied des Saturday Night Club. Zwar spielte er kein Instrument, aber er

fungierte als Vereinsbibliothekar und bereitete die Zusammenkünfte vor.

41 Raymond Pearl (1879–1940), Biologieprofessor an der Johns Hopkins School of Medicine und Mitglied des Saturday Night Club.

42 Ray Long (1878–1935), viele Jahre lang Herausgeber verschiedener Hearst-Zeitschriften, darunter „Cosmopolitan" und „Good Housekeeping"; siehe auch den Eintrag für den 19. Oktober 1932 (S. 134 f.).

43 Dr. Louis P. Hamburger (1873–1960), bekannter Arzt in Baltimore, der sich als erster Student an der Johns Hopkins School of Medicine einschrieb, als diese 1893 ihre Tore öffnete.

44 Dr. J. M. T. Finney (1863–1942), Chirurgieprofessor an der Johns Hopkins School of Medicine, Stammvater einer ganzen Dynastie von Baltimorer Ärzten, Autor von „A Surgeon's Life" (1940).

45 Dr. Lewellys F. Barker (1867–1943), Medizinprofessor an der Johns Hopkins University, eine internationale Kapazität für Eugenik und Vererbungslehre.

46 Mrs. Black war die Witwe des ein Jahr zuvor verstorbenen Van-Lear Black, des Vorsitzenden der A. S. Abell Company.

47 Die Briefe und Telegramme, von denen Mencken hier spricht, sind abgedruckt in „Dreiser–Mencken Letters: The Correspondence of Theodore Dreiser & H. L. Mencken", hrsg. von Thomas P. Riggio, University of Pennsylvania Press (Philadelphia 1986), Bd. 2, S. 544–47.

48 Am 14. Januar 1926 schrieb Dreiser Mencken einen Brief, der begann: „Sei gegrüßt. Wie geht es Deiner Mutter?" Am 20. Januar antwortete Mencken aus der Redaktion des „American Mercury" in New York: „Meine arme Mutter starb am Tag, nachdem Du in Baltimore warst. Ich nehme an, Du hast gemerkt, daß ich bei unserer Begegnung ziemlich verstört war. Damals glaubte ich zwar noch, daß sie sich erholen würde, doch am nächsten Tag starb sie friedlich und ohne Schmerzen." In einem Brief vom 2. Februar teilte Dreiser Mencken mit, er habe erst an jenem Morgen vom Tod der Mutter erfahren, und brachte sein „Mitgefühl" zum Ausdruck. Mencken

bedankte sich am 5. Februar; siehe Riggio, „Dreiser–Mencken Letters“, Bd. 2, S. 550–52.

49 Sidney B. Fay (1876–1967) war von 1929 bis 1946 Geschichtsprofessor in Harvard. Sein zweibändiges Werk „Origins of the World War“, auf das Mencken sich hier bezieht, wurde 1928 veröffentlicht, eine überarbeitete Ausgabe erschien 1930.

50 Harlow Shapley (1885–1972), einer der bedeutendsten Astronomen seiner Zeit, leistete wichtige Beiträge zur Erforschung von Galaxien und Sternennebeln.

51 Philip Hale (1854–1934) schrieb viele Jahre lang die Programmerläuterungen für das Boston Symphony Orchestra.

52 Arthur M. Schlesinger (1888–1965), Geschichtsprofessor in Harvard von 1924 bis 1954, Autor zahlreicher Werke über Geschichte und Sozialwissenschaften.

53 Serge Koussevitzky (1874–1951), Dirigent des Boston Symphony Orchestra von 1924 bis 1949.

54 Eine amüsante Schilderung dieses Vorfalls findet sich in Kapitel 17 von „Heathen Days“, ‚The Noble Experiment‘, S. 204–07. Allerdings datiert Mencken die Episode darin auf 1924.

55 Hideyo Noguchi (1876–1928), ein japanischer Wissenschaftler, der bedeutende Beiträge zur Bakteriologie und Immunologie leistete. 1927 führte er in Afrika Forschungen über Gelbfieber durch, zog sich die Krankheit selbst zu und starb in Akkra. Die erwähnte „neue Biographie“ ist „Noguchi“ von Gustav Eckstein, ein Buch, das in jenem Jahr bei Harper & Brothers erschien.

56 Simon Flexner (1863–1946), Mitbegründer und von 1924 bis 1935 Direktor des Rockefeller Institute for Medical Research.

57 James M. Cain (1892–1977), Romancier, dessen bekannteste Bücher „The Postman Always Rings Twice“ [dt. „Wenn der Postmann zweimal klingelt...“] und „Mildred Pierce“ sind. Er begann seine schriftstellerische Laufbahn als Redaktionsmitglied der „Baltimore Sun“.

58 Harold Ross (1892–1951), Gründer und Herausgeber des „New Yorker“.

59 Peter Arno (1904–1968), Karikaturist des „New Yorker“.

60 Ernest Boyd (1887–1946) kam 1913 als Mitglied des britischen Konsulatsdienstes in die Vereinigten Staaten und ließ sich später dort nieder. Er verfaßte zahlreiche Werke über irische und amerikanische Literatur und veröffentlichte eine der ersten Studien über Mencken („H. L. Mencken“, Robert M. McBride, New York 1925).

61 Thomas Beer (1889–1940), Autor von Romanen und Kurzgeschichten; Kritiker.

62 Madeline Boyd (1889–1972), die Frau von Ernest, war unter anderem Thomas Wolfes literarische Agentin und legte Maxwell Perkins bei Scribner's das Manuskript von „Look Homeward, Angel“ [dt. „Schau heimwärts, Engel“] vor.

63 Willard Huntington Wright (1888–1939) arbeitete mit Mencken und Nathan im „Smart Set“ zusammen und war 1913 Herausgeber der Zeitschrift. Später wurde er unter dem Pseudonym S. S. Van Dine als Autor der Philo-Vance-Detektivgeschichten berühmt.

64 Harry Elmer Barnes (1889–1968), Autor zahlreicher historischer und soziologischer Abhandlungen.

65 Willa Cather (1873–1947), Romanschriftstellerin, darunter „The Song of the Lark“ [dt. „Das Lied der Lerche“], „My Antonia, A Lost Lady“ [dt. „Die Frau, die sich verlor“] und „Death Comes for the Archbishop“.

66 Harvey Fergusson (1890–1971), Romancier, Autor von „Wolf Song“, „In Those Days“, „Capitol Hill“; siehe ‚Essay in Pedagogy‘, „Prejudices: Fifth Series“, S. 222-26.

67 Julia Peterkin (1880–1961), Romanschriftstellerin aus South Carolina. Neben den von Mencken erwähnten Büchern schrieb sie „Black April“ und „Bright Skin“. „Scarlet Sister Mary“ wurde 1929 mit dem Pulitzerpreis ausgezeichnet.

68 Ruth Suckow (1892–1960), Romanschriftstellerin aus Iowa. Sie verfaßte unter anderem die Romane „The Bonney Family“, „Cora“ und „The Kramer Girls“ sowie eine Sammlung von Erzählungen, „Iowa Interiors“.

69 Louis Bromfield (1896–1956), Romancier. Unter seinen zahlreichen Büchern sind „The Green Bay Tree“ [dt. „Jedem das Seine“], „Early Autumn“ [dt. „Früher Herbst“] (wofür er 1927 den Pulitzerpreis bekam), „The Strange Case of Annie

Spragg" [dt. „Der Fall Annie Spragg"] und „The Rains Came" [dt. „Der große Regen"].

70 Owen D. Young (1874–1962), Rechtsanwalt und Justitiar, Mitglied zahlreicher Regierungsausschüsse.

71 Howard Bruce (1879–1961), Bankier und Industrieller aus Maryland, der äußerst aktiv in der Demokratischen Partei des Staates mitwirkte. Er kandidierte 1940 erfolglos für den US-Senat.

72 E. Brooke Lee (1893?–1934), einflußreicher Demokratenführer in Maryland.

73 George Creel (1876–1953), Journalist und Schriftsteller. Von 1917 bis 1919 Vorsitzender des Regierungsausschusses für Öffentliche Information.

74 John J. Raskob (1879–1950), New Yorker Finanzier und Geschäftsmann, damals Vorsitzender des Democratic National Committee.

75 Roscoe Pound (1870–1964), Dekan der Harvard Law School von 1916 bis 1936, Verfasser zahlreicher juristischer Werke.

76 „Treatise on Right and Wrong", der Begleitband zu „Treatise on the Gods", wurde erst 1934 abgeschlossen. Mencken war nicht zufrieden mit dem Werk; die Rezensionen waren bestenfalls halbherzig.

77 Johann Burckhardt Mencke (1674–1732) war ein Vorfahr von HLM und Geschichtsprofessor an der Universität Leipzig. [Die Namensform „Mencke" tritt vor allem im sächsischen Zweig der Familie auf.] Am 9. Februar 1713 und am 14. Februar 1715 hielt er (auf lateinisch) zwei Vorlesungen, die mit ihrem vernichtenden Angriff auf Betrüger und Quacksalber aller Disziplinen Menckens eigene Arbeit auf erstaunliche Weise vorwegnahmen. Die beiden Vorlesungen wurden später in Buchform veröffentlicht und in viele europäische Sprachen übersetzt. Mencken hatte 1927 eine englische Version durch Dr. Francis E. Litz von der Catholic University of America herstellen lassen, fand jedoch erst zehn Jahre später Zeit, sie zu publizieren. Das Buch erschien 1937 bei Knopf als „The Charlatanry of the Learned".

78 Die vierte Auflage von „The American Language" wurde 1936 (in einem Band) veröffentlicht.

79 Eine Neuauflage von „In Defense of Women" kam nicht zustande.

80 „Homo Sapiens" war ebenfalls ein Werk, das Mencken viele Jahre lang plante, ohne es jemals zu Papier zu bringen; siehe den Eintrag für den 25. Januar 1948 (S. 438).

81 James Cannon (1864–1944) war Bischof der Methodist Episcopal Church und die treibende Kraft hinter der Anti-Saloon League of America, die sich erfolgreich für die Prohibition einsetzte. Menckens und Cannons Einstellungen waren einander also diametral entgegengesetzt, aber Mencken empfand gleichwohl aufrichtige Zuneigung und Respekt gegenüber dem Bischof.

82 Der Montagsartikel für den 12. Oktober trug den Titel „The Bishop Loquitur" [„Der Bischof spricht"].

83 Der Wickersham-Ausschuß, benannt nach seinem Vorsitzenden George W. Wickersham (1858–1936), wurde 1929 von Präsident Hoover mit der Zielsetzung berufen, „das gesamte Bundessystem der Rechtsprechung und der Vollziehung von Gesetzen" zu untersuchen, aber in Wirklichkeit bestand seine Hauptaufgabe darin, „Methoden zur Ausführung des Achtzehnten Verfassungszusatzes" festzulegen. Die Befunde und Empfehlungen des Ausschusses erschienen 1931 in vierzehn separaten und umfangreichen Berichten, wobei jenem über die Prohibition natürlich die größte Aufmerksamkeit zuteil wurde. Leider war der Bericht wenig überzeugend, denn der Ausschuß räumte ein, daß die Prohibitionsgesetze nicht durchgesetzt werden könnten; er rief aber trotzdem zu ihrer Beibehaltung auf. Das Papier wurde von Gegnern wie Befürwortern der Prohibition angegriffen und vom Präsidenten kritisiert.

84 John M. Woolsey (1877–1945), von 1929 bis 1943 Richter am US-Bezirksgericht von New York Süd. Er verkündete 1933 das berühmte Urteil, das die Einfuhr von James Joyce' „Ulysses" in die USA gestattete.

85 Blanche Wolf Knopf (1894–1966) war die Frau von Menckens Verleger Alfred Knopf. Sie beteiligte sich sehr aktiv an der Leitung des Unternehmens und war, wie ihr Mann, eng mit Mencken befreundet.

86 Fannie Hurst (1889–1968), Romanschriftstellerin, Dramatikerin, Rundfunk- und Fernsehpersönlichkeit.

87 Fania Marinoff (1887–1971), Schauspielerin. Frau des Schriftstellers und Fotografen Carl Van Vechten.

88 James N. Rosenberg (1874–1970), Anwalt und Maler.

89 Dashiell Hammett (1894–1961), in Maryland geborener Autor von populären Detektivromanen wie „The Maltese Falcon" [dt. „Der Malteser Falke"] und „The Thin Man" [dt. „Der dünne Mann"].

90 Edward Wasserman (gest. 1960), war ein vermögender Freund von Blanche Knopf (später änderte er seinen Namen in Waterman). Verbrachte die letzten Jahre seines Lebens in Paris.

91 Ellery Sedgwick (1872–1960), Herausgeber des „Atlantic Monthly" von 1908 bis 1938.

92 Moorfield Storey (1845–1929), amerikanischer Anwalt und Publizist, der die politische Korruption bekämpfte.

93 Felix Frankfurter (1882–1965) lehrte von 1914 bis 1939 an der Harvard Law School und wurde dann von Präsident Franklin D. Roosevelt an den Obersten Gerichtshof berufen. Dort amtierte er bis zu seiner Pensionierung im Jahre 1962.

94 Der Sacco-Vanzetti-Fall war fast die gesamten zwanziger Jahre hindurch eine Cause célèbre. Zwei italienische „Anarchisten", Nicola Sacco und Bartolomeo Vanzetti, wurden am 5. Mai 1920 verhaftet und des Mordes an einem Zahlmeister und einem Wächter sowie des Diebstahls von 15 000 Dollar aus einer Schuhfabrik in South Braintree, Massachusetts, angeklagt. Der Prozeß fand vom 31. Mai bis zum 14. Juli 1921 statt und endete mit der Verurteilung der Angeklagten zum Tode. Der Fall erregte weltweites Aufsehen. Die beiden Männer wurden am 23. August 1927, mehr als sieben Jahre nach ihrer Verhaftung, hingerichtet.

95 Frankfurters Artikel, „The Case of Sacco and Vanzetti", wurde im „Atlantic Monthly" vom März 1927 auf 24 Seiten abgedruckt. Obwohl Frankfurter sich hinsichtlich der Schuld oder Unschuld der Angeklagten nicht festlegte, verurteilte er das Verhalten des Richters und forderte eine Neuverhandlung.

96 Alvan T. Fuller, Gouverneur von Massachusetts, setzte einen aus drei Männern bestehenden Ausschuß ein, der den Fall untersuchen und Empfehlungen aussprechen sollte. Die Mitglieder waren Samuel W. Stratton, Präsident des Massachusetts Institute of Technology, Robert Grant, ein Bostoner Jurist und Schriftsteller, sowie Abbott Lawrence Lowell, Präsident der Harvard University. Der Ausschuß bestätigte den ursprünglichen Spruch der Geschworenen.

97 George Horace Lorimer (1867–1937) wurde 1899 Herausgeber der „Saturday Evening Post" und war bis zu seinem Tode in der einen oder anderen Funktion für die Curtis Publishing Company tätig.

98 Ruth Goodman Goetz, Philip Goodmans Tochter, und ihr Mann Augustus Goetz (1900–1957) schrieben gemeinsam etliche Dramen; das bekannteste ist „The Heiress" [dt. „Die Erbin"], eine Bühnen- und (spätere) Filmversion von Henry James' Roman „Washington Square" [dt. „Die Erbin vom Washington Square"].

99 Nelson Doubleday (1889–1949), amerikanischer Verleger. Harry E. Maule (1886–1971), damals Herausgeber bei Doubleday, Doran & Co. und später bei Random House. Robert F. DeGraff (1895–1981), einer der Direktoren von Doubleday, Doran & Co. Später trug er als Präsident von Pocket Books, Inc. maßgeblich dazu bei, das Taschenbuch in Amerika einzuführen. Reginald Townsend (1890–1977) war von 1920 bis 1935 Herausgeber von „Country Life".

100 William C. Lengel (gest. 1965) arbeitete von 1920 bis 1933 in verschiedenen Funktionen im Hearst-Zeitschriften-Imperium. Außerdem verfaßte er, meist unter Pseudonymen, eine Reihe von Romanen, Dramen und Kurzgeschichten.

101 Ellen Glasgow (1874–1945), produktive Autorin von Südstaatenromanen wie „Barren Ground", „The Romantic Comedians", „They Stooped to Folly", „Vein of Iron" [dt. „Die eiserne Ader"].

102 Jim Tully (1891–1947), Autor von „Beggars of Life", „Circus Parade", „Shanty Irish", „Laughter in Hell". Mencken und er waren gute Freunde und führten eine umfangreiche Korrespondenz. Als sich Sara Haardt, Menckens künftige Frau,

1927 nach Hollywood begab, um Filmdrehbücher zu schreiben, bat er Tully, sich um sie zu kümmern.

103 Constance Talmadge (1900–1973), Stummfilm-Schauspielerin, gab ihre Karriere 1929 in den Anfängen des Tonfilms auf.

104 Dr. Henry E. Sigerist (1891–1957) folgte Dr. William H. Welch 1932 als Direktor des Instituts für Geschichte der Medizin.

105 Siehe Menckens Artikel ‚Moral Tale', „Chrestomathy", S. 372–374.

106 Carl Ludwig (1816–1895), deutscher Naturwissenschaftler, der die moderne Physiologie begründete.

107 Rudolf Virchow (1821–1902), deutscher Naturwissenschaftler und Politiker, der durch seine Beiträge zu Pathologie, Sozialmedizin und Gesundheitswesen internationales Ansehen erwarb.

108 Julius Friedrich Cohnheim (1839–1884), deutscher Pathologe, der besonders mit seinen Arbeiten über Entzündungen und Eiterbildung bekannt wurde.

109 J. Fred Essary (1881–1942) leitete viele Jahre lang das Washingtoner Büro der „Sun".

110 Sydney Nyburg (1880–1957), Anwalt und Bibliophile in Baltimore. Er schrieb als Hobby Romane und Erzählungen.

111 Charles Angoff (1902–1979) wurde 1925 Menckens Assistent beim „American Mercury" und arbeitete für ihn, bis Mencken selbst Ende 1933 zurücktrat. 1934 und 1935 fungierte er eine Zeitlang als Herausgeber der Zeitschrift. Angoffs Buch „H. L. Mencken: A Portrait from Memory", Thomas Yoseloff (New York 1956), ist ein bitterer und gehässiger Angriff auf seinen früheren Chef. Schrieb auch mehrere Romane und literarhistorische Bücher.

112 Mencken gab seinen Posten beim „American Mercury" Ende 1933 auf und wurde von Henry Hazlitt (geb. 1894) abgelöst. Dieses Arrangement erwies sich jedoch als unbefriedigend, und nach nur vier Monaten erwirkte Knopf Hazlitts Rücktritt. Siehe M. K. Singleton, „H. L. Mencken and the American Mercury Adventure", Duke University Press (Durham, N. C, 1962), S. 238–41.

113 Diese Bemerkung ausgerechnet von Mencken enthält eine gewisse Ironie, denn er selbst machte den „Mercury" –

gegen die Wünsche sowohl Knopfs als auch Nathans – von der ersten Ausgabe an zu einem Sprachrohr für politische und gesellschaftliche Kommentare, wobei die Literatur und die anderen Künste in den Hintergrund rückten.

114 George Boas (1891–1980), Professor für Philosophie an der Johns Hopkins University. Seine Frau, eine geborene Brangier, stammt aus Frankreich und erwarb sich in den Vereinigten Staaten einen beachtlichen Ruf als Bildhauerin.

115 Edmund Duffy (1899–1962), Karikaturist bei den „Sunpapers". Er wurde 1931, 1934 und 1940 für seine Arbeit mit dem Pulitzerpreis ausgezeichnet. Seine Frau Anne war eine Freundin von Sara Mencken.

116 Burton Rascoe (1892–1957), Schriftsteller, Herausgeber und Kritiker. Zunächst ein enthusiastischer Bewunderer Menckens; seine Rezension von „A Book of Prefaces" wurde von Knopf zu PR-Zwecken als Broschüre mit dem Titel „Fanfare" (1920) nachgedruckt. Später, als er die „Smart Set Anthology" herausgab, bat er Mencken um Erlaubnis, einige seiner Zeitschriftenbeiträge in die Sammlung aufnehmen zu dürfen, und als Mencken ablehnte, griff er ihn im Vorwort des Buches an. Unter anderem behauptete er: „Mencken brach mit Dreiser, weil dieser sich nicht an einem Fonds zur Verteidigung des ‚American Mercury' beteiligen wollte." Dreiser schrieb sowohl an Mencken als auch an Knopf und wies die Behauptung empört zurück. In einem Brief vom 21. November 1934 antwortete Mencken: „Mein lieber Dreiser, es versteht sich von selbst, daß ich Sie keinen Moment lang einer derartigen Äußerung verdächtigt habe." Diese Worte markierten die Neuaufnahme der Beziehung zwischen den beiden Männern nach einer Unterbrechung von neun Jahren; siehe Eintrag vom 18.4.1931 (S. 96).

117 Der damalige Herausgeber des „Esquire" war Arnold Gingrich (1903–1976).

118 Menckens Brief vom 8. Dezember 1934 mit seinen Bemerkungen zu Dreisers Manuskript findet sich in Riggio, „Dreiser–Mencken Letters", S. 568–69.

119 Donald R. Richberg (1881–1960) war ein prominentes Mitglied des New-Deal-Kreises um Franklin Delano Roosevelt

und wurde in der Presse häufig als „stellvertretender Präsident“ bezeichnet.

120 Harry Hopkins (1890–1946) war ebenfalls einer der Drahtzieher des New Deal und wurde im Zweiten Weltkrieg praktisch zum Alter ego des Präsidenten, denn er führte die Direktverhandlungen mit Churchill, Stalin und de Gaulle.

121 Dieser Eintrag bricht abrupt ab und verschweigt den größten Teil der Geschichte. Er hört an einem Seitenende auf, und man fragt sich, ob Mencken an dieser Stelle unterbrochen wurde und nicht wieder zu dem Eintrag zurückkehrte oder ob ein paar Seiten verlorengingen. (Da seine Sekretärin, Mrs. Rosalind Lohrfinck, den Text getippt hat, ist die These, er könne unterbrochen worden sein, allerdings kaum haltbar.) Folgendes geschah: Mencken hielt als Hauptredner des Abends einen kritischen, doch in erster Linie humorvollen und gutmütigen Vortrag über Roosevelts New Deal. Wenig später war der Präsident an der Reihe, und nach ein paar einführenden Floskeln und einer Danksagung an „meinen alten Freund Henry Mencken“ begann er eine so verletzende Schmährede auf den Journalismus und die Zeitungsleute, daß es seinen Zuhörern kalt den Rücken herunterlief. Bald stellte sich jedoch heraus, daß er einen langen Auszug aus dem Artikel „Journalism in America“ zitierte, den Mencken 1924 in der Oktoberausgabe des „American Mercury“ publiziert und später in „Prejudices: Sixth Series“ (S. 9–37) aufgenommen hatte. Alle Augen im Saal richteten sich auf Mencken, der sich öffentlich gedemütigt fühlte und schwor, daß er mit dem Präsidenten „abrechnen“ werde. Von all dem steht nichts in dem Eintrag. (Siehe jedoch den unmittelbar folgenden vom 11. Dezember.)

122 Hamlin Garland (1860–1940), Schriftsteller und Sozialkritiker, dessen Erzählungen um das bäuerliche Leben im Mittelwesten kreisen. Sein bekanntestes Werk ist wahrscheinlich das autobiographische „A Son of the Middle Border“ (1917). 1921 erhielt er den Pulitzerpreis für „A Daughter of the Middle Border“. In einer Anmerkung zur „Chrestomathy“ (S. 498) schrieb Mencken: „[S]eine tatsächliche Begabung war sehr

begrenzt, und als Mensch benahm er sich schäbig und verschlagen."

123 Anthony Comstock (1844–1915) war Sekretär der Gesellschaft für die Unterdrückung des Lasters und führte einen unablässigen Krieg gegen alle Bücher, die seinem Urteil zufolge obszön waren oder einer naiven Jungfrau die Röte in die Wangen treiben konnten.

124 Louis Untermeyer (1885–1977), Dichter und Anthologist. Seine bekannteste Sammlung, „Modern American and British Poetry", erschien im Laufe der Jahre in zahlreichen Auflagen.

125 Alexander Woollcott (1887–1943), Schriftsteller, Kritiker, Schauspieler und Humorist. Er war der Bruder von Menckens Freund und Kollegen im Saturday Night Club, William Warren Woollcott.

126 Harrison Hale Schaff (1869–1960) gehörte seit langem dem Bostoner Verlag John W. Luce & Company an, der die beiden ersten Prosabände Menckens herausbrachte: „George Bernard Shaw: His Plays" (1905) und „The Philosophy of Friedrich Nietzsche" (1908).

127 Alice Roosevelt Longworth (1884–1980), die Tochter von Präsident Theodore Roosevelt, spielte während des größten Teils ihres langen Lebens eine prominente Rolle auf der Washingtoner politischen und gesellschaftlichen Bühne.

128 Pater Charles E. Coughlin (1891–1979), Pastor des Shrine of the Little Flower in Royal Oak, Michigan, wurde in den dreißiger Jahren zu einer landesweit bekannten Gestalt durch seine wöchentlichen, Sonntag abends ausgestrahlten Rundfunksendungen, in denen er amerikanische Finanzkreise angriff und zu sozialer Gerechtigkeit aufrief. 1936 war er Mitbegründer einer neuen politischen Partei, der Union Party, aber diese erlitt bei den Präsidentschaftswahlen im gleichen Jahr eine vernichtende Niederlage. Während des Zweiten Weltkriegs hatten sein aggressiver Antisemitismus und seine Sympathie für die Nazis zur Folge, daß seine Zeitschrift „Social Justice" vom Postversand ausgeschlossen wurde. Daraufhin befahl ihm der Kardinal-Erzbischof von Detroit, seine Rundfunksendungen einzustellen; Coughlin gehorchte und geriet bald in Vergessenheit.

129 Charles Fulton Oursler (1893–1952) stammte wie Mencken aus Baltimore und begann seine Karriere als Reporter beim „Baltimore American". Er war von 1922 bis1942 leitender Herausgeber der Macfadden-Zeitschriftengruppe. 1943 konvertierte er zum Katholizismus, und aufgrund jener Erfahrung schrieb er „The Greatest Story Ever Told" (1949) [dt. „Die Geschichte vom Leben Jesu"], eine außerordentlich populäre Biographie Christi, die zum Bestseller wurde.

130 Marjorie Hope Nicolson (1894–1981) hatte von 1923 bis 1926 am Goucher College gelehrt und eine enge Freundschaft mit Sara Haardt geschlossen, die etwa zur gleichen Zeit dort studierte. Sie lehrte von 1926 bis 1941 am Smith College.

131 William Allan Neilson (1869–1946), Präsident des Smith College von 1917 bis 1939, war auch Verfasser und Herausgeber von vielen literarischen und literaturkritischen Werken.

132 Der Hinweis bezieht sich auf die Verhandlung gegen Bruno Richard Hauptmann, der angeklagt war, den achtzehn Monate alten Sohn von Charles und Anne Lindbergh 1932 entführt und ermordet zu haben. Hauptmann wurde für schuldig befunden und am 3. April 1936 hingerichtet.

133 Sara White, Dreisers erste Frau, war damals noch am Leben; sie starb 1942. Am 13. Juni 1944 heiratete er Helen Richardson, mit der er mehr als zwölf Jahre zusammengelebt hatte. Sie überlebte ihn und starb am 22. September 1955.

134 „The Financier" [dt. „Der Finanzier"], der erste Band von Dreisers „Trilogie der Begierde", erschien 1912, der zweite, „The Titan" [dt. „Der Titan"] 1914; der dritte und letzte Band, „The Stoic" [dt. „Der Stoiker"] wurde erst postum, im Jahre 1947, veröffentlicht.

135 Will H. Hays (1879–1954), Anwalt und republikanischer Parteifunktionär, war der erste „Zar" der Filmindustrie. Als Zensor hatte er großen Einfluß.

136 Paul Palmer kaufte Knopf den „American Mercury" 1935 ab, und es gelang ihm bis zu einem gewissen Grade, den Absatzrückgang zu bremsen. 1939 verkaufte er die Zeitschrift jedoch und übernahm einen Posten beim „Reader's Digest". Siehe Singleton, „H. L. Mencken and the American Mercury Adventure", S. 239–40.

[137] Albert Jay Nock (1870–1945), Herausgeber und Schriftsteller, der hauptsächlich wegen seiner Autobiographie „Memoirs of a Superfluous Man“ (1943) in Erinnerung geblieben ist.

[138] Im Vorwort zu „A New Dictionary of Quotations“, das erst 1942 erschien, schrieb Mencken: „Im März 1933 bat ich Charles Angoff, meinen damaligen Assistenten beim ‚American Mercury‘, sich mir bei dieser Unternehmung anzuschließen, und danach führten wir beide das Projekt zwei Jahre lang weiter. Aber 1935 sah Mr. Angoff sich außerstande, dem Projekt die nötige Zeit zu widmen, und zog sich zurück. Daraufhin arbeitete ich allein und ohne jegliche Hilfe weiter. Mr. Angoffs Recherchen waren sehr wertvoll für das Werk, und ohne seine sorgfältige Mitarbeit wäre das Projekt gescheitert, aber er ist nicht für den gegenwärtigen Inhalt verantwortlich, der meine eigene Auswahl darstellt.“

[139] Schellhase's: ein beliebtes Restaurant in Baltimore, das auf deutsche Gerichte und Meeresfrüchte spezialisiert war. Dort hielt der Saturday Night Club vom Ende des Ersten Weltkriegs bis zur Auflösung des Vereins im Jahre 1950 seine Versammlungen ab. Heute existiert das Restaurant nicht mehr.

[140] Arthur Brisbane (1864–1936), weithin bekannter Herausgeber und Kolumnist, dessen Artikel von verschiedenen Presseorganen zugleich veröffentlicht wurden. Er starb am 25. Dezember jenes Jahres.

[141] John Haslup Adams (1871–1927) war von 1912 bis zu seinem Tod Herausgeber der „Sun“.

[142] Menckens erstes Buch, abgesehen von seinem Jugendwerk „Ventures into Verse“, war „George Bernard Shaw: His Plays“ (1905).

[143] Mencken ist es hier gelungen, sogar den orthographischen Fehler falsch wiederzugeben. Goodmans Vorname erschien auf der Titelseite von „In Defense of Women“ nämlich als „Ppilip“.

[144] Thomas Wolfe (1900–1938) war ein paar Wochen vorher im Johns Hopkins Hospital in Baltimore gestorben.

[145] Hubert R. Knickerbocker (1898–1949), Journalist, Kriegskorrespondent und Schriftsteller.

146 Thomas Stephen Cullen (1868–1953), lange Jahre ein prominenter Mediziner in Baltimore, war der Nachfolger von Dr. Howard A. Kelly als Professor für Gynäkologie an der Johns Hopkins Medical School.

147 Joseph Albert Chatard (1879–1956) lehrte viele Jahre lang an der Johns Hopkins Medical School, war jedoch in erster Linie ein „Hausarzt“, wie man damals sagte.

148 Hulbert Footner (1879–1944), in Kanada geborener Romancier, Dramatiker und Historiker. Er arbeitete eine Zeitlang in der Redaktion der „Sunpapers“, wo er Mencken kennenlernte und Freundschaft mit ihm schloß. Sein bekanntestes Buch war „Maryland Main and the Eastern Shore“ (1942), eine Beschreibung aller Kreise des gesamten Staates.

149 Das System der Numerierung der Straßen und Häuser von Baltimore war von Beginn an mehr oder weniger vom Zufall bestimmt; 1880 wurden alle Häuser nach einem städtischen Erlaß neu numeriert – je nachdem, ob sie nördlich oder südlich der Baltimore Street und östlich oder westlich der Charles Street lagen. Dieses System ist bis heute gültig.

150 William Allen White (1868–1944) war fast sein ganzes Leben lang Verleger und Herausgeber der „Emporia (Kansas) Gazette“. In dieser Funktion übte er erstaunlicherweise enormen Einfluß sowohl auf den Journalismus als auch auf die Politik aus. Daneben war er Autor mehrerer Romane und Sammlungen von Kurzgeschichten.

151 Harold L. Ickes (1874–1952), umstrittener Innenminister in der Regierung von Franklin D. Roosevelt.

152 Josephus Daniels (1862–1948), Zeitungsherausgeber und Diplomat. Marineminister in der Regierung von Woodrow Wilson.

153 Albert S. Burleson (1863–1937), in der Regierung Wilson Postminister.

154 Thomas J. Pendergast (1872–1945) verfügte über große politische Macht in Kansas City. Die Korruptionsanklagen, die Mencken hier erwähnt, führten zu seiner Verurteilung und Inhaftierung. Zuvor (1934) hatte er dafür gesorgt, daß Harry S. Truman in den US-Senat und dadurch letztlich ins Präsidentenamt gewählt wurde.

[155] Leland P. Lovette (1897–1967) stieg in der US-Marine zum Vizeadmiral auf und war von 1937 bis 1940 und von 1942 bis 1944 Direktor der Öffentlichkeitsabteilung. Mencken und er waren viele Jahre lang gute Freunde.

[156] Thomas J. C. Williams (1851–1929) arbeitete von 1891 bis 1912 in der Redaktion der „Sunpapers", bevor er zum Richter an den städtischen Jugendgerichten ernannt wurde. Sein Sohn Henry (1877–1973) brachte es in der Marine zum Konteradmiral und war zur Zeit dieses Eintrags stellvertretender Leiter des Konstruktions- und Reparaturbüros.

[157] Dr. Frederick M. Hanes (1883–1946) und seine Frau Betty, eine Krankenschwester im Johns Hopkins Hospital, waren lange sehr eng mit Mencken befreundet. Dr. Hanes lehrte seit 1933 als Medizinprofessor an der Duke University.

[158] Dr. Joseph B. Rhine (1895–1980), Psychologieprofessor an der Duke University. Sein „New Frontiers of the Mind" [dt. „Neuland der Seele"], das den Begriff „außersinnliche Wahrnehmung" in den internationalen Sprachgebrauch einführte, löste eine ungeheure Kontroverse aus, als es 1937 erschien – der Nachhall ist bis heute zu spüren. In seinem Montagsartikel für den 6. Dezember 1937, „Every Man His Own Radio", ging Mencken ausführlich auf Rhines Experimente ein und schrieb: „Also, was ist davon zu halten? Handelt es sich wirklich um eine Entdeckung oder nur um Unsinn? Leider muß ich berichten, daß ich, nachdem ich Professor Rhines Darlegungen gründlich und aufmerksam studiert habe, nichts außer dem letzten finden kann. Die ganze Sache scheint mir, intellektuell gesehen, auf einer Ebene mit Spiritismus, Osteopathie und der Theologie der Sekte der Holy Rollers zu stehen."

[159] Upton Sinclair (1878–1968), in Baltimore geborener Romancier und Sozialkritiker. Sein bekanntestes Buch ist „The Jungle" (1906) [dt. „Der Dschungel"], eine realistische Schilderung der Zustände in den Schlachthöfen von Chicago. Mencken korrespondierte viele Jahre lang mit Sinclair.

[160] Jacob S. Coxey (1854–1951) führte Coxeys berühmte Armee arbeitsloser Männer an, die 1894 und 1914 nach Washington

marschierte. Er war kein General, doch zur Zeit des Marsches wurde ihm der Titel ehrenhalber verliehen, und er behielt ihn für den Rest seines langen Lebens bei.

161 Moleys Buch „After Seven Years“ wurde später im gleichen Jahr von Harper & Brothers veröffentlicht.

162 In „A New Dictionary of Quotations“ führt Mencken dieses Zitat in der Rubrik „Regierung“ folgendermaßen an: „Weißt du denn nicht, mein Sohn, mit wie wenig Verstand die Welt regiert wird?“ („An nescis, mi fili, quantilla prudentia mundus regatur?“), und setzt dann hinzu: „Gewöhnlich werden diese Worte Bischof Axel Oxenstjerna, Kanzler von Schweden (1583–1654), zugeschrieben, aber Büchmann führt in seinen ‚Geflügelten Worten‘ aus, sie stammten vermutlich von Papst Julius III., der einem portugiesischen Mönch erklärt habe: ‚Wenn Ihr wüßtet, mit wie wenig Aufwand an Verstand die Welt regiert wird, so würdet Ihr Euch wundern.‘“

163 Die Sowjetunion war am 30. November in Finnland einmarschiert, und die Finnen leisteten einen überraschenden, heldenhaften Widerstand.

164 Der Gouverneur war Harold E. Stassen (geb. 1907), der von 1939 bis 1943 in Minnesota amtierte.

165 Paul V. McNutt (1891–1955) war von 1933 bis 1937 Gouverneur von Indiana.

166 Thomas E. Dewey (1902–1971), Gouverneur von New York von 1942 bis 1955.

167 Arthur H. Vandenberg (1884–1951), US-Senator aus Michigan von 1928 bis zu seinem Tod.

168 Stanley Walker (1898–1962), Zeitungsmann und Schriftsteller. Er war etwa ein Jahr lang Herausgeber des „Public Ledger“ und gab den Posten im Januar 1940 auf.

169 Mencken schildert seine Erfahrungen in Philadelphia, wo er nach dem großen Feuer von Baltimore 1904 den „Herald“ herausbrachte, in Kapitel 19 von „Newspaper Days“, ‚Fire Alarm‘, S. 296–98.

170 James G. Thurber (1894–1961), Humorist und Karikaturist für den „New Yorker“. Das Theaterstück war „The Male Animal“ [dt. „Das Tier im Manne“], das er zusammen mit Elliott Nugent geschrieben hatte.

171 James A. Reed (1861–1944), US-Senator aus Missouri, 1911–1929. Mencken empfand große Bewunderung und Zuneigung zu Reed, vielleicht weil dieser sich heftig gegen Woodrow Wilson und später gegen die Prohibition wandte.

172 George Moore (1852–1933), irischer Romancier, Dramatiker und Dichter. Menckens Rezension findet sich in einem Beitrag mit dem Titel „The Late Mr. Wells". (Mencken hatte die Gewohnheit, ein Dutzend oder mehr Bücher im „Smart Set" in einem einzigen, 5 000 Wörter langen Artikel zu rezensieren, und häufig leitete er dessen Überschrift vom Titel des ersten der besprochenen Bücher ab.)

173 Menckens Aufruf zu einer geeigneten Trauerfeier für die „zugegebenermaßen zur Verdammnis Verurteilten" findet sich in ‚Clarion Call to Poets', „Prejudices: Sixth Series", S. 103–12.

174 Diese Reise wird in Kapitel 18 und 19 von „Heathen Days", ‚Vanishing Act' und ‚Pilgrimage', S. 239–77, beschrieben, ohne daß ihr Name fällt. Mencken erwähnt weder, daß sie ihn begleitete, noch überhaupt die Tatsache, daß er verheiratet war.

175 Dr. Ola E. Winslow (1885?–1977), Dozentin am Goucher College, wurde später Saras Freundin. Mencken setzte die Freundschaft nach dem Tod seiner Frau fort.

176 Die Zeile stammt aus dem ersten Teil von Goethes „Faust". Mencken hat das Zitat entstellt; es lautet in Wirklichkeit: „Entbehren sollst du, sollst entbehren!"

177 Er war 68 Jahre alt, als er den Schlaganfall erlitt, der ihn hilflos machte, 75 Jahre alt, als er starb.

178 Gerald W. Johnson (1890–1980) gehörte von 1926 bis 1943 der Redaktion der „Sunpapers" an. Menckens wenig schmeichelhafte Bemerkungen über ihn sind um so überraschender, als er selber Johnson überredet hatte, seine Heimat North Carolina zu verlassen und in Baltimore für die „Sun" zu arbeiten.

179 Mencken (oder Mrs. Lohrfinck – sie hat den Text auf der Schreibmaschine geschrieben) datierte diesen Eintrag auf 1940, aber seine Lage in den Blättern deutet darauf hin, daß 1941 das korrekte Jahr ist.

180 William A. Dwiggins (1880–1956) war Typograph und Buchdesigner. Er entwarf zahlreiche Bücher für Knopf, darunter fast alle Mencken-Titel.

181 Bischof Francis C. Kelley (1870–1948) ist der nicht namentlich genannte Bischof, der in Kapitel 18 von „Heathen Days", ‚Vanishing Act', S. 239-55, auftritt.

182 James C. Fenhagen (1875–1955), Bankier und Vorstandsmitglied der A. S. Abell Company.

183 John E. Semmes (1881–1967), Partner der Anwaltspraxis Semmes, Bowen & Semmes in Baltimore, die damals für die Rechtsberatung der A. S. Abell Company zuständig war.

184 Lewis' Beziehung zu der jungen Schauspielerin Marcella Powers wird ausführlich beschrieben in Mark Schorers „Sinclair Lewis: An American Life", McGraw-Hill (New York 1961).

185 T. Alan Goldsborough (1877–1951) war 18 Jahre demokratischer Kongreßabgeordneter für Maryland und wurde 1939 ins US-Bezirksgericht für den Distrikt Columbia berufen.

186 Mit dem „Fensterbild" könnte ein bemalter Schirm gemeint sein, der für die Häuser von Baltimore typisch war (und es in vielen Gegenden immer noch ist).

187 Eine kurze Beschreibung des Florestan Club erscheint in dem Eintrag für den 5. Februar 1942 (S. 247 ff.).

188 Kein derartiges Buch wurde jemals geschrieben.

189 John Adams Thayer (1861–1936) war von 1911 bis 1914 Eigentümer und Verleger des „Smart Set".

190 Louis Cheslock (1899–1981), Komponist, Dozent am Peabody Conservatory of Music in Baltimore und viele Jahre Mitglied des Saturday Night Club. Er war der Herausgeber von „H. L. Mencken on Music", Alfred A. Knopf (New York 1961).

191 Samuel Eliot Morison (1887–1976), angesehener amerikanischer Historiker. Zu seinen vielen Werken gehören „Admiral of the Ocean Sea" [dt. „Admiral des Meeres. Das Leben des Christoph Kolumbus"], „The Oxford History of the American People", „The European Discovery of America" und die fünfzehnbändige „History of U. S. Naval Operations in World War II".

192 Charles A. Beard (1874–1948), amerikanischer Historiker und Pädagoge. Seine bekannteste Arbeit, die er zusammen mit seiner Frau Mary verfaßte, war „The Rise of American Civilization".

193 Kent R. Greenfield (1893–1967), von 1930 bis 1947 Direktor des Historischen Instituts der Johns Hopkins University.

194 Merle E. Curti (1897–?), Historiker und Autor zahlreicher Bücher, darunter „The Growth of American Thought" (1944) [dt. „Das amerikanische Geistesleben"], wofür er den Pulitzerpreis für Geschichtsschreibung erhielt.

195 George C. Cutler (1891–1956), Bankier in Baltimore und Vorstandsmitglied der A. S. Abell Company von 1935 bis 1945.

196 Dewey L. Fleming (1898–1955) gehörte der „Sun"-Redaktion seit 1923 an; er löste J. Fred Essary 1941 als Chef des Washingtoner Büros der Zeitung ab.

197 Oswald Garrison Villard (1872–1949), Schriftsteller und Herausgeber von „The Nation".

198 John Haynes Holmes (1879–1964), unitarischer Geistlicher, Schriftsteller, Pazifist, Vorsitzender der American Civil Liberties Union.

199 Carl Van Doren (1885–1950), Kritiker und Biograph, von 1919 bis 1922 Literaturchef von „The Nation", förderte junge Schriftsteller.

200 Arthur Garfield Hays (1881–1954), Anwalt. War 1925 Verteidiger im Scopes-Prozeß; 1926 vertrat er Mencken in der Hatrack-Affäre (die Bostoner Polizei hatte Mencken wegen eines Artikels im „American Mercury" unter großem öffentlichem Aufsehen verhaftet).
Benjamin W. Huebsch (1876–1964) war Musikkritiker für die „New York Sun", später erfolgreicher Verleger. Sein Unternehmen fusionierte 1925 mit der Viking Press.

201 George McAneny (1869–1953), Bankier und Publizist, spielte in der politischen und kulturellen Szene von New York eine wichtige Rolle.
Robert E. MacAlarney (1873–1945), Herausgeber, Schriftsteller und Professor für Journalistik an der Columbia University.
Lewis Gannett (1891–1966), Journalist und Schriftsteller, von

1930 bis 1956 Literaturkritiker für die „New York Herald Tribune".
Walter White (1893–1955), Journalist, spielte jahrzehntelang eine führende Rolle in der National Association for the Advancement of Colored People (NAACP).
Elinore M. Herrick (1895–1964), Beraterin für Gewerkschaftsfragen.
Joseph Schlossberg (1875–1971), Gewerkschaftsführer.
Norman Thomas (1884–1968), sechsmal erfolglos Kandidat der Sozialistischen Partei für die Präsidentschaft der Vereinigten Staaten, 1921–1922 Herausgeber von „The Nation".

202 Das „Weißbuch von 1920" war ein 23 Seiten langes Dokument, das den „Sunpapers" eine dezidierte redaktionelle Position geben sollte.

203 Virginia Mencken Morrison (1915–1980), die Tochter von Menckens jüngerem Bruder Charles, also seine Nichte. Sie wird noch einmal in dem Eintrag für den 8. August 1945 (S. 378 ff.) erwähnt.

204 Percival Pollard (1869–1911), in Deutschland geboren und in England erzogen, kam als noch junger Mann in die Vereinigten Staaten und machte sich einen Namen als Literaturkritiker. Seine Bücher „Their Day in Court" (1909) und „Masks and Minstrels of New Germany" (1911) beeinflußten Menckens Ideen erheblich.

205 Die drei Kartons mit „Additions and Corrections" zu den „Days"-Büchern wurden am 29. Januar 1981, dem 25. Jahrestag von Menckens Tod, in der Enoch Pratt Free Library geöffnet. Sie lösten Überraschung aus. Alle damals Anwesenden wußten von dem fünfbändigen „Tagebuch" und den vier Kartons mit „Letters and Documents Relating to the Baltimore ‚Sunpapers'"; von der Existenz der „Additions and Corrections" hatte keiner etwas geahnt.

206 Eugene Grannan war Bezirksrichter in Baltimore; Anekdoten über ihn finden sich in „Newspaper Days", S. 22–23 und 29–30. John Weyler, Direktor der Haftanstalt Maryland, erscheint in demselben Werk, S. 31. Major Richard M. Venable, „Mitglied des Stadtrats und eine der Leuchten der Anwaltschaft von Baltimore", wird dort ebenfalls, S. 43–48,

beschrieben. Abraham Lincoln („Al") Herford, einem Boxpromoter und -manager, ist ein ganzes Kapitel in „Heathen Days" gewidmet (Kapitel 8, ‚A Master of Gladiators', S. 96–106). Fred Gottlieb, „reicher Brauereiinhaber und Hobbyflötist", wird in „Newspaper Days", S. 142 erwähnt. Max Ways, Lokalredakteur des Baltimore „Morning Herald", gab Mencken die erste Chance als Reporter und ist eine der wichtigsten Gestalten in „Newspaper Days".

207 Diese Passage muß sich auf „Minority Report" beziehen, also auf das Manuskript, das nach Menckens Schlaganfall von 1948 verlorenging und in Vergessenheit geriet. Mrs. Lohrfinck stieß einige Jahre später zufällig darauf; 1956 wurde es postum veröffentlicht.

208 Im Vorwort zum ersten Ergänzungsband zu „The American Language" (S. VII) brachte Mencken seinen Dank gegenüber F. H. Tyson zum Ausdruck, „dessen Witwe mir nach seinem beklagenswerten Tod im Jahre 1942 seine außerordentlich reichhaltige Sammlung schenkte."

209 „A Mencken Chrestomathy", eine Sammlung großenteils vergriffener Schriften, erschien 1949.

210 Kein derartiges „Lesebuch" ist je erschienen.

211 Eine einbändige Ausgabe der „Days"-Bücher erschien 1947.

212 Zu diesem Zeitpunkt glaubte Mencken offenbar noch, daß die Ergänzungen zu „The American Language" nur aus einem einzigen Band bestehen werden; er ahnte nicht, daß es noch ein „Supplement II" geben würde.

213 Vincent dePaul Fitzpatrick (1885–1953), seit 1920 Chefredakteur der „Baltimore Catholic Review".

214 Emanuel Haldeman-Julius (1889–1951), Schriftsteller, Herausgeber und Verleger, der „Henry Ford der Verlagsbranche". Seine „Little Blue Books", die zunächst für einen Vierteldollar verkauft wurden und deren Preis später auf fünf Cent fiel, waren die Vorläufer der heutigen Taschenbücher.

215 Richard Q. Yardley (1903–1979), von 1949 bis 1972 Karikaturist der „Sun".

216 W. Maclean Patterson (1912–1976), der Sohn von Paul Patterson, war von 1942 bis 1952 Chefredakteur der „Sunpapers".

[217] Das Buch „Soldiers' and Sailors' Prayer Book“ war von Gerald Mygatt und dem Militärgeistlichen Henry Darlington herausgegeben worden. Es kostete einen Dollar.

[218] Charles P. Ives (1903–1982), von 1939 bis zu seiner Pensionierung 1973 Kolumnist und Leitartikler der „Sun“.

[219] 1921 war Mencken nicht mehr in der Lage, sich persönlich um seine wachsende Korrespondenz zu kümmern und seine Manuskripte zu tippen, deshalb stellte er eine junge Frau namens Margaret Redding als Sekretärin ein. Sie arbeitete sieben Jahre lang für ihn. Als Nachfolgerin empfahl sie ihm ihre Schwester, Mrs. Rosalind C. Lohrfinck, von der hier die Rede ist. Mrs. Lohrfinck blieb bis zu Menckens Tod seine Sekretärin; nach seinem Schlaganfall (1948) erledigte sie selbständig seine gesamte Post.

[220] „Supplement II“ erschien erst 1948.

[221] Dr. J. H. Mason Knox junior (1892–1951), Facharzt für klinische Pädiatrie.

[222] J. Louis Kuethe (gest. 1973), Direktor der Johns Hopkins University Library.

[223] Kemp Malone (1889–1971), Professor für englische Literatur des Mittelalters an der Johns Hopkins University, berühmter Chaucer-Experte.

[224] „PM“, New Yorker Boulevardzeitung (1940–1948), herausgegeben von Ralph Ingersoll. Bekannt für ihre liberale und gewerkschaftsfreundliche Haltung.

[225] N. Bryllion Fagin (1892–1972), Professor für Englisch und Theatergeschichte an der Johns Hopkins University, Leiter der Theaterwerkstatt.

[226] Isaiah Bowman (1878–1950), von 1935 bis 1948 Präsident der Johns Hopkins University.

[227] Joseph L. Wheeler (1884–1970), von 1926 bis 1944 Direktor der Enoch Pratt Free Library.

[228] Harry C. („Curly“) Byrd (1889–1970), von 1936 bis 1953 Präsident der University of Maryland.

[229] Mitte Dezember leitete das deutsche Heer, das seit Wochen im Rückzug begriffen war, einen überraschenden Gegenangriff durch den Ardennenwald im südöstlichen Belgien, Nordfrankreich und Nordluxemburg ein, um die alli-

ierten Heeresgruppen zu spalten. Die amerikanischen Streitkräfte, die auf diesen Angriff völlig unvorbereitet waren, verloren viel Boden. In der Ardennenschlacht wurde der deutsche Vorstoß gestoppt und die ursprünglichen Linien wiederhergestellt, aber die Amerikaner erlitten schwere Verluste.

230 Es handelt sich um Kapitel 40 der „Literary History of the United States", hrsg. von Robert E. Spiller u. a., Macmillan (New York 1946, 4. Auflage 1974). Der Beitrag trägt den Titel „The American Language", ist jedoch nur 13 Seiten lang und hat mit dem riesigen Werk gleichen Namens wenig gemeinsam.

231 Gemeint ist die Gründungskonferenz der Vereinten Nationen, bei der die UN-Charta formuliert und durch die Vertreter von rund fünfzig Ländern unterzeichnet wurde.

232 Joseph M. Patterson (1879–1946), Gründer und Verleger der „New York Daily News". Oberst Robert R. McCormick (1880–1955), Herausgeber und Verleger der „Chicago Tribune".

233 Dr. Wheelers Nachfolger als Direktor der Pratt Library war Emerson Greenaway (1906–?), der den Posten bis 1951 innehatte.

234 Roosevelt war am Vortag plötzlich in Warm Springs, Georgia, an einer Hirnblutung gestorben.

235 „My Day" war der Titel einer von mehreren Zeitungen gleichzeitig veröffentlichten Kolumne, die Eleanor Roosevelt seit 1935 viele Jahre lang geschrieben hatte.

236 James T. Farrell (1904–1979), in Chicago geborener Autor der „Studs Lonigan"-Trilogie und vieler anderer Romane, die im südlichen Slumviertel seiner Heimatstadt spielen.

237 Herbert Weinstock (1905–1971), von 1943 bis 1949 Cheflektor bei Alfred A. Knopf, Inc. Musikschriftsteller, Bücher über Händel, Rossini, Chopin und Tschaikowski.

238 Dies war der Tag, an dem die Vereinigten Staaten die Atombombe auf Hiroshima abwarfen. Das Ereignis wird weder hier noch in späteren Einträgen erwähnt.

239 Adolph Torovsky (1878?–1945), altes Mitglied des Saturday Night Club, Dirigent der US Naval Academy Band.

240 Hier und in dem folgenden Satz meint Mencken „Appendices“, d. h. Anhänge.

241 George S. Schuyler (1895–1977), amerikanischer Journalist. Neben dem in diesem Eintrag enthaltenen Lob schrieb Mencken im ersten Ergänzungsband zu „The American Language“ (S. 619): „Mr. Schuyler ist der kompetenteste Journalist in Amerika, den seine Rasse hervorgebracht hat. Es gibt nur wenige weiße Kolumnisten, die sich mit ihm messen können, was Informiertheit, Intelligenz, Unabhängigkeit und Mut angeht.“

242 Havelock Ellis (1859–1939), britischer Wissenschaftler und Autor. Sein berühmtestes Werk sind die mehrbändigen „Studies in the Psychology of Sex“.

243 Samuel Kirk & Son, Inc., Juweliere und Silberschmiede in Baltimore.

244 Anita Loos (1893–1981), Romanautorin und Dramatikerin. Ihr berühmtestes Werk ist „Gentlemen Prefer Blondes“ [dt. „Blondinen bevorzugt“, 1925], das angeblich dadurch inspiriert wurde, daß Mencken und George Jean Nathan sie – eine attraktive und intelligente Brünette – nicht genug beachteten und sich mehr für eine dümmliche Blondine zu interessieren schienen.

245 Abel Green (1900–1973), Herausgeber von „Variety“, Schriftsteller und Theaterproduzent.

246 Dieser Eintrag ist im Tagebuch auf den 13. Juni 1946 datiert, aber Mrs. Lohrfinck dürfte sich vertippt haben. Die Situation in den Zeitungen sowie die Tatsache, daß August Mencken senior am 13. Januar 1899 gestorben war, lassen darauf schließen, daß der 13. Januar das korrekte Datum ist.

247 John Dos Passos (1896–1970), amerikanischer Romancier. Seine bekanntesten Werke sind „Three Soldiers“ (1921) [dt. „Drei Soldaten“] und die „USA-Trilogie“ (1938).

248 W. Horsley Gantt (gest. 1980), Experte in Pawlowscher Psychologie; gründete 1956 die Pavlovian Society of America.

249 Roger Butterfields Interview mit dem Titel „Mr. Mencken Sounds Off“ erschien am 5. August 1946 in „Life“.

250 Der Nobelpreis für Literatur wurde 1946 Hermann Hesse verliehen.

251 Dr. Arnold Rich (1893–1968), Pathologieprofessor am Johns Hopkins Hospital, Mitglied des Saturday Night Club.

252 Paul Warburg (1868–1932), in Deutschland geborener Bankier, der dadurch bekannt wurde, daß er sieben Monate vor dem Börsencrash vom Oktober 1929 eine durch wilde Börsenspekulationen ausgelöste Katastrophe vorausgesagt hatte.

253 Diese Idee wurde nie verwirklicht, die Gesellschaft blieb in ihren Geschäftsräumen in New York City.

254 Theodore Hemberger (1871–1956), der erste Berufsmusiker im Saturday Night Club. Dirigent des Scranton Symphony Orchestra in Pennsylvania und des Männerchors Germania in Baltimore, Violinlehrer am Peabody Conservatory of Music.

255 Gustav Strube (1867–1953), ebenfalls Dozent am Peabody Conservatory, erster Dirigent des Baltimore Symphony Orchestra.

256 John S. Knight (1894–1981), Zeitungsverleger.

257 Eugene Buck (1885–1957), Produzent, Songschreiber und Librettist.

258 Es ist unklar, auf wen Mencken sich hier bezieht.

259 Richard F. Cleveland (1897–1974), der Sohn von Präsident Grover Cleveland, war Partner der Anwaltspraxis Semmes, Bowen & Semmes in Baltimore. John T. Kenny war ein leitender Angestellter der Safe Deposit & Trust Company.

260 Mencken hatte an diesem Tag einen leichten (vielleicht auch nicht so leichten) Schlaganfall. Der Text dieses und der folgenden Einträge ist mit Tippfehlern übersät.

261 Max Beerbohm (1872–1956), englischer Essayist, Kritiker und Karikaturist, Autor u. a. von „Zuleika Dobson“ (1911) [dt. „Suleika Dobson“].

262 Grantland Rice (1880–1954), bekannter Sportjournalist und -kommentator.

263 Kemlers Buch „The Irreverent Mr. Mencken“ wurde 1950 von Little, Brown veröffentlicht.

264 Max Dieke (gest. 1935) war der deutsche Maler, der die hier von Mencken erwähnten Kopien herstellte. Es gibt eine von Otto Mencken (1644–1707), zwei von Lüder Mencken (1658–1726) und eine von Johann Burckhardt Mencke

(1674–1732). Diese Kopien hängen heute im Mencken Room der Enoch Pratt Free Library, Baltimore.

265 Die hier erwähnte Königin Elisabeth war die Gemahlin von König Georg VI.; sie ist die Mutter von Königin Elisabeth II.

266 Alben W. Barkley (1877–1956), Kongreßabgeordneter und Senator aus Kentucky, in Harry S. Trumans zweiter Regierung Vizepräsident.

267 Anne O'Hare McCormick (1882–1954), Journalistin bei der „New York Times".

268 Rebecca West (1892–1983), englische Romanschriftstellerin, Kritikerin und politische Journalistin.

269 Henry A. Wallace (1888–1965), Landwirtschaftsminister unter Franklin D. Roosevelt und Vizepräsident während Roosevelts dritter Amtszeit. 1944 löste Roosevelt ihn durch Harry S. Truman ab. Wallace gründete 1948 seine eigene Partei, die „Progressive Party", um für die Präsidentschaft zu kandidieren; deren Konvent in Philadelphia – der einzige, den die Partei je abhielt – wird hier von Mencken beschrieben.

270 Westbrook Pegler (1894–1969), Journalist und Schriftsteller, erhielt 1941 den Pulitzerpreis für Journalismus.

271 Eugene Meyer (1875–1959), Eigentümer und Verleger der „Washington Post". Seine Frau Agnes (1887–1970) leitete mit ihm zusammen die Zeitung; Mäzenatin, Förderin exilierter Autoren in Amerika, vor allem Thomas Manns.

272 An den Fuß der zweiten Seite dieses Eintrags hat jemand – wahrscheinlich Mrs. Lohrfinck – geschrieben: „HLMs Typoskript – eines seiner letzten!"

273 Mrs. Marie Bauernschmidt (1875–1962), Leiterin der Public School Association, selbsternannte Hüterin der öffentlichen Moral von Baltimore. Ihre Angriffe haben die Stadtoberen in Angst und Schrecken versetzt.

274 Marian Godfrey (später Marian Boyer), Direktorin des University Museum der University of Pennsylvania.

LITERATURHINWEISE

Jonathan Yardley, „Mencken's Unsurprising Prejudices", in: ‚The Washington Post', 11.12.1989.
Russell Baker, „Prejudices Without the Mask", in: ‚The New York Times', 13.12.1989.
William Manchester, „The Diary of H. L. Mencken", in: ‚The New York Times Book Review', 4.2.1990.
Arthur Miller and others, „Celebrating Mencken", in: ‚The New York Review of Books', 15.3.1990, 53.
John Kenneth Galbraith, „Viva Mencken!", in: ‚The New York Review of Books', June 28, 1990.
Joseph Epstein, „Mencken on Trial", in: ‚Commentary' 89.4 (1990), 31-39.
Sheldon L. Richman, „Mr. Mencken and the Jews", in: ‚American Scholar' 59 (Summer 1990), 407–411.
Mayo DuBasky, „The Gist of Mencken", Metuchen NJ/London 1990.
Louis D. Rubin, „The Mencken Mystery", in: ‚The Sewanee Review' 99 (Summer 1991), 445–463.
Gore Vidal, „The Essential Mencken", in: ‚The Nation' 253 (August 26/September 2, 1991), 228–232.
Melita Schaum, „H. L. Mencken and American Cultural Masculinism", in: ‚Journal of American Studies' 29 (1995), 379–398.
William E. Cain, „A Lost Voice of Dissent: H. L. Mencken in Our Time", in: ‚The Sewanee Review' 104 (Fall 1996), 229–247.
S. L. Harrison, „Mencken Revisited: Author, Editor and Newspaperman", University Press of America 1999.
Ray Stevens, „A German-American Experience in Maryland: The Case of Baltimore's H. L. Mencken", Westminster: Minuteman Press 2000.
Richard J. Schrader (ed.), „H. L. Mencken: A Documentary Volume". Dictionary of National Biography vol. 222, Detroit/San Francisco 2000.

NACHWORT

I

„Es ist schon merkwürdig", sagt 1929 eine Romanfigur bei Hemingway, „wie viele unserer jungen Leute ihre Vorlieben und Abneigungen von Mencken beziehen!" In der Tat: der Kritiker Henry Louis Mencken war als Herausgeber einer angesehenen Kulturzeitschrift, brillanter Journalist (der seine Artikel schon, wie ein Klassiker, in sechs Bänden gesammelt hatte) und als Autor eines Bestsellers über die amerikanische Sprache in den zwanziger Jahren eine Figur des öffentlichen Lebens geworden – die „New York Times" nannte ihn schlichtweg den „mächtigsten Privatmann in Amerika".

Aber bereits in den Dreißigern, nach Depression und Wirtschaftskrise, war von Einfluß und Berühmtheit nicht mehr viel übriggeblieben. Menckens störrische Behauptung, trotz der veränderten ökonomischen und politischen Lage sei im Grunde alles beim alten geblieben, stieß bei seinen Lesern auf Unverständnis, sein derber Humor wirkte deplaziert, seine Angriffe auf alle, die das Land aus der Krise führen wollten, geschmacklos. Als Franklin D. Roosevelt, den Mencken als korrupten, fanatisch pro-englischen Kriegstreiber verhöhnt hatte, ihn öffentlich der Lächerlichkeit preisgab, indem er süffisant Widersprüchliches aus seinen Leitartikeln zitierte, zog sich „der Weise von Baltimore" verbittert aus dem „American Mercury" und dem Tagesjournalismus zurück. Überzeugt, daß er am Ende doch recht behalten werde, vergrub er sich in philosophischen Traktaten – und entdeckte ein neues Genre: die literarisch verbrämte Selbstdarstellung.

Im Januar 1936 hatte der „New Yorker" einen munteren Mencken-Essay über die schwarzen Bewohner der Hinterhöfe seines Wohnviertels veröffentlicht und, nach überaus positivem Leserecho, ein zweites, ähnliches Stück gedruckt: das heitere Porträt einer betagten, friedhofsfixierten Negerin. Äußerer Anlaß für diese ganz untypischen Menckenschen Genrebilder war wohl die Rückkehr des Autors aus seiner Wohnung in der Cathedral Street (in der er sich nach dem Tod seiner Frau zunehmend unwohl gefühlt hatte) ins Elternhaus in der Hollins Street.

In den autobiographischen Vignetten der „New Yorker"-Geschichten (die sich auch als heimliche Eingeständnisse von Selbstzweifeln lesen lassen) hat Mencken die problematischeren Seiten seiner Kindheit geschickt ausgeblendet. Er wollte nicht psychische Spannungen analysieren, sondern seine Jugend mit versöhnlicher Ironie harmonisieren, detailgesättigte Sozialgeschichte aus dem Blickwinkel eines konservativen Chronisten schreiben, dem die Vergangenheit der zerrütteten Gegenwart unendlich überlegen scheint. Die liebevollen Porträts des Vaters (der die Menschen in zwei Klassen einteilte: solche, die ihre Rechnungen bezahlen, und solche, die es nicht tun), des steifen Großvaters mit der Shakespeare-Stirn oder des Eau-de-Cologne-getränkten Privatschullehrers fügen sich zu einem verklärten Zeitbild, dessen Grundstimmung die Melancholie über den Niedergang der spätviktorianischen Laissez-faire-Gesellschaft ist. Menckens Beschreibungen des Lebens im „alten" Baltimore, seiner Lehrjahre als Reporter, Theaterkritiker und Redakteur, in den Kriegsjahren veröffentlicht, mußten auf die Leser wie Sittengemälde aus einem goldenen Zeitalter wirken – aus einer Zeit, wie ihnen der Autor suggerierte, „in der sich die Menschen noch nicht jenen Schuften ausgeliefert hatten, die sich heute brüsten, sie vor dem Untergang zu retten, und sie dabei doch nur endgültig entwürdigen." Im Vorwort zu einer Sammelausgabe der „Days"-Bücher erklärte er seine Absichten noch deutlicher: „Als ich ein Junge, und selbst noch, als ich ein junger Zeitungsreporter war, ging es den Menschen besser als heute. Ich habe mein Leben damals genossen. In den folgenden Skizzen möchte ich den Bewohnern dieser einstmals großen und glücklichen Republik – sie ist heute nur noch eine erbärmliche Parodie ihrer selbst – etwas von der Lebensfreude jener Tage vermitteln."

Der plaudernde Mencken hat sich in seinen autobiographischen Prosastücken, zumindest für eine Weile, freigeschrieben von den vergrämten Attacken auf das Rooseveltsche Amerika, die ihm den Stil zu verkrampfen drohten. Daß er sich dabei im Tonfall bewußt dem bewunderten Vorbild Mark Twain anglich, entging seinen Kritikern nicht; entzückt erkannten sie in diesen Geschichten „die schönsten Bilder einer amerikanischen Kindheit seit ‚Huckleberry Finn'."

II

Am 29. Januar 1981, fünfundzwanzig Jahre nach Menckens Tod, wurde das versiegelte Manuskript des „Tagebuchs“ in der Enoch Pratt Free Library in Baltimore geöffnet. Fünf Jahre stritten sich anschließend die Nachlaßverwalter darüber, ob es vertretbar, ratsam oder unmoralisch sei, diese Privataufzeichnungen zu veröffentlichen. Der Autor hatte verfügt, daß der Text nur für Forschungszwecke eingesehen werden dürfe; in Briefen hatte er aber auch angedeutet, daß sein Tagebuch „irgendwann einmal ordentlich gedruckt werden“ könne, wenn er selbst längst „in die Gefilde der Seligen entschwunden“ sei. Als die Gerüchte über angeblich skandalöse Stellen nicht verstummen wollten, befand im Oktober 1985 der von der Erbengemeinschaft konsultierte Oberstaatsanwalt von Maryland, gegen eine Publikation des Tagebuchs sei juristisch nichts einzuwenden. Ende 1989 erschien dann bei Alfred A. Knopf in New York „The Diary of H. L. Mencken“, herausgegeben von Charles A. Fecher, einem erfahrenen Mencken-Kenner. Nur ein Drittel des Manuskripts hatte der Herausgeber für publizierenswert befunden. Mit dem Satz, für ihn bestehe nach der Lektüre des gesamten Materials kein Zweifel mehr, daß Mencken ein Antisemit gewesen sei, trat Fecher in Amerika eine Lawine der Entrüstung los. Im Klima der „Political correctness“-Diskussionen mußte eine solche Feststellung Aufsehen und Anstoß erregen – und den ohnehin verblassenden Mencken-Ruhm nachhaltig beschädigen. Menckens Zeitung, die „Baltimore Sun“, gab sich betroffen und ging auf Distanz zu ihrem ehemaligen Starjournalisten; Prominente äußerten ihr Befremden, der National Press Club in Washington entfernte das „H. L. Mencken“ aus dem Namen seiner Bibliothek, der Träger des Mencken-Preises gab die Auszeichnung pikiert zurück. Als die Demontage des einstigen Idols groteske Züge anzunehmen begann, erschien in der „New York Review of Books“ ein u. a. von Arthur Miller und Norman Mailer unterzeichneter Brief, der darauf drang, Menckens Tagebuch aus historischer Perspektive und mit mehr Verständnis für die Zeitumstände zu lesen. In der jüdischen Zeitschrift „Commentary“ wies Joseph Epstein den Antisemitismus-Verdacht zurück, und in „The Nation“ ließ der streitbare Gore Vidal eine couragierte Verteidigung

Menckens in eine Generalabrechnung mit der „Political correctness"-Heuchelei münden.

Es läßt sich nicht leugnen, daß Mencken, im Tagebuch ebenso wie im Laufe seiner langen literarischen Karriere, sich immer wieder schrill und gereizt über Frauen, über Juden und Schwarze, Proleten und Kapitalisten geäußert hat. Aber mindestens ebenso schrill und gereizt hat er auch auf fast jede andere soziale und ethnische Gruppierung in den Vereinigten Staaten reagiert. Als überzeugter Sozialdarwinist hielt er es für erwiesen, daß jeder Mensch von den Merkmalen seiner Zugehörigkeit zu Klasse, Rasse und Geschlecht geprägt ist; diese Tatsache zu bestreiten erschien ihm ebenso absurd wie die Behauptung, daß eine bestimmte Klasse, Rasse oder ein bestimmtes Geschlecht der oder dem anderen von Natur aus überlegen sei. Geradezu bockig aber glaubte Mencken an die Überlegenheit des begabten Individuums über die dumpfe Masse – ob unter Juden oder Nichtjuden, Schwarzen oder Weißen. Der herausragende einzelne, so verkündete er, steht turmhoch über allen verunreinigenden sozialen und ethnischen Verflechtungen.

Es war eine unglückliche Konstellation, daß Menckens postume Renaissance in den USA der neunziger Jahre weniger mit der Wiederentdeckung seiner stilistischen Qualitäten zusammenhing als mit Rassismus- und Antisemitismus-Vorwürfen, wie sie schon in den zwanziger Jahren sporadisch gegen ihn erhoben worden waren. Dabei sind Menckens abfällige Bemerkungen über die ethnischen Merkmale von Zeitgenossen für einen amerikanischen Autor seiner Generation nichts Ungewöhnliches. Ähnlich wie andere Künstler und Intellektuelle reagierte er auf Spannungen und Verwerfungen in der aus Einwanderern zusammengesetzten amerikanischen Gesellschaft überaus empfindlich. Als Deutschamerikaner war er schon während des Ersten Weltkrieges wegen seiner prodeutschen Haltung heftig angegriffen worden. Seither attackierte Mencken in einer Sprache, die an Schlagkraft und Derbheit nichts zu wünschen ließ, jedwede Form von Intoleranz in seiner näheren und weiteren Umgebung. Im „Tagebuch" geschieht das eher gedämpft und unter Verzicht auf moralische Urteile. Zwar poltert er auch hier gegen die Politik von F. D. Roosevelt, die opportunistische Haltung der „Sunpapers" in Baltimore (und stöhnt über seine dem Alkohol verfallenden Schriftstellerkollegen), aber er versagt sich weiterreichende Wertungen. Kommentare zum Weltgeschehen wird man vergeblich im Tagebuch suchen. Pearl Harbor oder der D-Day sind mit keinem Wort erwähnt, das Ende des Krieges berührt ihn kaum.

Als Satiriker hatte schon der frühe Mencken in strategischer Absicht die Sprache rassistischer Voreingenommenheit verwendet, um typische Denkschablonen bloßzustellen. Anstatt etwa ein weitverbreitetes Vorurteil zu entlarven, beschreibt er ausführlich dessen Form und Inhalt und erwähnt erst danach die relativierenden Zusammenhänge. So beginnt er in der Abhandlung „Treatise on the Gods" (1930) einen Exkurs über die Juden folgendermaßen: „Es fehlen ihnen nahezu alle Eigenschaften, die den zivilisierten Menschen ausmachen: Mut, Würde, Unbestechlichkeit, Gelassenheit und Selbstvertrauen. Sie sind eitel, haben aber keinen Stolz; sie sind sinnlich, haben aber keinen Geschmack; sie sind gelehrt, haben aber keine Weisheit. Sie befassen sich mit kindischen Problemen." Dann fährt er fort: „Und doch sind es gerade die Juden, die seit Menschengedenken die größten Träumer des Menschengeschlechts und, mit Abstand, seine bedeutendsten Dichter hervorgebracht haben."

In den etwa dreißig Tagebucheintragungen über Juden überwiegt die erste Hälfte dieses Musters; sie ließen sich ohne Mühe um dreißig andere Passagen ergänzen, in denen die zweite Hälfte dominiert. In einem politischen Klima, in dem selbst die Satire zur „political correctness" verdammt scheint, mußte die Einseitigkeit der Menckenschen Privaturteile rassistisch wirken und auf Unverständnis und Ablehnung stoßen; die Veröffentlichung des „Diary" in einer Zeitstimmung selbstgerechter Kulturhygiene hat der Reputation eines Mannes, der für seine schonungslose Offenheit berüchtigt war, einen Schlag versetzt, von dem sie sich noch nicht wieder erholt hat.

Man weiß: Mencken beschimpfte die weißen Arbeiter in den Munitionsfabriken von Baltimore als schwachsinnig, Yankees waren für ihn „eine Bande stupider Schweinehunde", Neger (wie man damals sagte) hielt er für geistig minderbemittelt – wütend goß er seine Verachtung nicht nur über die „booboisie" aus, sondern über nahezu alle der Vermassung erliegenden Zeitgenossen. Wollte man zu seiner Verteidigung anführen, daß immerhin einige seiner besten Freunde Juden waren (der Verleger Alfred A. Knopf oder der „American Mercury"-Mitherausgeber George Jean Nathan zum Beispiel), so müßte man genauer sagen: alle seine Freunde waren Juden. (Es amüsierte ihn, daß er oft selber für einen Juden gehalten wurde; die Herausgeber des „Jewish Who's Who", die ihn zu den Ihren zählten, hat er nie über ihren Irrtum aufgeklärt.) Hier liegen der Widerspruch und das Paradox dieses Lebens: Mencken hat sich in seinen öffentlichen Verlautbarungen zäh an einen Grundstock stereotyper Vorurteile geklammert, zur gleichen Zeit aber, wie auch aus dem Tagebuch hervorgeht, im Privatleben die meisten dieser Vorurteile über Bord geworfen. Ohne viel Aufhebens kümmerte er sich selbstlos um Familienangehörige, Nachbarn, Freunde, Hausangestellte, Schwarze oder Weiße, Juden oder Nichtjuden. „Ich sträube mich, jemanden als ganz und gar bestimmt von seiner Rasse, seinem Glauben oder seiner Hautfarbe zu sehen. Es gibt so wenige Menschen, die zu kennen sich lohnt, daß es ein Jammer wäre, ließe man sich aus anthropoiden Vorurteilen davon abhalten, eine der seltenen, wirklich lohnenden Bekanntschaften zu machen", schrieb er im Mai 1931. Sein letzter Artikel, vom November 1948, war ein Plädoyer für die gerechte Behandlung der Schwarzen in Baltimore. Er war zwar taub für den Jazz in Harlem oder New Orleans, aber er förderte und prägte die literarische Renaissance in den Südstaaten; im „American Mercury" hat er mehr als fünfzig Beiträge schwarzer Autoren veröffentlicht.

Mencken gehört zu jenen Schriftstellern, deren Leben von einem umfangreichen Buchführungs- und Registraturapparat begleitet ist. Schon als junger Autor hatte er ein Ausschnittbüro damit beauftragt, seine Zeitungsveröffentlichungen und die Pressereaktionen auf seine Werke zu sammeln; eigenhändig beklebte Mappen mit vergilbenden „clippings" füllen ganze Wände des Mencken-Archivs in Baltimore. Die spröde Selbstverständigung des Tagebuchs, die rückblickenden Versuche des alternden Autors, Ordnung ins Tagewerk zu bringen, sind Teil seines Spätwerks. Es ging ihm nun nicht mehr darum, Erlebtes möglichst effektvoll aufzubereiten, sondern ins Ephemere orientierende Gedächtnisstützen einzuziehen. Der stilistische Kontrast zu den lebendigeren autobiographischen Erzählungen, erst recht zum rhetorischen Feuerwerk der großen Essays, springt ins Auge: die Tagebuchprosa ist nüchtern, glanzlos, trocken. Verluste an literarischer Eleganz werden durch einen Gewinn an Authentizität wettgemacht; der müde Mencken protokolliert hier im gelassenen Ton welterfahrener Resignation Krankheit und Tod der Ehefrau, das Verblassen des eigenen Ruhms, Schwankungen im Wohlbefinden, Enttäuschung über die „Sunpapers", Zorn über die Politik des New Deal und den drohenden Krieg.

Aber noch in der Schilderung privatester Empfindungen und Vorgänge bewahrt er bürgerliche Haltung: außer beim Tod seiner Frau gibt er von seinen Gefühlen nichts preis. Wer da glaubt, im Tagebuch entblöße sich der wahre Mencken, sieht sich getäuscht. Auf diesen Seiten präsentiert sich ein Individualist, der den Eindruck erwecken möchte, er habe seinen Lebenslauf genau geplant, seine Überzeugungen früh geformt – und gegen alle Widerstände bis ans Ende mit Erfolg verteidigt.

III

Auch wenn er ihn hier bloß als Grobian abtut – Mencken hat Hitler gehaßt. Totalitäre Herrscher, die Menschenrechte mit Füßen treten, waren ihm ein Greuel und ein Beweis dafür, daß die Demokratie eine gefährliche Staatsform ist. Aber warum hat er, ein Jahr vor Kriegsausbruch, die Symptome des drohenden Verhängnisses nicht gesehen? Warum hat Mencken auf seiner Deutschlandreise im Sommer 1938 vor dem Ausmaß des Naziterrors die Augen geschlossen? Weil er sich, so muß man vermuten, sein Idealbild von Deutschland, dem Land seiner Vorfahren, nicht trüben, die Wallfahrt zu den Stätten der Ahnen nicht stören lassen wollte. „Meine Liebe zu Deutschland ist angeboren und durch nichts zu erschüttern", schrieb er, fast hilflos, 1934. Als sich der Achtundfünfzigjährige am 11. Juni 1938 auf der „Columbus" nach Bremen einschiffte, war er in Abschiedsstimmung. Ein letztes Mal wollte er sich vom Geist des alten Deutschland umwehen lassen und jene Kultur einsaugen, die er wie keine andere bewunderte und von deren schrecklicher Verwandlung er nichts zu spüren vorgab.

Nach ein paar Tagen in Bremen und Hamburg reist er nach Berlin. Zum erstenmal ist er als Privatmann, nicht als Journalist, in der Hauptstadt. Er wohnt im Hotel Bristol, hört die Philharmoniker, trifft sich mit den Amerikanisten Friedrich Schönemann, einem opportunistischen Nazi, und Georg Kartzke, dem gutgläubigen Liberalen. In Potsdam forscht er nach Vorfahren und besucht Mrs. Wood, die ihm 1922 ein Interview mit dem Kronprinzen auf der holländischen Insel Wieringen vermittelt hatte. Das nächste Ziel ist Leipzig. Der dortigen Universität, seit Jahrhunderten Wirkungsstätte illustrer Mencke(n)s, hatte er Teile seiner Ibsen-Sammlung vermacht und bei der Finanzierung eines Wohnheims für bedürftige Studenten geholfen. Im Mietwagen läßt er sich in das Dorf Laas bei Oschatz fahren, wo sein Urgroßvater Viehzüchter war und – unter ungeklärten Umständen – 1835 erhängt wurde. Auf der Suche nach baltischen Menckens beschließt er, eine Reise durch den polnischen Korridor nach Ostpreußen zu unternehmen. Nach strapaziöser Bahnfahrt quartiert er sich in Marienburg ein, macht einen Abstecher nach Marienwerder, wo er tatsächlich das Grabmal jenes Eilhard Mencken findet, der für studierwillige Angehörige der Sippe ein Stipendium gestiftet hatte. In Tannenberg, an der polnischen Grenze, bestaunt er das riesige Hindenburg-Denkmal – und fragt verträumt den Chauffeur nach Rehen am Waldesrand ... Wieder im Westen, schwärmt er in Briefen: „Nie habe ich heiterere Felder, nirgends prächtigere Dörfer gesehen." Nach Ausflügen in den Schwarzwald, zu Hermann Mencke in Koblenz, Pfarrer Oskar Mencke in Wiesbaden, Verwandten in Darmstadt und Frankfurt endet die Pilgerreise auf dem Gertruden-Friedhof von Oldenburg, wo er vergeblich das Grab von „Tante Anna" sucht. Anna Mencke, eine Cousine, war die Matriarchin der Oldenburger Stammlinie; sie hatte H. L. Mencken 1930 in Amerika besucht, mit ihrem Tod im Jahre 1937 waren, so schien ihm, die norddeutschen Menckens erloschen.

Man versteht die sentimentale Natur dieser Reise besser, sieht man sie vor dem Hintergrund des Menckenschen Deutschlandbildes. In den Memoiren „My Life as Author and Editor" hatte er geschrieben: „Es war der Schock des Ersten Weltkriegs, der mich verwandelte. Schon im Vorfeld ahnte ich etwas von dem Kampf auf Leben und Tod, der zwischen der deutschen und der angelsächsischen Weltanschauung bevorstand. Sehr schnell wurde mir damals klar, auf welcher Seite ich stehen würde. Genau wie die führenden

Leute in Deutschland hatte ich erhebliche Zweifel am Nutzen der Demokratie. Auch ich empfand eine instinktive Abneigung gegen das Puritanische mit seiner widerwärtigen Heuchelei, seiner törichten Theologie, seinen moralischen Obsessionen, seinem penetranten Philistertum. Zu meiner eigenen Überraschung wurde mir urplötzlich klar, daß alles, was ich bisher gepredigt hatte, einen anti-angelsächsischen Grundton hatte. Wenn es für mich irgendwo eine spirituelle Heimat gibt, das wußte ich jetzt, dann muß sie im Land meiner Vorväter liegen." Auf acht Europareisen hat er sich dieser Heimat mit wachsender Intensität zu nähern versucht, ein Deutschland gesucht und gefunden, das zu finden er seit jener „Erleuchtung" entschlossen war. Mencken war überzeugt, daß die Demokratie nichts taugt und nicht mehr zu retten ist; er sah am Ende keinen Unterschied mehr zwischen dem New Deal in Washington und einem New Deal in Berlin. Er wußte 1938, daß die Lage in Deutschland schlimm war, aber er wollte nicht der sein, der seinen Landsleuten die Wahrheit ins Gesicht sagt.

PERSONENREGISTER

INHALT

1. Auflage 2000

Gesetzt in der ITC Usherwood
Layout, Schutzumschlag und Satz: Kohl & Müllejans, Düren
Druck und Verarbeitung: Kösel GmbH & Co. KG, Kempten
Papier: Alster

Die Übersetzung folgt Auszügen aus den Bänden
„Happy Days 1880–1892“, Alfred A. Knopf 1940;
„Newspaper Days 1899–1906“, Alfred A. Knopf 1941;
„The Diary of H. L. Mencken. Edited by Charles A. Fecher”,
Alfred A. Knopf 1989; „Thirty-five Years of Newspaper Work”,
The Johns Hopkins University Press 1994.